AFRICA TREK

ALEXANDRE ET SONIA POUSSIN

AFRICA TREK

14 000 kilomètres dans les pas de l'Homme

ROBERT LAFFONT

© Éditions Robert Laffont, S.A., Paris, 2004
ISBN 2-221-09354-2

À tous ces Africains qui nous ont invités accueillis, nourris, aidés, révélé les facettes merveilleuses et la richesse humaine de ce continent et sans qui nos pas n'auraient pas eu de sens.

« Vous avez de la chance, vous venez du bleu et vous allez dans le bleu ! Est-ce que je peux me faire tout petit et venir avec vous dans votre sac ? »

Daniel, le bègue de Chileka, au Malawi

« Seul l'esprit s'il souffle sur la glaise peut créer l'homme. »

Antoine de Saint-Exupéry, *Terre des hommes*

« Continue sur ton chemin, il n'existe que par toi. »

Saint Augustin, *Les Confessions*

« L'homme est entré sans bruit. »

Pierre Teilhard de Chardin

Le vieil homme :	— Pourquoi marchez-vous ?
Nous :	— Pour venir vous voir.
Le vieil homme	— Pourquoi pas en voiture ?
Nous :	— Parce qu'on ne vous aurait pas vu.

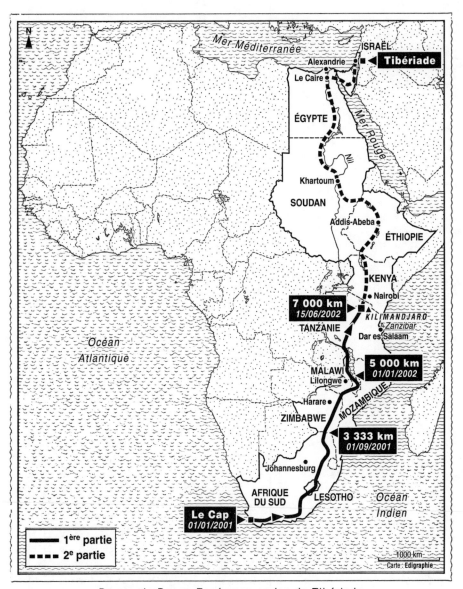

Du cap de Bonne-Espérance au lac de Tibériade

Afrique du Sud

1. Mike et Pat Hamblet
2. Zébulon Tafari
3. Morgan Day et Sean Morris
4. Richard Erasmus
5. Wicus et Hanlie Leeuwnaar
6. Laubscher et Carina Van der Merwe, Hendrick et Elsbeth Wilhelm
7. Adriaan, Louise et Aimie Mocke
8. Chris Lombard
9. Fernholt et Priscilla Galant
10. Gerhart et Pauline Du Plessis
11. Tina et Richard Ambler-Smith
12. Esther et Isaac Wildeman
13. Mike Wells, Jill Kirkland, Ewan et Shelley Wilde-man
14. Malcolm et Leigh-Anne Mackenzie
15. Obie et Lynn Oberholzer
16. Karen et Rick Becker
17. Chris et Colleen Louw
18. Julian et Jill Bennett
19. Johnny et Carol Morgan
20. Dries et Minnie De Klerk
21. Wilhelm et Jenny Waagenaar
22. Dawn et Wynne Green

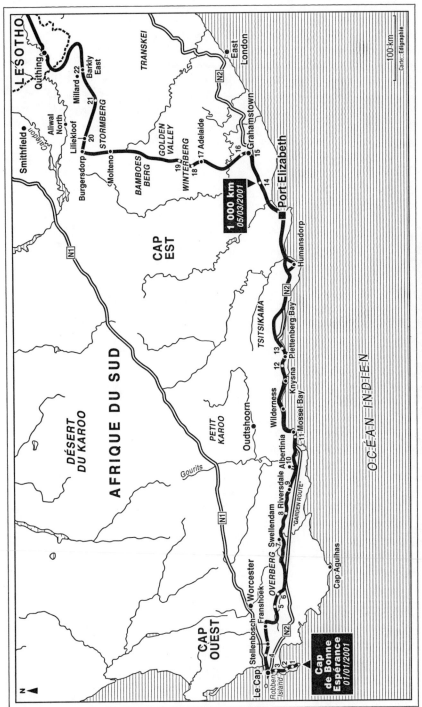

Du cap de Bonne-Espérance à la porte du Lesotho

1

Les manchots et le vin

Tout petits, tout blancs, tout en bas.

Le vent s'engouffre en hurlant dans notre bunker désaffecté au bout du bout du monde : le cap de Bonne-Espérance. Car il nous en faut ! Nous sommes au départ de notre projet démesuré : remonter l'Afrique intégralement à pied.

Et nous voilà, clandestins nocturnes, cachés au nez et à la barbe des *rangers* du Parc national du Cap, pelotonnés l'un contre l'autre, frigorifiés par un vent glacial venu tout droit de l'Antarctique, à attendre l'aube du 1er janvier 2001. Juste histoire d'entrer dans le IIIe millénaire en marchant. Une idée comme ça, pour fêter nos deux mille ans d'histoire.

Afin de réchauffer ce réveillon aux allures de veillée d'armes, nous n'avons pas oublié l'intendance : petite boîte de foie gras et champagne. Nous sommes seuls au monde avec pour témoin la Croix du Sud cloutant le velours de la nuit.

Dans la journée, nous avons fait un pèlerinage de rigueur à Robben Island, l'île-prison où Nelson Mandela a été incarcéré pendant dix-huit de ses vingt-sept années de détention. C'est là qu'il a écrit sa *Longue Marche vers la liberté*. Quatorze mille kilomètres nous attendent... juste un clin d'œil au grand monsieur.

Dans l'obscurité de ce trou à rats, grelottant parmi les décombres, nous nous remémorons les jours hystériques qui ont précédé notre départ pour trois ans de marche.

— Des mois à parler, me dit Sonia, convaincre, vendre la peau de l'ours, arracher des promesses, se faire prendre pour des fous, larguer les amarres, et il ne nous reste qu'à donner le coup d'envoi, qu'à faire le premier pas. Je suis déjà crevée...

Des mois à échafauder le projet, lui donner du sens, se payer de mots. Nous voulons marcher « dans les pas de l'Homme », d'une extrémité à l'autre du Grand Rift, de la Grande Faille qui balafre l'Afrique de l'Est. De la péninsule du Cap au lac de Tibériade en Israël... Refaire symboliquement le premier voyage du premier homme, qui a quitté le berceau de l'humanité pour se répandre jusqu'aux confins du monde. Certes il n'y a pas eu « un » premier homme ni « un » premier voyage, et il y a presque autant de berceaux de l'humanité que de fossiles paléoanthropologiques mis au jour. Cependant, les plus anciens ont été trouvés le long du Rift, c'est pourquoi nous voulons les réunir d'une même foulée, et ainsi remonter l'espace et le temps, de site en site, des australopithèques à l'homme moderne.

Notre objectif est de rencontrer sur ces sites des scientifiques qui nous apporteront des éclairages sur les spécimens qu'ils ont trouvés. Qui étaient-ils, déjà des hommes ? Pas tout à fait. Pourquoi ? Et quel est le propre de l'homme ? Vaste programme ! Une réflexion sur le processus d'hominisation et donc d'humanisation sur fond de diffusionnisme.

Au-delà de ces belles idées, de ce fil rouge très théorique, nous voulons surtout marcher au cœur de l'Afrique d'aujourd'hui en partageant la condition des Africains qui voudront bien nous recevoir chez eux le temps d'un soir et d'un échange, avant de reprendre la route. Arpenter l'Afrique réelle qui dépasse le cliché du guépard au soleil couchant, et tenter d'échapper au sinistre triptyque guérilla-famine-épidémies. L'Afrique doit être ailleurs, elle est là sous nos pieds, et tout notre projet est enfin réduit à sa plus simple expression, pratique, concrète : commencer !

L'horizon rosit. L'océan Indien enragé se jette sur l'Atlantique, la mer est blanche de fureur, nous sortons transis nos têtes de la meurtrière pour assister au lever du premier soleil du millénaire sur ce finistère. Les vents catabatiques et les énormes déferlantes grondent en une éclatante *Chevauchée des Wal-*

16

kyries. Des cormorans filent au ras des flots. Les falaises de la pointe du Cap, blanchies de guano, dressent haut dans le ciel le phare qui s'enflamme soudain d'un éclat de soleil : c'est le signal ! Nous partons vers le nord.

La péninsule est très méditerranéenne, chemins de garrigue, lumière crue, vent frais comme le mistral, plages désertes. Les premiers pas d'*Africa Trek* nous ménagent, nous ne sommes pas en *terra incognita*. Une croix blanche dressée par Vasco de Gama après son premier passage en 1498 trône dans un paysage de *fynbos*, cette végétation endémique de la région du Cap, piquetée de buissons de proteas et parfumée de touffes d'éricas. Des lions de mer jouent dans les vagues.

Nous parvenons en fin d'après-midi sur la plage de Boulders, peu avant Simonstown. Nos premiers hôtes sont des manchots du Cap. Ils squattent la plage encombrée de gros blocs de granit blond comme aux Seychelles et de gros blonds cramoisis comme partout. Clopin-clopant, bronzant ou batifolant dans l'eau, on ne sait plus qui des manchots ou des hommes imite les autres. Hormis quelques prises de bec et conflits territoriaux, ils déambulent avec leur démarche comique entre les serviettes et les ronfleurs échoués là comme des éléphants de mer. Ce sont les seuls manchots d'Afrique à vivre à terre. Nous nous vautrons parmi eux sur le sable.

— Les pauvres ! dis-je à Sonia. Ils sont arrivés ici en 1974 pour échapper à une marée noire, et maintenant ils affrontent une marée humaine.

— Moi je les trouve très chics en noir et blanc. En voilà qui ont réglé le problème de la couleur dans le pays !

La nuit tombée, nous allons dérouler nos sacs de couchage parmi leurs terriers sur la dune. Ça jacasse doucement autour de nous, au fond des trous : sûrement des histoires de pêches fabuleuses !

Un pont de lune sur la mer sème sur notre sommeil une poudre d'argent. Soudain la lune est grignotée. Sortilège ? Non, peu à peu elle disparaît, victime d'une éclipse qui nous pétrifie. Remonte alors le long de mon échine un frisson d'australopithèque. Bon augure ? Premier jour béni ? Maudit ? Les Phéniciens, Ulysse, Vasco, tous offraient des sacrifices propitiatoires avant de commencer un long voyage et partir sous de bons auspices. Une jeune vestale ? Un taureau « aux jambes torses » ?

Une messe ? Pour notre part, nous nous en remettrons tous les soirs à l'hospitalité des Africains. Le reste n'est que sueur et inconnu, kilomètres et littérature.

Et nos premiers Africains sont des manchots. C'est à notre tour de jacasser doucement. Sous la lune tronquée comme une hostie mordue, nous sombrons fébrilement dans notre première nuit, dans nos rêves d'Afrique.

Le lendemain matin, en reprenant la route, nous croisons un homme qui farfouille dans son moteur.

— Pardon monsieur, sauriez-vous où nous pouvons trouver un petit déjeuner ?

Il sort sa tête ébouriffée :

— *You found it ! Come in ! What about an egg on toast* [1] ?

Mike Hamblet est un retraité zimbabwéen en vacances. Il a acheté ici un petit bungalow, un refuge où il vient passer six mois par an avec Pat pour admirer les baleines défiler devant chez lui et échapper à la sinistrose qui s'est emparée de son pays. Il nous parle de la folie meurtrière de Mugabe, de la récession inévitable qui va affecter toute la région, des famines à venir, d'une page qui se tourne...

— J'ai tellement de peine pour ces gens. Nous étions le pays le plus riche d'Afrique. Ce tyran a tout gâché !

Nous nous promettons de nous revoir à Harare. Mais d'ici là... Le Cap est encore loin et nous sentons nos premières courbatures. À l'abri du vent la chaleur est torride. Nous suons à grosses gouttes tout le jour. Nous atterrissons le soir dans la zone résidentielle de Noordhoek. De gros chiens, depuis la grille des pavillons, nous chassent de leurs aboiements. Nous hésitons, supputons et repoussons le culot de frapper à une porte pour demander l'hospitalité, quand nous parvenons à la hauteur de baraquements de fortune. Un panneau indique : « ouvriers forestiers ». Ils squattent une véranda défoncée. Je suis à deux doigts de leur demander le gîte, mais leurs tronches patibulaires, leurs yeux jaunis par la *dakha* (hachisch local) me font hésiter. Nous repartons. En chemin, je regrette déjà ma décision. Nous reprenons notre manège à d'autres grilles quand

---

1. « Vous l'avez trouvé ! Entrez donc ! Que diriez-vous d'un œuf sur toast ? »

un des ouvriers nous rejoint en trottinant. Sur son T-shirt crasseux on peut lire : *Jesus is my rock.*

— J'ai parlé aux copains, on peut vous faire une petite place dans notre dortoir, mais je vous préviens, vous n'aurez pas beaucoup d'intimité !

Tout est pesé dans son ton pour me rassurer. Un cœur d'or. John le métis nous présente sa bande de copains *super-wilds* : Zébulon, un rasta géantin au sourire carnassier ; Paulo, un petit Noir édenté ; Mark, fruit d'un savant mélange des bas-fonds, et une belle brochette de gueules cassées, de blessés de la vie, simples et frustes, peu habitués à fréquenter et encore moins à inviter des Blancs. Passé leur première timidité, ils nous soignent aux petits oignons, nous libèrent deux lits, nous réservent les douches collectives. Tous nous savent gré de leur faire confiance. Sonia y va la première. Zébulon monte la garde. Je lave mes chaussettes quand un type s'avance. Zébulon l'arrête :

— Tu peux pas entrer. Il y a une femme blanche qui prend sa douche à l'intérieur.

L'autre le repousse :

— Arrête de déconner, t'as encore trop fumé, toi...

Et il ouvre la porte.

Sonia pousse un cri de surprise, le type claque la porte d'un coup, se retourne, halluciné, comme s'il avait vu un éléphant rose ! Tout le monde éclate de rire. John offre une bière au traumatisé et pour nous remettre de ces émotions Zébulon nous prépare des pizzas végétariennes en nous parlant de sa religion rastafarie, fondée par Haïlé Gebré Sélassié Iᵉʳ [1], le dernier empereur d'Éthiopie. Quand je lui dit que nous avons prévu d'y passer, il m'arrache du sol dans une accolade fraternelle.

Ce soir la Providence revêtait les habits du pauvre. Ça ronfle dur cette nuit.

En plein cagnard, le lendemain, nous nous éreintons sur une montée escarpée rugissante de circulation. Les bolides nous frôlent dans des panaches de fumée. Nous persévérons. Ça en devient presque absurde, décalé, deux types nous proposent de nous emmener en voiture. Nous déclinons.

— Ah ! Vous faites une course ?

---

1. C'est ce que revendiquent les Jamaïcains, en dépit de toute vérité historique. Haïlé Sélassié était orthodoxe (copte).

— Oui, c'est cela, une course...

Ce sont nos premiers refus. C'est bon et c'est dur. Cela renforce la conviction. Chasse le doute. Car il y a doute. Évidemment. Pourquoi ne pas arriver plus tôt pour profiter de l'étape, se reposer ? Pourquoi passer du temps à marcher, en dépit du bon sens, dans la fournaise ?

Parce que c'est là que résident l'intérêt, la différence, la force et le luxe même de notre projet. Pas de foi sans le doute. Nous devons y croire. Même si je ressens au talon droit un début de tendinite et que Sonia couve sa cinquième ampoule.

Ce soir, nous essayons le coup du portail à Constantia, banlieue des milliardaires du Cap, sur l'autre versant de la montagne de la Table. Sonia s'inquiète.

— Aucune chance ! On va se faire jeter comme des malpropres !

Le portail électrique s'ouvre automatiquement. Indécis, nous montons une allée bordée de massifs floraux. Un grand échalas hilare vient à notre rencontre :

— *Hi !* Je m'appelle Sean ! Que puis-je faire pour vous ?

— Nous héberger pour la nuit. On traverse l'Afrique à pied.

Il éclate de rire :

— À votre tête, on voit qu'elle est encore devant vous ! *Welcome !* Vous devez être français. Ils sont donc vraiment tous fous, ces *Frenchies* ?

Deux minutes plus tard, nous sommes dans la piscine d'une villa hollywoodienne, un verre de ginger ale à la main. Morgan, son compagnon, arrive bientôt sur Pugsley, un magnifique pur-sang de dressage. Il nous rejoint dans l'eau divine. Sean et Morgan sont tous deux designers de mobilier d'intérieur. Leurs affaires sont florissantes.

— Vous avez de la chance, vous auriez frappé demain, vous nous auriez ratés : nous partons skier en Autriche.

— Je présume que vous ne voulez pas entrer dans Le Cap en marchant sur l'autoroute ? Eh bien, d'ici vous pouvez rejoindre le *contour path*, un superbe chemin de randonnée qui fait le tour de la montagne de la Table et permet de gagner la ville par la forêt.

Du coin de la maison déboule une ribambelle de dalmatiens à points noirs, à la poursuite de siamois à pointe caramel. Sean rigole :

— Voici notre petite famille : Leika, Beluga, India et Ming. Ils sont très joueurs.

Dans les arbres au-dessus de nos têtes, des pintades à points blancs ont abandonné la partie. Forfait face aux siamois qui les coursaient tout à l'heure.

Quand nous sortons de l'eau, Sean pousse des cris horrifiés en découvrant nos piqûres de puces contractées la veille. C'est alors que les chiens repassent en trombe, précédés des chats, en renversant nos cocktails. Dans la foulée, nous nous retrouvons un autre verre à la main, couverts de talc antipuces, mes mollets massés à l'embrocation d'arnica pour chevaux et les pieds de Sonia plongés dans un bain de graines de moutarde.

Qui a dit que les Français étaient fous ?

Africa Trek a bien commencé.

Après un petit déjeuner pantagruélique, nous quittons nos truculents hôtes, traversons les jardins de Kirstenbosh et gagnons le *contour path*. À flanc d'escarpement, le chemin traverse une extraordinaire forêt métisse. Toutes les essences du monde se sont donné rendez-vous sur cette montagne bambous, chênes, érables du Japon, pins, eucalyptus, essences tropicales, ficus, tecks et yellowwoods [1]. Une féerie.

La rumeur de la ville remonte des pentes alentour. Nous contournons la montagne de la Table et découvrons en fin d'après-midi le *city bowl* par le haut : des gratte-ciel dans un écrin de montagnes ouvert sur la mer.

Au loin se dessinent le *Waterfront* et ses docks historiques qui abritaient les navires de passage sur la route des Indes. En guise de mise en jambes, il nous a quand même fallu quatre jours et cent kilomètres pour rallier Le Cap, dans une ambiance méditerranéenne mâtinée d'Empire britannique en désuétude. Car, il faut le dire, cette péninsule aux allures de Croisette est très blanche. C'est inattendu C'est une autre Afrique.

Ryan Searle, un cousin éloigné, nous accueille chez lui.

C'est l'occasion pour nous d'ajuster notre matériel, de remplacer nos chaussettes en fibre turbo-technique-camelote par de la bonne vieille laine des familles, de coudre des velcros et des sangles avec clips pour rééquilibrer nos sacs, de couper les brosses à dents en deux, remplacer les fermetures Éclair par

---

1. Cladastres d'Outeniqua, les seigneurs des forêts d'Afrique du Sud.

21

des bouts de ficelle, gagner partout de précieux grammes. De l'art du délestage.

En fin de compte, deux sacs de huit kilos dont un litre et demi d'eau en bouteille plastique et trois kilos cinq cents de matériel professionnel (une caméra, des cassettes, une batterie, un téléphone pouvant recevoir des e-mails), un sac de couchage de cinq cents grammes, un demi-tapis de sol, et pour chacun un T-shirt et un caleçon de nuit, deux slips et une paire de chaussettes de rechange. C'est tout. C'est déjà trop.

Seuls accessoires : une fourrure polaire ultra-légère, une cape de pluie en toile de parachute et un bâton de marche télescopique. Le kilo restant se divise en carnet de route, minitrousse de toilette, minipharmacie, minilampe frontale et flûte à bec. Minitout pour sac maxiplume ! À noter : pas de change vestimentaire, pas de nourriture.

À l'aube de ce dimanche matin, nous quittons Le Cap par la *Voortrekker Road*, route qu'empruntèrent avec leurs chars à bœufs les Boers [1] dès le début du xviiie siècle pour aller coloniser les terres désertes de l'intérieur. Tous nous ont dissuadés de quitter la ville à pied. Combien d'oiseaux de mauvais augure nous ont prédit que nous sortirions des *Cape flats* déplumés ? Le malheur n'est qu'une question de *timing*. Le dimanche matin, les méchants cuvent leur vin. La route est rectiligne. Pendant cinq kilomètres, nous longeons un cimetière. Même dans la mort les communautés sont séparées, chacune a sa parcelle : ici des stèles juives, là des caveaux très *british*, plus loin des pierres musulmanes, et enfin des rangées de croix de bois blanches sur de la terre fraîchement remuée. Les corbillards font la queue aux portes des cimetières noirs. On meurt là plus qu'ailleurs, apparemment. Et je songe avec tristesse à ces morts dont c'est le premier et dernier voyage en limousine. Nous passons comme des anges

À midi, nous sommes alpagués par Richard Erasmus, un chauffeur de taxi noir qui nous exhorte de ne pas marcher dans ces quartiers mal famés et nous « supplie » de venir déjeuner chez lui. Nous acceptons à l'expresse condition qu'il nous redé-

----

1. Littéralement, « fermiers, paysans » en néerlandais et en afrikaans. Prononcez « bour ».

pose plus tard là où il nous a fait monter dans sa voiture. Il accepte.

Autour d'un poisson frit, dans un petit pavillon soigné perdu dans le désordre environnant, ce quinquagénaire rondelet attaque tout de go :

— Je déteste les Noirs, ils ont toujours causé des problèmes dans la région du Cap, alors que nous les Coloreds avons toujours été avec les Blancs comme les deux doigts de la main, pour travailler ensemble.

Stupeur.

Nous apprenons ainsi l'existence d'une très importante communauté dans la péninsule, métis de pionniers néerlandais ou français et de Hottentots, de Khoisans, d'Indiens ou de prisonniers politiques venus de Malaisie [1]. Cela donne une magnifique gamme mélanique allant des teintes langue de chat au gâteau au chocolat, en passant par le pain d'épice. Une leçon de cuisson en somme. Ils parlent afrikaans et possèdent leurs propres us et coutumes. Richard relance :

— On a toujours été pris en sandwich entre les deux communautés : avant c'était les Noirs en bas et les Blancs en haut, aujourd'hui c'est l'inverse, mais pour nous rien n'a changé. Nous sommes toujours au milieu.

La réputation des Coloreds est de lever le coude le vendredi soir. Richard se défend en nous parlant de l'infect système du *tot* qui autorisait les viticulteurs à payer une part du salaire des travailleurs coloreds en vin. Et les mauvaises habitudes sont dures à perdre. Il reconnaît cependant que la violence est un mal endémique dans sa communauté. Il a perdu il y a deux ans son fils aîné, Steve, un garçon modèle, poignardé dans le dos sur la plage, sans raison. Il nous montre aussi son cou lacéré de cicatrices.

— Ce sont les traces laissées par un tesson alors que je tentais de séparer deux jeunes. L'alcool est la croix de mon peuple !

C'est justement vers les vignobles de Stellenbosch et de Franshoek que nous reprenons la route. Plantés par des huguenots chassés par la révocation de l'édit de Nantes en 1685, ils

---

1. En Afrique du Sud, la communauté *colored* n'est pas réductible à celle de tous les individus de sang mélangé ou métis. Elle a une histoire, une culture propre, un mode de vie (des souffrances aussi) qui la distinguent des autres communautés.

alignent leurs merlots, cabernets et pinotages (cépage local) exposés au *Cape Doctor* (vent local) et au terrifiant soleil. Cela donne des vins si charpentés qu'on a parfois l'impression de boire du porto.

Nous entrons dans Stellenbosch, la ville universitaire aux dix mille chênes. De petites églises trapues et blanchies à la chaux trônent au milieu de parcs où des pères initient leurs rejetons aux mystères du cricket.

Fondée en 1680, ce fut la première ville de l'intérieur, dessinée de belles allées bordées de cottages *Cape Dutch* multicentenaires, de plain-pied, aux frontons festonnés et aux vérandas chargées de glycines hors d'âge. Des toits de chaume aussi, des airs d'Europe, le calme en plus, et ces chênes! Ces chênes!

Nous rencontrons un jeune aristocrate français, Stéphane de Saint-Salvy, œnologue de son état, venu épouser une Villiers, afrikaner depuis trois siècles, et donner la *French touch* aux vins de Spier, fameux cru du lieu. La boucle est bouclée.

Ils habitent hors de la ville une petite maison datant de 1781. Stéphane est un peu lunaire, contemplatif dans la fumée de sa cigarette, et Karine, une petite blondinette survoltée aux grands yeux pleins de bleu liquide. Ils nous initient ce soir à un rituel incontournable : le *braai*, version sud-africaine du barbecue, que l'on prend ici très au sérieux.

— Tu sais, un kilo de côte de bœuf vaut entre trois et quatre euros, alors on aurait tort de se priver!

En retournant la viande il continue :

— L'idéal serait de travailler six mois ici, six mois en France : doubles vendanges grâce aux saisons inversées.

Sur le label de la bouteille, comme un clin d'œil à notre marche, s'affiche un monumental biface acheuléen, pierre taillée préhistorique.

— C'est le vin d'un voisin, Reyneke, il a trouvé de nombreux outils paléolithiques dans ses vignes. La région du Cap était habitée par des chasseurs-cueilleurs, il y a plus de trente mille ans. Juste un rappel à ceux qui, Blancs comme Noirs, croient être arrivés les premiers... Les historiens nomment ce peuple les « Strandlopers »; ils vivaient sur les plages, essentiellement de fruits de mer. Ils sont sûrement les ancêtres des Hottentots, des Griquas et autres Khoisans qui peuplaient la péninsule.

Le lendemain, nous marchons vers Franshoek, « le coin des Français », en traversant des fermes et des vignobles fleurant bon le terroir. Languedoc, La Cigale, La Petite Ferme, La Rochelle, Ma Normandie... Une vallée des merveilles bordée par la chaîne des Drakenstein.

Ce soir David de Villiers, le jeune frère de Karine, vient nous chercher sur la route. Nous allons dormir chez lui dans la vieille ferme historique de la famille, construite par l'ancêtre pionnier arrivé en 1688. Il vient de reprendre l'exploitation tombée en deshérence depuis quelques années. Lourde responsabilité.

La maison, ouverte sur la vallée, est noyée sous d'immenses arbres. Des paons pleurent dans le couchant et des compagnies de pintades sortent des prairies à l'abandon en caquetant bruyamment. Les volets écaillés bâillent de fatigue. Les colonnes de la loggia ploient sous le poids des ans et la nostalgie d'une grandeur passée. À l'intérieur, l'histoire s'empoussière, les objets obsolètes parlent des générations antérieures mais sont tous orphelins, juxtaposés sur des bahuts et des crédences comme « d'abolis bibelots d'inanité sonore... ». Dehors, les grillons ont entamé leur grand ponçage nocturne. Tout a la beauté triste du temps qui passe. Autant en emporte le vent...

2

Les grues et le philosophe

Nous quittons les vignobles du Cap en passant en plein cagnard le col de Cat's Pad vers Riviersonderend. Première alerte tendineuse et premier échauffement des durites. Le thermomètre de Sonia indique 48 °C au soleil, nos têtes sont lourdes et gourdes. L'insolation nous guette. Hors d'haleine, nous trouvons refuge sous la route dans une canalisation de ciment. Ça promet ! L'Afrique, l'Afrique !

Sonia, consternée, est plus rouge qu'une écrevisse haletante. Il faudra aménager nos horaires de marche. Nous pénétrons dans la région agricole de l'Overberg et choisissons une piste de terre hors des sentiers battus, passant dans la vallée de Genadendal. Nous allons avoir affaire à nos premiers fermiers blancs. Sont-ils ce qu'on dit qu'ils sont ?

Le jour décline, mon mollet droit est mort. Je boite en redoutant la crampe à chaque pas. Pas assez bu aujourd'hui. Sonia, elle, trottine devant. Normal : elle s'est sifflé en loucedé une grande bouteille de Coca pendant que je jouais les chameaux héroïques. En voilà une qui ne se laisse pas abattre !

Nous nous engageons dans une allée de peupliers, nos bâtons bien campés en main, car les fermiers blancs ont la réputation de collectionner les molosses. Sonia flippe un peu, nous avançons. Des vaches aux yeux de velours broutent alentour dans l'herbe grasse. Comme à l'exercice, un boxer tigré déboule au loin en aboyant de tous ses crocs.

— Tiens-toi prête, dis-je à Sonia. Mais avance comme si de rien n'était.

À dix mètres de nous, le fauve plein de dents, de salive et de babines retroussées se met à glapir, trémousser du croupion, réclamer des câlins. Ouf!

Nous gagnons sous cette escorte la porte d'entrée d'une belle ferme, quand un pick-up nous rejoint. Un malabar aux bras de déménageur nous dévisage; il ressemble à Raymond Devos, les Ray-Ban en plus. J'ai à peine le temps de nous présenter qu'il se fend d'un large sourire patelin en bégayant :

— *It's a long way! You are more than welcome! Let's have a drink, you must be tired*[1].

Wicus Leeuwnar, Boer d'origine néerlandaise, est producteur laitier, il a une centaine de jersiaises, petites vaches marron de l'île de Jersey, réputées pour la richesse de leur lait. Hanlie, sa toute petite femme à la voix de souris, nous ouvre la porte d'une chambre capitonnée de moquette rose où trône un immense lit double. Je me retourne héberlué.

— Mais nous vous avons juste demandé un petit coin de grange pour dérouler nos sacs.

— Si vous y tenez vraiment on peut s'arranger...

Wicus, goguenard, éclate de rire.

— Justement, je vais vous présenter les *hardworking ladies*[2] de la ferme, c'est l'heure de la traite.

Dans l'étable, il les nomme une à une, Margaret, Louisa, Annie... les flatte de sa grosse main velue, les regarde avec un œil aussi humide que les leurs.

— Regardez-moi ces yeux maquillés! Leur lait est excellent pour la production de fromage. Nous en vendons aussi beaucoup aux communautés locales qui digèrent mal le lait cru et lui préfèrent le lait caillé riche en matières grasses.

Nous nous retrouvons autour d'une bière. D'autorité, Wicus enchaîne :

— Demain vous ne marchez pas, il faut que je vous présente mes grues bleues...

— ?

— Comment? Vous ne connaissez pas cet oiseau magnifique? Notre emblème national! Je suis à la tête d'un syndicat

---

1. « Ça en fait du chemin! Vous êtes vraiment les bienvenus! Allons boire un verre, vous devez être fatigués. »
2. Les bosseuses.

de fermiers qui lutte pour sa protection. En ce moment les chaumes sont pleins d'adorables poussins.

Les murs tremblent et mon épaule se déboîte sous sa crise de rire et sa taloche, quand on lui apprend qu'il en a deux de plus à table ce soir...

En janvier, l'été bat son plein dans l'Overberg, les blés ont été récoltés, laissant la place à des vallonnements de chaumes secs et de collines jaunes. Les tiges craquent sous les pneus, nous roulons droit à travers la pâture sèche quand Wicus s'arrête net :

— Faites attention de ne pas vous marcher dessus, pfffrr ! fait-il en se pinçant le nez.

Il ne s'en remet pas ! Blagueurs, les Boers !

En plein milieu de nulle part, à même la terre sous le ciel bleu, un poussin de grue bleue en tenue de camouflage attend l'éclosion de son petit frère. L'œuf ressemble à s'y méprendre à un caillou et à notre approche l'oisillon fait le mort, tapi. Sa tête rousse et son corps bariolé le font prendre lui aussi pour deux petits galets assemblés. Wicus interrompt notre contemplation :

— Pas de nid, pas d'aménagement, pour ne pas être repéré du ciel par les busards. Vous imaginez une coquille blanche au milieu de ce champ, autant faire des appels de morse avec un miroir pour appeler un avion ennemi. La première chose que fait la mère à l'éclosion, c'est d'avaler les coquilles. Elle n'est pas loin d'ailleurs.

À cent mètres de là, le magnifique échassier affecte de ne pas nous voir en picorant les grains de blé perdus dans les chaumes. Entièrement vêtue d'un plumage gris-bleu du meilleur goût, elle a une démarche gauche, avec par-devant une tête calottée de blanc rasant le sol et par-derrière une traîne de plumes élégamment désordonnées frétillant dans le vent. En saisissant le frêle poussin dans son énorme main, Wicus nous rassure :

— Il y a dix ans, il n'y avait plus que deux cents couples, l'espèce était au bord de l'extinction. Depuis, grâce à nos actions menées auprès des fermiers qui retardent le moment de labourer leurs chaumes et diminuent les pesticides qui fragilisaient les coquilles, la population est revenue à deux cent mille individus Je crois que le combat est gagné...

Sonia pousse un cri. À nos pieds, le petit frère commence à éclore. Il crève de son diamant un opercule, et naît. Émus aux larmes tous les trois, nous assistons à ce petit miracle.

Le soir même, Wicus nous projette un diaporama sur les lumières de l'Overberg au fil des saisons. Chaque photo est un chef-d'œuvre : il avait oublié de nous dire qu'il était un photographe de renommée internationale, publié dans tous les grands magazines naturalistes, et que trois fois par an il animait des stages qui voyaient affluer des amateurs du monde entier...

Pour clore la journée, le cher homme nous étouffe sous un braai de langoustes au beurre d'ail : des monstres de un kilo pièce !

Nous quittons nos premiers Boers très émus. Wicus Leeuwnar inaugure une longue série de fermiers qui font mentir la caricature raciste et primaire que nous redoutions...

De Concordia à Stormvlei, mardi 23 janvier 2001
23ᵉ jour, 28 km, 318ᵉ km

Ainsi de soir en soir, nous allons au hasard des rencontres La route guide nos pas et préside à nos destinées. Nous ne savons jamais le matin où nous atterrirons le soir. Nos mollets et nos tendons sont enfins rodés, et nos hôtesses nous préparent le matin de copieux pique-niques que nous dégustons à l'ombre d'un arbre dans la campagne déserte. Des fermes, encore des fermes et des lotissements d'ouvriers agricoles.

Aujourd'hui, nous nous perdons un peu dans un dédale de barbelés, coupons à travers champs. Près de nous, de grands vols de cigognes s'engraissent avant leur long voyage de retour. Elles se rendent au même endroit que nous, mais elles mettront trois mois au lieu de trois ans. Sonia s'émerveille :

— Je ne regarderai plus jamais les oiseaux du même œil. Ce sont des petits héros fantastiques.

Dans un bois, un agriculteur blanc et son employé noir défrichent pour planter des citronniers. Avant même de mettre en terre les arbustes, ils installent dans des tranchées un complexe système d'irrigation. On dirait deux copains coude à coude. Tout est plus simple les mains dans la terre.

Plus loin, par un chemin de traverse, des vignes réapparaissent au pied du panonceau « Grootkloof ». On nous a dit pouvoir y trouver des peintures rupestres de Bushmen. Nous remontons l'allée. Alors que nous approchons d'une maison entourée d'étranges sculptures modernes, un vieil homme sort en titubant. Il a un œil masqué d'un bandeau.

— Bonjour, nous cherchons Laubscher Van der Merwe, on nous a dit que nous pourrions peut-être voir les peintures bushmen.

— Laubscher est mon frère, il vit de l'autre côté de la montagne. Nous pouvons l'appeler, il se fera un plaisir de vous montrer les peintures. Entrez donc ! Je m'appelle Hendrick Wilhelm, mais vous pouvez m'appeler Harvey. Je suis désolé de ne pouvoir vous accompagner, il ne me reste que quelques jours à vivre, je suis en train de mourir d'un cancer...

Nous sommes tombés par hasard chez l'homme qui a été l'instrument en 1984 du premier rapprochement entre l'African National Congress (ANC), alors clandestin, et le gouvernement de l'apartheid. Ami personnel de Nelson Mandela, ce dernier lui avait confié la garde et l'éducation de ses enfants durant ses longues années d'emprisonnement. Elsbeth, sa femme sculpteur, nous accueille d'un large sourire plein de sérénité :

— Vous ferez-nous le plaisir de rester dîner ?

Nous avons un peu de mal à dissimuler notre gêne. Harvey nous met tout de suite à l'aise :

— Rassurez-vous, vous ne nous dérangez pas ! Je suis à la porte de l'éternité silencieuse et j'ai une irrépressible envie de conversation. Alors vous marchez ? Comme vous avez raison ! J'ai moi-même dirigé pendant quinze ans la revue de l'Alpine-Club du Cap...

Et nous parlons de l'Himalaya, de l'Afrique, mais aussi de politique. Son œil valide s'illumine dès qu'on parle de l'Homme. Ancien médiateur et pacificateur, Harvey est intarissable. Parfois il marque une pause : « Pardonnez-moi, je suis un peu fatigué... » Puis repart, enthousiaste, en nous offrant à chaque coin de phrase les bribes d'un testament philosophique. Son corps décharné, son œil creux ne l'empêchent pas de rayonner d'espoir pour son pays. Il témoigne :

— Aucun prix Nobel ne sera jamais à la hauteur de ce que Mandela a fait : pardonner à ses geôliers et rassembler toutes les communautés autour de lui sans bain de sang. Le grand enjeu du pays, c'est de remettre tout le monde à l'école : si ce pari réussit, nos plaies peuvent se cicatriser en une génération.

Harvey nous parle de sa propre mort avec la quiétude de ceux qui ont bien rempli leur vie et agi pour la paix. Comme tous les Quakers, il ne croit pas qu'on puisse par la prière s'adresser à Dieu. Il sait en revanche que nos actes parlent pour nous.

— Je suis très heureux ! Je vais enfin pouvoir m'adresser directement à Dieu. Et depuis le temps, j'ai un paquet de choses à lui dire...

À l'aube, le lendemain, il arrive au petit déjeuner tout guilleret et embrasse Sonia :

— Je ne me suis pas senti aussi bien depuis longtemps ! Hier soir je ne m'en croyais pas capable, mais je crois que je vais vous accompagner pour quelques kilomètres.

Il a vissé une petite casquette sur sa tête, enfilé un tout petit sac à dos vide sur son K-way bleu, lacé pour la dernière fois ses chaussures de montagne, et nous descendons à pas mesurés l'allée de Grootkloof. Son petit chien court de joie en tous sens, il n'en croit pas ses yeux. Un vol de colombes passe dans le ciel.

— Regardez, vos collègues de travail viennent vous saluer.

Il me sourit de son œil vert.

— Les pauvres ! Elles ont encore beaucoup de boulot. Moi, je pars en balade...

Il est heureux. J'ai la gorge nouée mais le sourire aux lèvres ; il va bientôt rentrer, nous savons que nous ne nous reverrons plus et cette piste rectiligne devient métaphore de la vie. Chacune s'y arrêtera un jour. La sienne, c'est dans quelques kilomètres. Ces pas, ce pouls, si peu... Combien de plus pour les nôtres ? Nous marchons vers l'est, le soleil plein phare. Des mots m'échappent :

— Nous marchons tous vers la lumière...

Une étincelle dans son petit œil. Quatre kilomètres plus loin, Elsbeth vient le chercher en voiture. Avant de nous séparer, je lui glisse à l'oreille :

— Au Tibet, j'ai appris un joli proverbe qui vous va bien : « Quand tu arrives au sommet, continue à grimper »...

Harvey est resté là, au milieu du chemin, à nous regarder partir, à nous saluer de son bras fatigué, à attendre le retour de son chien venu avec nous pour prolonger son jeu, pour prolonger son rêve.

Le salut d'un sage.

Comme en réponse au défi lancé par Harvey, nous sommes accueillis le soir même, après une longue journée de marche-méditation, dans une école pour enfants en difficulté. Et les problèmes n'ont pas de couleur. En uniforme très *british*, des adolescents de tous horizons vaquent à leurs occupations. L'Olyfkrans College de Swellendam est animé par Adriaan et Louise Mocke.

Lui est un quinquagénaire idéaliste aux cheveux courts et aux grands yeux perdus dans le vague derrière de petites lunettes rondes. Elle est artiste peintre à l'œil bleu électrique, *mater familias* benoîte et souriante d'une grande tribu.

Autour d'un verre de bordeaux rapporté d'un récent voyage en Europe, Adriaan nous présente leur internat.

— Nous récupérons les élèves qui sont rejetés de partout et essayons de faire de notre école une grande famille. Il n'y a pas d'apprentissage sans amour...

Ils habitent un ensemble de minuscules chaumières historiques restaurées avec soin et nous ne tardons pas à comprendre ce qu'entendait Adriaan par « grande famille ». Toutes les cinq minutes, un jeune vient le voir, qui avec un problème de cœur, qui avec un rhume, un autre avec une idée à partager de toute urgence. Un défilé permanent, un engagement total. Louise, entre un aller-retour aux casseroles, revient nous voir.

— Ici, nous cherchons à développer la personnalité de chacun d'entre eux plutôt qu'à les faire entrer dans un moule qui les a rejetés. Si ces enfants ne viennent pas à l'école, c'est à l'école d'aller à eux ! Nous ne cherchons pas à ce qu'ils réussissent dans la vie, mais qu'ils réussissent leur vie, et nous avons d'excellents résultats ! Le palmarès de nos anciens élèves en dit long : de nombreux journalistes, des artistes, des écologistes, une présentatrice de télévision, des chefs de PME ; que des jeunes débrouillards. Mais on ne les lâche pas, ce n'est pas le confort des lycées, ici...

Nous parlons de la France, de culture, de religion. Adriaan est féru d'architecture monastique, il est allé une demi-douzaine de fois au Mont-Saint-Michel.

Le soir même, à la chandelle, nous donnons une conférence à un parterre de jeunes qui nous dévorent des yeux, curieux de tout, avides de vivre, et clôturons la séance par un duo de flûte à bec acclamé même par un groupe de rappeurs...

Adriaan leur lance un défi :

— Demain matin, qui veut accompagner Sonia et Alexandre pour sécher les cours ? Il y aura autant de kilomètres à parcourir que de participants.

Bonne méthode pour limiter le nombre. Après une vague d'engouement, le chiffre redescend à quinze jeunes pour quinze kilomètres.

C'est ainsi que nous repartons avec Christo et Civil, deux petits Coloreds sages et malicieux ; Johnny, un gros cyberpubère aux pectoraux aussi gonflés que sa voix est fluette, branché vingt-quatre heures sur vingt-quatre sur Internet ; Peter, un crâne d'œuf boiteux aux dents du bonheur mais plein d'idées folles ; Ian, un grand escogriffe boutonneux au front bas qui me décrit par le détail toutes les voitures qui nous dépassent : normal il veut devenir revendeur. L'adolescence dans toute sa splendeur ! Nous refaisons le monde pas à pas sous le soleil. Civil et Christo se révèlent les plus intéressants : l'un collectionne les serpents et veut devenir chimiste pour exploiter leur venin, l'autre a des pigeons voyageurs et deviendra jardinier paysagiste, car il n'accepte pas d'autre maître que la nature...

D'Heidelberg à Riversdale, mardi 30 janvier 2001, 30ᵉ jour, 32 km, 455ᵉ km

Marche pure sur la nationale. Parfois, il n'y a pas le choix. Hier nous avons parcouru soixante kilomètres à l'arraché pour échouer à 22 heures chez Christophe Lombard, un professeur de littérature afrikaans à la retraite. Tandis que nos corps perclus de courbatures criaient de douleur et que nos pieds ruisselaient de monstrueuses ampoules perforées, il nous contait l'histoire de sa langue.

— Ce sont les huguenots français qui ont fondé notre grammaire en 1875. Ils avaient interdit l'usage de toute autre langue afin d'unifier la cosmopolite République du Cap.

Mélange de néerlandais, de malais, de créole portugais et d'emprunts au français, l'afrikaans est la langue maternelle de près de six millions de personnes, essentiellement les Coloreds et les Afrikaners, qui s'y accrochent mordicus.

— Dans l'idée, il s'agissait de ne pas recréer une Europe morcelée en Afrique et de se libérer d'une tutelle linguistique dominante. C'est pour cela, nous avoua-t-il dépité, que malgré nos noms et nos origines françaises, aucun d'entre nous ne parle la belle langue de Molière.

Aujourd'hui, c'est la fête ! Nous changeons de chaussettes. Dans la journée une voiture a manqué nous écraser en dérapant sur le bas-côté, une femme trapue jaillit : Désirée Kingwill ! Nous avons dormi chez elle dans la vallée de Genadendal. Elle nous cherche depuis deux jours : elle nous avait promis des chaussettes en mohair [1], « *the best in the world !* ». Elle nous les tend à bout de bras, en courant vers nous pour un placage de sumo et un chaud cœur-à-cœur. Chère Désirée !

Nous reprenons la route. Le tapis de goudron serpente devant nous au loin. Ce n'est pas de l'espace que nous voyons c'est le temps qu'il faut pour le parcourir Cette antenne là-bas Dans deux heures...

Marcher, c'est attendre et cultiver sa patience.

Quand je me retourne, j'ai l'impression de ne pas avancer. Je râle de voir si proche une station d'essence dépassée depuis si longtemps. Pour Sonia, c'est l'inverse. Elle est merveilleuse. Sans se plaindre, elle boitille légèrement de nos excès d'hier. Chaque jour parcouru à ses côtés est une déclaration d'amour.

À l'incontournable question : « Pourquoi êtes-vous partis trois ans à pied ? » je pourrais répondre : « Pour partager chaque seconde de la vie de ma femme. » Le reste est fioritures.

En marchant nous chantons, bavardons tout le jour, projetons, construisons. Nous n'avons jamais aussi peu perdu de temps que depuis que nous marchons.

---

1. Laine de la chèvre angora qui a le meilleur taux d'absorption et la plus grande finesse

À Riversdale, Fernholt Galant est inspecteur d'académie. En charge du respect des droits d'admission et d'*affirmative action* [1] dans cinquante-trois écoles du district, ce Colored nous accueille dans sa belle maison bourgeoise. C'est un ami d'Adriaan Mocke :

— J'ai décidé d'habiter ce quartier, car nous sommes les seuls non-Blancs.

— Vous êtes un pionnier, en quelque sorte.

Il rit et continue :

— Vous ne croyez pas si bien dire, mais ce n'est pas facile ! Nous n'avons encore que très peu de relations avec nos voisins. Quand ils voient que nous avons atteint un niveau de vie supérieur ou égal au leur, ils pensent tout de suite à la corruption. Ils ont du mal à imaginer qu'on puisse le mériter. C'est pour cela qu'il est très important de mélanger les communautés afin qu'elles apprennent à vivre ensemble et surtout à se connaître. L'apartheid empêchait les Blancs de nous fréquenter.

Pour accélérer le mélange des communautés, le gouvernement a mis en place l'*affirmative action*. C'est un ensemble de lois instaurées pour compenser le fait que toute une part de la population n'a pas eu accès à une éducation, donc à des diplômes, donc à des postes décents, et cela non pour des raisons financières, mais parce que les lois de l'apartheid l'interdisaient.

Et nous découvrons, s'il en était besoin, les rouages diaboliques (du grec diabolos : séparer...) et les séquelles laissées par ce système insane. C'est tout un pays qui doit apprendre à voir et vivre en arc-en-ciel.

L'après-midi du lendemain nous allons regarder son fils unique courir dans une compétition d'athlétisme. Fernholt nous prévient :

— Notre arrivée va faire des vagues.

Il remarque que nous n'avons pas compris.

— Eh bien, oui ! Un couple de Blancs avec moi ! Les gens vont se poser des questions, se demander qui vous êtes, ce que vous complotez. C'est une petite ville de province, ici !

---

1. En français, appellation que nous trouvons « négative » : discrimination positive.

En effet, dans les tribunes tous se retournent, Noirs comme Blancs, les regards porteurs de sentiments contradictoires – pas de la réprobation, non ! mais un soupçon de circonspection étonnée aussitôt effacée par un sourire gauche. Fernholt est ravi de son petit effet.

Il faut dire que nous sommes ici dans un laboratoire de mixité : une école privée dans laquelle Fernholt veille à ce que tous les enfants soient traités égalitairement. Il conclut :

— Ce que les parents considèrent dorénavant sain et naturel pour leurs enfants, à savoir fréquenter des enfants d'autres communautés, ils ont encore du mal à l'appliquer à eux-mêmes. Tout cela changera avec cette génération que vous voyez courir.

Au moment de nous séparer le lendemain, Priscilla, la femme de Fernholt, pleure dans les bras de Sonia :

— Merci de tout cœur d'être venus. Il faut que je vous dise que nous n'avons jamais eu de telles relations avec des Blancs, et cela signifie beaucoup pour nous. Faites attention à vous !

Confus et bredouillants mais le cœur chaud, nous tournons les talons en songeant à la soif de tout un peuple.

Sonia a de furieuses démangeaisons aux pieds en sus de ses ampoules. Petite torture pédestre. Elle serre les dents quelques kilomètres puis n'en peut plus, veut en avoir le cœur net, et envoie valser ses chaussures. Sous les chaussettes nous découvrons d'affreux pieds rouges, tout boursouflés et rafistolés de pansements sales. L'horreur ! *Que pasa ?* Une allergie au mohair. La pauvrette doit renfiler ses chaussettes trouées.

Un peu plus loin, près d'Albertinia, nous sommes littéralement enlevés par une petite brunette afrikaner, alors que nous achetons des Mars dans une station-service :

— Qu'avez-vous prévu pour ce soir ? On fait un braai à la maison, vous voulez vous joindre à nous ?

Pauline Du Plessis cultive des tomates, mais nous apprend en roulant à tombeau ouvert qu'elle est éleveuse de pur-sang arabes et qu'elle sait murmurer à l'oreille des chevaux. Elle vend chaque année ses montures à un cheikh de Dubaï. La voix grave et nerveuse, elle a la faconde masculine des femmes du métier sans pourtant être dépourvue de féminité.

À peine arrivés, elle nous fait une magistrale démonstration de ses talents : avec un naturel très travaillé, elle entre dans une carrière où piaffe un jeune étalon hystérique dans des nuages de poussière et des claquements de sabots. Puis elle commence une étrange danse silencieuse avec l'animal : un pas à gauche, deux pas à droite. Il s'arrête net. Elle se rapproche en communiquant avec lui par un subtil balancement d'épaules. Il semble anesthésié. Pauline nous explique :

— Tous les chevaux sont gauchers, ils détestent qu'on se trouve à leur gauche ! Certains apprennent à le supporter mais ne s'y font jamais vraiment. Ils sont très peureux. On peut les comprendre, ils voient en nous un autre cheval ! Il faut toujours leur laisser un espace pour fuir. Ils communiquent avec les mouvements du plastron.

Elle vient renifler gentiment le museau de l'animal. Bientôt amadoué, le fougueux étalon baisse la garde, et Pauline, dans un geste suicidaire, lui attrape la queue. Nous attendons, crispés, le catapultage quand nous la voyons tirer sur les crins et balancer tendrement l'animal, suspendue à son appendice en le chatouillant aux entournures. Et le jeune entier d'en « sourire » de ravissement.

Là-dessus se pointe un colosse roux et barbu, ses longs cheveux rassemblés en queue-de-cheval accentuant un nez d'aigle :

— Salut ! Moi, c'est Gerhart, j'ai entendu dire que vous marchiez, vous êtes fous, faut y aller à cheval !

La main broyée, je me moque :

— Ce qu'on va faire, aucun cheval n'y parviendrait !

Dans la détonation d'un franc rire, sa claque dans le dos me déplace une vertèbre. Pauline hurle, le cul par terre :

— Gerhart ! *Kak Man* [1] !

Le canasson libéré prend la tangente...

Dans la soirée nous partageons notre expérience de l'islam et des pays arabes. À la stupéfaction de l'assemblée, j'apprends à Pauline la sourate des voyageurs tirée du Coran, qui chassera le mauvais œil lors de ses âpres négociations avec les cheikhs. Chaque année, elle participe à une course d'endurance à cheval dans un pays d'Orient. Cent kilomètres à parcourir d'un seul élan. Seule femme, elle se paie le luxe de se placer.

— Ça promeut mes chevaux et mes selles...

---

1. Juron à l'usage très répandu...

Car en plus, Pauline a fait breveter une selle d'endurance en fibre de carbone que les coureurs s'arrachent. Les fermiers sud-africains sont fatigants. Ils ne peuvent pas n'être que fermiers.

Spécialiste en bottes, sabots ou fers à cheval, Pauline détient la solution pour les petits petons endoloris de ma très chère : des chaussettes en opossum, importées d'Australie. Ben voyons !

Le soir au coin du feu, sous les étoiles, Gerhart nous raconte sa guerre d'Angola – il était éclaireur à cheval –, ses amis tombés dans une embuscade, leur victoire éclatante, le lâchage des Américains tandis qu'ils cernaient Luanda, l'anarchie qui règne depuis, « qui leur donne raison »...

En attendant que la viande soit « triscuite », il nous entonne d'une voix grave un vieux chant boer : « *O Sarie Marais, lei soufer from mei hart...* »

Un choc proustien ! J'y reconnais un vieux chant scout de mon enfance : *Ô Sarimares, belle amie d'autrefois...* dont personne ne connaissait ni l'histoire ni le sens. Qui était cette Sarimares ? Un bateau, une ferme ? Gerhart, emballé, me répond :

— *Kak Man ! Eine Boerin !* Elle était au front contre les *rooineks* [1], la mascotte de nos escadrons à cheval. Elle a eu une histoire avec un mercenaire français venu combattre le Rosbif ! Mais ils ont été séparés par ces maudits *soutpiel* [2], et j'imagine que faute d'avoir ramené la fille en France, il a rapporté la chanson...

Pour célébrer cette union contre la perfide Albion, nous buvons et chantons tard dans la nuit, en attendant toujours les côtelettes qui, conformément à la recette, carbonisent sous nos yeux...

---

1. Les cous rouges : parce que les uniformes des soldats britanniques étaient rouges, mais aussi parce que les casques coloniaux ne protégeaient pas les biffins des coups de soleil dans le cou.

2. Littéralement : pénis salé, car les Anglais avaient un pied en Afrique du Sud, l'autre en Grande-Bretagne. Et au milieu...

3

Le grand Blanc et les petits Coloreds

*Mossel Bay, lundi 5 février 2001, 36ᵉ jour, 46 km,
541ᵉ km*

Après un mois de marche, nous retrouvons l'océan Indien
à la même latitude que Le Cap. Nous n'avons progressé que
vers l'est en suivant la *Garden Route* ou route des Jardins, ainsi
baptisée pour sa luxuriance côtière, la douceur **de** son climat et
son charme soigné très britannique.

Nous ne sommes pour l'instant pas très dépaysés par
l'Afrique. Nous avons le sentiment de marcher dans une Europe
plus opulente et plus généreuse. Une excellente et progressive
mise en jambes donc. Seules nos folles rencontres avec tant de
personnages extraordinaires nous font entrevoir les potentiels,
la liberté d'esprit et la richesse spirituelle de ce pays.

Le chemin le plus court aurait été de couper par le désert
du Karoo et les étendues désolées de l'intérieur, peuplées de
moutons et de Boers perdus, mais il y fait en ce moment entre
40 et 50 ° C, en plein été austral, avec de rares fermes tous les
quatre-vingt-dix kilomètres, et à dix ou quinze kilomètres de la
nationale 1 parcourue par des trains de camions... Ne marchant
pas pour marcher mais pour rencontrer, nous nous félicitons de
notre choix.

Hier encore, tandis que nous avancions sur la nationale 2,
une énorme Mercedes blanche aux vitres teintées s'était arrêtée
à notre hauteur. La vitre s'était baissée, une carte de visite en
était sortie au bout de deux doigts.

— Si vous passez par Plettenberg Bay, nous serons enchantés de vous avoir à la maison.

La vitre s'était relevée, la voiture était passée. Nous étions restés là à nous pincer, pensant que personne ne nous croirait. Et cette carte était pourtant dans ma main : Mike and Jill Wells. Depuis notre départ il y a un mois, nous n'avons pas dormi une fois dehors, nous ne sommes jamais allés à l'hôtel...

Mossel Bay est la porte de la *Garden Route*. Tout d'abord, cette ville n'a l'air de rien. Une station balnéaire de plus, villégiature de retraités respirant l'ennui sous le soleil. Mais sa plage est unique au monde. Non pas pour ses nudistes ni pour ses minettes, pas plus que pour ses surfeurs des bacs à sable, non ! Pour trois raisons exceptionnelles.

Primo : la géographie. C'est la seule plage du pays à faire face au nord et à offrir simultanément une vue époustouflante sur la chaîne côtière des montagnes d'Outeniqua et un ressac standard méditerranéen à la place de l'océan Austral déchaîné. *Secundo* : l'histoire. C'est la première plage du pays à avoir été foulée par un Européen, le Portugais Bartolomeu Dias, qui avait enfin pu mettre pied à terre, deux mois et cinq cents kilomètres après avoir doublé le cap de Bonne-Espérance. La première boîte aux lettres fut ainsi inaugurée : un trou dans un olivier africain – toujours vivant – servit pendant deux siècles de poste restante aux navigateurs. *Tertio* : l'ichtyologie. À quelques encablures de la plage, des dizaines de grands requins blancs hantent les eaux de la baie en tournant autour d'une colonie d'otaries à fourrure. Le libre-service façon *Carcharodon carcharias*. Ils n'ont qu'à se mettre en pilote automatique, graviter autour de l'îlot et attendre qu'un p'tiot se fasse drosser par une méchante vague. La plage, elle, n'a jamais connu d'attaques. Il faut dire que les baigneurs vont rarement bien loin. Dans le doute, chacun respecte le territoire de l'autre.

— Ça va, les marcheurs ? nous demande un type surgi de nulle part.

— ?

— Ma femme vous a vus ce matin sur la route. Elle se demandait jusqu'où vous pouviez bien aller comme ça.

— Jusqu'à Jérusalem.

Il marque un temps de pause.

— Dans ce cas, il faut que vous passiez par la maison le lui dire. Elle croira que j'ai bu !

Puisqu'on vous dit que les Sud-Africains sont fous. Richard Ambler-Smith était éleveur d'autruches. À la retraite, il tue le temps au syndicat d'initiative. Il nous fait l'article.

— Les endroits au monde où l'on peut voir le grand requin blanc se comptent sur les doigts d'une main amputée de trois doigts. L'Afrique du Sud et l'Australie. Mossel Bay est le site le plus accessible du pays : à Gans Bay et False Bay, les deux autres sites, on compte plus de requins hors de l'eau que dans l'eau. Demain je vous présente à Roy, un ami à moi, il vous emmènera les voir de plus près.

À l'aube, Roy et Jackie nous accueillent sur l'*Infante*, voilier rouge en ferrociment offrant l'avantage de ne pas être une usine à touristes. Vieux beau au long catogan blanc, la peau tannée, la voix grave sur une langue bien pendue, Roy attaque fort :

— Vous allez voir une merveille de la création, venue directement du jurassique jusqu'à vous. Si parfaite qu'elle n'a même pas eu à évoluer pour survivre. Seul l'homme risque de faire disparaître les requins. N'oubliez pas que nous ne sommes pas au cirque, cet animal est en voie d'extinction, il faudra s'armer de patience...

Nous prenons la mer et, tout en tenant la barre, Roy nous passe au crible ses toutous préférés. Une gueule aussi grande qu'eux. Nous apprenons ainsi qu'il est le seul homme à avoir vu un requin déféquer en pleine mer : l'animal s'arrête net [1], secoué d'un spasme convulsif, et relâche un énorme nuage de particules et de débris mal digérés. Roy est une mine de renseignements poétiques. Les scientifiques du monde entier lui soutirent des informations comportementales. Côté statistiques, il est aussi imbattable. Février est le pire mois de l'année, seulement 35 % de chances de voir la bête. Nous jetons l'ancre à quelques encablures d'un îlot à lions de mer. Sous leur vent : une forte odeur de marée.

— Pour les attirer, j'ai tout essayé ! C'est le plus écologique qui marche le mieux : du bon foie-de-requin-qui-pue, écrabouillé en goutte à goutte à l'arrière du bateau. L'huile et le

---

1. Les requins, n'ayant pas de branchies articulées, doivent avancer pour vivre.

sang emportés à la surface de l'eau se répandent sur des kilomètres à la ronde.

L'attente commence. Ambiance calme blanc, à cuire au soleil. Les heures se succèdent, comblées par la logorrhée de l'intarissable capitaine.

— Quand il ouvre sa mâchoire, le requin blanc révulse ses yeux pour les protéger, il devient littéralement aveugle et bute parfois dans la cage. Donc pas de panique, ce n'est pas à vous qu'il en veut !

Nous sommes tous pris d'une douce somnolence, effet indésirable de la pilule contre le mal de mer administrée d'autorité à l'embarquement. Sur le pont Sonia bâille :

— Je me demande si ce n'est pas fait pour anesthésier les clients râleurs !

Nous attendons, les yeux rivés sur la mer d'huile. Roy se veut rassurant :

— Ne vous inquiétez pas, les requins se pointent en général à midi et demi, pas avant, personne ne sait pourquoi. Sans doute la pause syndicale.

Toujours rien. Et faute de crocs on aiguise les siens : ça creuse, la mer ! Heureusement la cuisine de Jackie est succulente. Le nerf de la guerre quand il s'agit de remonter le moral des troupes éprouvées par l'ennui. Vers 16 heures, Roy jette l'éponge. Bredouille ! Pas de requins aujourd'hui. Ni le lendemain, d'ailleurs. Le troisième jour, nous nous disons que statistiquement parlant, nous devrions en voir un. Bingo ! À 12 h 45, la vigie pousse son cri d'alarme, « Requin à tribord ! », et le bateau de se pencher dangereusement du côté indiqué.

Sonia et moi plongeons aussitôt dans la cage accrochée à l'arrière du voilier ; deux narghilés descendent du pont. L'eau est assez glauque, côte à côte nous scrutons la grisaille opaque quand soudain surgit le squale, entre quatre et cinq mètres de long, impavide et impassible, dégageant une terrifiante puissance mais retenue, à cran. Il passe et repasse devant la cage, presque timide. Pas du tout le monstre aveugle et sanguinaire véhiculé par l'imaginaire. Plutôt précautionneux, délicat même quand il s'agit de mordre. Un tronçon de requin pend à une longe, il s'en approche, et à l'instant, depuis la surface, Roy le tracte jusqu'à nous, le monstre suit, ouvre sa gueule béante en extractant sa mâchoire infernale et la referme sur la viande. Les dents triangulaires cisaillent dans la chair d'un va-et-vient fré-nétique à trente centimètres de nos masques. Les yeux de Sonia sont exorbités dans un grand nuage de bulles.

Son morceau arraché, le vorace repart pour un tour de ronde.

Je sors le bras tendu par la visière de la cage pour le prendre en photo, ce qui semble l'intriguer; il se rapproche à bout portant. Son œil noir scrute le fond de mon âme, ses flancs s'irisent de contractions musculaires, sa peau grise et laiteuse glisse comme du Tefal avec fluidité, sa dorsale raide comme la justice fend le grand bleu, sa queue dantesque à un côté design Pininfarina qui le propulse sans efforts, ses nageoires pectorales le font voler avec précision, tout est taillé chez lui pour faire peur.

À chaque passe, on crie *Olé!* dans son détendeur. Et dans la tête tambourine, obsédante, la bande originale des *Dents de la mer* qui nous faisait rire tout à l'heure sur le pont et qui nous glace le cœur tandis que la batterie de rasoirs fichés dans les gencives rosâtres d'où pendent des lambeaux blafards défile sous nos nez, à fleur de peau, à fleur d'horreur...

Un rare spectacle de la nature en majesté pendant lequel il semble qu'on n'est pas venu voir un des derniers grands blancs : c'est lui qui est venu nous voir au zoo dans notre cage, pour nous jeter des cacahuètes...

Richard et Tina nous récupèrent :

— Alors vous êtes sortis de la cage pour chevaucher le grand blanc? Contents d'avoir vu le *big sixth* [1] ?

— Pour nous, c'est le *big first* ! On n'a toujours pas vu de lion ou autre bête à cornes !

— Voulez-vous commencer par des autruches? Il y a deux fermes à Oudtshoorn où l'on peut chevaucher ces gros plumeaux à pattes dans des rodéos de tous les diables. Allez, je vous emmène !

En chemin, le voilà lancé sur son dada :

— Le « boom de l'autruche », ce n'est pas un volatile qui se casse la gueule, mais la période qui a fait la fortune de la ville, au début du siècle. En Europe, les femmes de la Belle

---

1. *Big five* : nom donné aux cinq plus grands gibiers d'Afrique : lion, buffle, léo-pard, éléphant, rhinocéros.

Époque se battaient à coups d'extravagances. Il y avait une surenchère côté chapeaux ! Il leur fallait de sacrées touffes de plumes à ces oiseaux-là, elles finissaient par ne plus pouvoir passer sous les portes.

Nous l'écoutons bouche bée

— En fait, c'est l'automobile qui dans les Années folles a tué la plume d'autruche.

Ingénue, Sonia l'interrompt :

— Ils n'avaient pas inventé le barbelé ?

Richard se tord de rire.

— Non, Sonia ! Les voitures ne faisaient pas des cartons d'autruches ! Imaginez seulement dépasser les vingt kilomètres à l'heure dans une Panhard Levassor décapotée avec sur la tête votre pièce montée tout emberlificotée d'aigrettes ! Pas facile non plus d'entrer par la portière. Du coup, en 1920, la ville des milliardaires est brutalement devenue une ville fantôme.

Dans la ferme Safari, après une rapide visite des couveuses, nous filons au ranch. Un troupeau de belles autruches mâles s'échauffe pour une course sur piste de quatre cents mètres. Elles dominent de leurs longs cous graciles des *ostrich boys* affairés à les harnacher. Richard, qui connaît bien le patron, a obtenu que je puisse concourir avec les pros, mort de rire à l'idée de raconter qu'il a vu un poussin chevaucher une autruche.

Pancras, réfugié rwandais rescapé des massacres, employé pour les visites en français, m'explique succinctement le maniement de l'oiseau :

— C'est simple ! Tu soulèves l'aile du côté opposé vers lequel tu veux aller et tu te penches de l'autre.

Les employés coloreds se mettent en ligne et sautent en croupe d'un coup leste en glissant leurs cuisses sous les ailes chaudes. Après deux essais infructueux qui secouent ma grosse balayette à échasses, je me retrouve perché, et c'est le signal ! Vent du bas, les grandes folles partent à tire-d'aile dans un trot serré, je m'accroche comme un diable sur mon tas de plumes instable propulsé à la vitesse d'un cheval au galop. Le vent siffle dans mes oreilles. Après quelques longueurs de ce gym-khana délirant, je sens mes cuisses glisser peu à peu sous les aisselles de mon oiseau, je perds le nord, secoué, tout se brouille, seul le cou ne bouge pas dans ce rodéo volatile ; d'un geste désespéré je m'y rattrape : de la guimauve ! Il se tortille comme un ver, je lâche prise, au passage ma cocotte me file un coup de boule et mets le turbo. Je vois des étoiles et m'accroche ferme à ses moignons d'ailes en attendant que ça passe. J'ouvre un œil, je suis en tête ! Sonia et Richard hurlent comme des bookmakers, je passe la ligne à plat ventre sur le dos de mon gros poulet.

Sur le chemin du retour, Richard, qui a du mal à s'en remettre, reprend l'éloge de ses chéries :

— Aujourd'hui il y a un retour de l'autruche ! Le cuir, les œufs, la viande sans cholestérol et la lipophobie des Américains assurent les beaux jours de la ville ! Voilà pourquoi on l'appelle ici le *wonderbird* !

En reprenant la marche, nous ne nous lassons pas de les voir filer élégamment, leur cou souple portant haut leurs grands yeux de coquettes, et leurs ailes inutiles époussetant l'air doré du soleil qui s'incline dans la vallée du Petit Karoo.

De George à Knysna, nous suivons la voie ferrée d'un petit train à vapeur serpentant sur la côte rocheuse en sifflant dans les tunnels sa complainte mécanique délicieusement obsolète. De temps à autre, nous suivons des plages interminables. On essaie d'abord pieds nus pour le plaisir, puis l'on se rechausse vite à cause de la violence des percussions sur le sable mouillé. Marcher sur la plage, c'est agréable sur trois cents mètres à Deauville en été, mais au bout de nos cent trente kilomètres de sable, nous avons la jambe gauche raccourcie à cause de la pente, les mollets passés au Kärcher par le vent soulevant le sable et la tête lessivée par l'océan rageur... Des dauphins nous dépassent. Parallèles à la plage. Eux aussi vont vers l'est.

Des pavillons ridicules sont bâtis sur les dunes, hétéroclites et mégalos. Je glisse à Sonia :

— Toutes les côtes du monde sont attaquées par cette anarchitecture sam'suffisante.

Nous nous offrons un peu de kayak de mer dans le lagon de Knysna, histoire de faire travailler aussi nos bras, et arrivons de nuit à Plettenberg Bay, dans un *township* répondant au nom trompeur de Green Valley.

Nous surmontons notre appréhension et frappons à la porte d'une maison un peu plus soignée que les autres. Une petite femme bridée couverte d'un chapeau cloche nous ouvre la porte, suivie d'un homme fin et lippu aux yeux globuleux :

— Mais entrez donc, ne restez pas dehors !

Isaac et Esther Wildeman, ouvriers coloreds, nous font aussitôt de leur cabane un palais enchanteur. Un intérieur aussi coquet, presque douillet, est insoupçonnable du dehors. Isaac nous raconte :

— Nous avons pu construire cette maison grâce à l'argent de Mandela. Il nous avait promis à tous une maison. Nous, nous l'avons eue ! Avant, nous vivions dans un *shack*[1] pourri, à même le sol, la pluie passait sous les murs, nous étions obligés de nous accrocher au toit pendant les tempêtes pour qu'il ne s'envole pas.

Impressionnés, nous cherchons à en savoir un peu plus, car en chemin nous avons croisé de nombreux bidonvilles implantés sauvagement dans les champs.

— Ici on a eu de la chance, car il s'agissait de dix mille rands (équivalant au franc de l'époque) en bons d'achat de matériaux de construction. Nous avons tout construit nous-mêmes. Dans la majorité des autres municipalités, des rangées de maisonnettes ont été bâties d'office en batterie sur des terrains sans arbres : c'est horrible, les gens ne veulent pas habiter là-dedans. Alors ils se les font attribuer, en rachètent d'autres, les sous-louent à des gens venus d'ailleurs, et vont s'inscrire dans d'autres villes pour s'en faire attribuer d'autres : de vrais trafics. Et si les cases ne sont pas habitées tout de suite, elles sont intégralement déshabillées ; tout part : les toits, les portes, les chambranles.

Je m'insurge :

— Mais pourquoi construisent-ils des choses si laides !

— Parce que les conseils municipaux, de mèche avec les entrepreneurs, mégotent sur le cahier des charges et empochent la différence de la donation gouvernementale : ce sont les nouveaux *townships* de la corruption. Pour ces pauvres gens, rien n'a changé. C'est encore pire ! Ils se font rouler par leurs propres frères et sont déplacés en pleine campagne, loin des villes où ils pourraient trouver du travail.

---

1. Abri de tôle.

46

« Mais nous n'avons rien à voir avec les squatters que vous avez vus dans les champs et qui sont des Noirs venant d'ailleurs. Nous sommes du Cap depuis toujours. Eux ont été déplacés de force et en masse par l'ANC pour des raisons électorales car la région du Cap est la seule à ne pas être tombée dans leur giron. On les a vus arriver par dizaines d'autocars l'année dernière, depuis ils n'ont pas bougé. Je me demande comment ils font pour vivre ! Ils viennent des bidonvilles de Johannesburg ou de Durban, on a dû leur promettre n'importe quoi, mais ils n'auront rien, Mandela n'est plus là !

Esther renchérit :

— Pas étonnant qu'on ait des problèmes avec eux, ils nous méprisent, ne parlent pas afrikaans, ils n'ont pas de travail, ils nous volent tout la nuit, ils boivent et s'entre-tuent... Et après on s'étonne qu'il y ait des pauvres en Afrique du Sud ! Mandela n'aurait jamais laissé faire ça.

Esther est presque asiatique tant ses pommettes sont hautes et son teint clair. Elle a sûrement des ancêtres khoisans. Elle n'en sait rien. Comme beaucoup de déshérités, elle n'a pas de passé. C'est une enfant abandonnée. Elle a été élevée par une fermière blanche dans le Karoo. Aujourd'hui elle est vendeuse chez des Indiens qui tiennent un commerce de tissus à Plett', d'où la profusion de voilages, de rideaux, de housses et de coussins qui capitonnent chaudement ce petit nid douillet. Seul manque encore le plafond. Les murs s'arrêtent net, ouvrant sur la charpente et les tôles ondulées. Nous entrons dans la confidence. Tous deux sont d'anciens alcooliques convertis. Jésus contre la gnôle. Isaac nous raconte :

— Je n'avais qu'un dieu, le *pop'sack*[1]. Tout y passait, c'était mon obsession, je volais de l'argent à ma femme, je la battais, je perdais sans cesse mon emploi, je me bagarrais tous les vendredis soir, je vivais en enfer...

Son sourire édenté conserve les traces de ces frasques passées. Esther continue :

— Un jour je me suis dit : trop c'est trop ! Pendant trois semaines je me suis enfermée dans ma chambre et j'ai prié, j'ai prié tous les jours pour qu'il arrête, j'avais un disque de gospel que je passais en boucle pour ne pas l'entendre. J'avais peur de lui, nous vivions dans la terreur. Il s'est saoulé pendant trois

---

1. Cinq litres de mauvais vin blanc conditionnés en poche plastique.

jours. Je l'entendais hurler, il cassait tout, les enfants avaient fui chez des voisins. Un soir il a défoncé la porte, et il est venu se coucher avec un verre à la main et... À toi ! Dis-leur ce qui t'est arrivé !...

Un tantinet gêné, Isaac reprend :

— C'était mon lit, je voulais dormir dedans, ça faisait deux nuits que je dormais sur le canapé ! Eh bien, à peine allongé, j'ai été roué de coups et propulsé hors du lit...

Je me tourne vers Esther :

— C'était toi, les coups de pied ?

Elle rétorque :

— J'ai pas bougé d'un poil, j'avais bien trop peur !

Isaac reprend :

— J'ai fait un vol plané à travers la pièce ! Elle ne m'avait pas touché ! En me relevant je chantais *Amazing Grace*, un chant que je ne connaissais même pas. Depuis, je n'ai plus bu une goutte d'alcool. Et ma vie a changé !

Nous avons du mal à imaginer que ce petit bonhomme propret et angélique ait pu être un tel soudard. Au tour d'Esther de nous raconter le jour qui a changé sa vie.

— Moi je buvais pour oublier, moins qu'Isaac bien sûr, mais ça me faisait dormir. Je ne m'occupais pas de la maison, je ne faisais plus à dîner, j'avais tout le temps mal à la tête. Un dimanche je suis entrée dans une église à l'instant même où le pasteur disait : « Comment trouve-t-on de l'eau pure quand il n'y a que de la boue ? On enfonce un tuyau dedans, il en sort de l'eau claire ! Soyez des tuyaux qu'on enfonce dans les montagnes de l'ignorance... » J'ai eu tout d'un coup très soif, je me suis précipitée à la maison pour boire des litres d'eau. Depuis, la vue d'un verre d'alcool me donne la nausée !

Après le dîner nous sortons dans la rue. Tous vivent dehors, leurs intérieurs sont trop petits. Des bris de verre, des cris, des jeunes qui gesticulent autour d'un poste, une bière à la main, un couple de petits vieux qui rampent au sol, quand l'un tombe l'autre le traîne, et ainsi de suite, les témoins se marrent, cortège pathétique. Dans cet univers d'ennui, de désœuvrement et de pauvreté, se promènent le soir des bâtons de dynamite trempés dans l'alcool, en quête d'une étincelle...

Nous confrontons nos idées toute la nuit : Esther et Isaac nous demandent comment ils peuvent inciter leurs voisins à lever le pied et non pas le coude sur la dive bouteille. J'attaque :

— Créez une association ! Allez la faire reconnaître à la mairie, puis visitez les familles des buveurs, racontez-leur votre histoire !

Sonia enchaîne ·

— Vous pourriez créer un label à coller sur votre porte, du genre « maison sans alcool ». Vous seriez deux ou trois maisons impeccables au début, puis tout le monde voudra vous imiter ! Déjà, nous avons frappé chez vous parce que vous êtes les seuls à avoir un jardinet fleuri devant votre porte : ce n'est pas un hasard ! Vous donnez déjà l'exemple.

Dimanche matin :

— Toc ! Toc ! Toc !

— Entrez !

Esther en bigoudis pénètre dans notre chambre avec un plateau de petit déjeuner.

— Non je n'y crois pas !

Et s'éclipse dans un rire malicieux comme si elle avait réussi un bon coup. Nous sommes abasourdis par tant de gentillesse.

Une fois levés, nous les retrouvons tirés à quatre épingles : ils nous invitent à leur « service ». Les groupuscules protestants fleurissent ici, chacun avec sa sensibilité et sa petite cuisine dogmatique. Ils dégagent tous quelque chose de touchant et de courageux ces chrétiens perdus en dehors du maillage des grands courants. Ils s'assument. Au bout de la ruelle, ils ont construit une petite case en ciment recouverte de tôle ondulée : leur temple.

De partout, dans notre sillage, convergent des têtes hallucinées. Nous sommes les premiers Blancs à avoir jamais dormi dans le bidonville. Les yeux s'écarquillent, les bouches se fendent sur de larges sourires, tous sont endimanchés comme des milords ; nous nous entassons à cinquante à l'intérieur du temple. La guitare électrique s'échauffe déjà. Ça commence très fort. Les amplis crachent plein pot, les vibrations résonnent dans nos poumons, l'espace vibre à saturation, « charismatic show ! » très chaud !

Pas de pasteur. Ces chrétiens-là ont pris leur foi à bras-le-corps en la découvrant le plus souvent dans des manuels clés en main postés des États-Unis. Face à l'assemblée, cinq

« ministres du culte » dont Isaac, prennent la parole à tour de rôle en ponctuant leurs envolées spiritiques de *Amen* ! et *Alleluiah* ! qui leur donnent le temps de retrouver le fil crescendo de leurs démonstrations. Chacun y va de sa petite histoire en postillonnant gaiement sur le premier rang. Les chants et les danses se succèdent sous la tôle chauffée à blanc par le soleil et le rythme s'accélère ; pas d'eucharistie, des témoignages, peu de lectures, du vécu, beaucoup d'empathie, des tonnes de sympathie, des litres de sueur, et l'on se prend bientôt au jeu, emporté dans la ronde clappante qui suit la séance d'imposition des mains, de confession publique et d'apaisement : des cris, des larmes, des transes, de l'expression. De l'émotion, en somme !

Tous se défoulent ici des rigueurs de leur vie, et la prière en commun, la communion dans la danse retrouvent les vieux accents des fêtes tribales qui les unissaient il y a peu, le soir autour du feu.

Isaac prend la parole :

— La maison de Dieu n'est pas faite de brique et de ciment, elle est votre cœur ! Ouvrez votre porte au Seigneur...

À cet instant précis s'inscrit dans l'encadrement de la porte une femme débraillée aux pieds nus, tenant par la main deux enfants terrorisés. Un sein fripé sort de son corsage, son regard hagard mange un visage dont la détresse a remplacé la défunte beauté, elle semble hésiter sur le pas de la porte, comme assommée par la folie qui l'a menée jusque-là.

Esther vient la prendre par la main et l'assoit doucement près de l'entrée. Elle fond en larmes en glapissant un déchirant « *Please ! Help me !* ».

Le bout du rouleau.

Notre amie nous apprend qu'elle a tué sa sœur en plein délire éthylique d'un coup de bouteille sur la tête et qu'elle élève, seule et sans ressources, ses trois enfants et les deux orphelins de sa sœur...

En sortant, Esther se félicite : depuis plusieurs mois elle l'invitait en vain aux services.

Isaac s'exclame :

— Voilà Ewan Wildeman mon cousin, l'enfant prodige et prodigue de Green Valley, il est devenu le maire de la très huppée Plettenberg Bay, je vais vous le présenter.

Modeste, en T-shirt, le visage plein et le port altier, Ewan salue des amis dans la rue. Il vient à nous.

— Vous êtes les visiteurs ? Bienvenue dans ma ville natale !

Nous lui demandons si par hasard il ne connaîtrait pas un de ses administrés du nom de Mike Wells

— Mike Wells ? J'ai épousé sa fille !

À l'heure de nous séparer, Esther fond en larmes dans les bras de Sonia, et nous sommes submergés par une vague d'émotion secouée de rires ; un de ces rares moments dans la vie où l'on se sent pousser des ailes grâce au spectacle de la bonté d'autrui.

Esther ou notre petit ange de la « verte vallée ».

L'après-midi, nous retrouvons l'homme à la Mercedes blanche en compagnie de sa ravissante femme Jill et de sa fille Shelley. Mike lève l'énigme ; « Nous avons rencontré Adriaan et Louise Mocke à un vernissage, ils nous ont parlé de vous... »

Mike, d'une famille d'origine britannique, vient de fêter ses soixante-dix ans. Ancien publicitaire à succès, il occupe sa retraite en conseillant les communautés autour de Plett, et se passionne pour notre passage par Green Valley. Il a dans l'idée de rédiger une charte morale universelle rassemblant toutes les communautés sud-africaines autour de valeurs fondatrices communes, au lieu de celles anarchiques du marché et informelles de la jungle urbaine qui semblent s'instituer en maîtres. Ewan apporte de l'eau à notre moulin :

— L'alcool est le fléau de notre communauté ; très bonne idée, cette association ! On va essayer de mettre ça en place. Ce qu'incarnent Esther et Isaac est une grande source d'espoir.

Sa femme Shelley est une artiste rouquine, ancienne activiste anti-apartheid. Nous lui rétorquons qu'eux aussi, elle et son mari colored, sont à nos yeux un merveilleux signe d'espérance. Deux adorables blondinets bouclés à la peau caramel dessinent dans le sable, à nos pieds, l'avenir possible de l'Afrique du Sud.

L'après-midi, Shelley nous emmène à sa galerie, Small Miracles, où elle expose des artistes de tout le pays. Nous tombons en arrêt devant des céramiques colorées fabuleusement kitsch où courent des figurines de zèbres modelés, des pintades, où des girafes penchées servent d'anses à des vases : tout le bestiaire africain s'est donné rendez-vous sur des assiettes peintes à la main.

— Ça s'appelle de l'Ardmore ! Passez les voir si vous êtes dans le coin, c'est de l'autre côté du Lesotho. Ce sont des artistes zoulous séropositifs. Tant de gaieté dans un tel drame ! S'il y a une candeur en Afrique, c'est celle-là ! Une sorte de fatalisme positif. Ils savent qu'ils vont mourir ? En attendant ils font de l'Ardmore et les collectionneurs s'arrachent ces pièces uniques.

Dîner de haute volée sur fond de Jean-Sébastien Bach, de gigot d'agneau aux flageolets, de roquefort et de vin de Cahors rapporté de Rocamadour où Mike et Jill ont une maison.

Mike est une caricature de l'Anglais raffiné et mesuré. Un nez d'aigle, un front dégarni, des oreilles décollées, des lèvres pincées susurrant un anglais très *ox-bridge*, un regard concentré, perçant, où pétille encore une désarçonnante verdeur.

Jill Kirkland, avec ses airs de Romy Schneider, est un mélange prusso-écossais détonant. Elle aussi est une artiste. Mike la dévore des yeux et profite des présentations pour faire son panégyrique amoureux. Car Jill a eu son heure de gloire. Elle fut la Joan Baez de la chanson sud-africaine dans les années 1970 ; Mike passe un de ses disques.

Une voix cristalline s'élève accompagnée par une flûte traversière : « Comme un oiseau sur un fil, j'ai toujours rêvé d'être libre... »

La voix traverse le temps et retrouve sa propriétaire. J'ai rarement ressenti avec autant de force à quel point il était essentiel de laisser une trace. Pas pour l'orgueil, pas pour la postérité, pas pour l'ego. Pour la création, pour signer son existence. Afin de ne pas vivre que pour soi. La signature de Jill, haute et claire, simple et universelle, vibre dans cette salle à manger comme quelque chose qui dépasse sa créatrice.

Cette dernière, les yeux pleins d'étoiles et le nez piqué modestement dans son assiette, semble presque douter d'avoir jamais chanté si bien, tandis que Mike la fixe comme pour percer le mystère de la beauté, le mystère de la pureté, le mystère de la femme...

Elle écrit en ce moment un opéra pour enfants en menant de front livret, chorégraphie, musique et costumes.

Tous deux veufs, ce sont de jeunes mariés en secondes noces ! L'amour ou l'élixir de jouvence ! Pour la convaincre d'emménager dans ses murs, Mike avait profité d'une semaine de vacances pour faire ajouter une aile à sa maison afin d'y installer le magnifique piano à queue qui la retenait chez elle. Au café, elle nous enchante avec des valses de Chopin. L'Afrique va-t-elle longtemps continuer comme ça ?

Les cinq jours qui suivent, pour échapper à la nationale 2, nous traversons le parc des montagnes de Tsitsikama, dans une jungle primitive bruissante d'oiseaux où poussent de monumentaux yellowwoods aux pieds frangés de fougères arborescentes. Pour la première fois en sept cents kilomètres nous marchons seuls dans une nature vierge et démesurée. Un avant-goût d'une autre Afrique, celle à laquelle nous aspirons tant. Partout des ruisseaux dévalent les pentes moussues de cette jungle indigène en se teintant d'un brun-rouge surprenant. Une variété d'arbustes de la famille de celui dont on tire le rooibos [1] est à l'origine de cette coloration.

Plus sportif qu'utilitaire, le chemin s'ingénie à passer par tous les cols du massif. Nous découvrons de nouveaux muscles ! Toujours des courbatures et des tendons sollicités. Nous roderons-nous jamais ? À loisir nous détaillons toutes les variétés de proteas de la *fynbos*, ces grosses fleurs primitives aux allures de cônes de pin, dont le cœur s'ouvre pour laisser éclater d'extraordinaires architectures de pistils et d'étamines. Ce trek est un luxe pur si l'on considère qu'on aurait pu faire en une demi-journée sur la nationale 2 ce que nous parcourons en cinq jours dans le parc, mais le temps nous importe-t-il tant ? Il court, nous marchons. Chaque jour passé en Afrique nous affranchit de sa dictature. Nous n'avons point d'autre métronome que celui de nos pas.

En costumes d'Adam et Ève, nous nous baignons dans des ruisseaux et des bassins à déversoir, aussi bruns que de la Guinness, tandis que volètent autour de nous de verts touracos aux ailes rouge sang et que papillonnent des colibris métalliques dans les grandes corolles des liserons sauvages. Nous avons la montagne vierge pour nous et de petits refuges perchés devant des panoramas d'anthologie : *Tsitsikamasoutra* ou le trek des amoureux.

---

1. Infusion très populaire remplaçant le thé. Littéralement : buisson rouge.

4

Happy sad land

Ferme Nanaga, lundi 4 mars 2001, 63ᵉ jour, 43 km, 980ᵉ km

À Port Elizabeth, nous quittons enfin la côte que nous suivons depuis trois mois et mille kilomètres afin d'échapper aux chaleurs mortelles du désert du Karoo. Nous ne sommes plus dans la province du Cap-Occidental mais dans celle du Cap-Oriental, célèbre pour son hospitalité. Fini de marcher vers l'est. Nous prenons un angle droit vers le nord pour pénétrer enfin le continent noir. Depuis Le Cap nous n'avons rencontré que des Coloreds et des Blancs d'Afrique. Il y a quelques jours nous avons traversé notre premier village à majorité noire, Humansdorp, « le village des hommes ». Tout un symbole pour notre marche.

Nous passons notre millième kilomètre à pied. Un premier cap. L'endroit est insignifiant et pourtant il marque pour nous un jalon important : de l'espace peuplé d'amis, trois mois de vie intense, trois mois d'efforts, trois mois de rodage pour trois ans de marche.

À la fin d'une journée abrutie de goudron et de voitures sur la nationale 2, un barbu poivre et sel s'arrête à notre hauteur :

— Vous n'avez pas le droit de monter ? OK ! Vous avez sûrement de bonnes raisons, je respecte les principes, mais je peux vous indiquer un ami qui habite dans le coin.

Les Sud-Af poussent décidément très loin le sens de la solidarité. Il sort de sa voiture et étale une carte sur son capot. Pendant qu'il nous montre le chemin à suivre, un jeune homme venu

54

de la ferme voisine vient se joindre à nous. S'entame entre eux la plus surréaliste des conversations pour déterminer qui sera notre hôte : l'un vantant les bières fraîches de son ami, l'autre sa piscine à deux pas ! Deux pas c'est exactement ce qu'il nous faut, nous remercions chaleureusement notre barbu qui cède en nous sommant d'accepter des barres de chocolat pour demain !

Malcolm Mackenzie, beau gosse, est ancien analyste financier chez Merryl Lynch à Londres. Il a épousé il y a deux ans Leigh-Anne, une jeune propriétaire terrienne, en troquant son costume pour un bleu de gentleman farmer.

Après un dîner aux chandelles arrosé de bons vins et composé de riches viandes, Malcolm nous parle du contraste entre le monde des requins de la finance et celui de ses ouvriers agricoles.

— Dans mon métier, il fallait trouver la faute, sanctionner, éliminer ! Ici, c'est l'inverse. Je fais de l'accompagnement et du sauvetage permanents. Ça doit être ça qui renforce le côté saint-bernard des fermiers ! La moitié de mon boulot consiste à rattraper les erreurs de mes travailleurs. Pas des erreurs professionnelles – pour ça, ils s'en sortent plutôt bien – mais des bêtises de vie ! Leur détresse vient de ce que personne ne leur a jamais appris à élever une famille, à tenir une maison, à se nourrir de façon équilibrée, à se soigner, à s'habiller, à changer d'habits, à se laver, à acheter, enfin toutes ces choses qui constituent la majeure partie de la vie. Alors j'y vais doucement. Par exemple s'ils veulent acheter quelque chose, on en discute et je leur propose un prêt à un taux zéro, car ils se font arnaquer par des types qui leur vendent des canapés ou des âneries en leur mettant des crédits sur le dos. D'autre part, je les intéresse aux revenus. Si les vaches donnent mieux, ils sont gagnants. Ils comprennent qu'ils font partie d'une équipe, ce qui les motive.

Merryl Lynch en *incentive* [1] dans l'étable !

Leigh-Anne tient un *farm stall* [2] à succès en bord de la nationale. Les clients viennent de P.E. [3], à cinquante kilomètres, pour lui acheter ses *pies* [4]. Elle nous avoue :

---

1. Stage de motivation.
2. Vente directe de produits fermiers.
3. Abréviation de Port Elizabeth. Prononcer *Pi-i*.
4. Tartes fourrées de diverses viandes épicées.

— Il n'empêche que j'ai eu des problèmes uniquement avec mes employées blanches : jamais contentes, toujours malades, toujours en retard, des râleuses qui en veulent toujours plus. Il y en a même une qui piquait dans la caisse ! Jamais une Noire ne m'aurait fait ça. Elles sont capables d'abattre un sacré boulot, tout en papotant entre elles. Moi, je voue une profonde admiration à la femme africaine... Il faudra que vous le disiez dans votre livre ! Vous avez déjà eu des articles dans la presse ?

— Non, pas en Afrique du Sud.

— J'ai des amis journalistes à Port Elizabeth : on va organiser un petit déjeuner de presse dans mon *farm-stall* demain matin !

Nous quittons les Mackenzie le matin de la parution des articles. Toute la journée et les jours qui suivent, des supporteurs viennent nous tendre des Coca frais sur la route, des biscuits ou des bâtons de biltong, la viande séchée locale, car nous avons eu le bonheur de dire que nous l'adorions.

Nous gagnons Grahamstown, le Cambridge sud-africain, après une rude montée sous le soleil par une montagne entièrement rasée de ses eucalyptus. En mille kilomètres nous en avons vu de ces carnages forestiers ! Une vaste campagne de sensibilisation, orchestrée par le gouvernement, s'acharne sur tous les arbres « non indigènes ». Racisme botanique ? Autant abattre dans tous nos parcs les marronniers d'Inde ! En principe c'est pour récupérer l'eau que les arbres ne boiront pas, même si une montagne écorchée et ravinée n'a jamais produit que de la boue et que les racines sont les meilleures éponges à humidité : elles relâchent en saison sèche les excès pompés pendant la saison des pluies.

Enfin dans la ville, nous déambulons parmi des bâtiments victoriens en brique rouge, entourés de pelouses fréquentées par des jeunes filles en uniforme et canotier quand, sous la cathédrale, un type nous hèle depuis son combi Volkswagen :

— *Welcome bloody French couple.* Vous ne savez pas ce qui vous attend à travers ce putain de continent. Sautez ! Je vais vous donner quelques tuyaux.

Obie Oberholzer, professeur de photo à l'université, nous accueille chez lui, vaguement éméché. Sur une étagère on aperçoit une demi-douzaine d'albums photo signés par lui et publiés chez de prestigieux éditeurs. Nous les feuilletons pendant qu'il vocifère sur un bouchon de liège qui s'est rompu.

Révélation. Ce type est un génie de la photographie. Du jamais vu ! Ses photos sont uniques. C'est le pro des longs temps de pause. Avec de gros spots, il « peint le paysage », obturateur ouvert et diaphragme fermé ; il donne ainsi à ses clichés des lueurs féeriques. Nous nous abreuvons de ses précieux conseils techniques. Depuis trente ans il arpente l'Afrique de long en large avec sa Land Rover, sa gueule de boxeur, son appareil grand format et son trépied de dix kilos.

Il ne prend que des photos de gens qui racontent une histoire. Chacun de ses clichés est accompagné de la vie de son personnage qui transpire de l'instantané. L'œil divague ainsi du texte au décor en revenant au visage pendant de longues minutes, et la photo s'anime. Au fil des pages on voit défiler la vie d'une prostituée de Kampala, d'un réfugié rwandais, d'un berger amhara, d'un pêcheur malawien, et se compose en mosaïque une saga africaine magique. Il est allé jusqu'à l'Éthiopie pour son dernier livre : *Beyond Bagamoyo*.

Sur la table basse, une étrange boule est fichée sur un pied en acier planté dans une souche vernie.

— Obie, qu'est-ce que c'est ?

— Du fumier d'éléphant ! La plus grosse merde du monde ! Un chef-d'œuvre, n'est-ce pas ?

Ce type est fou.

Nous lui parlons de tribus que nous aimerions rencontrer les Ndébélés, les Vendas...

— *Kak Man !* Je ne veux pas vous décevoir mais ils sont dans des zoos à touristes. Y a plus rien d'authentique dans ce bled ! Il n'y a que du sable, de la misère et de la joie désespérée, des gratteurs de terre et de la survie désenchantée, des cultures mortes et des tyrans cyniques, et pourtant des hommes, des hommes... qui ont tout compris à la vie...

Au fil des verres, ce « peintre en paysage avec son faisceau de lumière » se déchaîne sur les espaces d'un continent démesuré dont il s'obsède à trouver l'essence, à fixer l'esprit, à capturer l'âme. Ivre d'avoir trempé ses lèvres au Graal Africain.

Nous le quittons un peu secoués, à l'aube de nous enfoncer au cœur du *Dark Continent* [1], sur ce mot en guise de présage :

---

1. Ainsi nommaient l'Afrique les premiers explorateurs britanniques.

— You'll see, Africa is a happy sad land. You'll make it, but you will never be the same again [1]...

À dix kilomètres au nord de Grahamstown, nous pénétrons un autre univers : le veld. Un mélange de paysages infinis, de steppe, de poussière chaude, de montagnes russes et de plateaux (des inselberg et des tafelberg) mordant l'horizon. La piste s'étire ; au loin des fermes isolées semblent toujours s'éloigner, et une éolienne édentée qui grince dans le vent, s'épuisant à tirer du bush quelques gouttes de vie. L'ombre de gros nuages projetée sur le flanc des collines court comme un troupeau de vaches folles. Des yuccas poussent vers le ciel cru leur fleur monumentale et des figuiers de Barbarie nous offrent leurs fruits granuleux à la faveur d'une pause.

Sonia s'exclame :

— Voilà l'Afrique ! Fini le tourisme sur la route des Jardins, finie la balade avec les pingouins, les autruches et les requins ! Ça va saigner !

Nous avons donné un coup de cutter dans sa chaussure droite pour sauver son petit orteil transformé depuis trop longtemps en ampoule permanente. Quelle femme extraordinaire ! Elle a avancé sans se plaindre là où j'aurais pesté comme un damné. Nous marchons rigoureusement le même nombre de kilomètres, mais pas de la même façon. Pour moi, triste mâle, c'est une moisson de pas, une conquête de kilomètres, une victoire sur l'espace. Leurres et vanité. Pour elle c'est naturel, c'est de la vie accomplie, notre destin. Une merveille de simplicité. Elle a tout compris. J'apprends.

Nous ne voyons plus que cinq voitures par jour et passons quelques panneaux de fermes indiquant qu'elles se situent à cinq ou dix kilomètres dans les terres. Ça fait loin, en fin de journée.

Heureusement, nous avons découvert une règle magique dans le veld : quand le jour décline, nous tombons invariablement sur un fermier rentrant chez lui. On ne sait pas pourquoi, mais c'est comme ca, on l'appelle « la rencontre de la sixième heure ». Il s'arrête, nous salue, demande ce que nous faisons là et nous invite chez lui. Ce scénario se répète tous les soirs avec

---

1. « Vous verrez, l'Afrique est "une terre joyeusement triste". Vous y arriverez, mais vous ne serez plus jamais les mêmes... »

une régularité de métronome. Il est déjà loin le temps où nous abordions la ferme de Wicus Leeuwnar avec appréhension.

Nous venons de dépasser l'entrée de la ferme Becker quand un avertisseur retentit derrière nous. Nous nous retournons, un jeune type nous fait signe de revenir sur nos pas :

— Vous allez à Jérusalem ?

— Vous avez rencontré Obie ?

— Qui ça, Obie ? Je ne connais pas d'Obie, mais l'année dernière à la même époque j'ai ramassé à cet endroit un type sur la route qui marchait vers Jérusalem.

Rappel à l'humilité. Pour ceux qui croiraient s'attaquer à une première ! On met toujours ses pas dans ceux de quelqu'un.

— Il n'y a personne avant quinze kilomètres, venez donc chez moi, à moins que vous ne préfériez dormir à la belle étoile ?

Nous n'avons pas assez d'eau. Nous grimpons à la condition qu'il nous redépose, à l'aube, à l'entrée de sa ferme. D'accord ! Ces gens comprennent tout de suite notre démarche, et sont ravis d'en devenir les complices.

Depuis le début de notre marche tout se passe mieux que si tout était organisé, ce qui est rassurant et inquiétant à la fois. Y aurait-il donc un dieu pour la marche ? J'en suis là de ces divagations quand Rick se rappelle :

— J'ai dansé à l'Olympia dans les années 1980, je faisais partie d'une troupe de ballet sud-africaine en tournée à travers l'Europe.

Je croise le regard de Sonia.

— Trop fort !

Il reprend :

— Il y avait des Coloreds et des Noirs avec nous, on s'est beaucoup promené : Montmartre, la vallée de la Loire, l'opéra de Lyon. J'ai eu de nombreux problèmes avec la police parce que j'étais sud-africain. Je me suis fait arrêter partout : à Paris, à Madrid, en Allemagne ; on m'a même craché dessus à Amsterdam. Alors que je militais comme je pouvais contre l'apartheid ! C'était horrible ! De retour au pays je me faisais traiter de *kaferbootie* [1] par les types qui s'accrochaient au régime. Maintenant les Noirs nous voient Blancs et c'est très dur d'avoir des relations normales avec eux. Nous sommes persécutés par le gou-

---

1. Littéralement : ami des nègres.

vernement de façon mesquine. En tant que fermiers blancs, l'apartheid est inversé ! Pas simple ! Il faudrait que tout le monde soit daltonien dans ce pays. Et croyez-moi, en matière de couleurs je m'y connais, je suis peintre.

Sonia l'interrompt, le sourire aux lèvres :

— Fermier, danseur, peintre ?

— Eh oui ! Je suis retourné à mes premières amours. À dix-huit ans, j'ai peint à Chamonix, Berlin, Venise. Aujourd'hui je peins le veld. Il y a une incroyable variété de lumières dans ces mornes étendues.

Sa ferme est plantée au cœur d'une oasis. Une vieille bâtisse entourée de vérandas sur les quatre côtés, la pente du toit douce et les murs épais. Karen, sa femme, nous accueille chaleureusement, un bébé malade dans les bras et un amour de fillette dans les parages.

— Vous aussi ? Vers Jérusalem ? C'est incroyable ! L'année dernière, à peu près à la même époque, on a accueilli un marcheur qui s'y rendait aussi ! Regardez, j'ai sa photo là. Il s'appelle Harald Bohn, c'est un géant norvégien, il a un sac de soixante kilos et une barbe qui lui descend jusque-là. Il a à peu près votre âge, mais lui, il prêche en chemin. Aux dernières nouvelles, il serait au Mozambique.

Partout des toiles. Des grands formats. Des paysages acryliques aux ciels fantasques en camaïeux de son choix, dégradés roses pour l'un, verts pour l'autre. Beaucoup de jaune-gris. Dans ces paysages immenses tout en nuances s'agencent des petites fermettes lézardées, de guingois, désolées, un arbre mort, spectral, une éolienne tordue, des necks dans le lointain et de minuscules personnages cachés : un fils d'ouvrier agricole jouant avec un cerceau, un fermier et son troupeau, des microtaches de matière à l'horizon. Nous sommes en pâmoison.

— Malheureusement, je peins seulement pendant le week-end. Car il y a aussi les autruches, le bétail, les moutons... Si je trouvais d'autres galeries pour exposer, je peindrais un ou deux jours de plus...

Nous sortons notre joker : la galerie Small Miracles, Shelley Wildeman, nos amis de Plettenberg Bay. Si en plus notre marche pouvait se rendre utile !

Karen se lève à 5 heures pour nous préparer un *full breakfast* : œufs au plat, bacon et *boerewors*, la saucisse traditionnelle afrikaner apportée de Toulouse par les huguenots.

À l'heure de partir, elle remplit nos fournes de différents biltongs de gibier. Sonia en profite pour demander la recette. Elle ne pouvait pas toucher un point plus sensible. Le biltong est un culte chez ces descendants de pionniers qui n'avaient pas d'électricité. On trempe des bandes de viande dans une préparation de vinaigre et d'épices et on les laisse sécher suspendues à l'ombre et à l'abri des mouches dans un endroit bien ventilé. Nous goûtons tout : le koudou, le blesbok, le springbok, le phacochère... Nos favoris restent les biltongs de bœuf et d'éland.

Une fois sec on dirait un bout d'écorce sombre. On s'en coupe des lichettes avec un petit couteau – rien que ça, c'est déjà tout un art qui parle à un peuple, qui évoque les chevauchées dans le bush, la guerre des Boers, les caravanes de *voortrekkers* – puis on attaque le copeau de viande durcie avec précaution de peur de réveiller une vieille douleur sous la molaire, et l'on avale peu à peu le jus de venaison épicée tiré de la mastication pour qu'enfin la fibre cède sous la dent en prenant possession du palais. Le biltong ou la gastronomie de la brousse.

Nous en avons en permanence dans notre sac, que nous dégustons tout en marchant pour combler les petits creux naissants. Il n'y a qu'un danger, les chiens de nos hôtes qui en sont fous. Ils le sentent à travers la toile de nos sacs, ne veulent plus nous lâcher, passent par la fenêtre si la porte est fermée, et parviennent à ouvrir délicatement de leur truffe les fermetures de la poche ventrale où je le cache. Surtout les teckels et petits diables de jack russels. Bref, ils se débrouillent toujours pour nous le chiper dès que nous avons le dos tourné. Chaque fois, nous nous souvenons de Mike Wells ayant pris ses deux chiens en flagrant délit, se tournant vers nous avec une voix de ventriloque, alors que les deux petites saloperies nous regardaient béatement en frétillant de la queue :

— *I like the French people that bring me nice biltong! Welcome again* [1] !

Ce matin, quatrième larcin. Nous le constatons alors que Karen nous refait le plein de ce viatique. Ce qui nous vaut dans

---

1. « J'aime les Français qui m'apportent du bon biltong ! Revenez vite ! »

des cascades de rires une double ration. Il y a toujours des quantités de biltong chez une bonne ménagère sud-africaine.

Les jours se suivent et défilent des pages de paysages infinis. Nous comprenons mieux les dégradés de lumière de Rick, ces bleus, ces gris, ces taches de rouge piquetées de termitières jaunes. Beaucoup de fermes abandonnées. Du vent, de la solitude. Une femme marche au loin à l'horizon dans les tremblements d'un mirage. Brumes de chaleur. Elle porte un colis sur la tête. Vision africaine. Combien allons-nous en croiser de ces admirables femmes portefaix, porte-foyer, porte-fruits, porte-Afrique ?

Les rares voitures qui nous dépassent s'arrêtent. Un conducteur nous donne de l'eau, l'autre du pain, mais le clou est enfoncé un soir quand nous croisons une splendide voiture de collection couleur sang-de-bœuf avec des pneus à flancs blancs et de beaux enjoliveurs. Le type fait marche arrière. C'est un rocker. Il rejoint son groupe à Grahamstown. Il revient de chez sa grand-mère et nous tend du poisson mariné au curry qu'elle lui a préparé...

Un autre jour, notre « rencontre de la sixième heure » arrive à 15 heures, qu'à cela ne tienne, notre fermier frénétique revient nous apporter un talkie-walkie pour que nous l'appelions vers 18 heures, notre labeur kilométrique accompli. Dans le quart d'heure qui suit, nous le voyons débouler dans une traînée de poussière pour nous emmener vers sa ferme.

Ils s'appellent Bloomfield, Danckwerts, Louw, Bennett, Morgan, descendent des premiers colons du Cap-Oriental, envoyés par la couronne britannique en 1828 pour conquérir ces espaces sauvages. Port Elizabeth, comme son nom l'indique, était la ville principale des *rooineks*. Mais depuis plusieurs générations ils sont fermiers parmis des familles d'Afrikaners et ont gagné leur respect, sont eux aussi devenus des Boers mais avec un soupçon de sophistication en plus. Ils sont tous passés par St. Andrews, le collège chic de Grahamstown, pour enchaîner sur des diplômes de grandes écoles ou d'ingénieurs puis sont retournés sur la terre de leurs parents. Aujourd'hui ils sont éleveurs de mérinos et de chèvres angoras.

Le bétail leur pose des problèmes, car ils doivent le plonger une fois par semaine dans un bain de produit contre les tiques. Cette engeance à besoin de sang à chaque étape de sa métamorphose : larves, nymphes et adultes. Elle peut aussi s'enterrer de longs mois et se réactiver plus tard. Chaque année avant les pluies, les fermiers brûlent les pâtures sèches pour en massacrer quelques milliards. Piètre consolation. Ils ont aussi des centaines de kilomètres de barbelés à contrôler et réparer, le bétail à compter toutes les semaines à cause des vols. Ils perdent deux à trois cents moutons par an à cause des caracals et des chacals : « Tant que ce chiffre reste stable nous n'éliminons pas ces prédateurs, ils ont leur rôle dans l'écosystème. » Sensé ! D'autant plus que sur cinq mille têtes la perte est raisonnable.

Au pied de la chaîne des Winterberg, nous sommes invités par Colleen Louw, une ravissante brunette, professeur à l'école yellowood d'Adelaïde. Ce sont nos hôtes de la veille, les Danckwerts, qui nous envoient chez elle.

Car il y a ça aussi chez les Sud-Africains ! Ils se débrouillent toujours pour trouver quelqu'un sur notre itinéraire, à trente ou quarante kilomètres de chez eux, qui pourra nous recevoir. Ils n'acceptent de nous laisser partir que lorsqu'ils savent le relais assuré. Une incroyable chaîne de solidarité se noue ainsi, maillon par maillon, que nous connaissons par cœur et que nous récitons à la grande joie de nos nouveaux hôtes du soir. D'une part, ils retrouvent des copains le long de la ligne, mais ils savent d'ores et déjà que nous ne les oublierons pas. En rencontrant Chris, son mari fermier, en short court et longues chaussettes, je le remercie d'avoir saisi la balle au bond :

— Je comprends maintenant pourquoi vous êtes si forts au rugby ! Des pros de la passe !

Chris et Colleen nous logent de l'autre côté de la piscine dans un adorable petit cottage en pierre, entouré d'une pelouse où picorent d'hirsutes poulettes blanches de collection. *Africa Trek ! Africa Trek !* Un immense lit double tout encombré de coussins moelleux y trône parmi des objets de décoration. Au réveil, je suis coincé : pomme sous l'élytre, le cauchemar kafkaïen ! Je suis métamorphosé non en scarabée mais en bûche. Un torticolis me paralyse le dos. Faux mouvement ? Le confort ne me réussit pas ! Nous sommes condamnés à rester.

Sonia en profite pour accompagner Colleen à l'école yellowood et se pencher sur le système éducatif mis en place par les fermiers pour les enfants de leurs ouvriers agricoles.

L'apartheid leur interdisait de s'en occuper. Depuis, c'est à qui aura l'école la plus exemplaire : ordinateurs, ateliers, bibliothèques, uniformes tirés à quatre épingles, parrainage suisse ou néerlandais, petits Noirs et petits Blancs apprenant ensemble le mode d'emploi de l'Afrique du Sud de demain. Elle revient bouleversée par l'harmonie et l'amour qu'elle y a vu déployés, et a programmé une petite conférence pour l'après-midi. Les enfants nous accueillent par une saynète. La moitié sont issus de milieux défavorisés, mais une partie des frais scolaires des autres va dans un fonds de compensation pour ceux qui ne peuvent pas en payer la totalité. Tous vaquent et vont ensemble, travaillent côte à côte : dix par classe, dotés d'outils pédagogiques d'exception ; toutes les conditions sont rassemblées pour leur succès. Curieux, enjoués, les gamins suivent attentivement la conférence. L'un d'eux, haut comme trois pommes, conclut :

— C'est incroyable ! Je raconterai ça à mes petits-enfants !

Il s'appelle Khumbunjani, ce qui signifie « ne m'oublie pas » en zoulou. Ils nous remercient en chansons. Nous leur rendons la pareille avec des chants xhosas [1] et afrikaners qui mettent le feu à l'école. *O Sarie Marais*, le vieux chant boer, et *Nkosi Sikele Africa !* [2], le nouvel hymne national, pour l'occasion réconciliés...

Nous prenons un peu d'altitude dans la chaîne des Winterberg en remontant longtemps un thalweg, la ligne de fond de vallée. Des hirondelles se sont rassemblées en masse sur les fils électriques pour de pépiants conciliabules avant le grand départ. Nous sommes à la mi-mars, elles devraient gagner l'Europe vers la mi-mai... La passe de rugby amical suivante nous mène chez les Bennett. Nous entrons dans les clans écossais. Comme par enchantement, avec l'altitude sont réapparus les chênes et les peupliers dont les feuilles jaunes de l'automne austral tremblent au soleil. Nous frappons à la porte d'une grande maison à deux étages, perdue au fond d'un vallon, au bout d'une allée de chênes. Une petite brune vient nous ouvrir :

— Je vous attendais ! Entrez vite, mon fils joue à la télévision.

— ?!

---

1. Tribu de Nelson Mandela. Prononcer « kosa ».
2. « Dieu bénit l'Afrique ! »

Russel Bennett est joueur numéro 15 dans l'équipe des Sharks de Durban. C'est comme si on avait frappé chez les parents de Castagnède ! Sur les murs, des photos du héros aux prises avec tous les maillots du monde. On le reconnaît ici plaquant Serge Blanco, et là face aux All Blacks : autant de glorieux faits d'armes.

Dans le couloir, comme chez tous nos fermiers, il y a des cadres pleins de gens stricts et engoncés dans de noirs corsets, des fracs ou des cabans de feutre. Petites lunettes et rubans noirs, rigueur et probité protestantes à fleur de peau. Gros barbus et petits blondins, matrones et jouvencelles, ces gens devaient être de sacrés durs à cuire pour venir s'installer ici dans ces contrées sauvages et désertes, avec leurs chars à bœufs, leur bible et leur fusil. Et parvenir à conserver une telle touche malgré le travail et les rigueurs de la vie. Au fil des générations les visages se décrispent et l'opulence arrondit les traits, les voitures apparaissent, on ne photographie plus le travail mais les loisirs. *O tempora ! O mores !*

Jill nous attire dans le jardin :

— Quand Colleen m'a dit que vous veniez, j'ai mis en route ce matin ma seule recette française : un pot-au-feu dont vous me direz des nouvelles !

Suspendu par une chaîne au-dessus d'un feu de bois, un pot de terre arrondi oscille doucement en berçant le déjeuner qui en mijote de plaisir. C'est du sérieux pot-au-feu.

Julian est un colosse de deux mètres. Il s'inquiète beaucoup pour notre sécurité :

— Vous entrez dans des régions où il n'y a ni justice ni de police. Tout peut arriver. Il y a quelques années, trois types ont tué mon cousin d'une balle dans la tête sous mes yeux. On venait de les surprendre en train de violer sa fiancée... C'étaient trois évadés en cavale. Beaucoup de fermes isolées se font attaquer : nous sommes des proies faciles. Depuis, j'ai toujours sur moi un petit Beretta.

Il enchaîne alors que nous attaquons le pot-au-feu à pleines dents :

— Nous avons été les premiers à crier de joie quand Vervoerd [1] a été assassiné au Parlement par un Grec, ici on était

---

1. L'idéologue et instigateur de l'apartheid, qui n'était pas sud-africain mais néerlandais.

loin et ça n'influençait pas nos relations avec nos employés. Vous imaginiez en Europe que nous étions tous racistes ? Même si nous l'avions voulu, nous n'aurions pas pu l'être. Quand nous étions injustes et que nous nous comportions mal avec nos gens, nous nous réveillions avec la moitié de notre cheptel décapité. Dans mes relations avec mes hommes, j'étais en constante infraction avec les lois de l'apartheid. Nous vivons et nous travaillons en permanence avec des ouvriers noirs et coloreds, à la campagne. Ici il faut être réaliste, c'est à la ville d'être idéaliste, c'est la ville qui nous amène les idéologues de l'apartheid ou de l'anti-apartheid, ou de l'apartheid inversé. Nous ça ne nous intéresse pas !

Il reprend son souffle, se jette par le col un godet de vin pour faire passer une bouchée qu'il n'a pas pris le temps de mâcher, et poursuit sa thérapie :

— Moi, je vois ce que je vois : mon grand-père avait vingt-huit familles sur ses terres, mon père quatorze, moi je ne peux en avoir que sept ! Les politiques de strangulation des fermiers et de suppression des subventions vident les campagnes et remplissent les bidonvilles ! Et après ils viennent nous dire que nous monopolisons la terre. C'est archifaux, nous l'avons toujours partagée, mais les locaux ne veulent plus rester sur la terre. Pendant l'apartheid, nous nous occupions de nos employés, nous leur procurions des habits, nous les emmenions chez le médecin, nous nous occupions de leurs écoles, nous les logions, nous leur donnions du *mielie meal* [1], chaque année, nous les emmenions pour un braai au bord de la mer. C'était très paternaliste, mais tout le monde était content. Pas de criminalité ou de problèmes de violence et de racisme, tout le monde vivait heureux sur la ferme. Aujourd'hui, ils n'ont plus rien, le gouvernement ne fait rien pour eux dans les campagnes, et nous ne pouvons plus payer pour tout. Est-ce que vous voudriez aller vous entasser dans ces horribles cases alignées hors des villes, ces nouveaux ghettos que le gouvernement leur construit sans leur donner le moindre espoir de travail ? Alors qu'ici ils sont chez eux et vivent à leur manière ! Ils voulaient le pouvoir et ce qu'ils appellent la liberté, eh bien je les plains, ils les paient le prix fort ! Quant à moi, je ne peux pas quitter cette ferme. Dès

---

1. Farine de maïs concassé, sorte de polenta, plat principal traditionnel et favori des campagnards.

que je m'en vais, il y a un drame : on est cambriolé par les ouvriers des voisins, ils s'entretuent... La semaine dernière, nous sommes partis un vendredi soir pour un mariage à Grahamstown, et au retour une de mes ouvrières avait défoncé le crâne de son mari avec une brique. Ç'est pas de l'idéologie ça, c'est du réel ! Et qui a fait cinq heures de route pour le conduire à l'hôpital de Port Elizabeth ? Qui a payé pour l'opération ? Qu'est-ce que je vais raconter à mon assureur ? Qu'il est tombé du tracteur ? Si je ne fais pas ça, ils vont tous témoigner et dire que c'est moi qui ai donné le coup de brique. Qui va-t-on croire ? Depuis, mon gars est en arrêt de travail, mais sa femme est quand même venue chercher son salaire. Je vous le dis, nous marchons sur des œufs ici, et qu'on ne vienne pas nous dire que nous sommes racistes, ce sont des grands mots des gens de la ville. Moi j'ai été élevé avec ces gens, nourri au sein de ma nounou, j'ai appris le xhosa avant l'anglais, je fais davantage partie de leur famille que de celle des donneurs de leçons qui se gargarisent d'antiracisme mais qui sont verts quand leur fille épouse un Noir. Et ne vous méprenez pas. Ce n'est pas parce que je critique le gouvernement actuel que je regrette le gouvernement passé... Nous voulions un changement, mais pas n'importe quoi !

Facette par facette, témoignage après témoignage se recompose le visage d'un pays plus complexe que les caricatures simplistes dont on avait besoin pour abattre un régime infâme et pervers. Régime qui s'en prenait à la couleur mais qui rongeait l'âme quelle que soit la couleur.

Nous reprenons notre route sous la pluie le long de l'interminable thalweg. Hier nous cuisions dans le désert aride et sec, balayé par des tourbillons de poussière et l'haleine du soleil, aujourd'hui c'est dans la boue et le crachin breton que nous pataugeons. Pour la deuxième fois nous sortons nos capes de pluie. Heureusement nous savons qu'à vingt-deux kilomètres, dans la ferme suivante, Johnny Morgan nous attend, au sommet des montagnes de Winterberg. Petite journée.

Là-haut c'est déjà l'hiver. Les feuilles mortes tapissent les allées et tachent l'herbe autour d'une splendide maison en pierre brute. Ventnor 1901. Tout, à l'intérieur, est en yellow-wood, ce bois blond sans fibres apparentes qui magnifie tout.

Les parquets polis par les ans, les plafonds, les embrasures, les placards, les meubles d'origine : nous pénétrons dans un magazine, *Art et Décoration* ou *Architectural Digest*. Johnny et Carol sont des puristes. Même la cuisine est d'origine : ici ni plastique ni Formica. Art de vivre ! Au fond du couloir apparaît soudain une bombe : Natacha, mannequin au Cap, venue retrouver papa après un chagrin d'amour.

Johnny organise des randonnées équestres au Lesotho, dans le Karoo et le Transkei. Il possède cinq mille mérinos éparpillés sur trois mille cinq cents hectares. Nous poursuivons notre enquête entamée chez les Bennett :

— Ce que je vais vous dire ne cautionne pas l'apartheid mais tente de vous expliquer, pas d'excuser, comment nous avons été embarqués dans cette horrible impasse par des fous furieux. Franchement nous ne savions pas ce qui se passait dans les villes ni surtout dans les bantoustans, nous nous disions que les Noirs vivaient ensemble et qu'ils le voulaient. Apartheid signifie « développement séparé ». Cela voulait dire « chacun chez soi, nous sommes différents, nous avons du mal à nous comprendre, donc ne mélangeons pas nos problèmes ». Bien sûr des horreurs circulaient, mais nous pensions : « Ils n'ont qu'à régler ça entre eux puisqu'ils voulaient une forme d'autonomie, ils ont leurs chefs, leur justice tribale, leur sagesse ancestrale pour arranger cela. » Aujourd'hui nous savons que c'était une terrible erreur, mais à l'origine cela semblait une solution aux problèmes de la modernité, au respect des cultures traditionnelles et au constat de leur incompatibilité. (On hallucine un peu.) Vous n'avez jamais entendu ce langage ? Mêlez à ça une guerre idéologique entre libéralisme occidental et communisme de libération, une pincée de racisme primaire et vous avez la recette du drame qui a été le nôtre. Je crois que l'apartheid est tombé pour deux choses : la photo du panneau sur la plage, *Whites only*, qui a fait le tour du monde, et le fait que la séparation était légalisée, écrite, colonne vertébrale du système... On ne vous a pas montré le panneau d'à côté qui disait *Blacks only*, et on ne vous parle pas des centaines de systèmes de ségrégation qui recouvrent la planète, mais qui sont plus sournois, non apparents dans les textes, en Inde, aux États-Unis, en Israël... Heureusement que ce régime de crétins à la vue basse s'est effondré ! Hélas le niveau de vie des Noirs a baissé en moyenne. Je ne vous parle pas de celui des proches du pouvoir.

« Je vais vous raconter une histoire qui m'est arrivée l'année dernière : depuis la fin de l'apartheid, nous avons eu le droit d'aller à nouveau dans les bantoustans, notamment le Transkei, même si c'est extrêmement dangereux. C'est une terre agricole très riche qui était très prospère avant d'avoir été attribuée aux Xhosas. Et pourtant rien n'en sort aujourd'hui encore. Il y a deux ans, notre syndicat de fermiers y est retourné bénévolement afin de proposer des conseils et des techniques aux fermiers locaux. Nous avons été reçus comme des sauveurs, ils n'avaient jamais vu le moindre représentant du ministère de l'Agriculture ! Nous avons mis ensemble un projet au point : nous leur avons donné gratuitement de l'engrais pour un an ; nous avons ensemencé en leur apprenant comment procéder et on s'est entendus sur le fait qu'en cas de bons résultats, l'année suivante ils nous achèteraient de l'engrais avec une petite partie du fruit de leur récolte. Tout s'est bien passé ; est arrivé le temps des moissons, la récolte a été mirifique. Nous avons fêté ça comme ils savent si bien le faire ! Je vous montrerai des photos. L'année d'après nous avons attendu, attendu : la commande d'engrais ne venait pas... Inquiets, nous sommes allés les voir. (Je vous rappelle qu'il n'y a pas de téléphones là-bas, chaque fois il fallait six heures de voiture en convoi !) Et nous leur avons demandé ce qui n'allait pas, s'ils n'étaient pas contents. Savez-vous ce qu'ils nous ont répondu ? « Oh si ! très contents ! Mais la récolte était si importante qu'on n'a pas tout écoulé, il nous en reste pour cette année, pas besoin de planter ! » Vous voyez que ça va prendre du temps ! Cela nous a coûté cher cette petite histoire, mais, bon, nous ne regrettons pas.

En fin de journée, la brume défile sur les coteaux, Sonia lit au coin du feu, recroquevillée dans un grand canapé, une douce musique répond aux chuintements du foyer, je sirote un cognac en regardant par la fenêtre un ibis aux reflets mauves picorant dans les parterres de fleurs. L'Afrique ? Nous repartons demain. Pourquoi ne pas rester toujours dans ce petit paradis ? Notre marche est impitoyable. Nos hôtes voudraient nous voir rester une semaine et souffrent de nous voir les quitter si vite : un comble ! « N'avons-nous pas été à la hauteur ? »

peut-on lire dans leur empressement à nous retenir. L'horreur ! Pourquoi faire connaissance si c'est pour rompre aussitôt ? Nos séparations sont toujours déchirantes. Quitter nos hôtes est sans conteste la chose la plus éprouvante de notre voyage.

Golden Valley, mercredi 21 mars 2001, 80ᵉ jour, 37 km, 1 314ᵉ km

En redescendant des Winterberg nous retrouvons le veld et ses vastes étendues. Nous marchons « en plein nulle part » sur une piste de terre quand, tout à coup dans mon sac, le téléphone signale l'arrivée d'un courriel. C'est toujours un grand moment d'excitation. Nous nous précipitons. Je l'ouvre et me tourne vers Sonia :

— C'est Elsbeth, la femme d'Hendrick Wilhelm, qui nous écrit !

« Chers amis,

« Nous avons bien reçu vos merveilleux messages, et alors qu'Hendrick gisait mourant, je lui ai répété doucement à l'oreille votre phrase tibétaine :

« "Hendrick ! Tu es arrivé au sommet ! Tu peux continuer à grimper maintenant... !"

« Malheureusement la fin n'a pas été facile. Ma seule consolation est qu'il soit mort ici à la maison et que j'ai pu partager son lit jusqu'aux derniers instants...

« Avec Laubscher nous l'avons préparé et aussitôt installé dans son cercueil qui était prêt.

« Selon ses désirs nous l'avons allongé sur son sac de couchage avec lequel il partait en montagne et l'avons vêtu des habits qu'il portait lors de sa dernière marche en votre compagnie, ses souliers biens lacés pour le dernier assaut.

« Le lendemain nous l'avons enterré derrière la maison avec des amis. Entre mes sculptures.

« Le même jour paraissaient dans le journal son annonce mortuaire et la magnifique photo de votre interview près de Grahamstown... Vous marchez déjà ensemble !

« Près de six cents kilomètres depuis que nous nous sommes quittés ! Bravo !

« Vous rencontrer a été un merveilleux cadeau pour nous deux. Continuez à marcher pour lui aussi qui aurait tant aimé vous accompagner plus de quatre kilomètres.

« Love, Elsbeth. »

Nous sanglotons en plein veld, les yeux au ciel, en voulant croire qu'Harvey est quelque part, et qu'il va pouvoir continuer la marche avec nous.

En reprenant nos pas, nous commençons notre dialogue avec son âme.

5

Chasseurs d'esprits et chasseurs d'hommes

Liliekloof, le 25 mars 2001, 84e jour, 35 km, 1 405e km

Dans le nord du Cap-Oriental, sur les contreforts du Leso-tho, se trouve le plateau de Stormberg, une étendue herbeuse crevée çà et là par des inselberg de grès arrondis par de violentes tempêtes. La terre y est mince et l'os rocheux est presque partout à fleur de peau. Les fermiers n'y vivent que de moutons et de l'élevage d'antilopes. Et là, entre Burgersdorp et James-town, il est une ferme comme toutes les fermes, petite maison paumée dans le veld, qui passerait totalement inaperçue si elle n'avait pas la chance de receler un des joyaux mondiaux de l'art pariétal, une des plus grandes concentrations de peintures rupestres du pays. Sur ses terres sinue la vallée de Liliekloof : le paradis des fresques San.

Depuis plusieurs semaines nous avons décidé de passer par là, après avoir vu chez Pauline Du Plessis un reportage photographique dans un *Getaway*, magazine sud-africain de voyage et de découverte.

En trois mois nous n'avons pas eu beaucoup le loisir de songer au thème de notre marche « dans les pas de l'Homme », trop occupés à nous roder, à trouver un rythme, à tenter de comprendre l'Afrique du Sud aujourd'hui, à en rencontrer ses acteurs de tous bords. Nous avons aussi consacré beaucoup de temps au tournage de nos films.

Nous allons au plus court mais restons attentifs à tous les signes que nous rencontrons, aux conseils de nos hôtes, aux indications qui se dressent sur notre chemin. Ils sont le supplément d'âme de notre marche, sa valeur ajoutée, sa fantaisie aléatoire, et nous nous plaisons à croire qu'ils sont les garde-fous qui nous mèneront au bout si nous savons y prêter l'oreille. Nous n'avons pas d'autre guide. Et c'est ce *Getaway* qui nous fait marcher vers Liliekloof : si nous ne l'avions pas ouvert, où serions nous ?

Lorsqu'on voyage ainsi sans boussole, en s'en remettant au destin, à la Providence, ou au hasard – on nomme comme on veut la vie qui vient –, il faut savoir maintenir un cap, des objectifs, mais aussi composer avec ces petits riens qui changent tout, comme le dit si bien ce proverbe bouddhiste : « Chacun de nos actes a des conséquences éternelles. » Prendre à droite ou à gauche ? Frapper à cette porte ou à celle-ci ? Et savoir que le sort de notre voyage est en jeu. C'est aller au-devant de la vie. Collectionner les coïncidences. Jouer avec les anges. Nous marchons aussi pour cette excitation.

Le reste est une affaire d'intuition, de discernement et de rigueur : deviner ce qui apportera quelque chose à notre marche, reconnaître ce qui la desservira, ne pas déroger de ses principes fondateurs, une marche intégrale, l'hébergement chez les gens, l'arrivée à Tibériade, au bout du Rift. De ce savant dosage alchimique naît l'aventure, un mélange de réaction à « ce qui arrive », de contraintes imposées par la volonté et d'écoute du chant du monde.

Le visage d'*Africa Trek* est dessiné au jour le jour comme ces dessins d'enfants dont on relie les points numérotés d'un trait coloré. Si l'on rate un point le visage est gâté, mais on peut toujours en rajouter pour affiner le trait : nous ne sommes pas pressés, cette marche n'est plus un projet, c'est devenu notre raison d'être.

Liliekloof est un point sur la carte, un point que nous avons senti essentiel pour notre marche, c'est pourquoi nous y allons, aimantés par quelque chose qui doit s'accomplir. Les propriétaires du lieu s'appellent Dries et Minnie De Klerk, la vallée de Liliekloof est sur leurs terres. On nous a dit qu'ils n'étaient pas très faciles, mais nous avons une introduction : nous venons de passer la nuit chez Duncan Forbes, le partenaire de Dries en double au tennis. Nous prions pour ne pas nous faire jeter.

Nous en sommes là de ces réflexions quand un pick-up nous dépasse. Le type s'arrête, fait marche arrière et nous aborde d'un air badin :

— Êtes-vous fous de marcher ici ? Vous cherchez quoi ? À alourdir les statistiques ? Vous n'entendez pas les horreurs qu'on raconte ? Allez, sautez dans mon *bakkie* [1] !

Nous le remercions en lui expliquant que nous n'avons pas le droit de prendre de voiture.

Il rétorque :

— C'est quoi, ce délire ! Une secte ? Un record ? Une bonne œuvre ? Vous allez où ?

— À Liliekloof, chez Dries De Klerk.

— Ça tombe bien, c'est moi !

En chemin, Dries nous présente ses deux pointers, deux petits chiens de chasse noir et blanc à poil ras : Écho et Quacha.

— Savez-vous que notre plus belle fresque s'appelle « la grotte aux chiens » ? Les San y ont représenté une meute. Ils s'en servaient sûrement pour rabattre le gibier, eh bien aujourd'hui je perpétue la tradition du lieu ! Je les entraîne en ce moment pour la perdrix grise, mais la saison n'est pas encore ouverte.

Arrivé chez lui, il nous présente à Minnie :

— Tu peux saluer bien bas ces Frenchies. Ils ont fait mille quatre cents kilomètres à pied pour admirer nos peintures Sans.

— *Good Lord !* C'est à peu près la distance que les San couvraient en une année pour suivre la migration des troupeaux d'antilopes. Bienvenue sur leurs pâturages d'été !

Sinuant sur ce plateau de grès, un ruisseau a creusé ses orbes en ménageant sur sept kilomètres d'innombrables abris-sous-roche, voûtes et porches, enluminés à travers les âges par des générations de San.

Autour d'un verre, Dries et Minnie nous présentent avec passion ce petit peuple de chasseurs-cueilleurs au souvenir duquel ils ont dévoué tout leur temps libre et dont ils se sentent gardiens de l'héritage.

— Les San étaient des chasseurs-cueilleurs apparentés aux actuels bochimans du Kalahari. Ils faisaient partie des premiers habitants de la péninsule, avec les Khois du Cap, les Griquas de la côte sud et les Hottentots de l'est. Aujourd'hui on les regroupe malgré leurs différences sous un même peuple, Khoisans. Mais les San sont associés aux montagnes du Drakens-

---

1. Terme quasi religieux employé par les fermiers pour désigner leur plus fidèle compagnon de travail : le pick-up.

berg, aujourd'hui le Lesotho, qu'ils habitent depuis la nuit des temps et dans lesquelles ils se sont réfugiés sous la pression des peuples bantous et ngunis, ayant migré vers l'Afrique australe à partir du XVIe siècle. Au XIXe siècle, le chef zoulou Chaka a semé un tel désordre parmi ces peuples que beaucoup ont fui au Lesotho et ont massacré les San. Les survivants, chassés vers le sud et vers les *voortrekkers* qui montaient, ont été pris en tenaille. Ils se sont retrouvés sur ces territoires arides et sur des terres attribuées aux colons britanniques montés de P.E. ! Pas d'issue ! Entre 1840 et 1910, ils se sont fait rayer de la carte. Les colons occidentaux ne supportaient pas de voir leurs moutons fléchés comme des gazelles, et les autres ne pouvaient pas s'en empêcher. Vingt mille ans de culture effacés en soixante-dix ans.

Minnie reprend :

— Au début, après les premiers heurts, ils ont essayé de s'entendre, de faire des trêves, mais les San razziaient les troupeaux, tuaient les femmes et les enfants des colons quand les maris étaient absents. Cela s'est terminé en chasse à l'homme. Nos peintures ne sont pas très anciennes, elles parlent du début de ces époques de grands déplacements, il y a deux cents ans. C'est la seule trace de toute une culture. Vous avez ici la plus forte concentration de peintures du pays, en excellent état de conservation grâce au soin des divers propriétaires qui se sont succédé. À ce titre, nous voulons déclarer la « vallée de Liliekloof » patrimoine mondial de l'humanité.

Le lendemain, après un copieux petit déjeuner de *mielie meal*, nous marchons à travers le plateau en direction de la fameuse vallée. Joignant le geste à la parole, Minnie brosse de la main le paysage :

— Le plateau de Stormberg était un passage obligé pour la migration du gibier descendant du Drakensberg à l'automne pour aller passer l'hiver dans le Karoo. Les premiers colons du Grand Trek ont dit y avoir vu une colonne de poussière s'élever dans le ciel pendant les six semaines que durait cette transhumance de dizaines de milliers d'animaux. Les San suivaient ce réservoir de viande et Liliekloof était sur leur passage. Ils y restaient le temps de la migration et redescendaient du plateau avant les premiers gels, car je ne sais pas si vous savez, mais il fait jusqu'à –18 °C ici l'hiver !

Après avoir coupé à travers des landes jalonnées de trognons de pierres rognés par les vents, nous parvenons au bord d'une petite gorge découpée dans la croûte de grès dur.

— Voilà, le chemin passe par là en faisant de grandes courbes sur le plateau. Sept kilomètres et une quinzaine de sites. Après ça tombe à pic sur six cents mètres. Allons à la grotte aux chiens !

Nous descendons dans la petite vallée miniature et suivons quelque temps un lit à sec où bruissent de grandes herbes. Çà et là des piscines d'eau piégée par des rochers lisses font vivre dans ce désert tout un écosystème.

— Ils avaient ici de l'eau en permanence, du gibier à volonté, des abris, mais la concentration extraordinaire de peintures et de clans en ce lieu confirme qu'il devait avoir une très grande importance rituelle.

Nous remontons l'autre versant de la gorge en nous dirigeant à travers les buissons vers un grand porche dont le rebord correspond avec celui du plateau : un auvent naturel. La paroi arrondie ne laisse voir aucune fresque : où sont les chefs-d'œuvre ? Sous nos yeux.

Dans un cri d'exclamation nous découvrons les plus exquises miniatures que l'on puisse imaginer. Sur quelques mètres carrés d'une très grande voûte, à hauteur d'homme, courent les figurines frêles d'un peuple fantôme. C'est toute une tribu qui est représentée marchant vers le Karoo avec armes et bagages et un incroyable souci du détail. Le grain de la pierre, parfaitement lisse et gris, conserve des pattes de mouche de peinture d'une fascinante précision. Ici des femmes portant des bébés sur le dos, dont on distingue des motifs dans la coiffure. La tête des bébés est de la taille d'un plomb de pêche. Elles portent des sacs en cuir à franges, des jupes en peau tenues par des lanières et sur l'épaule un bâton. Minnie attire notre attention :

— Vous voyez sur les bâtons, il y a des sortes de boules. C'est le seul objet qu'on ait retrouvé des San. C'est une pierre percée dans laquelle le bâton est coincé, et qui donne beaucoup de force pour creuser le sol et dégager les tubercules. Regardez. Toutes les femmes ont leur bâton à fouir.

Quelques hommes tiennent des enfants par la main, d'autres portent arc et flèches, lances et carquois dont on aperçoit les sangles. Certains de ces personnages font deux centi-mètres de hauteur ; on remarque même un petit vieux à la traîne, arc-bouté sur sa canne, criant de vérité. Çà et là, des chiens gambadent si gaiement qu'on voit leur queue frétiller. Ils sont tellement vivants et rares qu'ils ont signé toute la fresque. Passé l'exaltation du détail, nous prenons un peu de recul pour consi-dérer l'ensemble. Sonia remarque :

— Ce qui est frappant c'est de voir qu'ils vont tous dans la même direction, d'un même mouvement. Ils ont tous le pied gauche en avant et le droit derrière ; ils ne marchaient quand même pas au pas ?

Minnie lui répond :

— Sûrement pas. La volonté de l'artiste a été de renforcer l'impression de déplacement par cette répétition de mouvement. Ils n'étaient pas en balade, ils avançaient pour leur survie. Cin-quante personnes, c'était un très gros groupe pour eux. Ce n'est pas une migration saisonnière qui se déroule sous nos yeux, mais un exode.

En retrait, un groupe de figurines trouble un peu le regard : tout d'abord on dirait une scène de chasse représentant un élan du Cap (antilope africaine) aux abois, cerné par des chasseurs aux arcs bandés. Mais à y regarder de plus près, deux person-nages sont complètement déformés en S emboîtés l'un dans l'autre, et le troisième est une chimère mi-homme, mi-animal. Porte-t-il un masque ? Minnie attire notre attention :

— On appelle ce personnage un Thérianthrope. C'est la version san de nos Minotaures, Centaures où autres Satyres, sauf que chez les San le Thérianthrope n'était pas un état, mais une phase de transformation du personnage. Regardez l'éland de plus près, on s'aperçoit qu'il saigne du nez. Est-il blessé ? Non, le saignement de nez indique qu'il est en transe.

— Un éland ? En transe ?

— Il vous manque une clé pour comprendre : l'inter-prétation chamanique ! Au lieu d'une scène de chasse, nous sommes en présence de la métamorphose, au cours d'une transe, d'un chamane en éland, créature la plus sacrée du pan-théon san, intermédiaire incontournable entre les hommes et la puissance suprême, le dieu Cagn. Le rôle du chamane était de capturer l'éland symboliquement au cours de sa transe et de le ramener dans le monde des vivants pour assurer la prospérité à toute la tribu. S'il échouait, c'était considéré comme un très mauvais présage.

Un peu à l'écart, un personnage isolé est placé sous une structure d'alvéoles alignées en arc de cercle ressemblant à s'y méprendre à un parapente.

— Et celui-là, où a-t-il appris à planer! Regardez! On voit même les suspentes. C'est une vision, un voyage dans le temps?

Minnie rigole :

— Non! Probablement un cueilleur qui récolte avec une perche un rayon de miel suspendu à une voûte comme celle-ci...

Nous reprenons, la tête pleine d'images, le cours de la vallée. Un peu plus loin, plus discrète sous une voûte sombre cachée par des buissons, nous découvrons la grotte Nguni qui tient son nom d'une superbe vache ayant selon toute probabilité été volée à la tribu d'éleveurs nomades du même nom, puisque les San ne détenaient pas de bétail.

Cette vache polychrome soulève une question :

— Quels pigments utilisaient-ils pour adhérer à la pierre, affronter les siècles et pour que les couleurs restent si vives?

— Les ocres étaient naturels, mélangés avec du sang d'éland et du jaune d'œuf. En guise de fixateur ils ajoutaient un redoutable poison : du jus d'euphorbe. Les noirs était obtenus avec du charbon d'os, le blanc avec de la craie ou de la coquille d'autruche finement pilée, mais qui donnait une couleur plus fragile.

— Et qu'est-ce que c'est que cette bête? demande Sonia en désignant une étrange ribambelle de petits monstres.

— Ce sont cinq chamanes métamorphosés en mantes religieuses, ils dansent en pleine transe, complètement défoncés, en se tenant par la main. Mais regardez tout autour ces détails intéressants : beaucoup de points blancs, et là ce colimaçon. Ce ne sont pas des gribouillis; on appelle ça des signes entoptiques, c'est-à-dire des déformations visuelles provoquées par la drogue. Les Thérianthropes sont en plein trip! Et dites-moi ce que vous voyez là?

Minnie nous montre des taches groupées deux par deux, rayées de quatre traits rouges. Sonia s'exclame :

— C'est horrible! Ce sont des mains amputées!

— Parfaitement! Mais elles ne sont pas amputées, c'est un indicateur sonore, comme un rébus, pour signifier que toute la tribu était autour des chamanes pour les encourager en frappant dans leurs mains. Écoutez!

Minnie se met à frapper dans les siennes et aussitôt la voûte d'en face nous en renvoie l'écho. Quand nous nous y mettons à six mains, c'est une rafale assourdissante qui revient à nos tympans...

Sonia rebondit :

— Comment faisaient-ils pour entrer en transe?

— Ils fumaient les graines de cette plante que vous voyez là-bas, commençaient à danser et entraient en hyperventilation. Ils dansaient jusqu'à épuisement car il fallait qu'ils saignent du nez pour passer dans l'autre monde afin d'en rapporter des visions qu'ensuite ils peignaient sur la paroi. Car n'oubliez jamais que chez les San le monde des esprits n'était pas dans les cieux, mais juste de l'autre côté de la paroi de la voûte sous laquelle ils dansaient, au cœur de la roche, parmi les puissances telluriques. Ainsi la paroi était comme un voile tendu entre deux mondes, le monde réel et le monde spirituel; et pour passer de l'un à l'autre le chamane avait besoin de portails.

— Des portails?

— Regardez. Tous les types de portails sont représentés ici : cette espèce d'échelle blanche est un cours d'eau souterrain; ici vous avez un trou d'eau, ou encore une fissure, une crevasse dans la roche. Mais il y a encore mieux, regardez là!

En gris-bleu se détache la zone sombre d'un rectangle arrondi bordé de petits points blancs.

— On dirait un écran de télé avec la friture de la fin des programmes...

Un petit écran pour passer dans l'autre réalité? Peint il y a plusieurs siècles? Les petites graines des San les faisaient vraiment voyager dans le temps!

Nous méditons en silence quand, dans une vision, je vois soudain à nos places une tribu dans la nuit accroupie autour d'un feu, leurs mains battre la mesure, leurs voix grogner en cadence et leurs ombres déformées animées par les flammes gesticuler sur les parois de la voûte comme un combat de spectres rouges et noirs.

Dans la grotte aux élands, deux superbes mâles s'affrontent tandis qu'une Ève callipyge étrangle un serpent et que cinq coureurs aux jambes entremêlées passent en même temps une ligne d'arrivée imaginaire. Interprétation libre ! Dans la grotte de la pluie, un groupe de Thérianthropes s'en prend à trois hippopotames noirs, hyperréalistes, avec leurs bourrelets de graisse et leur queue en tire-bouchon.

— Ici non plus ce n'est pas une scène de chasse mais la capture d'un animal de la pluie.

— C'est-à-dire ?

— Les San croyaient que les nuages étaient des animaux, et pour que l'herbe pousse bien et que les troupeaux reviennent en nombre chaque année, le chamane devait entrer en transe au cours d'une cérémonie spéciale, trouver un animal de la pluie qui pouvait prendre la forme d'un hippo, d'un serpent ou d'un éléphant, et le tuer ! Ces hippos que vous voyez sont en fait des nuages.

Dans la « grotte de la Nativité », nous sommes estomaqués par la ressemblance entre une Vénus de la Fécondité, peinte à cheval sur les deux pans d'une crevasse, largement entrebâillée au point crucial, offerte lascivement comme un fruit mûr, et *L'Origine du monde*, ce tableau de Gustave Courbet peint en 1866 et qui avait défrayé la chronique au Salon des Refusés. Peut-être ont-ils été peints à la même époque, et qui sait si un chamane n'est pas venu visiter Gustave en songe ? À la grotte du barrage, un petit chasseur court arc tendu derrière une gazelle, tandis qu'une impala allaite son petit faon que l'on voit trembler sur ses allumettes graciles. En quittant la vaste fresque des marcheurs de la grotte aux chiens, je songe aux douze mille cinq cents kilomètres (à vue de chamane) qu'il nous reste à parcourir et me demande : mais où vont-ils tous ces San ? Ils viennent avec nous bien sûr ! « Dans les pas de l'Homme »...

Nous rentrons au crépuscule, recrus de fatigue et songeant à l'importance de l'art dans la vie. L'art ou la signature d'un peuple, l'art ou le pied de nez infligé au temps.

Nous restons à Liliekloof de longs jours à filmer les parois de la grotte, à nous imprégner de son ambiance magique, nous passons d'une orbe à l'autre, hypnotisés par ces voûtes de pierre, prospectons des coins de falaise perchés en espérant dénicher un nouveau trésor, découvrons sans cesse dans une fresque qu'on croyait connaître un petit détail qui nous avait échappé, une nouvelle correspondance entre deux personnages, une nouvelle interprétation. C'est là toute la modernité de ces chefs-d'œuvre. Ils restent ouverts, ne se laissent pas facilement attraper et circonscrire par la raison ; ils s'échappent sans cesse, volatils comme un chamane en transe.

Un soir, alors que nous rentrons, nous retrouvons Dries les yeux rouges et le visage défait. Ses deux chiens avaient fugué la veille à l'heure de l'apéritif.

— Ils ont égorgé trente-huit moutons. Mon voisin Oubouet Coetzee a descendu Écho. Et Quacha est revenu tremblant comme une feuille morte, je n'ai pas eu le courage de l'abattre ! Je ne sais pas ce qui se passe sur ce plateau. Les chiens sont fous et l'instinct de la chasse reprend toujours le dessus.

Quand nous les quittons, ce drame a été cicatrisé, Quacha a été donné en ville où il ne risque pas de rencontrer un mouton, en échange de la sœur d'Écho et de son dernier chiot. Pour lui donner la vigueur des marcheurs du IIIe millénaire et en gage d'amitié, Dries le baptise Lexon, contraction d'Alex et de Sonia...

En redescendant le plateau de Stormberg, nous nous attaquons aux vastes contreforts du Drakensberg, charivari de montagnes et de gorges entaillées par la Great Fish River et la Kei River. Les fermiers que nous rencontrons nous disent se réjouir de travailler avec des Noirs et de n'avoir pas à supporter les Coloreds. Dans la région du Cap le discours était inversé !

En arrivant à Flaukraal, un carrefour perdu au-delà de Jamestown, un policier armé nous arrête :

— Quel diable vous amène dans les parages ? Vous ne savez pas que des commandos mènent une battue dans toute la région ? Un jeune couple de fermiers vient d'être massacré après les pires tortures. Accrochés aux toilettes, les yeux arrachés à la petite cuiller, du sang jusqu'au plafond... et je vous épargne les détails. Vous êtes passés devant chez eux à Olivierskloof !

Je me souviens du panneau. Nous avions failli aller demander de l'eau car la maison était visible de la piste... Après la vision de la montagne de moutons sanguinolents de Liliekloof, cette nouvelle obscurcit un peu notre ciel. Voyant qu'il nous a secoués, Wilhelm Waagenaar, presque désolé, nous

invite chez lui, après nous avoir montré l'arsenal d'armes sai
sies dans les campagnes : des piques, des crochets, des casse-
tête, des pistolets en bois avec détente et percuteur à élas-
tiques...

— Regardez mes statistiques : avant 1994, une moyenne
de soixante crimes par an sur mon seul district, depuis, regardez
la courbe ! De quatre-vingt-dix à cent quarante-sept.

En rentrant, il embrasse sa femme et son nouveau-né, et va
aussitôt tirer les rideaux. Comme toutes les maisons du pays, ils
ont dû récemment équiper les fenêtres de barreaux. Tout en ver-
rouillant les issues, il explique :

— Je ne peux même pas quitter mon arme de service. On
se cache derrière les rideaux car ils nous tirent la nuit comme
des lapins à travers les vitres. C'est encore arrivé la semaine
dernière près de Jamestown à une vieille femme isolée. Regardez comme on est obligé de se barricader ! Mais j'espère que les
commandos d'Oliverskloof vont attraper ces salauds. Avec le
nôtre on a réussi à coincer les tueurs de la veuve. Ils étaient
deux, s'étaient cachés pendant dix jours dans la montagne pour
observer ses faits et gestes, et ils l'ont abattue au bon moment,
quand elle était devant sa télé. C'était leur cinquième meurtre.

Sonia a un nœud dans la gorge :

— Mais pourquoi une pauvre vieille dame ?

— Pour lui voler son argent, les armes de son mari
défunt...

— Et qui sont ces commandos ?

— Les commandos sont des groupes de fermiers béné-
voles formés et placés sous le commandement de l'armée sud-
africaine du nouveau régime. Vous dites des « gendarmes » je
crois. Leur mission est d'assurer les services de police dans ces
régions désolées que le gouvernement n'a pas les moyens de
doter de fonctionnaires. Nous sommes trois policiers pour une
région grande comme un de vos départements. Avec nos
commandos nous connaissons mieux le terrain que les criminels
venus d'ailleurs, nous organisons des contrôles de routine, des
barrages sur les pistes, nous empêchons les rixes entre ouvriers
agricoles de dégénérer en guerres tribales, nous faisons les
pompiers... tout ça, quoi ! Mais lutter contre les attaques de
fermes est notre véritable raison d'être. Je ne sais pas si vous
êtes au courant mais depuis 1991 notre pays a connu plus de

cinq mille cinq cents attaques de fermes qui se sont soldées par mille huit cents morts, et ça s'intensifie ! Depuis 1998, neuf cent vingt-sept fermiers ont été massacrés : et ils ne font pas de quartier, tout le monde y passe, les femmes, les enfants, les ouvriers agricoles. Trois cents personnes par an, presque un par jour, pensez-y en marchant !

Nous restons cois. Il repart à la charge :

— Ça vous en bouche un coin, hein ? On ne vous raconte pas ça dans vos journaux en Europe. Ça ferait désordre dans cette nouvelle Afrique du Sud où tout le monde il est beau, tout le monde il est gentil ! On ne vous parle que de Mugabe et des dix-huit malheureux fermiers zimbabwéens tués depuis vingt ans, parce qu'il veut répandre la terreur. Mais ici il ne faut pas en parler parce que l'image de la Rainbow Nation en pâtirait ! Et que neuf cent vingt-sept victimes, c'est toujours moins que les crimes des Noirs entre eux, et beaucoup moins que si une guerre raciale se déclenchait. Donc silence, on tue ! L'ennui, c'est qu'il n'y a pas de raison que ça s'arrête si on ne prend pas des mesures. Et qu'un jour on dira que ce silence était complice ! Je vous le dis : il y a plus de fermiers que de policiers tués dans ce pays. Ce sont les deux métiers les plus dangereux. Et je ne vous parle pas de la criminalité dans les villes !

— Mais qui fait ça, et pourquoi ?

— Oh ! Il y a beaucoup de théories sur la question, ceux qu'on réussit à attraper viennent presque toujours des ghettos noirs de Johannesburg et de Durban, et ils veulent piller et récupérer des armes... Rien ne les arrête, ils commettent des actes de la sauvagerie la plus barbare... Si vous tombez sur une de ces bandes, je ne donne pas cher de votre randonnée.

Mi-figue, mi-raisin, je m'avance :

— Pour nous ça va, on est tombé sur vous aujourd'hui.

6

Truite et frénésie

D'Orpen à Millard, lundi 18 avril 2001, 108ᵉ jour, 35 km,
1 581ᵉ km

D'entrée, sans ambages, la vallée de Barkly East est la plus
belle qu'il nous ait été donné de voir depuis le début de notre
marche. Perdue au milieu de grès sauvages, isolée en pleins
contreforts du Lesotho au nord du Cap-Oriental, conquise il y a
à peine un siècle par la Couronne contre des tribus de farouches
Xhosas qui résistaient à la vague des colons de 1828, elle saisit
d'abord par son harmonie.

Non pas que la vallée soit extraordinairement profonde ou
désolée, ni plantée d'essences rares ou hantée d'animaux sauvages. Non, c'est une vallée agricole comme tant d'autres, avec
Barkly au milieu, petite ville de rien du tout, sans charme ni
trop d'histoire, et pourtant le cadre dégage une puissance, une
énergie inégalées. Sa vastitude et sa quiétude en sont la cause,
sa pureté, l'origine, et ses modelés, la certitude. Quand on
pénètre cette vallée, on a le sentiment d'être arrivé.

C'est ce qu'a dû se dire sir Orpen, géomètre royal venu
la diviser en lots de luxe. Très peu de fermes, de l'herbe
blonde à perte de vue dissimulant des canyons creusés dans
le grès ocre, des vallées adjacentes profondes, comme en
Suisse. Le temps s'est arrêté, on est au paradis, et l'on
s'attend à voir débouler au coin du chemin Laura et Marie
Ingalls de *La Petite Maison dans la prairie* (qui n'a pas été
amoureux d'elles ?) Dans une de ces vallées enflammées par

84

les peupliers d'automne, Dawn Green (aube verte!) nous accueille.

— Super! Vous arrivez pile quand on a besoin de vous! Nous allons cueillir notre première récolte de framboises!

Nous mettons aussitôt la main à la pâte... et à la bouche! La ferme Millard occupe un vallon vert bordé de champs de framboisiers et de pâturages. Une vieille maison en grosses pierres épaisses est assise au pied d'ifs centenaires. Toute la combe est veloutée d'arbres, et au milieu coule une rivière...

Dawn nous loge dans cette maison trapue entre les meubles de famille en yellowwood et des gravures de la guerre du Transvaal. Tout serait idyllique si je n'avais pas encore une vertèbre coincée. C'est ma deuxième alerte. Accident du tra vail! J'ai marché la tête trop penchée en avant, car j'écrivais des lettres en pianotant sur notre communicateur. Pourtant nous venons de changer de chaussures. Après plus de mille kilomètres de goudron, notre première paire était usée jusqu'à la corde, il n'y avait plus d'amorti sous le talon. Je fais part de mon inquiétude à Dawn :

— Pas de problème! Ma voisine est physiothérapiste-acupuncteur.

Et le miracle de l'Afrique du Sud de se reproduire : quand vous avez un besoin, la solution n'est jamais loin. Je lui lance :

— Tu ne crois pas que la vie est plus romanesque que le plus fou des romans?

— Je crois qu'on va bien s'entendre tous les trois!

Tania Orpen, une petite blonde tout emperlousée, aux yeux turquoise, arrière-petite-belle-fille de l'officier arpenteur, me palpe et me diagnostique :

— Un nerf est légèrement pincé entre C7 et T4, ce qui contracte le grand dorsal et un muscle intercostal, qui tire sur l'apophyse vertébrale en coinçant un peu plus le nerf... et plus tu masses, plus ça coince.

— C'est grave, docteur?

— Pas tellement! Mais il n'y a que l'acupuncture pour arranger ça.

Et elle me perfore le dos de onze bouts de métal, enfoncés de quatre centimètres. Insensé! Insensible. Elle me le fait en direct :

— Est-ce que vous la sentez? Après deux centimètres je rencontre une résistance, je tourne l'aiguille en la titillant... Et hop! Elle est avalée par le muscle comme un suppositoire.

Je m'inquiète, fasciné :

— Vous allez les laisser combien de temps?

— Tant qu'elles opposent de la résistance c'est que le muscle est toujours contracté. Parfois elles ressortent toutes seules...

L'un après l'autre, tous mes muscles se relâchent. Il n'y a que mon cerveau qui reste un peu contracté.

Une fois n'est pas coutume, nous restons quelques jours à Millard, pour que mon histoire de vertèbre se tasse, ou plutôt l'inverse... Sonia, quant à elle, n'a aucun problème. Cette femme est indestructible! Un forçat de la marche. L'autre jour elle a avalé sous la pluie quarante-deux kilomètres sans broncher, a dormi par terre dans une maison abandonnée, est repartie comme un vaillant petit soldat le matin. Ma drogue, c'est de marcher avec elle, mon héroïne!

Wynne, le mari de Dawn, est un doux aux yeux globuleux. Mais les lèvres épaisses et le visage rond sont compensés par un cou de taureau et la démarche trapue du type qui va au bout de ses idées, sans violence, mais sans états d'âme. Ils se sont rencontrés au cours de leurs études à Johannesburg. Dawn n'aurait pour rien au monde songé à embrasser la vie d'éleveur-agriculteur, plutôt le contraire, elle préparait un diplôme de sciences sociales, et lui n'imaginait pas s'installer en ville, il sortait d'études d'ingénieur agricole : ils n'étaient pas faits l'un pour l'autre, mais la vie en a décidé autrement pour leur plus grand bonheur.

Dawn termine une thèse sur la peinture san. C'est une grande fille sylphide aux yeux de chat et à la voix douce comme une berceuse. Elle s'intéresse à une des dernières découvertes chez les San : les lignes de force. Elle résume :

— Toutes les peintures sont des images de pouvoir et de puissance, reliées entre elles par des relations très complexes, parfois symbolisées par de grandes courbes ou des lignes brisées qui font plusieurs mètres de long. Et plutôt que d'analyser les fresques dans le détail, il faut peut-être les considérer comme un tout... C'est là que ça se complique!

Pour compléter ce que nous avons vu à Liliekloof, elle nous mène dans sa grotte préférée, la Cathédrale : une gigantesque excavation dans une falaise de grès en fer à cheval. La vue s'étend sur un canyon sinuant vers une rivière dont les berges verdoient au loin. À gauche de l'entrée, Dawn nous présente ses chamanes préférés, des géants déjà transformés en Thérianthropes : un mètre de haut, des sabots et des têtes de monstres, ils déambulent sur la paroi en grand apparat.

— Regardez ! Ils ont des têtes d'éland, portent des peaux de léopard, et sortent de cette crevasse là. Ils reviennent d'un grand voyage avec un message. Voyez derrière : ils ont semé leurs empreintes de sabots délicatement peintes... Pourquoi ? Pour la beauté peut-être, tout simplement.

Elle en parle avec un tel respect, une telle passion qu'elle les ressuscite sous nos yeux ; ils se mettent à se contorsionner en tous sens dans le silence de l'ombre. La transe nous saisit, des images fugitives et sanglantes nous font frémir, nous ressortons à la lumière pour chasser ce sortilège.

Le lendemain nous sommes parés pour la vente de bétail que Wynne organise dans la vallée. Nous avons tartiné des petits fours, rôti des poulets, lavé des salades en quantités industrielles ! Tous les fermiers du coin vont venir proposer aux enchères leurs biftecks sur pattes. Mais chose nouvelle, les ouvriers agricoles noirs vont pouvoir aussi y vendre leur bétail.

Depuis le matin les lots sont venus sur pied, en traversant la vallée, un col ou une rivière, menés par des cavaliers noirs montant à cru sur des chevaux farouches. L'excitation et la tension montent autour du corral. Côté vaches comme côté éleveurs. Les deux se demandent à quelle sauce ils vont être mangés, les unes en beuglant, en faisant un raffut de tous les diables, les autres en se promenant avec une calculette à la main, l'air songeur. Je demande à Wynne :

— Pourquoi meuglent-elles si fort ?

— On vient de les séparer de leurs veaux qu'il faut sevrer.

Tout de suite le capharnaüm devient plus émouvant ! Tout le désespoir de la vache dans le vibrato d'un beuglement : « Rendez-moi mon veau ! »

Les enchères commencent, les lots défilent, le commissaire baragouine à toute vitesse, les bœufs entrent dans l'arène prêts à encorner tout retardataire, la poussière et le stress des bêtes électrisent l'atmosphère. Puis elles sortent sans savoir que leur sort est réglé, que les dés sont jetés. Trois gros acheteurs-engraisseurs de l'État libre d'Orange, la région au nord du Lesotho, se disputent les bestiaux.

Wynne vient vers nous, aux anges :

— Les prix montent 30 % plus haut que prévu, c'est sans doute à cause de votre vache folle. On n'a jamais vu ça !

Un Noir part en hurlant de joie et en dansant de tous ses membres.

— C'est un de mes ouvriers, il vient de vendre dix vaches pour deux mille huit cents euros, c'est plus que sa paie annuelle ! Et je suis dans la mouise, car une stupide loi vient d'être votée stipulant que si leur revenu en bétail est supérieur à leur salaire, ils doivent posséder un pourcentage des terres du propriétaire, à savoir les miennes. Résultat des courses, les fermiers interdisent dorénavant à leurs ouvriers agricoles de posséder du bétail, et cette loi appauvrit ceux qu'elle est censée favoriser. Moi, j'ai demandé à mes travailleurs ce qu'ils préféraient : ils ont tous voté contre cette loi inique. Ils la ferment, empochent leurs sous avec joie, et en attendant c'est moi qui prends le risque. Je fais ça parce que je veux qu'ils s'enrichissent ! Et ça, crois-moi, ça fait plaisir à voir !

Il est vrai que nous n'avons jamais vu des ouvriers aussi bien traités : ils sont logés gratuitement dans de belles maisons modernes avec électricité gratuite, DSTV pour tous (télévision par satellite, très prisée), plusieurs d'entre eux ont même une voiture. Leur salaire est 50 % plus élevé qu'ailleurs. Mais avant tout, ce que l'on sent à Millard, c'est la bonne ambiance de travail, des cavaliers galopent à la poursuite de moutons, des enfants dansent, la montagne chante...

Je demande à Wynne la clé de ce succès.

— J'écoute.

Merveille de concision. À bon entendeur, salut ! Il se retourne vers le commissaire des enchères :

— Ça y est ! Le dernier lot est passé ! Mais quand il n'y en a plus il y en a encore.

— Venez voir, c'est maintenant la vente audiovisuelle : les éleveurs vendent sur cassettes vidéo les troupeaux qu'ils n'ont pas pu amener.

Après la vente, la ripaille ! Nous sommes tous alignés pour un long banquet en plein champ, les verres se vident, les cuisses de poulet se débattent, les piles de sandwiches se démontent.

Parmi ces fermiers, beaucoup de jeunes aux conversations recherchées. Je fait part de ma surprise à Wynne :

— Certains reprennent les terres familiales, mais il y a un phénomène récent qu'on attribue à une conséquence de *l'affirmative action*. Beaucoup de jeunes diplômés ne trouvent plus aussi facilement du travail car les places sont attribuées d'office à des Noirs qui n'ont pas eu la chance de faire autant d'études, ou bien certains cadres supérieurs ont du mal à vivre le fait d'être rétrogradés et remplacés par un bénéficiaire de l'Affirmative Action moins compétent. Dans d'autres cas, les sociétés doivent avoir des quotas de Noirs et de Coloreds, ce qui conduit à des licenciements. D'autres ne supportent plus ce nouveau climat dans les entreprises, alors ils essaient pour un temps la vie de fermier, ils se rendent compte que c'est bien mieux que l'idée qu'ils s'en faisaient, et s'installent ! Ou alors c'est par le mariage. Tu vois le beau gosse là-bas ? Il y a six mois il était encore courtier à la City de Londres, mais il a épousé la belle brune assise en face de lui qui avait beaucoup de pâturages. Il a remonté un élevage de vaches laitières qui marche du tonnerre, il les gère toutes séparément sur ordinateur : pointu le mec !

« Pour en revenir à *l'affirmative action*, je crois que dans l'ensemble c'est une mesure positive, ça remue un peu les fils à papa, ça les contraint à créer leurs propres boîtes : il manque plein de choses dans notre pays ! Mais il y a aussi l'effet inverse, encore plus pervers : pour ne pas perturber leurs organigrammes ou sécuriser des postes, beaucoup de boîtes préfèrent payer le salaire du Noir en question, mais lui demandent de partir en vacances permanentes... »

Un voisin de table reprend la balle au bond sur le ton humoristique :

— Un type payé à ne rien faire, c'est épanouissant ça ! Le problème de ce nouveau gouvernement, c'est qu'il reprend peu à peu la dialectique Blancs-Noirs, qui est nécessairement passionnée, oscillant entre la mystique de la réconciliation et la crainte de la destruction mutuelle. Il faut sortir de ce schéma. Moi, par exemple, vous allez rigoler, mais je suis plus africain qu'un Noir américain qui voudrait s'installer ici ! Ce n'est pas ma faute si je suis blanc ! Ma famille a immigré sur ce continent il y a trois cents ans. Je ne suis pas un Européen, c'est une grave erreur de nous appeler ainsi. Ou alors, si je ne suis pas africain, aucun de vos beurs ou Africains naturalisés chez vous n'est français. Il faut savoir ce que l'on veut. J'appartiens à la tribu des Africains blancs ! Alors il n'y a pas de raison qu'on vienne pinailler sur mes terres parce qu'il y a trois cents ans mes ancêtres sont venus s'installer dessus. Elles n'appartenaient à personne. Et quand bien même ! Avec ce raisonnement, on pourrait redonner la terre aux crocodiles !

Un troisième larron lève le ton un tantinet :

— C'est vrai, quoi ! On nous bassine les oreilles avec les redistributions de terres ! J'ai jamais vu un investisseur noir racheter une terre pour y mettre des fermiers noirs dessus. Il y a plein de beaux messieurs maintenant dans les villes avec de belles maisons et des voitures qu'on ne pourra jamais s'offrir, mais pas un pour acheter une ferme ! Il y a trente-cinq fermes à vendre dans le district et qui ne trouvent pas preneur ! Qui a dit qu'il y avait un problème de terre dans le pays ? Et quand le gouvernement en réquisitionne une ou la rachète dans le cadre des compensations, c'est jamais pour rendre la terre productive, c'est uniquement pour désengorger les bidonvilles et se débarrasser de populations dont il ne veut pas s'occuper. Ces fermes-là sont foutues, en trois mois tout est pété et les types qu'on y installe de force crèvent de faim et viennent nous chiper notre bétail. Le gouvernement s'en lave les mains.

Passionnante Afrique du Sud ! Il nous tarde aussi de pouvoir recueillir le son de cloche des Sud-Africains noirs, et en l'occurrence des Sothos du Lesotho que nous allons bientôt rencontrer.

Après quelques jours de repos, mon cou se débloque et je peux enfin assouvir un fantasme dévorant, car à Millard, le clou, le cœur, le tout, c'est la pêche à la mouche ! Pour une fois nous satisfaisons à la première règle de l'hospitalité sud-africaine : rester une semaine ! Et pourquoi partir quand on est au paradis de la truite arc-en-ciel ?

Tous les jours en fin de journée, je vais me fondre à l'ombre de saules pleureurs qui penchent sur les ondes leurs rameaux ondoyants, et là, dans l'entrelacs de leurs racines, je gesticule et m'évertue à faire le plus beau fouetté, le plus beau lancer, le geste qui saura séduire le poisson le plus réticent. Je remonte ou redescend ainsi la rivière, sur ses berges ou les pieds dans l'eau, en sentant le froid me mordre les tendons et les cailloux me casser les ongles : exquis ! Le prix de la truite ! La surface courante scintille de mille feux auxquels répondent les milliers d'écus d'or des peupliers de l'automne frétillant dans le vent.

Et puis, c'est la musique, le roucoulement de l'eau, le frou-froutis des feuilles, le sifflement de la mouche qui meurt dans un posé magistral, et que je fais vivre en la tirant à contre-courant.

Et puis, ce sont les fantasmes et l'imagination, le Léviathan sous un galet, les luttes épiques dans un verre d'eau. À Millard, il y a tout ça, mais plus encore... À Millard, le poisson mord !

Deux soirs de suite, dans la même orbe nonchalante, à l'aplomb d'une sombre paroi polie par le courant où l'eau glisse en glacis, mon posé bien préparé est aussitôt sanctionné par un fantastique éclair fluorescent qui illumine tout le ruisseau. Toïng ! Une décharge électrique dans la canne et d'adrénaline dans mes veines. Un moment ineffable et fugace, la drogue et le péché du pêcheur.

Le reste n'est que technique, fil tendu, canne levée, trépidations du cœur, fébrilité de la prise, on exagère la lutte, le combat est par trop inégal, et s'ensuit la contemplation : deux truites sauvages de 850 et 1 150 grammes pour quarante-deux centimètres, des reflets mordorés sur un beau corps luisant, de fines mouchetures aux entournures, et le chagrin de la vie qui s'en va.

La suite est délectation entre amis, partage de bonheur... Et ne nous méprenons pas ! Il ne s'agit pas de ces grosses loches vaseuses engraissées à la farine faisandée où la chair colorée au carotène le dispute à la graisse, non, pas un atome de gras dans les truites de Millard, pas besoin d'ajouter des amandes, elles en ont déjà le goût : un plein poids de muscle pâle, une merveille affûtée par le courant.

Ah ! Millard ! Millard !

John est le contremaître de Wynne. Il vit au bord de la rivière et s'émerveille de mes prises et de mon acharnement. Quand il apprend que nous voulons traverser les montagnes du Drakensberg à pied, il nous invite un soir à dîner : il est basotho !

Beau, le visage plein, pas cabossé par la vie, le corps d'un solide travailleur, il ne peut pas se départir d'un rutilant sourire. Quand nous lui disons qu'il est notre premier Basotho, il éclate de rire... Sa femme Louise est rondelette et charmante ; elle nous sert bientôt une sorte de polenta en sauce agrémentée de bouts de viande et d'une purée d'épinards que nous attaquons à la main :

— Aïe ! Ouille ! Pfff ! Oulala !

Crise de rire. Invariablement nous nous brûlons les doigts. Génial pour lancer l'ambiance. John nous parle de son pays :

— Vous allez avoir très froid là-haut, et l'hiver approche. Mais vous ne rencontrerez aucune difficulté, vous serez accueillis partout.

— Les Sothos parlent-ils un peu anglais ?

— Dans toutes les familles il y a deux ou trois personnes qui ont travaillé en Afrique du Sud, soit dans les mines, soit chez des fermiers blancs, donc vous trouverez toujours quelqu'un.

— Et vous, depuis combien de temps travaillez-vous ici ?

— Je suis arrivé tout petit avec mon père qui était déjà le contremaître, et donc l'interlocuteur direct du père de Wynne, alors j'ai grandi ici avec Wynne. On a fait les quatre cents coups ensemble. On a le même âge, on est comme deux frères.

Je reprends, perfide :

— Et la vie vous a séparés...

Il ne semble pas comprendre.

— On n'est pas séparés ! On travaille tous les jours ensemble... Chacun à sa place.

Il m'avait compris.

— Vous vous entendez bien ?

— Si vous traitez votre prochain comme vous-même, tout le monde vous aimera.

— J'ai déjà entendu ça quelque part. Vous êtes croyant ?

— Au Lesotho, presque tout le monde est catholique.

— Wynne a été bon avec vous ?

— Les fermiers évoluent et nous aussi. Tout va très vite en Afrique, et Wynne nous apprend à vivre.

— ?

— C'est lui qui s'occupe de toutes nos finances. Il place notre argent à la banque. Il a proposé à tous de l'épargne forcée avec deux cents rands par mois mis de côté. Sur neuf employés, trois ont accepté dont moi. Les autres dépensaient toute leur paie et ne voyaient pas l'intérêt d'économiser puisque tout ici est pris en charge par l'exploitation : la maison, l'électricité, le *mielie meal*, le sucre, la viande, le lait, l'école, les habits. Alors les types préféraient aller boire et acheter des gadgets qui se cassent dans la semaine. Quand, après quelques années, ils ont découvert que j'avais plus de vingt mille rands d'économies et que Wynne me vendait des veaux à engraisser dans ses pâtures et que je pouvais les revendre après à la boucherie, ils ont accepté la retenue à la source. En plus il paie le vaccin de nos vaches ou le vétérinaire qui doit venir faire un vêlage difficile. Ce n'est pas le gouvernement qui ferait ça pour nous. Moi, je vote Wynne ! Aujourd'hui j'ai quatre-vingt-cinq mille rands, mais le rêve de Wynne, c'est qu'à la retraite nous ayons chacun cent mille rands : de quoi acheter une maison comme celle-ci et assurer nos vieux jours. Tout ça, c'est Wynne qui nous l'a appris, personne d'autre !

Nous fêtons Pâques à Millard, mais point d'œufs ici : nous courons la campagne à la recherche d'*easter bunnies* [1] en compagnie d'Errin et Jake, les deux enfants de nos amis. Dans un buisson, la petite Errin déniche une bouteille de Johnny Walker et revient tout étonnée. Dawn s'exclame :

— Oh ! Les lapins de Pâques ont même pensé à papa !

Le matin du départ, Wynne nous lance :

— Ici, c'est la porte de l'Afrique noire : votre voyage commence aujourd'hui !

— La première fois que j'ai entendu ça, nous quittions Le Cap !

Il se marre, mais réplique :

— Ouais ! Mais cette fois-ci, c'est la bonne !

Les sacs chargés de biltong, de soupes aux nouilles et de polaires supplémentaires données par Dawn, nous partons à l'assaut de la chaîne des Wittebergen dont un col redescend, à travers un petit bout de Transkei, vers la porte du Lesotho : le fleuve Orange.

La piste nous reprend sur son fil. Les peupliers enflamment de leurs torchères les massifs vert sombre au pied des

----

1. Lapins de Pâques.

falaises de Balloch. Je ménage mon cou, tiens la tête droite et le menton rentré : « Il faut faire le mouvement de la poule », m'avait dit Tania. Je m'applique !

En montant vers ce col, à pas lents et mesurés sur une piste déserte, je souffle à Sonia :

— Tu te rappelles ? C'est Waagenaar, le flic flippé de Flaukraal, qui nous a fait passer par ici. Sans lui, nous n'aurions pas rencontré les Green !

— Oui ! Je me souviens, il ne voulait pas qu'on traverse cette partie du Transkei parce qu'on était la veille d'un week-end de fin de mois... La pire conjoncture. C'est pour ça qu'on l'a contournée vers le sud.

Nous parvenons au Lundean's Neck. Le col. À nos pieds, le Transkei. Une mosaïque de jaunes et d'ocres. À droite, les fabuleux escarpements du Lesotho dressés comme une muraille inexpugnable. Un dégradé de gris. Les basaltes dominant les grès. Une immense vallée profonde s'ouvre devant nous.

Wynne avait raison. L'Afrique ! D'un coup tout a changé. Plus de propriété privée, plus de barbelés. Des pâtures ouvertes... surpâturées. Des ravins ravinés. Plus d'arbres, plus de champs, plus de panneaux : une nature sauvage.

Partout, piquetant les versants de la vallée, des huttes rondes étagées se regroupent en grappes perchées sur des arêtes ou suspendues au serpent de la piste. De chacune s'élève le doux filet bleu d'un ruban de fumée. Nous descendons. John nous a doté d'un petit lexique de sesotho que nous étrennons avec nos premiers bergers drapés dans d'épaisses couvertures dont ne ressort que leur tête. Ici on emploie toujours le salut xhosa :

— *Molo* [1] *!*

Ils nous répondent des trucs vachement compliqués dont on finit par comprendre :

— Où est votre voiture en panne ?

Partout les gens nous saluent gaiement, des enfants nus jouent par terre, des poules vaquent à leurs occupations, des chèvres se suspendent aux buissons, de grosses mamas tapent sur du linge, tapent sur du bois, tapent sur la terre, courbées en deux, en chantant. Très peu d'hommes.

---

1. Salut !

Et ce n'est pas une caricature. C'est l'ambiance qui tout de suite fait la différence. En un kilomètre nous sommes passés de la fertilité morne et déserte de la vallée de Barkly East à la gaieté populeuse et improductive du Transkei. De la richesse à la pauvreté de masse. Sous le même soleil. Dans les mêmes montagnes.

Nous faisons du zèle, hurlons *Molo! Molo!* tous azimuts à grands moulinets de bras, nous nous déchirons les zygomatiques. Jamais notre marche n'a été si interactive : il y a tout le temps quelqu'un à qui parler !

Dans un bouiboui, nous sirotons un Coca quand un camion de militaires nous rejoint pour en faire autant. Intrigués, deux officiers viennent nous poser une question existentielle :

— Pourquoi voyagez-vous ?

Du tac au tac, Sonia leur répond :

— Pour vous rencontrer !

Ils se poilent comme des baleines. C'est ça aussi l'Afrique ! Mettre les rieurs de son côté. À Telebridge, c'est la sortie de l'école. Un déferlement d'enfants nous submerge comme une vague bleue. C'est l'hystérie. Il y en a trois cents ! Nous sommes noyés dans les têtes noires et les pulls marine, brassés par des herses de mains, tourneboulés par des yeux rieurs qui veulent tous s'accrocher aux nôtres. Un bain d'énergie et de joie, un bain de foule, un bain d'Afrique. Et cette révélation : nous allons vivre trois ans avec des enfants. Combien en avons-nous vu avant ce col ?

C'est dans cet arroi d'enfants en liesse et de chants basothos scandés à petits pas que nous nous présentons à la frontière du Lesotho, le « royaume dans le ciel ».

Lesotho

1. Mapumzile et Mohanhan
2. Pères Cyr Roy et Gérard Laliberté
3. Retsilitsitsé Letchamo Tchamo
4. Père Constantin

5. Alcilia et Veronika
6. Élisabeth Makara et Julius
7. Nye Nye Makara
8. Karl Schuld et Mike Van Zittert

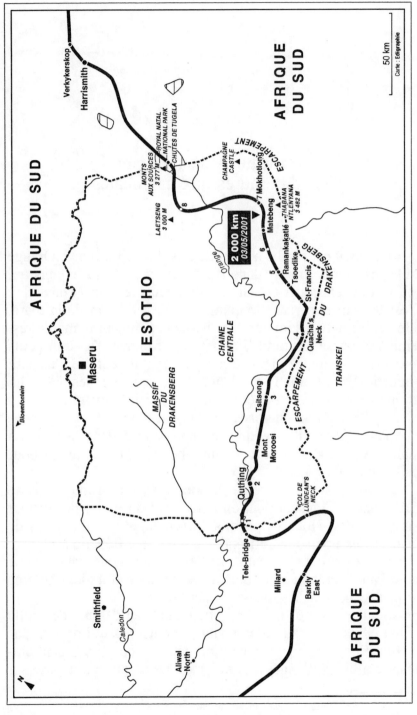

De Quthing aux chutes de Tugela

7

Le royaume dans le ciel
Des dinosaures aux cannibales

Le soleil est tombé au son de nos flûtes. Le fleuve Orange roule ses lourds limons dans les ors du soir. Neuf enfants qui nous écoutaient jouer entourent Sonia dans le noir. Mzabanthu. C'est le nom du grand. Mapumzile. C'est le nom de la mère. Elle écosse nonchalamment des haricots pour sa marmaille rassemblée. Assise par terre. J'allume ma frontale. Dix-huit petits yeux brillants au nez plein de morve s'agglutinent. Le plus petit s'appelle Tombelani. Tombelani ? Sonia saute sur ses pieds, lui attrape les mains et se met à danser avec le mioche :

— Tombez la chemise, tombez-la, tombez...

Toute la famille reprend en chœur tard dans la nuit. La chanson de Zebda est devenue un tube basotho ! Le temps pour les haricots de ramollir.

Nous avons pénétré le Lesotho, le « royaume dans le ciel », par le Transkei dont on nous avait dit qu'on ne sortirait pas indemnes. Nous n'y avons été victimes que de coups de cœur et des poursuites effrénées d'enfants « frénétiques [1] ».

Le Lesotho a meilleure réputation. Sans doute que comme le dit Paul Morand : « Au-delà d'une certaine altitude, l'homme ne peut concevoir de mauvaise pensée. »

Seul pays au monde entièrement au-dessus de mille mètres, il est constitué d'étonnantes montagnes qui ne sont pas le fruit d'un plissement mais d'un cataclysme ! Il y a cent cinquante millions d'années, une titanesque éruption a déposé sur

---

1. Avides de partage, dans notre jargon.

les couches de grès du Karoo des épanchements de laves et de basaltes de quinze cents mètres d'épaisseur et sur une surface rectangle de cent par trois cents kilomètres de côté. L'érosion a depuis tranché dans ce gâteau, et mis au jour les grès au fond des canyons. Le tout donne des crêtes acérées enrichissant de pauvres plateaux gréseux d'un sol volcanique fertile malheureusement lessivé par les précipitations dévalant ces versants abrupts.

Le froid descend des montagnes, nous nous réfugions à quatorze dans une toute petite chambre encombrée par le lit conjugal. Mohanhan est rentré tard. Il revient de Quthing où il a tenté de trouver du travail. En vain. Une grosse platrée de *putu papa*[1] aux fèves nous est tendue. En silence, à la lueur d'une bougie, à l'unisson sur le grand lit, barbotent les succions et la mastication de la famille. Nous avons chaud au cœur et à l'estomac dans ce gourbi et nous nous couchons à terre dans l'échoppe abandonnée de Mohanhan.

Aussi riche de cœur que pauvre de bourse, Mohanhan marche avec nous le lendemain. Chauve et barbu, le crâne luisant, il retourne tenter sa chance à la ville. C'est la première fois que nous partons à jeun le matin. Pas une bonne idée. À 10 heures, la tête nous tourne déjà, suivie d'une forte migraine et d'une faiblesse généralisée. Ne pas marcher sans faire le plein !

Tout le monde nous salue en chemin. Chaque fois, Mohanhan leur fait une petite synthèse, criée par-dessus un ruisseau, par-dessus un dos de vache, à travers des buissons, et le récipiendaire de s'exclamer en éclatant de rire :

— *Kamaotou*[2] !

Toute la matinée résonne de ces *kamaotou* hilares et incrédules...

La nature est très ravinée. Le riche limon des champs est entaillé de profondes crevasses. De maigres cultures ébouriffées s'éparpillent sur des bouts de champs irréguliers. Dans le soleil levant, des hommes et des bœufs travaillent à retourner la terre qui n'a pas été encore emportée. Sifflets, coups de fouet, conduite du sillon, arrêts récalcitrants.

---

1. Appellation basotho du *mielie meal*. Ou abrégée : *papa*.
2. À pied ?

En vue de Quthing, nous obliquons en totale hypoglycémie vers les deux flèches rouges d'une cathédrale. Ce n'est pas un mirage ! Les pères Gérard Laliberté et Cyr Roy, missionnaires québécois, nous y accueillent avec joie autour d'un déjeuner cordial. Nous n'avons pas parlé français depuis notre départ, ils n'ont pas parlé du Québec depuis bien longtemps ! Comme j'y ai grandi et qu'ils connaissaient le curé de mon ancienne paroisse, nous sommes tout de suite en phase.

Les missionnaires sont toujours une source précieuse de renseignements sur un pays. Les rencontrer au début d'un voyage, c'est se mettre de plain-pied avec ses réalités, gagner beaucoup de temps. Installés depuis trente ou cinquante ans, ils maîtrisent parfaitement les langues vernaculaires, ont baroudé dans les coins les plus reculés et ont une profonde connaissance des cultures et coutumes traditionnelles de leurs fidèles. Une mine de tuyaux. La conversation bat son plein, sans queue ni tête :

— Là où nous avons des difficultés de vocabulaire pour expliquer certains concepts chrétiens, le sesotho [1] a cent dix mots concernant l'état du lait !

— Ce sont deux missionnaires français qui ont évangélisé le pays en 1863, l'évêque Allard et le père Gérard, deux Grenoblois qui avaient répondu à l'appel du roi Moshoeshoe Ier pour évangéliser son peuple. C'était pour lui l'occasion de faire un pied de nez aux Britanniques, qui avaient des visées expansionnistes dans son royaume. C'était pour l'Église une chance inespérée : à peine tolérée par les Anglais de Durban et interdite par les calvinistes du Cap, elle éduquait et évangélisait les esclaves, les Coloreds et les Khois (ou Hottentots). Le résultat est aujourd'hui une enclave à 90 % catholique dans un monde anglican ou réformé.

Et le petit père Roy de déclarer du haut de ses quatre-vingt-deux ans :

— J'ai ordonné une centaine de prêtres dans ma vie. C'est allé très vite ici ! Il n'y a plus que dix Blancs dans le pays. La mission est un succès, la relève est assurée. Un jour, ce sont eux qui seront missionnaires en Europe pour vous réévangéliser !

— La principale cause de mortalité accidentelle dans nos paroisses, c'est la foudre ! Prenez-la très au sérieux ! J'ai enterré

---

1. Lesotho, le royaume ; Basotho, le peuple ; sesotho, la langue.

vingt-cinq personnes foudroyées cette année. Eux sont convaincus qu'il s'agit d'une punition divine...

— Avez-vous vu les traces de dinosaures à Quthing ?

— ?

— Allez les voir ! Vous pourrez dire qu'avant les pas des premiers hommes, vous avez marché dans les pas des dinosaures !

Nous y allons l'après-midi. La série d'empreintes a été découverte lors de la construction de la route en 1963. Elles sont là, juste en contrebas, à peine protégées par un petit muret, exposées aux intempéries... La vision est hallucinante : des grandes plaques de grès lisse, à peine veinées et fissurées par cent soixante-dix millions d'années d'activité tectonique. Telles quelles.

Sur des vaguelettes de sable pétrifié courent des empreintes tridactyles de la taille d'une grosse autruche. L'une traverse la scène à grandes enjambées pressées, l'autre hésite, patauge, revient sur ses pas... Ici on aperçoit un groupe de petits qui s'emmêlent les pinceaux, là une glissade dans la boue avec ses bourrelets de matière en relief, signes de vie et signes de pistes figés pour l'éternité, dont le spectacle s'anime sous nos yeux avec une extraordinaire fraîcheur. Les empreintes, conservées sur le lit fossile d'une rivière, entre deux couches de grès, ont été mises au jour par le démontage de la couche supérieure. Comme une feuille du livre du temps où se décrypte un étrange braille animal.

Sonia m'appelle :

— Et ça ! Qu'est-ce que c'est ?

Au milieu de ce batifolage, de grands S sabrent le sable dans l'axe des empreintes...

— Incroyable ! C'est sûrement la trace d'une queue traînante ayant laissé son sillon dans la glèbe !

Et ce qui nous semblait le passage de gros poulets devient la preuve de chair et d'os que de gros sauriens bipèdes ont déambulé sur les berges d'un ancien lac, il y a cent soixante-dix millions d'années – chair de poule –, vingt millions d'années avant les éruptions infernales qui allaient les recouvrir et les protéger de l'érosion pendant si longtemps. Nous réalisons que marcher au fond de ces vallées, ce n'est pas seulement parcourir de l'espace, mais aussi une plongée dans les abîmes du temps en foulant de vénérables sols et des rochers qui ont vu l'innommable...

Pendant toute notre traversée du Lesotho nous remontons vers sa source le fleuve Orange qui s'écoule vers l'ouest à travers l'Afrique du Sud pour se jeter dans l'Atlantique. Son cours sinue nonchalamment entre de grands promontoires et la piste s'épuise à franchir ces obstacles, serpente à l'assaut des dénivellements autant de fois que les orbes limoneux s'ingénient à contrarier sa progression. Parfois lassée de cette danse reptilienne, elle prend un raccourci en partant à l'attaque d'un sommet, se love au col pour se reposer, et retrouve la rivière le lendemain. Pas moyen de suivre les rives à plat, tranquillement.

Les Basothos qui peuplent ce royaume perché ont résisté successivement aux assauts les plus farouches des Zoulous, des Boers et des Britanniques. C'est ce qui leur vaut le statut privilégié d'indépendance. L'unité de ce peuple sous la férule de Moshoeshoe est pourtant très récente. L'actuel roi est le cinquième du nom. C'est un amalgame de plusieurs tribus bantoues et ngunies refoulées par le chef zoulou Chaka au début du XIXᵉ siècle. En dix ans, entre 1818 et 1828, ce dernier sema à tel point la terreur dans toute la région que tous ceux qui s'étaient élevés contre sa tyrannie sanguinaire durent trouver refuge dans les montagnes. Les San du Drakensberg ont mal vécu l'arrivée de ces nouveaux venus, et ont rapidement disparu entre les deux mâchoires de l'étau, les Basothos d'un côté, les colons blancs de l'autre. Ne restent dans le royaume que leurs élands de feu et leurs figurines courant désespérément sur les murs des cavernes.

Au fil des jours nous remontons des étagements agricoles. plantés de sorgho ou de maïs qui chuintent dans le vent. Une multitude de huttes rondes agglutinées sur les versants conservent sur ces carrés de vie un regard protecteur. Leur toit de chaume et leur petite fenêtre au large linteau de torchis, leur agencement de pierres inégales leur confèrent un charmant côté Schtroumpf.

Les Schtroumpfs sont aussi au rendez-vous : des armées de petits mouflets dévalent les pentes à notre rencontre. Petits bonnets de laine sur le chef, nus comme des vers sous une petite couverture drapée sur leurs épaules et fermée d'une épingle double, ils courent en tous sens dans des bottes en plastique qui font floc! floc!

Nous les appelons nos « petites couvertures à pattes ». La bouche pleine de perles, ils nous entraînent dans des farandoles de rires et de cris, éprouvent sur nous leur anglais scolaire, *what is your name?* en échange de bribes de sotho. Le cortège est permanent mais se renouvelle, il faut donc répéter aux nouveaux curieux ce que nous faisons là, ils nous accompagnent trois à cinq kilomètres puis s'en retournent vers leurs pénates champêtres, remplacés par d'autres...

Bientôt tout est minéral autour de nous, et pourtant la montagne est vivante. Elle a des yeux, elle crie, elle chante, nous répond, jongle avec les échos. Impossible de passer inaperçu. Il y a toujours un témoin perché quand vous baissez culotte! En fin de journée nous avons les zygomatiques en feu d'avoir trop souri et les bras courbaturés par nos saluts permanents. Les Blancs sont si rares ici que nous ne voudrions pas qu'on croie qu'ils sont malpolis!

Quand la foule de garnements s'échauffe nous mettons un peu d'ordre en entonnant l'hymne national : *Lesotho fassila bon tatarouna*, puis la fête reprend, nous sortons les flûtes et mettons le feu aux poudres.

C'est ainsi que nous nous faisons inviter chez ces gens encore plus doux et tendres que les Laotiens ou les Bhoutanais.

Un soir, aux abords de Tsitsong, à deux mille sept cents mètres d'altitude, à la fin d'un orage dont les enclumes nous ont poursuivi tout le jour, un homme en hardes, montant à cru son cheval noir, nous rattrape :
— *Dumela! O pela jouan?* (Bonjour, comment ça va?)
— *Amonate!* (Super!)
— *Do you want a lift?* (Drôle en plus!)
— *Inka dulla lewena manzibuya?* (Peut-on rester chez vous ce soir?)
Et Retsilitsitsé Letchamo Tchamo (c'est son nom) de nous répondre en levant les bras au ciel, le sourire large comme un soleil :
— *No problem!*
Nous le suivons dans des champs de maïs, il saute de cheval, disparaît dans les épis pour collecter le dîner, et revient déguisé en buisson qui marche, bavard et gesticulant.

Toute la famille nous fait une fête. Plusieurs générations, des voisins, des cousins, nous y perdons notre latin, entassés dans une petite hutte au sol de bouse séchée. Pas de cheminée. Un moutard s'évertue à souffler sur des branches de buisson qui ne prennent pas. La fumée est censée s'échapper par le chaume. Censée, seulement. Seuls les trente premiers centimètres sont respirables. En crachant tous ses poumons, Sonia me dit :

— Je comprends qu'il n'y ait pas de meubles ni de chaises dans les huttes ! Tu t'imagines assis sur une chaise, la tête dans le fumoir à jambons ?

Au ras du sol, nous prenons de grandes goulées dans les odeurs de pieds et nous redressons comme des culbutos pour reprendre chants et conversations sous les hurlements de rires de la cinquantaine de prunelles qui roulent dans la pénombre comme des boules de loto dans le shaker du tirage.

Arrive comme par magie, de la nuit et d'un autre foyer, une marmite de *léché léché*, le brouet de sorgho national. Vaguement rouge et gluant, il se laisse avaler à grands renforts de slurp, de gloup et de burp ! Simple colmatage d'estomac. Puis viennent les épis braisés et délicieusement fumés car le morpiauçot s'époumone toujours autant sur son petit bois mouillé.

Une fois repus, et nos tours épuisés, nous nous demandons comment tout ce petit monde va dormir dans cette hutte. La réponse vient quand Letchamo, plein de délicatesse et d'attentions, nous offre son lit double dans la hutte voisine. Dehors la pluie fait rage. Nous nous endormons pétris d'amour et de reconnaissance pour ce petit peuple d'anges.

Nous agrémentons le *putu papa* du p'tit dèj' avec du sucre et le lait encore chaud de la traite. Pour nous faire rester, Letchamo veut tuer un poulet, il faut pourtant repartir sans cesse. Que dire ? Que si nous n'étions pas repartis la veille au matin, nous ne l'aurions pas rencontré, lui...

En quittant Letchamo, nous quittons son regard. C'est une microseconde fugace qui le fait entrer dans notre histoire personnelle. C'est fou, un regard qu'on ne recroisera jamais ! Au fond duquel nous avons pourtant habité. Dans combien d'âmes allons-nous ainsi plonger comme des voleurs ?

Qacha's Neck, le 28 avril 2001, 118ᵉ jour, 32 km, 1 831ᵉ km

Chez les Basothos, le plus bouleversant, ce sont les chœurs. Regroupez dix Basothos : ils se mettent à chanter ; alors rassemblez-en cinq cents dans une grange de cent cinquante mètres carrés, cela vous émeut, vous remue le cœur,

Le soir tombait (eh oui ! ça arrive une fois par jour, et il se passe plein de choses à ce moment-là, rarement à midi, on ne sais pas pourquoi), le soir tombait donc, avec un vent glacial, juste pour nous figer la sueur entre les deux omoplates, quand une rafale contraire nous apporta comme un charme les accords suaves d'un chœur d'anges.

Aussitôt envoûtés, nous fondons sur la source sonore comme Ulysse succombant au chant des sirènes : ladite grange. Nous bousculons la porte et sommes saisis par une bouffée de chaleur moite et musquée : stupéfaction ! Deux Blancs ! Mille pupilles dilatées nous dévisagent. Mille points blancs dans le noir. Mille points noirs dans le blanc. On adore faire ce genre de surprise, mais le charme est rompu, ils se sont tus. Un professeur nous explique que c'est un concours de chorale pour la messe du lendemain. Nous sommes tombés dans le pensionnat catholique de Qacha's Neck. Le soir, nous sommes hébergés par les sœurs du dispensaire. Elles s'appellent Joséphine, Gisèle, Geneviève ou don Bosco et font partie de la congrégation des filles de la Charité du Sacré-Cœur de Jésus ! Un petit bout de Montmartre au fin fond de l'Afrique. Toutes aussi noires et joviales que leurs voiles sont blancs et sobres. Les missions sont organisées autour d'une paroisse, d'un pensionnat et d'un dispensaire. Sur notre route, nous en avons vu sept, perdues dans la montagne, rameutées autour d'un clocher pointu, XIXᵉ siècle et franchouillard en diable, jetant sur les petites huttes rondes agglutinées sous sa volée de cloches une ombre protectrice. Le père Constantin, grand Noir au front gigantesque, bien tenu dans une soutane seyante boutonnée du col au sol, nous raconte :

— Quand le père Gérard et le père Allard sont arrivés ici en 1863, cette vallée était habitée par des tribus cannibales qui passaient leur temps à se razzier les unes les autres. Vous allez passer par un lieu-dit appelé Madimong, qui signifie : lieu des cannibales. Ils ont décrit de véritables carnages, des marmites pleines de pieds, des têtes trépanées laissées en plan, la cuillère plantée dans la cervelle dans la précipitation de la fuite à leur arrivée. Ils ramassaient alors tous les reliefs de ces festins macabres et les enterraient sur place. De violents combats ont eu lieu avec les soldats de Moshoeshoe qui les accompagnaient. Imaginez qu'on vienne vous enterrer votre barbecue, vous seriez mécontents...

Et je songe à tous ces suppliciés, à leurs atroces souffrances, puis à tous ceux du monde, partout, de tout temps, à cet énorme cri d'horreur qui s'élève à travers l'Histoire, carnages et génocides, et je vois pendu au cou de tous ces sourires d'anges, de ces sœurs immaculées, de ce prêtre modèle, un homme cloué à des bouts de bois et qui les incarne tous. La barbarie n'est jamais loin. Et me vient comme un éclair cette idée absurde : si Jésus avait été pendu ou décapité, toutes ces petites sœurs d'amour porteraient une potence ou une hache autour du cou.

Sœur don Bosco enchaîne sur les souffrances actuelles auxquelles elles ont voué leur vie. Elle tient le dispensaire de la mission avec sœur Clara. Elles reçoivent dix à trente urgences par jour.

— C'est désespérant ! Ils arrivent toujours en bout de course, quand on ne peut presque plus rien faire, avant ils se disent que ça passera ; nous assurons aussi les accouchements, presque un par jour.

Au mur, des affiches représentant des montagnes suisses, les pères Allard et Gérard disparaissant sous leurs barbes démesurées, le sourcil froncé, la lippe serrée, la rigueur au corps des déplaceurs de montagne, et sur une encoignure, des fleurs en plastique auréolant une petite madone kitsch ; tout est propre et ripoliné autour de nous. Mon regard s'arrête sur une affiche où je peux lire : « Il y en a qui font que les choses arrivent, d'autres qui regardent les choses arriver, d'autres qui se demandent si les choses sont arrivées... »

Suspendues à nos lèvres, les sœurs écoutent nos histoires comme des cadeaux : elles aussi sont de grandes collectionneuses de destins, toutes sont aides-soignantes, aides-naissantes, aides-vivantes, aides-mourantes, aides-priantes... L'Afrique, la nuit, les fauves les effraient mais elles savent où

106

est Jérusalem. Loin. Très loin. Si loin ! Comment faire ? Je leur réponds :

— Vivre le jour présent, ne pas considérer le tout. Accueillir chaque jour comme si c'était le dernier.

Vague d'applaudissements. Mais qu'ai-je dit de si formidable ? Elles admirent notre courage. Quel courage ? Un pas devant l'autre ? Disent qu'elles ne pourraient jamais faire la même chose ! Tenir ? Disent qu'elles abandonneraient ! Mais elles font tout cela au centuple tous les jours ces bouts de femmes sédentaires, qui portent le monde à bout de bras et rougissent de modestie quand on leur dit merci.

C'est mon anniversaire. Mon premier anniversaire en terre d'Afrique. Les sœurs poussent un cri d'indignation en l'apprenant : « Il fallait le dire plus tôt ! » Et sœur Joséphine de se précipiter à son pétrin pour confectionner un gâteau de dernière minute dans un torrent de rires. Il n'est rien de plus merveilleux qu'une bonne sœur en ce bas monde.

À l'instar de ce qu'a dû être au XVII⁰ siècle le Messie de Haendel dans la cathédrale de Canterbury, la messe du lendemain tient plus du concert que du culte . trois heures de chants, *a capella* (c'est le cas de le dire !). Ce ne sont pas mille jeunes qui chantent en bon ordre, mais un même corps s'exprimant par mille gorges déployées. Point de chef d'orchestre, point de directeur, un chant spontané, modulé en cinq ou six voix avec des répons, des solos, des youyous : une extraordinaire expression libre. Une leçon d'harmonie et d'unité. Pas de complexe, d'individualisme, de quant-à-soi ou de nombrilisme chez les Basothos... Et le mouvement ! Mille corps serrés, mille crânes brillant comme de l'ébène, roulant au ressac des refrains, deux mille bras battant mesure, mimant moisson, ramant la vie, disant merci, et au milieu de ce festival, de ce raz-de-marée assoiffé, de ce vent dans les épis d'hommes, un évêque aux anges attendant la fin des chants à tiroirs pour placer sa liturgie.

En sortant, sœur Bernadette nous dit en riant .

— La durée de la messe dépend de l'enthousiasme des jeunes, parfois elle dure trois heures et on n'arrive pas à les arrêter de chanter...

Nous lui répondons que les tableaux religieux européens se trompent : au paradis, les anges ne sont pas des blondinets bouclés, mais des Basothos.

Dans la déferlante de la sortie de messe, nous sommes coincés par une horde de jeunes filles excitées. La meneuse m'interpelle :

— Es-tu un prophète ?

Juste un rappel que mes cheveux poussent et que ma barbe me fait ressembler aux anachorètes des vitraux. Une tonsure s'impose. S'ensuit de longues discussions sur la vie, la foi, les voyages, le monde, les chrétiens autour du monde. Et ce qui me surprend le plus c'est que ces jeunes filles ont une foi sans honte, libre, sans complexe, pure et simple, naturelle. Et me saute aux yeux à quel point les croyants sont malmenés en Europe. Systématiquement ridiculisés. Humiliés en permanence. À quel point ils vivent cachés et soulèvent des sarcasmes. Qui n'a pas éprouvé une gêne à engager la conversation sur ce sujet tabou, à livrer ses réflexions candides ? Qui n'a pas eu honte à dire qu'il y avait peut-être quelque chose plutôt que rien ? Quel honnête homme n'a pas été sacrifié au moins une fois, en se jurant qu'on ne l'y reprendrait plus, sur l'autel du cynisme et du scepticisme ambiant qui font de l'anticléricalisme et de l'athéisme des idées à la mode. Eh bien le vent glacial de ce royaume de la tristesse et du vide est balayé par la face rayonnante de ces jeunes filles enthousiastes. Laissez-les croire ! Et laissez-moi douter ! Qui a jamais dit que la foi était une certitude ? C'est juste une autre approche du bonheur ! Et le bonheur, ceux qui sont nés dedans, biens nourris, gâtés, ils trouvent ça bourgeois, alors ils cultivent leur apparence et se croient romantiques en étant ténébreux, sages en étant sinistres, heureux en jouant les blasés.

À Qacha's Neck, les jeunes n'ont rien mais ne sont pas désenchantés.

Le « Poussin nouveau » est arrivé : trente et un ans, cuvée trente-deuxième année ! La première résolution me vient au chevet de ma femme, alitée avec une bronchite et quarante de fièvre. Être moins dur avec elle. Je m'en veux. C'est un trésor. Et je la brusque avec des histoires de diaphragme, de vitesse, de profondeur de champ, de polarisateur, de retardateur, d'entrée de champ, de cadre. Nous nous disputons sans cesse pour des problèmes techniques liés à l'image. Photographier, filmer... On connaît tous ça avec sa compagne, mais moi c'est en plus ma collaboratrice ! Impatient, colérique, intransigeant, je la rudoie. Je lui glisse à l'oreille que je vais changer. Elle esquisse un sourire ·

— J'ai déjà entendu ça !

Impitoyable mais vrai.

Elle rigole ! Dieu que je l'aime ! La nuit dernière j'ai fait un cauchemar : je la perdais, je ne sais plus comment. Et quatre mois par an, tous les ans, je refaisais seul cette marche sur ses traces, à la recherche de son souvenir, de ses gestes, ses phrases, retrouvais tous nos hôtes qui m'accueillaient chaque fois avec un peu plus de peine, m'asseyais là où elle s'était assise, recensais toutes les fois où j'avais été dur et méchant, le regrettais à l'infini, m'enferrais dans cette quête obsessionnelle et ne trouvais jamais la paix... Drôle de rêve. Je ne devais pas avoir la conscience tranquille.

Les jours qui suivent, nous quittons la piste carrossable pour pénétrer le cœur du royaume par des chemins perchés, tendus entre deux cols, tendus entre des villages suspendus au bord des gouffres creusés par l'Orange. Les habitants de ces montagnes n'ont jamais vu l'horizon. Leur horizon, ce n'est pas la ligne des montagnes dentelées au loin, c'est ce fil tendu entre deux points : celui par lequel on arrive, celui par lequel on repart. Le chemin. Horizon bipolaire. Bien rares sont les carrefours mais avec un carrefour l'horizon s'élargit de deux autres points qui deviennent cardinaux. Et tout ce qui arrive par un de ces points horizons est l'objet de la plus vive attention.

Nous parcourons, ivres d'espace, des paysages champêtres ; c'est le temps des moissons. Partout arc-boutées sur de lourdes gerbes d'orge s'activent en rythme des paysannes. Et cela bat, et cela glane, et cela foule, et cela chante. C'est tellement mieux en chansons. Le vent emporte les fanes clignotant dans le soleil tandis que les germes crépitent sur une bâche en chantant la douce et rare mélodie de la prospérité. Un peu plus loin, autre technique : ceux-là ont décidé de fouler le blé avec des vaches. Ils les font tourner en rond à en devenir folles, à coups de fouet, à en tourner leur lait, à coups de chiens. Nous entrons dans la ronde pour que notre marche participe à la vie de la vallée, comme tournerait un moulin à blé, et après deux révolutions, ce grand appareil de vaches et de cris, de poussière et de grains nous font penser aux girations bouddhiques qui font tourner le monde dans d'autres montagnes loin d'ici

À Tsoedike, à l'angle d'une masure, claque dans la brise un drapeau à prières. Réminiscence bhoutanaise. Que de points communs entre ces deux pays, tous deux sont des royaumes au-dessus de mille mètres, tous deux s'appellent « le royaume dans le ciel », le Bhoutan, en bhoutanais, se dit *Druk*, ce qui signifie dragon, et ici ce sont les dents du Drakensberg qui mordent l'horizon, tous deux ont les peuples les plus doux de la terre, et voilà qu'ils partagent les drapeaux à prières ?

Nous menons notre enquête :

— Qu'est-ce que ce drapeau signifie ?

— C'est un *pépéséla*.

— Et qu'est-ce que ça veut dire ?

— Là ! *Mkompoti !*

La vieille dame au sourire édenté me montre un tonneau. Je penche mon nez dedans : de la bière d'orge ! Et elle surenchérit :

— *Pépéséla, mkompoti.*

Je me retourne vers Sonia :

— Ce n'est pas un drapeau à prières, mais un drapeau à bière !

Le spiritueux au lieu du spirituel. Nous goûtons

— Exactement la même chose que le *rakchi*.

Ce breuvage doucereux légèrement alcoolisé dans lequel on trouve autant à boire qu'à manger et qui se retrouve dans tout l'Himalaya, du Bhoutan au Ladakh, via le Sikkim, le Népal et le Tibet. Le fanal est censé attirer le chaland, et de partout des cavaliers en couverture accourent pour s'adonner aux libations de l'automne.

Nous franchissons la chaîne centrale du Lesotho par un chemin de traverse. Dans un village de huttes rondes où nous nous sommes abrités d'un orage de grêle, on nous demande où nous allons :

— *Lé a kay ?*

Je leur décris et leur mime le futur chemin qui grimpe au col, redescend vers la rivière, passe un escarpement et tombe sur un village. Ils sont sciés !

— Tu es déjà venu ?

— Non !

— Alors comment connais-tu le paysage si tu ne l'as jamais vu ? Et puis comment peux-tu lire l'avenir sur ce papier chiffonné ?

Ils découvrent avec stupéfaction les secrets cabalistiques de la cartographie. Sur une pâle photocopie, je leur montre une rivière, une courbe de niveau, un sommet, un village, un thalweg. Mais toutes ces lignes noires ont tôt fait de se confondre, et je reste à leurs yeux un marabout blanc aux pouvoirs divinatoires aussi puissants que la lecture de l'avenir dans les tripes de poulet.

L'orage est passé, nous attaquons le col. Lentement. Patiemment. Il n'est jamais gagné. On ne peut pas vendre sa peau. Le col, c'est déjà le passage le plus facile. Plus on monte au Lesotho plus la terre est fertile. Ce paradoxe est unique au monde. Avec l'élévation, on distingue parfaitement dans le paysage la ligne de partage entre les grès stériles des fonds de vallées, jaune pâle comme un os, et les pentes riches des terres volcaniques, virant du noir au rouge en passant par la gamme des ocres. Cette ligne blanche est la ligne de démarcation entre les éleveurs et les agriculteurs. Ces derniers s'attaquent aux riches limons instables sans faire de terrasses, les éleveurs lancent leurs chèvres sur les maigres buissons agrippés aux sables gréseux : tous démontent la montagne. C'est l'érosion qui gagne.

Du col nous tournons le dos à notre première moitié du Lesotho. Dans un grand désordre de monts, d'arêtes, de plateaux, de crêts, de gorges et de ravines nous distinguons la fantastique vallée de l'Orange qui patiemment mange la terre pour donner à son ventre la couleur qui lui a prêté son nom. Ce col est aussi le point décisif qui nous voit tourner résolument vers le nord pour les deux ans et demi à venir.

Devant nous les fumées bleues du repos s'élèvent d'un hameau en contrebas répondant au doux nom de Ramankakatlé. D'office nous sommes conduits à la seule anglophone du village par des bambins dépenaillés. Alcilia, professeur d'anglais, nous accueille comme si nous étions attendus. Sans surprise excessive, avec la jovialité qu'on offre à de vieux amis. Elle n'a pas vu son mari depuis janvier, il travaille en Afrique du Sud. Il ne rentrera qu'en juin. Le travail sépare ceux qui s'aiment. J'ai déjà vécu ça. Cette fois-ci je voyage avec mon travail et celle que j'aime. Quel luxe absolu ! Il fait très froid dehors à deux mille cinq cents mètres. Alcilia allume un poêle à kérosène pour nous chauffer les pieds tandis que nous réchauffons la famille de nos flûtes et de nos chants appris à Qacha's Neck! S'ensuit une bagarre avec notre hôtesse : il n'est pas question que nous refusions son lit.

À l'aube, tout le village est rassemblé pour le « réveil des Blancs ». De mémoire d'homme, il n'en est jamais passé par ici, on tient à nous en remercier par la danse des bergers. En rangs d'oignons, des garçonnets en bottes et couverture nous rendent les honneurs africains, tandis qu'on nous sert du *léché léché*. Quand la danse est finie, Alcilia nous présente la célébrité du village, une fillette de quatorze ans :

— Veronika est ma nièce, elle est sélectionnée pour représenter le Lesotho aux jeux Olympiques de l'hémisphère Sud en catégorie marathon.

Timide, les doigts entortillés, nu-pieds aux habits tout mités, nous avons peut-être en la personne de cette Cosette basotho une future gloire de la nation.

— *Do you want to see her running*[1] ?

Nous n'avons pas le temps de répondre qu'elle a déjà disparu. De l'autre côté de la ravine, la petite école avec sa cloche, servant d'église le dimanche, crève un rideau de brume, et c'est sur cet écran, tout au long de la crête, que notre petite gazelle entreprend sa course folle sous les vivats du village en liesse. Et cette figurine volante au pas léger et aux enjambées lestes tricote en ombres chinoises avec des franges de nuages une médaille miraculeuse sur un Olympe aux allures de mont-de-piété.

---

1. « Voulez-vous la voir courir? »

8

Le royaume dans le ciel
Le vétéran et les diamants

Trois hommes s'affairent avec des airs gênés autour d'un type en hardes assis sur les marches du dispensaire de Matebeng où nous espérons pouvoir passer la nuit. Sonia demande :
— Que lui font-ils ?
— Je ne sais pas, on dirait un massage cardiaque.
Voilà que l'un d'eux sort une scie du tas de dos penchés sur le corps.
— Je rêve ! Une amputation sans anesthésie ? Je me rapproche, effrayé : tous trois s'escriment sur une paire de menottes. Dans cette pieuvre de bras, de loques et de mains noires, c'est la seule chose qui brille. Ils s'y prennent si mal qu'un filet de sang la souille, la scie ripe et mord la chair. Le pauvre type ne pipe mot. Il a des croûtes plein la figure, apparemment il s'est battu. Je constate que les dents de l'outil sont montées à l'envers, et que tous s'évertuent en dépit du bon sens.
Je prends la direction des opérations. Les gros œdèmes que portent les poignets attestent que le berger est en cavale depuis plusieurs semaines. Ils sont arrivés à cheval. Sans doute un voleur de bétail. Je coince les menottes dans un chambranle de porte en guise d'étau, fais mordre la lame méthodiquement ; des paillettes d'acier poudroient, une lueur d'espoir se lit dans le visage du prisonnier, de gratitude aussi. La première menotte ne tarde pas à lâcher prise. Contre toute attente, le type ne crie pas de joie. Il reste assis, groggy : il est pourtant libre. Mais rien ne change dans son comportement. J'imagine ce qu'il a dû vivre ces trois dernières semaines, les mains attachées, monter à che-

113

val, manger, les mêmes nabits, les malcommodes commodités...
Tout cela est fini mais il n'a pas l'air plus heureux. Tandis que
j'attaque patiemment la seconde, j'entends une petite voix derrière moi :

— C'est peut-être un criminel, tu crois que c'est une
bonne idée ?

La voix de la raison. Et je réalise ce que je suis en train de
faire : je scie les menottes d'un prisonnier évadé, en la personne
duquel je n'avais vu qu'un pauvre type à aider. Si ce n'est pas
de la complicité de malfaiteurs... Un policier basotho nous sur-
prendrait, nous serions bons pour quelques nuits de trou. Je
laisse aux acolytes le soin de finir la besogne.

Nous passons la soirée avec Élisabeth Makara, l'infirmière
du dispensaire.

— Mon grand-père est allé en France et en Italie...

— Hein ?

— Oui, pendant la Seconde Guerre mondiale.

On croit rêver ! Le temps et l'espace se télescopent. D'ici,
du fin fond de l'Afrique, de ces montagnes perdues, il y a cin-
quante-six ans, un berger est venu se battre en Europe pour
nous libérer de la tyrannie. Il faut aller lui dire merci.

— Où habite-t-il ?

— À Mokhotlong. Vous devriez y être dans quatre ou
cinq jours, je vous donnerai une lettre pour lui.

Un ami vient dîner en notre compagnie. Julius est un insti-
tuteur diplômé de Roma, la grande université catholique du
royaume. Nous parlons de nos rencontres, de nos expériences,
des problèmes de développement, il nous apporte son analyse :

— Tout notre malheur vient du fait que nous n'avons pas
de barbelés !

— ?

— Je vais vous expliquer. Premièrement : s'il n'y a pas de
barbelés, les garçons doivent surveiller les troupeaux, ils
sèchent donc les cours et ne s'instruisent pas. Deuxièmement :
sans barbelés, les bêtes broutent tout et partout, l'herbe ne peut
pas repousser, les arbustes sont décapités, ce qui entraîne l'érosion dramatique que vous avez constatée, donc l'appauvrissement à long terme de nos montagnes. Troisièmement : comme
les animaux sont libres, ils font leurs besoins dans les ruisseaux,
ce qui nous rend malades, et ils broutent les récoltes. Qua-

114

trièmement : comme nos agriculteurs s'occupent constamment de leur bétail, ils ne prennent pas le temps de fabriquer des terrasses pour lutter contre cette même érosion, et je peux continuer longtemps comme ça... Si vous voulez nous aider, donnez-nous des kilomètres de barbelés et envoyez-nous des Chinois pour nous apprendre à faire des terrasses.

Le barbelé ou le triste symbole de la prospérité agricole.

Élisabeth nous a fait chauffer de l'eau pour la toilette vespérale. Nous ne nous sommes pas lavés depuis Qacha's Neck, il y a une semaine ! À la lueur de la bougie, Sonia se baigne dans un vieux tub. Un charmant petit poêle maniéré fait ronfler sa fonte, la gueule rougeoyante et les pattes arquées. Son dos nu, enluminé d'un trait d'or comme la nervure d'une feuille, dessine dans le noir une courbe parfaite menant à la nuque inclinée. Deux petites portes décorées de roses coulissent de part et d'autre de la bouche de feu pour régler l'entrée d'air et la combustion. Ses gestes dorés vont doucement de l'eau à sa peau, et la musique égoutte, je la contemple autant que je l'écoute – elle chanterait si elle n'était pas harassée –, le mur la triple en ombres géantes et ses formes dansent, et sa chevelure nouée tout le jour se délasse ondoyante, et ses petites mains continuent à prospecter, caresser, apaiser la machine endolorie, un soir, près d'un poêle, à la lumière de la bougie...

Par quatre fois une diarrhée me tire du lit cette nuit. Jaune liquide et odeur d'œuf, je reconnais les symptômes : giardiase. Un grand classique au Népal. Une seule solution : métronidazole. Un comble ! Tomber malade dans un dispensaire ! Toute la nuit un bruit d'eau me torture la vessie. Les cabinets fuient. Normal. Tous les cabinets africains fuient. Trop de joints : l'arrivée d'eau, le robinet, le joint de cuvette, de la bonde, de la manette, d'évacuation...

Quelques vallées plus tard, dans une lumière hivernale, nous partons à l'assaut du sommet du Lesotho. Du givre sucre les herbes folles à l'ombre des versants. Les polaires supplémentaires de Dawn font merveille. Nous grimpons avec un pâtre sifflotant qui mène à la baguette quelques ruminants dont les cloches résonnent clair dans l'air glacial. Il a un vrai bonnet rouge de nain de jardin qui oscille au rythme de ses pas, et toujours ces comiques bottes en caoutchouc. Il est tout nu sous sa couverture et marche gai comme un pinson en commençant un chant avec la montagne.

Au premier col, il rencontre un copain, un minus à cru sur un beau petit cheval blanc. Il porte le chapeau de paille traditionnel, conique avec quatre boucles au sommet, et lui-même disparaît sous le cône de l'épaisse couverture qui l'emmitoufle. Ils parlent. Des conversations d'homme.

Plus loin, il hurle dans la montagne, qui lui répond. Ce n'est pas un écho, c'est une autre couverture à pattes nichée en haut d'une falaise, à peine visible à l'œil nu. Dans l'air cristallin ils entament une conversation sans hausser le ton. L'autre est bien à trois cents mètres. Mais ils ont des choses importantes à se dire : le cours du lait à la bourse des alpages, la crise du logement des brebis, les problèmes d'embouteillage du *mkompoti*...

Au fil de ces rencontres du troisième type, nous nous élevons vers le col terminal, à 3 250 mètres au pied du Thabana Ntlenyana, 3 482 mètres, sommet de toute l'Afrique australe. Alors que nous le gagnons en sueur, une bourrasque glaciale nous cache le paysage immense d'une écharpe de nuage. Il se met à pleuvoir du grésil puis à neiger, nous trouvons refuge dans un *rondavel* [1] enfumé où toute une famille s'est rassemblée pour lutter contre le froid mordant. Nous sommes coincés avec notre lutin rouge qui continue ses palabres. Toute la nuit, assoupis en quinconce dans une fanfare de ronflements et de vagissements, nous subissons les attaques répétées d'une armée de puces féroces qui détraquent notre sommeil. Dehors, la tempête de neige fait rage. Ma giardiase se tasse. Piètre consolation.

Le lendemain matin, tous les sommets sont capuchonnés de blanc. Dans la redescente sur la piste enneigée, un policier blanc, en Jeep blanche, nous dépasse et s'arrête. Notre premier Blanc depuis longtemps, ça fait tout drôle ! Après les formalités d'usage, il nous apprend qu'il est le responsable pour tout le Lesotho de la lutte contre les voleurs de bétail.

— Quatre-vingt mille têtes de moutons, vaches ou chevaux disparaissent chaque année d'Afrique du Sud et montent ici dans ces vallées perdues. On travaille conjointement avec la police basotho pour démanteler les trafics. Et il ne faut pas traîner car, à peine dans les villages, les bêtes sont débitées, char-

---

1. Hutte ronde au toit conique en chaume.

gées dans des camions et redescendues vers Maseru, la capitale. Il est vrai que les mauvaises habitudes sont dures à perdre et que le vol de bétail est une tradition ancestrale chez les Basothos. Ils vont encore plus vite aujourd'hui. J'arrête treize cents voleurs par an, et l'on retrouve 43 % des bêtes. Ils voient bien que le jeu n'en vaut pas la chandelle, mais c'est plus fort qu'eux, ils récidivent. Et les récidivistes peuvent prendre treize ans ! Tenez ! Là, à l'arrière de mon pick-up, vous pouvez voir le dernier que j'ai attrapé, hier à Matebeng, il s'était échappé il y a trois semaines avec des menottes aux poignets ! Il buvait un coup avec ses copains en plein village, il n'avait plus ses menottes, mais des marques aux poignets. Il s'est laissé arrêter sans se débattre. Quand je lui ai demandé pourquoi il recommençait, il m'a répondu : « *It's like a game !* »

Notre flic de choc repart dans une gerbe de boue à notre grand soulagement. Drôles de jeux !

Sur la piste nous traversons de nombreux villages dont les habitants sont à l'affût des rares véhicules qui s'aventurent dans ces parages. Nous entonnons notre refrain itératif, doux comme un sésame :

— *Lé tso akaï ?* (Où allez-vous ?)

— *O tsa kaé Mokhotlong kamaotou.* (On va à Mokhotlong à pied !)

— *Kamaotou ? Hellé ! Hellé ! Ré khatétsé !* (À pied ? Mes pauvres, vous devez être fatigués !)

— *Lé akaï ?* (D'où venez-vous ?)

— Quthing !

— *No transport ?*

— *No transport ! Only sport !*

Et de quitter le bled dans un sillage de rires.

Souvent la vue nous permet d'anticiper une immense courbe de la piste dans la vallée, ou le contournement d'un col, nous coupons donc à travers la montagne par des raccourcis. Il y en a toujours. Nous nous fions plus à cette règle qu'à notre carte imprécise. L'usage prime. Le chemin devient alors un sixième sens, il faut le deviner à un brin d'herbe couché, à une pierre polie, à une empreinte... Il ne tient souvent pas à grand-chose, il faut le flairer, deviner la sente, car ce n'est jamais plus qu'une sente ramifiée, et l'on se raccroche à deux règles de base : un sentier mène forcément quelque part, et l'homme est un apologue du moindre effort. Le reste, c'est le don du fin limier qui se cultive en chemin. Nous avançons ainsi dans ces montagnes sans jamais nous perdre. Point de boussole, foin de GPS...

Nous nous raccrochons au podomètre. Il mesure l'espace parcouru mais nous l'utilisons comme notre horloge. Pas question de s'arrêter pour une première pause avant quinze kilomètres ; essayer de pousser jusqu'à vingt avant le déjeuner ; résister à la tentation de s'arrêter avant trente. Il est notre censeur. Mais il sait aussi nous récompenser par de beaux chiffres ronds. En redescendant un col à la fin d'une journée grise, un rayon de soleil crève soudain la couche nuageuse pour célébrer notre deux millième kilomètre. Nous chantons et dansons en passant entre deux jolis rondavels enluminés de peintures et de motifs, un coq sans montre chante, des chiens aboient, les chèvres bêlent, un âne brait, les témoins nous prennent pour des fous, nous sommes heureux.

Mokhotlong, dimanche 6 mai 2001, 126ᵉ jour, 20 km, 2 023ᵉ km

C'est pourtant dans un triste état, crasseux et frigorifiés sur fond de cimes immaculées, que nous rallions Mokhotlong. Après une rapide enquête nous trouvons le grand-père d'Élisabeth : le vétéran Nye Nye Makara.

Grand chauve aux yeux bridés et au nez effilé, il dégage la paisible superbe que l'on retrouve souvent chez les anciens combattants. C'est un sage respecté. Et l'Afrique ne transige pas sur ce point. Il nous accueille chaleureusement. Comme beaucoup de notables ou de chefs de village au Lesotho, il a des chaussures rouges et porte un beau blazer écussonné.

— Je me suis battu à Monte Cassino ! J'ai fait la campagne d'Italie avec les Britanniques. Nous étions cinq mille Basothos. Les Italiens avaient une peur bleue de nous, mais pas les Éthiopiens qu'ils avaient dans leurs rangs. Ça avait un côté absurde, on aurait dit une guérilla africaine !

Sonia s'emballe :

— Monte Cassino ? Mon grand-père y était aussi, mais en avion. Il est sûrement venu appuyer votre front. Vous auriez pu vous rencontrer. C'est fou !

Une étincelle se rallume dans le regard du sage. Il étreint Sonia par l'épaule et un croissant de larmes vient alourdir sa paupière sous l'étincelle : il faut fêter ça ! Par hasard un *pépéséla* pend à l'angle de sa maison, deux mémés ivres dansent dans la cour, il fête son troisième anniversaire de deuil, tout le village est venu partager le *mkompoti*. Nous passons un doux moment, inondé du lumineux soleil d'hiver, doucement imbibé de bière d'orge, empreint de respect et de gratitude envers ce sauveur du bout du monde, tout en partageant un poulet que des bonnes sœurs nous ont donné en chemin. Ah ! Cher Lesotho !

Le lendemain nous traversons l'Orange pour la dernière fois : ce fleuve majestueux et mythique que nous découvrions il y a plus de vingt jours au poste frontière de Telebridge est maintenant un petit ru que nous sautons à pieds joints. Nous abordons les plus hauts plateaux du royaume au nord-est du territoire. Ici quatre grands fleuves, dont l'Orange, prennent leur source : l'Elands, le Khubedu et le Tugela. Notre projet est de quitter tout chemin balisé, de marcher en pleine montagne et de rallier par-derrière et par le haut les immenses falaises de l'escarpement du Drakensberg afin de redescendre en Afrique du Sud par les parois de l'Amphithéâtre. Tout cela sans passer par des postes frontières, en traversant plusieurs vallées interdites et fréquentées par des trafiquants de tous poils.

À Mokhotlong, nous achetons des gants de laine et des cagoules. Sonia craque pour un béret bleu ciel, couvre-chef importé il y a un siècle par les missionnaires français, et que l'on voit aujourd'hui de toutes les couleurs sur les têtes de toutes les femmes.

Nous nous élevons peu à peu et tout le royaume s'étend bientôt sous nos yeux. Le ciel s'est dégagé. Il est d'un bleu si dense qu'il paraît sombre. Nous avons gagné la couche supérieure de l'énorme éruption volcanique qui a créé ces montagnes, et qui n'a pas encore été érodée. À trois mille trois cents mètres d'altitude, le thermomètre descend la nuit jusqu'à − 17 °C, nous devons jouer serré, car nous ne sommes pas équipés pour résister à de tels froids.

Dans un village d'altitude, nous sommes attirés par un grand brouhaha. Des bergers sont descendus de la montagne pour la tonte de leurs chèvres angoras. Un rassemblement de tronches. Beaucoup de chapeaux coniques. Les gaillards attrapent leurs biquettes par les cornes, les renversent comme des chaises, les quatre pattes en l'air, et attaquent la précieuse toison avec des ciseaux effilés. Les pauvrettes protestent.

Trente kilomètres de montée aujourd'hui ! Nous n'avons fait que ça, avec l'angoisse croissante de devoir trouver un endroit où passer la nuit. À Laetseng, au sommet du plateau, petit village de cases boueuses et de types désœuvrés, trop occupés à survivre pour vraiment travailler, on nous parle d'une mine de diamants. Nous sommes incrédules. Nous savons que la De Beers l'a fermée il y a dix-sept ans. Matthias insiste pour nous y emmener, nous le suivons, ne sachant pas trop dans quel traquenard nous nous fourrons.

Le paysage est lunaire. Rien ne pousse. L'herbe est morte, le vent souffle et nous suivons notre guide. Des ruines lugubres défilent, tôles tordues, bâtiments pulvérisés et camions écrasés, sans doute les vestiges de l'ancienne mine. Alors que nous passons au bord d'une gigantesque excavation en spirale au fond de laquelle le ciel se reflète dans un lac céruléen, un pick-up déboule sur l'ancienne piste d'atterrissage. Au volant, notre deuxième Blanc depuis trois semaines. Johan nous avoue en rigolant :

— Quand j'ai vu une blonde ici toute seule, je me suis dit que j'avais un grave problème !

Nous sommes ses premiers Blancs depuis trois mois. Nous prétextons un besoin en indications cartographiques et il nous emmène à la base. De beaux bâtiments tout neufs, peints en rose pour égayer les pierres. Karl et Mike nous accueillent chaleureusement :

— Nous sommes payés par un consortium anglo-américain pour remettre la mine en exploitation. Nous sommes désolés, il n'y a pas d'électricité, le générateur vient de griller, mais venez voir, ça ne nous empêche pas de trouver des diamants.

Nous descendons en Jeep en contrebas de l'excavation et parvenons au bord d'une longue tranchée suivant un thalweg de faible pente. Mike nous explique :

— Les diamants viennent d'un *dyke* de kimberlite. Un dyke, c'est une intrusion de magma sous très haute pression dans une fracture du basalte. Et ici ce magma contenait suffisamment de carbone à l'état gazeux pour « pondre des diamants » en se refroidissant. Pour l'instant nous ne prospectons pas le dyke directement, d'énormes machines le feront dans quelques mois. Je suis artisan et j'ai reçu la concession de cet alpage, ici, juste en contrebas du dyke, mais je vais profiter du boulot qu'a fait l'érosion pendant cent cinquante millions d'années, c'est-à-dire concentrer par gravitation les diamants dans le thalweg. Ils sont tous là sous nos yeux, il n'y a qu'à traiter ces sédiments. Et quand nous aurons tout nettoyé jusqu'au rocher, nous continuerons à la main et à la truelle dans les fissures car c'est là que peuvent se trouver les plus belles pierres !

Sur cinq cents mètres, une tranchée de cinquante mètres de large est délimitée par des banderoles. Le trésor est là, sous nos yeux...

— Regardez ce qu'on a trouvé en quatre jours !

Il sort de sa poche une petite boîte qu'il renverse dans le creux de sa main. Mille soleils jaillissent de sa paume, des bleus, des jaunes, des roses, des blancs, certains sont si clairs et si brillants qu'on dirait des glaçons :

— Quarante-sept carats pour cinquante-trois pierres, juste dans quelques pelletées de bulldozer, un très bon début ! Mais venez voir, je vais vous montrer comment ça marche.

Un assemblage de machinerie hétéroclite tourne, secoue, filtre, tamise, arrose les sédiments qui empruntent tout un circuit. La machine grince, ahane, éructe de toutes parts et défèque de cette boue de grosses quantités de rebut.

Mike nous mène à la pièce maîtresse, un tonneau dans lequel sont secoués cinq tamis de granulométrie décroissante.

— S'il y avait des diamants dans cette tonne de terre, ils sont là-dedans maintenant. Encore un quart d'heure.

Sonia trépigne d'impatience. Frick, le bien nommé, frère de Mike, purge enfin le tonneau et verse un à un le contenu des tamis sur une grande table en caoutchouc noir, puis étale ces gâteaux à la truelle.

D'un geste chevaleresque, il désigne Sonia :

— À vous l'honneur, milady !

Pas besoin de chercher longtemps, elle pousse de grands cris :

— Là ! C'est pas vrai ! En voilà un ! Ah, encore un ! Et là, un autre !

Elle ne se tient plus de joie. Les types rigolent. Elle est la première femme à être jamais venue sur le site. Incrédule, elle redresse la tête :

— J'en ai trouvé cinq !

Mike lui répond :

— *Excuse me, young lady*, ce sont eux qui t'ont trouvée !

Et Karl, l'autre larron, surenchérit, les yeux brillant d'une étrange étincelle :

— Quand un diamant te regarde droit dans les yeux... tu peux être sûr d'être le premier homme qu'il ait jamais vu. Tu lui donnes naissance après cent cinquante millions d'années de gestation.

Et les voilà qui partent en plein délire métaphysique sur les cailloux.

— Les diamants sont des pierres très timides. Dès qu'on veut les attraper avec nos gros doigts, ils s'échappent. Il faudrait songer à louer les services d'une femme, elles sont plus douées que nous pour les saisir ; Sonia, tu peux rester aussi longtemps que tu veux.

Je proteste :

— Eh, oh ! Chacun ses diamants ! Pas touche à mon diamant à deux pattes.

Ils éclatent du franc rire d'un corps de garde. En rentrant, Karl Schuld nous parle de son projet sur le site. C'est un petit homme, doux comme la terre, aux yeux pleins d'humanité, au geste sobre, presque timide, parlant bas mais parlant juste, parlant peu mais parlant vrai, rien d'affûté, rien d'ascétique, rien de discipliné, juste un homme inspiré.

— Il y a dix-sept ans, le gouvernement du Lesotho a fait fermer la mine après un long bras de fer : ils demandaient 15 % pour eux, c'était trop pour la De Beers qui a jeté l'éponge. Il faut savoir qu'exploiter à cette altitude coûte extrêmement cher. Les autres ont préféré tuer la poule aux œufs d'or. Depuis, ils sont dans la dèche, de l'eau a coulé sous les ponts, nous sommes revenus avec un nouveau projet. Cette fois-ci, l'État ne touche que 7 %, mais nous proposons un projet global de développement. Nous emploierons deux mille travailleurs locaux, sans en faire venir d'Afrique du Sud, et qui seront logés ici dans des maisons confortables ; nous construisons une clinique, une école, un institut de formation professionnelle, toute une ville en altitude ! Les ouvriers auront des cours obligatoires, apprendront à conduire les machines, je veux apporter de la vie et de la prospérité dans ce désert. Les diamants vont m'y aider.

Mike Van Sittert est un géant filiforme aux grandes enjambées, qui penche toujours la tête pour s'adresser aux insectes que nous sommes. Le cheveu raide en bataille, blond-blanc comme un champ avant la moisson, son visage est raviné à la manière d'un désert de latérite. Des yeux de ciel injectés de sang parlent d'une vie sans sommeil. Sa voix est rauque comme celle d'un canon : douze ans d'Angola dans les SAS [1], pilote d'hélicoptère dans les forces spéciales, mécanicien dans les chars de combat, il détient le record sud-africain d'altitude en saut militaire avec une chute libre de douze mille mètres. Il pourrait être terrifiant, il inspire pourtant une confiance sereine.

De cet assemblage de cuirassier émane une bonté expurgée de décorum, une bonté acquise aux spectacles les plus atroces, une bonté dégainée comme l'arme ultime pour se venger de l'enfer... Après une revue du désastre politique africain dans lequel il a pataugé si longtemps, il nous confie :

— Un chef basotho m'a résumé un soir autour de trois litres de *mkompoti* la notion de pouvoir sur ce continent : « Quand des éléphants se battent dans la brousse, ils font du bruit, barrissent, arrachent les arbres tout autour d'eux, piétinent l'herbe qui les nourrit, mais ne s'entretuent jamais ! Derrière eux ne reste que la poussière... »

Le soir, à la lueur d'une lampe à gaz alors qu'il neige dehors, nous continuons longtemps à remuer des rêves dorés, des mirages de chasseur de trésor. Tous ces types aux gueules et aux vies cassées ont payé cher le prix de leurs chimères ; ils éprouvent tant de plaisir à en parler : guerre au Mozambique ou en Namibie, diamants sur la côte des Squelettes... Ils ont des mains en forme de pinces, une peau de crocodile, des cicatrices qui racontent la géopolitique des trente dernières années, le regard irradiant de rides... De vraies trognes d'aventuriers, des gueules d'enfer, et toujours cette petite absence dans la pupille, cette tristesse au fond du verre.

Sonia est si captivée par ces récits qu'elle ne sent pas sa jupe brûler sur le poêle qui chauffe la pièce. Passé les rires, elle se met à pleurer comme une petite fille :

— C'est ma seule jupe, je n'ai rien d'autre.

Il est vrai que nous avons si peu de vêtements que la perte d'un élément nous fragilise énormément. Les grands gaillards

---

1. Special Air Service.

sont tout gauches et contristés. Trouver une jupe à trois mille trois cents mètres dans un univers d'hommes n'est pas aussi facile que de découvrir des diamants.

Mike, habitué aux situations désespérées, aux embuscades dans le bush, aux explosions de grenades, dit d'une petite voix de danseuse :

— *Don't worry, I'll fix it* [1] ! Et je te promets que le prochain gros diamant jaune que l'on trouve, on l'appellera *The burning Sonia* [2] !

Une lune orange et ronde se lève sur ce toit de l'Afrique. Pour lui rendre hommage, Mike nous entraîne dans la froidure, tire de sa poche une sorte de stylo, y visse une cartouche, libère une gâchette et tire vers l'astre plein une fusée éclairante rouge !

— J'ai entendu dire que c'était ton anniversaire il n'y a pas longtemps. Tiens, c'est pour toi ! Si jamais on t'embête, tu vises la menace, et la détresse sera pour l'assaillant... Ça marche aussi très bien sur les hyènes et les éléphants.

Nous quittons nos amis le lendemain avec une jupe rafistolée et un prix de consolation : une pleine poignée de rubis !

Devant nous, deux jours de montagnes sauvages et désolées. Nous marchons à l'azimut vers le Mont-aux-Sources, ainsi nommé par le missionnaire Gérard, descendons et remontons des vallées désolées sans âme qui vive. Cela rappelle nos marches clandestines du Tibet au Cachemire avec mon camarade Sylvain Tesson. Ineffable sensation de liberté. Pas de sente, pas de chemin, pas de repères humains, l'œil accroche au loin un point à atteindre, un roc, un col, le pied est fou de sa responsabilité. Il assume. Nous foulons des plaques de glace sous lesquelles glougloutent de grosses bulles, des souris dans l'herbe font les sentinelles au rapport et disparaissent en un éclair. Nous sommes heureux comme l'air.

Soudain, dans le fond d'une vallée, nous apercevons deux silhouettes et deux chevaux bâtés qui déambulent au loin. En nous voyant, ils accélèrent le pas. Mike nous avait prévenus : ce sont des trafiquants de haschisch qui redescendent au Kwazoulou-Natal ; nous les laissons nous distancer. En fin d'après-midi, après avoir remonté toute la vallée, j'arrive en tête cent mètres sous une crête dont la carte me dit qu'elle va nous révéler enfin

---

1. « T'en fais pas, je vais arranger ça ! »
2. « Le Sonia de feu ».

la vue sur l'Afrique du Sud de l'autre côté. Une vue que nous espérons depuis trois semaines ! J'attends Sonia pour découvrir ce spectacle avec elle.

Compte à rebours ! Nous avançons main dans la main, le ciel grandit, grandit, l'horizon n'arrive pas, nous franchissons le pas, soudain, sous nos pieds, quinze cents mètres de vide, à nos pieds des falaises de mille mètres, vertige ! Vertige sidéral ! Nous sommes en plein ciel et hurlons notre joie : la plus fantastique vue qu'il nous ait jamais été donné de contempler. Au loin sur la « terre des hommes », des necks ponctuent le haut veld à l'infini, des nappes de nuages font des flaques blanches qui viennent lécher les pieds des parois colossales entre les jambes des profondes gorges qui entaillent les contreforts. Le soleil, déjà bas, enlumine les reliefs de fils d'or et plonge les déclivités dans l'ombre. Au nord, à notre gauche, l'imposant pilier de la Sentinelle, détaché du plateau, le domine fièrement. Au sud, à notre droite, la dent du Diable ferme la mâchoire de l'Amphithéâtre. Les Zoulous appellent cette forteresse imprenable « Qathlamba », le rempart de lances, et pour cause ! De l'escarpement du Drakensberg, du haut du royaume dans le ciel, nous avons une vue d'avion sur un monde de fourmis. De lourdes larmes silencieuses baptisent d'allégresse cette vision céleste. Un souffle d'air comme un soupir vient remplir le silence et baiser nos joues humides d'une fraîche caresse.

Le spectacle n'est pas fini, nous devons trouver les chutes de Tugela qui s'élancent dans le vide quelque part depuis la lèvre de l'Amphithéâtre. Une heure plus tard, au soleil couchant, nous suivons ce filet d'eau cristalline qui sinue nonchalamment sur le plateau sans savoir ce qui l'attend : huit cent cinquante mètres de vide ! Un retour dans le ciel !

Au point d'inflexion, le ruban plonge en silence pour se vaporiser en pluie quelques centaines de mètres plus bas. Un gypaète barbu, gigantesque vautour à queue cunéiforme, surgit du vide, vient nous dévisager et repart en jouant avec les courants d'air. Le spectacle est chavirant, il faut s'asseoir, le regard ne connaît pas ces grandeurs, perd ses repères.

Hypnotisés par tant de beauté, nous contemplons les étoiles s'allumer une à une, et déjà dans les plaines scintillent et clignotent les lumières des hommes.

Afrique du Sud

1 Fée et James Berning et les artistes d'Ardmore : Katie, Wonderboy, Nelly, Magnificent, Josephine
2 Serge et Nicole Roetheli
3 Hanlei et Vinson Prinsloo
4 Gerd Klaasen et Koos Oosthuizen
5 Ané et Nico Steinberg
6 Pieter Du Toit
7 Francis Thackeray
8 Luther, Muzi et Makass de l'Alexandra Brass Band
9 Martha et Moïna de Nkgondwana
10 Naeem Omar
11 Nick et Jean More
12 Robby Bryden
13 Johannes Malan
14 Shirley et Raymond Emmerich
15 Andries Botha
16 Natasha Keizan
17 Brian et Jenny Jones
18 Ala Sussens
19 Allan Van Ryn et Jeff Sibson
20 Jan et Antoinette Volkschenk
21 Jimmy et Joey Schambriel
22 Kobie et Lulu Fick

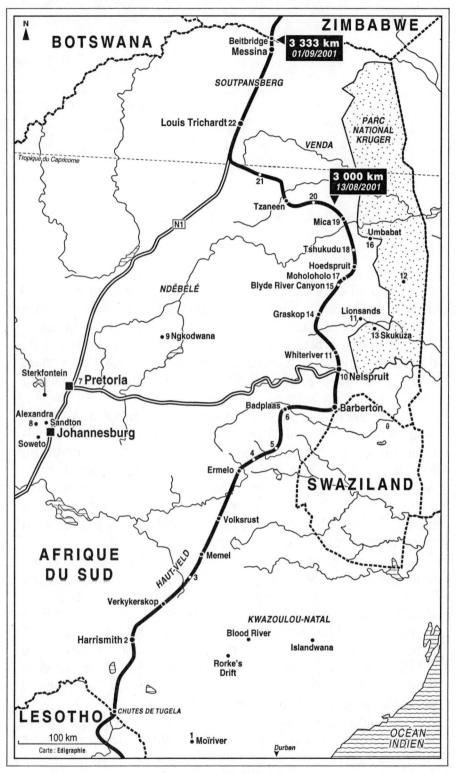

N

BOTSWANA

ZIMBABWE

Beitbridge
Messina

3 333 km
01/09/2001

SOUTPANSBERG

Louis Trichardt 22

PARC
NATIONAL
KRUGER

Tropique du Capricorne

VENDA

21

3 000 km
13/08/2001

Tzaneen

20

N1

Mica 19

Umbabat

16

Tshukudu 18

Hoedspruit

Moholoholo 17

Blyde River Canyon 15

12

NDĚBÉLÉ

Graskop 14

Lionsands
11

9 Ngkodwana

13 Skukuza

Whiteriver 11

Sterkfontein

7 Pretoria

10 Nelspruit

Alexandra

Badplaas

Barberton

8 Sandton

6

Johannesburg

Soweto

5

4

Ermelo

SWAZILAND

Volksrust

AFRIQUE
DU SUD

Memel

HAUT-VELD

3

Verkykerskop

KWAZOULOU-NATAL

Blood River

Harrismith 2

Islandwana

Rorke's
Drift

LESOTHO

CHUTES DE TUGELA

100 km

1

Carte : Edigraphie

Moïriver

Durban

OCÉAN
INDIEN

De Harrismith à Messina

9

Arc-en-ciel et carnage

Au pied du Champagne Castle, monumental promontoire détaché de l'escarpement du Drakensberg, ondulent les chaumes d'hiver du Natal. Dans les *Eucalyptus sempervirens* flamboie l'ambre doré d'arbres venus du Nord, et qui ne savent plus s'ils doivent perdre leurs feuilles tant le soleil allume l'air et tant l'air est clément. Aussi hésitent les hirondelles qui volettent dans le ciel cristallin.

Nous avons mis pied à terre au Kwazoulou-Natal. À l'aube, nous avons désescaladé l'escarpement par une échelle métallique suspendue en plein vide, car il fallait bien descendre un jour du Royaume dans le Ciel. Nous avons passé la nuit frigorifiés dans le refuge du sommet où un randonneur de passage avait eu la bonne idée de laisser deux boîtes de raviolis. Une corvée de bois plus tard et nous nous enfumions gaiement en croyant nous réchauffer.

Nous avons rendez-vous à Ardmore avec Fée Berning dont nous avait parlé Shelley Wildeman. Après les Coloreds, les Xhosas et les Basothos, nous allons rencontrer les célèbres Zoulous. Dominées par le Rempart de lances, de grandes fermes se partagent de riches terres soignées comme des jardins anglais. L'une d'elles est le décor d'une histoire révélatrice de ce que l'Afrique du Sud peut donner de meilleur lorsque le Blanc et le Noir sont intimement associés. C'est ce que nous appelons la parabole du zèbre. Ardmore en est une belle.

Ardmore, c'est la rencontre en 1985 entre Fée Berning et Bonnie Nthsalinthsali. Ardmore, c'est l'atelier de céramique le plus coté du pays. Ardmore, c'est la porte à laquelle nous frappons après être descendus des chutes de Tugela.

Nous déambulons dans la galerie en attendant Fée. Les couleurs s'éclaboussent dans la pénombre de cette baraque en bois. Des petits zèbres se donnent rendez-vous avec des pintades et des crocodiles aux entournures des plats. Deux splendides girafes torsadent leur cou pour constituer les anses d'un vase de toute beauté. Un éléphant bleu, constellé de fantaisie et cornaqué par un petit singe se tenant la rate de rire, s'impatiente de pouvoir servir le thé en claquant ses oreilles de jubilation. Ardmore, c'est la porte magique d'un monde imaginaire où l'humour le dispute à l'inattendu.

Katie, la jeune galeriste zouloue, nous retrace la genèse de l'atelier.

— Fée était professeur d'arts plastiques à l'université de Pietermaritzburg, mais elle a épousé un fermier et s'est installée ici. Elle a cherché autour d'elle des gens à qui enseigner la céramique. Bonnie était la fille de sa femme de ménage. Atteinte de la polio, elle était une charge pour la famille. Fée et Bonnie ont donc commencé ensemble à faire de petits animaux et des personnages qu'elles collaient sur des pots. Chez nous, les Zoulous, tous les enfants se fabriquent des petits animaux en terre glaise pour jouer.

— C'est vraiment comme ça que ça a commencé ?

— Oui. Et leur succès a été fulgurant ! Cinq ans plus tard, en 1990, elles gagnaient le premier prix du concours de la Standard Bank. C'est la récompense artistique la plus prestigieuse du pays. C'était la première fois que ce prix était attribué à une artiste noire et à deux personnes en même temps. Cette inter· action était symbolique de la nouvelle Afrique du Sud qui se préparait. Depuis, les créations de l'atelier d'Ardmore sont achetées par le gouvernement comme cadeaux diplomatiques, s'arrachent à prix d'or dans les galeries de New York, Londres, Munich et Paris, il y en a même chez Christian Dior.

Fée arrive sur ces entrefaites, le cheveu défait, en tenue d'équitation :

— *Are you the two walking froggies ? Look, I have here a wonderful lamp full of frogs for you* [1] *!*

----

1. « Est-ce vous les deux grenouilles pédestres ? Regardez j'ai une superbe lampe couverte de grenouilles pour vous ! »

Fée est aussi excentrique que sa céramique.

— *Welcome, welcome. I like people that bring me energy. I can't believe you come from Cape Town walking, Crazy Frenchmen* [1]...

Elle nous présente ses artistes dans les ateliers nichés sous de grands chênes centenaires. Wonderboy est un petit Zoulou hilare et doux avec une scarification en forme de larme sous chaque œil, qui lui donne un côté Pierrot lunaire. Il s'est spécialisé dans les peintures de guerre entre farouches Zoulous et habits rouges de la Couronne. Islandwana, Blood River, Rorke's Drift, le sang coule à flots sur ses assiettes, les baïonnettes transpercent des poitrines d'ébène, les Rosbifs tombent empalés sur des sagaies. Pas vraiment notre tasse de thé.

Fée rétorque :

— J'ai envie de m'élargir à d'autres influences artistiques. Ardmore doit être l'expression des Zoulous et d'une culture vivante. Ce qu'ils ont dans les tripes. Il n'y a pas que des petits animaux mignons et rigolos dans leur vie. Nous préparons une grande exposition en Grande-Bretagne sur ces batailles historiques, ainsi qu'une collection sur le thème du sida. Il faut que vous sachiez que sur mes cinquante-trois artistes zoulous, plus de la moitié sont séropositifs, et j'en ai perdu huit, plus cinq personnes de leur entourage. J'ai créé un fonds pour venir en aide à ces familles, 5 % des recettes de chaque pièce sont reversés dans cette caisse et partagés équitablement.

Elle marque une pause. Pousse un soupir dans lequel nous découvrons la fêlure cachée d'un vase si rutilant et énergique :

— Bonnie a été la première à partir, son départ a été foudroyant, elle a été comme une comète dans ma vie. C'était ma seule amie, elle est morte dans mes bras.

Et ces céramiques joviales nous apparaissent soudain comme un pied de nez à la Grande Faucheuse, une victoire de joie de vivre dans un bras de fer engagé avec le néant, un indéniable panache artistique.

Le Natal est la région du monde la plus touchée par la maladie, un enfant sur trois naît séropositif ; le taux de croissance de la population étant déjà négatif, c'est une catastrophe digne des grandes pestes moyenâgeuses. Et il sera très difficile

---

1. « Bienvenue, bienvenue. J'aime les gens qui m'apportent de l'énergie. Je ne peux pas croire que vous venez à pied du Cap. Ils sont fous ces Français... »

de faire évoluer les mœurs qui propagent le virus dans cette partie du monde. Petrus, un des artistes phares, nous confesse :

— Ici, un homme marié ne cachera pas qu'il a eu pendant la semaine des rapports avec quinze femmes différentes. La plupart des gens ne croient pas au sida, mais qu'on leur a jeté un mauvais sort, et ils font appel aux sorciers pour connaître ceux qui les ont contaminés afin de se venger.

Parmi les artistes, il y a encore Magnificent, Goodness, Angel, Gloria, Pretty ou Joyce... Tous sont venus à pied frapper à la porte de Fée, leur pauvreté sous le bras et leur famine au ventre ; elle les a formés et elle les laisse s'exprimer librement.

— Josephine Ghesa, par exemple, est arrivée du Lesotho pieds nus avec un œil au beurre noir et un enfant nu dans une couverture souillée nouée sur son dos. Elle fuyait un mari qui la battait. Elle fait des sculptures très personnelles. Regardez cette sirène : on dirait du Botero. Et ce grand diable de terre rouge, tout hérissé de piquants comme un gros virus du sida, c'est un cannibale basotho. Ardmore, c'est ça aussi ! Moi, je ne suis là que pour conduire l'inspiration et apporter certaines techniques. Beaucoup essaient de nous copier, mais personne ne se renouvelle avec notre degré d'exigence. L'Ardmore d'aujourd'hui n'est plus celui d'hier, il a évolué. Toutes nos pièces sont uniques. Reproduire c'est mourir, évoluer c'est avancer. « Tiens, me dis-je, on dirait un concept paléo-anthropologique ! Quoi que nous fassions, nous revenons toujours à notre Marche dans les pas de l'Homme. »

Tous les chemins mènent à l'Homme.

Le soir même, en feuilletant nos passeports, Sonia pousse un cri :

— Notre visa est périmé depuis quarante-huit jours. Nous sommes des clandestins !

Le lendemain, Fée nous conduit à l'Office d'immigration de Pietermaritzburg. Elle nous laisse dans la voiture.

— Bougez pas, je connais quelqu'un à l'intérieur.

Après quelques instants, elle revient le sourire aux lèvres :

— Heureusement que vous n'êtes pas entrés, car on aurait dû vous arrêter. C'est l'expulsion séance tenante, mes cocos. *But let's make a plan* [1] *!* Je vous passe une voiture, vous retour-

---

1. « On va trouver une solution », expression consacrée, forgée chez les Sud-Africains par trois cents ans d'adversité.

nez au Lesotho et, à la frontière, vous reprenez un visa sud-africain. Facile. Mais ne vous faites pas arrêter en cours de route.

Chers Sud-Africains, à chaque rencontre est enfoncé un peu plus profond le clou de votre folie frénétique. Deux jours plus tard, nous sommes de retour avec nos visas « *sorted out* [1] ».

Les trois jours suivants, nous décidons de mettre la main à la glaise et de réaliser nous aussi des pièces sous la direction de nos amis zoulous. Elias, le potier, nous apprend à tourner deux bols, puis à coller nos figurines dessus. Nous optons pour des insectes : coccinelles, libellules, papillons et autres scarabées, sans oublier un escargot ! Après la cuisson et le ponçage, Nelly, la sœur de Bonnie, nous conseille pour les motifs, le choix des couleurs et les techniques de pinceau.

De temps à autre, Fée passe comme une tornade, en distribuant conseils et torgnoles amicales. Elle est aussi parfois d'humeur massacrante et procède au grand équarrissage du contrôle qualité. En parcourant les allées elle saisit des pièces modelées avant la cuisson, explique pourquoi elles sont ratées, en quoi elles ne sont pas « Ardmore », trop lourdes ici, bâclées là, déjà vu, et laisse tomber les refusés dans les allées.

Les grosses mamas se laissent faire en gloussant, elles connaissent le numéro, font mine parfois de vouloir protéger leurs essais, se font raisonner par Fée dans un grand bruit de vaisselle et un mouvement général de têtes rentrées dans les épaules. Les autres attendent leur tour. Personne n'en réchappe ! Quand elle arrive sur nous, nos cœurs se pincent, elle attrape mon bol, remarque la libellule :

— Eh ! C'est pas mal du tout pour des marcheurs ! On va même peut-être pouvoir signer Ardmore !

Quand elle est passée, ce n'est plus qu'un champ de ruines. Si les amateurs savaient qu'ils achètent des rescapés ! Puis elle réunit tous les artistes en rang d'oignons pour une déclaration.

— Je ne veux plus voir de noir ! (Bouffée de rires dans l'assemblée.) Fini le noir ! J'en ai marre !

Et d'attraper un vase au passage :

— Regardez, il n'y a que du noir. Où sont les couleurs ? Fini le surlignage !

— Cling ! (Ça, c'est le cri d'agonie du vase raté...)

---

1. Corollaire automatique de « Let's make a plan ! » ; signifie « résolu ».

— Donnez-moi tous vos pots de noir. Allez, zou ! Confisqué. Faites vos ombres et votre relief avec de la couleur, des nuances.

Fée joue, mime, en rajoute, cabotine, la mère Fouettard ! Ils adorent ça. Elle repart comme elle est venue, en criant :

— Ardmore, n'oubliez jamais, c'est la couleur, c'est la fête.

Quand elle est partie, c'est la franche rigolade et le message est passé. Et nous papotons, jacassons, chantons et rions avec ces amis au lourd passif, ces amis en sursis. Nous découvrons à leur contact une des forces de l'Afrique : vivre le moment présent comme si c'était le dernier, dans une joie simple, sans stress ni mauvaise humeur, sans tirer le fardeau d'un pénible passé, sans redouter le lendemain.

Insouciants ? Peut-être, mais c'est tout à fait l'état d'esprit qu'il nous faut pour ne pas être saisis de vertige par les 12 000 km qu'il nous reste à parcourir. C'est donc avec une totale allégresse que nous faisons marcher autre chose que nos pieds ! Nos mains finissaient par se sentir impotentes et délaissées. Ces après-midis de poterie en plein air sous le soleil et la paisible gouverne de nos amis zoulous nous laisseront un souvenir impérissable.

Harrismith, samedi 26 mai 2001, 146ᵉ jour, 18 km, 2 194ᵉ km

Quand nous retournons reprendre la marche là où nous l'avions laissée à Qwaqwa, au pied de l'Amphithéâtre, le téléphone sonne. À l'autre bout, un fort accent suisse.

— Sâlut les p'tits Poussin, ici c'est les Roetheli ! On fait le tour du monde en courant. Et, c'est pas croyable, on a couché chez vos amis Mackenzie près de Port Elizabeth ! On s'est dit c'est trop fort, faut qu'on les voie les marcheurs, ou bien ! Où est-ce que vous êtes donc ? On viendrait vous voir ! Nous, nous sommes à Harrismith.

— Harrismith ? On y sera demain.

— Alors là, tu me racontes des blagues !

Nous retrouvons Serge et Nicole le lendemain à 15 heures dans un restaurant d'Harrismith, la porte du haut veld. Beaux et fringants, ils nous tombent dans les bras comme si nous nous connaissions depuis toujours. Serge est guide de haute montagne quand il ne court pas autour du monde pour l'association Terre des hommes : cinquante kilomètres pour un enfant parrainé. Nicole le suit à moto.

— Oui, quand je dis ça, les gens sont vaguement déçus : ah bon ? À moto ? Comme s'ils faisaient ça tous les jours ! Mais vous en connaissez beaucoup, vous, des femmes qui font le tour du monde à moto, et à la vitesse d'un marathonien suisse en plus ?

Ils en ont bavé en l'Afrique de l'Ouest et sont venus au Cap en avion depuis le Bénin. Ils ont déjà neuf mille deux cents kilomètres au compteur et se dirigent vers Madagascar via le Mozambique. Comme si ça ne suffisait pas, Serge a les deux genoux refaits, les chevilles défaites, des tendons en plastique et un ménisque en moins. Insensé ! Et avec ça, il court quarante-cinq à cinquante kilomètres par jour alors qu'il devrait être en chaise roulante. Et nous avons affaire à forte partie : ils sont encore plus bavards que nous. Trois fois le palu, beaucoup de harcèlement dans les villages, quelques coups de poing dans les banlieues chaudes (Serge est ancien boxeur poids coq), la soif, le sable, le soleil... l'Afrique pure et dure que nous rencontrerons bien un jour. Ils passent au crible notre aventure.

— Vous n'avez pas de tente ? Même pas une gamelle ? Mais vous êtes pas bien ou quoi ? Eh, dis, l'Afrique ça va pas être toujours le lit king size ! Moi, si j'peux pas me faire de petit feu et planter la tente au calme dans la brousse, j'pète un boulon ! Vous allez en baver suffisamment, si j'puis m'permettre ! Eh, l'ami, pense à ta femme ! Faut un minimum de confort ! Ça va trois mois vos histoires, mais trois ans vous allez au casse-pipe ! Et puis faut boire plus, vous allez vous bousiller les reins avec vos deux litres par jour ! Deux litres, c'est le régime bureaucrate ! Et puis des vitamines aussi, marrez-vous, mais l'Ovomaltine, c'est au poil ! Et comment faites-vous pour les prises de vues ? Vous n'avez pas de trépied ? Vous êtes des vrais ayatollahs du poids, vous alors ! Ça, j'suis pas d'accord ! Il vous faut un trépied ; sans trépied, toutes vos images sont bonnes pour la poubelle...

Nous discutons tard dans la nuit avec nos nouveaux amis en pensant que nous ne les avons pas rencontrés pour rien...

134

En effet, le lendemain soir, après une dure journée de goudron et d'ennui sur une route déserte du haut veld, nous marchons toujours avec quarante kilomètres dans les jambes sans avoir vu âme qui vive. En cinq mois, c'est la première fois que cela nous arrive. Une pluie fine se met à tomber avec la nuit. Quelques voitures passent, mais la nuit personne ne s'arrête. Nous trashons tard. Rien ne vient. Pas une lumière, pas une ferme. Rien. Sonia boite sur une énorme ampoule de la taille d'une rondelle de saucisson.

La journée avait pourtant bien commencé. Nous quittions les Roetheli quand un type gargantuesque remplissant sa voiture jusqu'au toit s'est arrêté à notre hauteur en nous tendant une bouteille de vin blanc.

— Dieu m'a dit de donner tous les jours quelque chose à quelqu'un, eh bien aujourd'hui, c'est vous !

Il est reparti sans autre forme de procès...

Et nous sommes là, affamés, sous un arbre, en pleine nuit, trempés jusqu'aux os à écouter les grosses gouttes tomber des branches sur nos sacs de couchage, une bouteille de La Petite Ferme dans une main, un couteau suisse dans l'autre... sans tire-bouchon. Grand moment de solitude. Transi, je glisse à Sonia dont je ne vois que le bout du nez :

— Tu te rends compte qu'on est passé devant ce vignoble à Franshoek ?

— Démerde-toi ! Ouvre cette bouteille, t'as été scout ou quoi ?

Patiemment, j'attaque le liège copeau après copeau, et c'est grâce à cet inconnu illuminé que dans notre bourbier, avec un demi-litre de merveille fruitée sur l'estomac, nous nous endormons comme des loirs. Avant de sombrer dans le sommeil, j'entends la petite voix de Sonia :

— Faudra penser à une tente à Joburg !

Les jours qui suivent, nous renouons avec la frénésie des fermiers. Le ventre bien calé le matin, le pique-nique de compétition dans le sac et le relais assuré le soir, nous abattons du kilomètre. Ça va plus vite quand c'est plat. En une douzaine de jours, nous couvrons cinq cents kilomètres, tout droit, sans détours. Nos hôtes s'appellent Wessels, Lübbe, Bibbey, Steinberg, Hartmann, Du Toit, mais contrairement à tous ceux que nous avons déjà rencontrés, ils éprouvent d'énormes difficultés avec leurs ouvriers agricoles. L'ambiance n'est plus la même. Un vrai problème de communication. Beaucoup de désespoir. Le tournant de la nouvelle Afrique du Sud semble plus difficile à prendre dans ces parages.

Nous longeons plein nord, à plus de mille mètres d'altitude, la bordure du plateau du haut veld, une contrée froide et plate à l'infini, sans repères et sans âme, où des fermes éparses luttent pour leur survie. C'est l'hiver, la bise nous mord le matin, la campagne est lugubre et morte.

Ce soir nous sommes en train de rater la passe de rugby : nous avons été retardés par une délicieuse sieste infusée par un rayon de soleil sous des eucalyptus caressés par le vent. La nuit est tombée et nous ne voyons toujours pas la ferme prévue. Notre fermier va commencer à s'inquiéter. Au loin, dans le noir, nous voyons des phares sur la droite. À cent mètres devant nous, ils tournent à gauche pour nous faire face. C'est sûrement lui ! En effet, le voilà à notre hauteur :

— Hanlei commençait à s'impatienter, son *babootie* [1] refroidit. Et son *babootie*, c'est sacré ! Je sais que vous n'avez pas le droit à la voiture mais là, on est à l'entrée de ma ferme et il y a six rottweilers en liberté autour de la maison. Choisissez...

Vinson Prinsloo est boucher à Memel. Il engraisse aussi son propre bétail, et utilisait il y a peu les déchets de viande pour son élevage de rottweilers.

— J'ai été obligé d'arrêter récemment car je ne trouve pas de main-d'œuvre. C'est quand même un monde ! Dans un pays comptant plus de vingt millions de chômeurs. Ces gens-là ne veulent pas rester à la campagne où il y a du travail pour eux, ils préfèrent s'entasser dans les bidonvilles où ils ne peuvent rien faire. Le problème, c'est que l'aide internationale qui a été fournie au gouvernement a été employée pour construire des logements alignés en batterie hors des villes et dont les gens ne veulent pas, au lieu de construire des usines pour leur donner du travail afin qu'ils puissent acheter un jour leur propre maison...

Ça attaque fort, ce soir. Les fermiers en ont souvent gros sur la patate. Ils ont besoin de parler.

---

1. Sorte de hachis Parmentier épicé avec des raisins secs, hérité des immigrés malais.

Hanlei nous reçoit comme une mère en pensant déjà à demain.

— On a tout organisé. Memel, où nous avons notre boucherie, est à dix-huit kilomètres d'ici. On vous y attendra pour le déjeuner et le soir on viendra vous chercher où vous serez sur la route pour vous ramener ici.

— ?!

— Pas de problème ! Vinson vous reconduira après-demain matin, là où il vous aura pris. On connaît la règle : Hannekie Wessels nous a tout expliqué.

Quand est-ce que ça va s'arrêter... dites-le-moi ?! Voilà maintenant que les fermiers se font la passe à eux-mêmes pour ne pas faire mentir les vieilles lois de l'hospitalité boer : rester plus d'un jour.

À table, on nous déroule angoisses et doléances. Un vieux couple de voisins s'est fait assassiner à Normandien il y a trois ans.

— Tous les fermiers ont rappliqué et les trois types ont été rattrapés : deux dans un lac, et le troisième blessé à une jambe. Ils ont été condamnés à cinq ans de prison, mais viennent d'être relâchés. La nouveauté c'est que le fils a reçu la semaine dernière une lettre de menace : celui qui s'était fait tirer dessus lui jure qu'il va se venger. Depuis, ils sont terrorisés. La vengeance leur colle à la peau, à ces Zoulous ! Tenez ! Le mari de ma meilleure amie s'est fait tuer le mois dernier. Il n'était pas fermier, il gérait un fast-food à Volksrust et avait surpris à deux reprises un employé tentant d'empoisonner les hamburgers d'un autre. Il l'a licencié. L'autre est venu se venger et l'a abattu en plein jour, devant sa vitrine. Il laisse une veuve de vingt-sept ans et un orphelin de trois ans. Si c'est pas malheureux !

Hanlei enchaîne sur ses vingt-huit colombes de collection que ses employés ont laissées mourir de faim alors qu'ils étaient en vacances au Cap.

— Je leur ai demandé pourquoi. « Parce qu'il n'y avait plus de nourriture pour les oiseaux », m'ont-ils répondu. N'importe quelles graines, même de la farine, du sucre ou des céréales auraient fait l'affaire... Je suis désespérée, mais je ne peux pas renvoyer les responsables pour ça : je n'aurais plus personne pour m'aider et je crains les représailles. De toute façon, de nos jours, ils valent mieux que des inconnus. Les gens se font embaucher, restent deux jours et disparaissent avec un tracteur. C'est fréquent. Mais c'est ma faute, j'aurais dû le prévoir. Comment voulez-vous qu'on ne soit pas méfiants après ça ?

— Mais parlons un peu de vous. Qui vous parraine pour un si long voyage ? nous demande Vinson.

— Nous n'avons pas d'autres sponsors que vous ! Nous avons décidé d'être libres. Être parrainés, cela signifie être tel jour à tel endroit, entrer dans la communication d'une entreprise, dire ceci, faire cela. Être pieds et poings liés. Nous ne voulions pas non plus entacher notre marche qui se veut porteuse de sens et de poésie par une démarche mercantile. Être le support ambulant d'un produit. En revanche nous travaillons, écrivons, vendons nos photos, nos articles, et sommes rétribués pour ça. Mais c'est pour la survie seulement. Quand on ne rencontre pas de fermier ou de bon samaritain. Et il semble que nous l'ayons trouvé pour demain encore !

— Eh, *wache bikkie* [1] ! C'est nous les sponsors ! Vous devez marcher un minimum de trente kilomètres demain !

À peine digéré un énorme petit déjeuner, nous rempilons sur un déjeuner sandwich et biltong à la boucherie de Memel. Arrive un 4 × 4 rempli à ras bords d'antilopes sanglantes. Gloups ! La dure loi de la boucherie. Blesboks, springboks, bonteboks, leurs robes cappuccino et glace napolitaine, entachées de ketchup, leur petit œil fixé au ciel, leur mort crue me dépaysent. J'avais oublié que nous étions en Afrique. Les antilopes sont élevées comme des chèvres, ici.

L'après-midi, nous croisons un gigantesque tracteur rutilant conduit tambour battant par un ouvrier agricole hilare. Je ne peux m'empêcher de repenser à la conversation d'hier soir, et glisse à Sonia :

— Il n'a pas l'air malheureux celui-là ! Où est-ce qu'il pourrait conduire un tracteur à un million et jouir d'une telle liberté ? *Land claim* [2] ? Pour quoi faire ? Si on donnait la terre à

---

1. « Attend une minute ! » C'est aussi le nom donné à un épineux qui s'accroche implacablement aux vêtements.
2. Les Noirs des bidonvilles se regroupent et revendiquent des terres ancestrales dont ils auraient été spoliés au XIXe siècle par des Blancs. Pour l'instant, le combat se livre sur des bases légales, à coups de certificats de propriété, de paperasses et d'avocats. Les abus de part et d'autre en font un sujet très délicat.

ce type, qu'en ferait-il? Et puis la voudrait-il vraiment? La seule façon de briser la caricature Noirs des villes contre fermiers blancs, c'est qu'il y ait plus de fermiers commerciaux noirs éduqués et bien formés.

Comme en réponse à mes pensées, un camion déboule sur la piste. Au volant un Noir policé, s'enquérant de notre sécurité.

— Jusqu'à Jérusalem? Mais c'est fantastique! Laissez-moi vous soutenir.

Et de tirer de sa boîte à gants une énorme liasse de billets. Bafouillants et bredouillants, nous déclinons son offre en faisant tout pour qu'il n'imagine pas une seconde que son obole nous indigne. Dans ce pays délicat, les relations sont toujours un peu compliquées. Il s'en sort en nous tendant deux bières fraîches tirées d'une glacière : le parfait Boer noir! Nous adorons rencontrer l'exception qui confirme la règle. C'est la petite entorse à la loi, le pied de nez du réel à la théorie, le germe de toutes les potentialités, la petite preuve facétieuse que la vie est libre et fantaisiste.

Les longues heures de marche parmi les herbes jaunes du haut veld nous font ruminer tous ces témoignages, ressasser toutes ces expériences, toutes ces tranches de vie, ces points de vue personnels subjectifs, ces portions de vérité, ces perceptions de réalités crues et vraies que nous moissonnons jour après jour. Toutes ces pièces du complexe puzzle sud-africain s'agencent peu à peu pour nous donner une image plus claire, plus nette, plus vraie des choses qui se trament dans l'envers du décor. Nous commençons à toucher du doigt l'Afrique réelle où se jouent des enjeux fabuleux, nous découvrons pas à pas les forces qui nuisent à son épanouissement, les potentiels qu'elle recèle. C'est aussi pour cela que nous marchons. La politique, ce ne sont pas des manuels de droit constitutionnel et administratif, ce ne sont pas les beaux discours encravatés des inutiles de podium. Ce sont des cris, du sang, des larmes, de la sueur et de l'espoir : de la vie!

Au cours de nos discussions, au fil des kilomètres, Sonia m'apporte la sensibilité là où je regroupe les choses par concepts. Elle me rappelle la relativité de notre expérience là où, de simples faits, je cherche toujours à tirer des généralités. Aussi ces paysages uniformes me font songer à une phrase tirée du *Phénomène humain* de Teilhard de Chardin, lu à Qacha's

Neck, et qu'il ne faut jamais oublier en voyage : « On est toujours au centre du paysage qu'on traverse ! On croit le voir ? On ne fait qu'en déplacer le centre, et le paysage ne cesse de changer... » : la synthèse est impossible. L'humain échappe sans cesse aux tentatives normatives. Reste l'expérience... par définition subjective...

Vlakfontein, lundi 4 juin 2001, 155ᵉ jour, 38 km, 2 472ᵉ km

Chez nos fermiers, c'est la loi des séries. Un petit vieux affolé nous enlève littéralement sur la route : *high-jack*[1] de sécurité. Koos Oosthuizen rentre chez lui, le coffre plein de blocs de mélasse vitaminée qui viennent en complément alimentaire pour son bétail en hiver.

— Nous ne sommes plus dans un État de droit. Avant, il y avait une loi. Bon d'accord, elle n'était pas juste, mais elle a été remplacée par le vide. On n'a jamais tiré sur les Noirs comme ils nous tirent dessus. C'est la loi de la jungle. Vous êtes armés ?

— ? !

— Qu'est-ce que vous ferez quand on vous attaquera ? Ça peut vous arriver à n'importe quel moment. Vous avez eu de la chance jusqu'à présent. Ils frappent n'importe qui, n'importe quand. Soit vous tombez sur des racistes, soit vous tombez sur de simples voleurs qui vous tueront pour votre sac à dos. Oui, oui, même s'il n'y a que des chaussettes sales dedans. Je serais trop triste si je vous voyais faire la manchette des journaux, un gentil petit couple comme vous !

Parfois, l'hospitalité des fermiers est très éprouvante. Et l'on songe qu'on préférerait planter la tente tranquillement dans la forêt, loin des carnages et des réalités. Dans notre petite marche sous le ciel bleu...

Sa maison perdue en plein bois est claquemurée derrière de hauts grillages. Dans le jardin, deux boerebulls, sorte de mâtins de Naples mâtinés de mastiffs, sont à cran.

---

1. Sport national : vol de voiture à main armée. Plus d'une centaine par jour dans le pays. Les journaux n'en parlent plus que lorsqu'il y a des morts. Et encore !

— Je ne me fais pas d'illusions sur leur utilité. Ils sont juste là pour se faire tuer avant nous, le temps qu'on sorte les fusils du coffre.

Sur le palier, un petit homme tremblant, les doigts jaunis de nicotine, nous accueille.

— C'est mon beau-frère, Gerd Klaasen. Ne lui en veuillez pas, il a perdu un peu la tête. Il y a six mois, il est resté deux jours attaché tout nu à un radiateur avec un pistolet sur la tempe ! *Welcome ! Welcome !*

On voudrait partir en courant. Puis la détresse de ces gens nous affecte, nous touche. Qu'ont-ils fait pour mériter cela ? L'apartheid ? Fallait-il persécuter tous les Allemands à la fin de la guerre ? Gerd, tremblant comme un peuplier dans le vent. coupe court à mes divagations.

— Ce n'était pas une vengeance : c'était de la pure barbarie. J'ai payé pour un crime que je n'ai pas commis. Pendant l'apartheid, je tenais la seule boucherie de Volksrust dans laquelle il n'y avait qu'une seule caisse et qu'une seule file d'attente [1]. Je perdais beaucoup de clients blancs à cause de ça. Mais moi, c'était mes principes : sous la peau, la viande est rouge chez tout le monde. Là, ils ne voulaient pas simplement me voler, ils savaient que j'avais ma caisse. Ils m'ont torturé gratuitement. Introduit des choses là où je pense, battu, uriné dessus. En partant, le type m'a dit : « Je ne te tue pas pour que tu vives avec ce souvenir ! » Quand j'ai entendu ma voiture s'en aller, c'était la plus belle musique de ma vie ! Depuis j'ai ces pneus qui crissent en permanence dans ma tête. Le pire, c'est que je lui ai pardonné. Je le plains de vivre avec autant de haine.

— Ouais, ben moi, je me méfie de tout le monde et je ne me laisserai pas abattre comme un chien. Est-ce que je suis raciste ? J'en sais rien. Et je m'en fous. J'ai pas de problèmes avec mes travailleurs. Mais les tueurs viennent d'ailleurs. C'est comme ce qui est arrivé au vieux Scheepert ! Ouais, y a pas que les flics qui font des bavures, y a aussi les tueurs ! En 1999, ce vieil ami s'est fait massacrer avec sa femme dans sa ferme. Le contremaître a dit les avoir entendus crier toute la nuit comme des cochons. Il était tellement pétrifié qu'il n'a pas bougé ! Le

---

1. Une loi de l'apartheid stipulait que Blancs et Noirs ne pouvaient pas être servis au même comptoir.

lendemain, il a découvert le carnage. Les vieux avaient été écorchés vifs, Petra violée par les cinq ordures, les ongles arrachés et j'en passe... Une vieille dame de soixante-dix ans ! C'est pas monstrueux ? Ces gens étaient célèbres pour les actions qu'ils menaient en faveur de leurs communautés. Ce fut la consternation dans le pays. Personne n'a compris pourquoi cette furie. Les villageois noirs ont organisé eux-mêmes une énorme battue et ont attrapé les cinq criminels. C'étaient des tueurs à gages, recrutés à Joburg et commandités par la communauté villageoise du neveu de J.C. Scheepert. Le groupe constitué venait de se faire débouter d'un « land claim » illégitime et ils ont cherché à se venger en se trompant de personnes. Vous savez comment il s'appelle ce neveu ? J.C. Scheepert. Mon pote s'est fait trucider pour ses initiales ! En attendant, le neveu est traumatisé. Il se paie les services d'une petite armée de miliciens noirs en ronde permanente autour de sa maison. Et ses enfants ont des gardes du corps pour aller à l'école. Elle est belle, la nouvelle Afrique du Sud !

Les jours suivants, nous avalons le vent à grandes goulées. Toutes ces horreurs tournoient dans nos têtes. Nous sursautons quand une voiture nous frôle de trop près. Nous accélérons le pas à la hauteur des communautés villageoises. Nous entrons malgré nous dans le syndrome des fermiers : la peur. Et pourtant, tout le monde est bon avec nous. Grosse fatigue ! Au volant d'une de ces voitures qui nous frôlent, un beau mec en blouson d'aviateur nous hèle :

— Ça vous dirait de voir du ciel le paysage que vous traversez ? Ça fait trois jours que je vous dépasse. Je vais justement à l'aérodrome. C'est tout près !

Je souffle à Sonia :

— Personne ne nous croira !

Nico Steinberg est pilote pompier, il survole les grandes plantations d'eucalyptus et de pins de l'escarpement du Mpumalanga. Son petit Cessna d'observation nous emmène haut dans le ciel d'Afrique. Et dire que nous croyions ne plus quitter le sol avant la fin de notre marche ! La vastitude jaune, la platitude infinie, l'espace immense nous effraient. Le fil de la route passe sous nos ailes, rectiligne et imperturbable. Les étangs miroitent comme des pièces d'argent, les fermes sont mignonnes. Partout, au sol, des brasiers sans flammes, sans pompiers, dans le cœur des gens. C'est magnifique, la terre vue du ciel. Merci Nico ! Nous avions besoin de prendre un peu de hauteur...

— Vous allez jusqu'où comme ça ?

— Jusqu'à Jérusalem...

— Jérusalem ? C'est incroyable, on a hébergé il y a six mois un jeune prêcheur norvégien qui lui aussi marche vers Jérusalem ! Il s'arrête dans les bidonvilles et prêche la bonne parole. Il est au Zimbabwe en ce moment.

Trop, c'est trop. La probabilité que nous nous arrêtions deux fois au même endroit que lui est nulle... Il y aura sûrement une troisième fois, car il prend apparemment un peu plus son temps que nous. Normal s'il porte soixante kilos et qu'il prêche dans les bidonvilles ! Nous allons sûrement le rattraper plus au nord... quelque part en Afrique...

Deux jours durant, nous marchons dans ces plantations alternant les bouffées poivrées de l'eucalyptus et sucrées des pins. Une cure de désintoxication. Nous descendons l'escarpement vers les sources d'eau chaude de Badplaas. Le manager nous invite pour une cure de relaxation dans les eaux sulfureuses. Et comme si cela ne suffisait pas, il nous accueille chez lui le soir. Avant de grimper dans son 4 × 4, Pieter Du Toit nous montre en silence un petit trou dans la porte arrière horizontale, près du point du dernier I de Mitsubishi. Puis son index traverse l'espace vide de la benne et retrouve un autre petit trou dans la cabine à la hauteur du siège conducteur.

— La deuxième balle s'est fichée dans ma radio. Derrière mon siège.

— Pourquoi la deuxième ?

Il ouvre sa chemise :

— Parce que la première est entrée juste au-dessus de mon cœur et elle est ressortie par l'omoplate...

Deux horribles cicatrices parlent en boursouflures roses d'un miracle.

— Il y eu un ralentissement, deux types sont apparus de derrière un camion. Le premier à fait mine de vouloir me parler mais, au lieu de ça, il m'a tiré dessus à bout portant à travers ma vitre. Dans un éclair, j'ai déboîté et écrasé le champignon. C'est alors qu'il m'a tiré dans le dos... C'était pas mon jour ! Mais y a un truc que je comprends pas : pourquoi ne m'a-t-il pas demandé la voiture avant de tirer... Je la lui aurais donnée ! Qui a envie de mourir pour une caisse ? C'étaient deux évadés de prison. Dans leur cavale, ils ont tué trois personnes...

— Pourquoi tous ces crimes, cette folie sanguinaire ?

— Il y a plusieurs théories, et à mon avis plein de phénomènes conjugués. Pour les attaques de fermes, certains disent qu'il existe une liste de gens à abattre comptant des individus qui ne se seraient pas bien comportés sous l'ancien régime. Mais quand bien même ! Si c'était le cas, ces gens-là devraient être jugés, pas exécutés sauvagement. La police est tombée sur une cassette vidéo compromettante d'un camp d'entraînement du Poqo, la branche armée clandestine du PAC[1], lui-même une tendance extrémiste de l'ANC[2], et dont le mot d'ordre est : « L'Afrique aux Africains. » Ce qu'ils n'ont pas compris, c'est qu'on est aussi africains. Ces crimes-là sont racistes. Et puis ce ne sont jamais des Noirs qui reprennent les fermes où les gens se sont fait trucider, ce sont toujours des Blancs. Un coup de peinture, et hop ! C'est reparti ! Et puis maintenant, les gens se défendent : c'est la guerre. L'autre explication est celle de l'anarchie galopante qui se développe sur la faillite du gouvernement, l'aggravation de la condition des pauvres, et les espoirs déçus. Il vont se servir là où il y a encore quelque chose, sans prendre trop de risques : chez des petits vieux dans des fermes isolées. Mais alors ? Pourquoi les tortures ?

Adèle nous reçoit gentiment. C'est une belle blonde qui ressemble à Sonia. Elle s'exclame :

— Ce que vous faites est impossible ! Jamais, au grand jamais, je ne pourrais faire ça !

Je me retourne vers ma femme et réalise, s'il en était besoin, à quel point elle est courageuse. J'ai tendance à l'oublier, à ne voir en elle que mon meilleur ami avec qui je traverse l'Afrique, en lieu et place d'une authentique héroïne ! Et me saute au cœur cet horrible scrupule : « Ai-je le droit de lui faire courir de tels risques ? », puis tout de suite : « Mais qu'est-ce que tu racontes, elle est libre, elle est heureuse d'être là... » Oui, mais quand même...

---

1. Pan African Congress.
2. African National Congress.

14

15

16

17

28

29

— Mon frère a eu moins de chance que Pieter le week-end dernier. Le plan *farm watch* [1] a été déclenché par un voisin. Il a sauté dans son 4 × 4 tout neuf pour voler à son secours. En chemin, il s'est fait tamponner par le minibus des fuyards et a fait le grand plongeon dans un ravin. Il est à l'hôpital avec trois vertèbres tassées... C'est un ancien rugbyman, il n'avait pas besoin de ça, il avait déjà le dos bousillé ! Et vous voulez savoir le fin mot de l'histoire ? C'était pas le fermier qui était attaqué, mais un conducteur noir de minibus ! Il s'est pris une balle dans une jambe et a quand même réussi à se traîner chez le fermier voisin qui a aussitôt donné l'alerte. Les types se sont fait arrêter : ils venaient de la « ferme redistribuée » de l'autre côté de la route.

— Un règlement de comptes ?

— Pas du tout ! C'étaient de nouveaux « locataires » du chef. Je vous fais le topo rapidement : il y a eu un « land claim » sur la zone forestière qui appartient au gouvernement. C'était trop compliqué et trop sensible à arranger, ça aurait créé un précédent, alors ils ont acheté au groupe constitué une ferme qui était à vendre en bordure de forêt. Une très belle ferme avec tout le système d'irrigation, les machines agricoles, tout ! Depuis trois ans, elle n'a rien produit, plein de lotissements ont été construits, ça ressemble à un camp de réfugiés, sans sanitaires, tout est cassé, tout le monde paie son loyer au chef du village et ils viennent tous chercher du travail chez les fermiers du voisinage. Évidemment, ça crée des rivalités avec ceux qui sont là depuis toujours. Ce n'est pas la terre qu'ils veulent, c'est un salaire ! En attendant, le pays a perdu une ferme !

Nous repartons vers Nelspruit, capitale du Mpumalanga, « le pays du Soleil levant », l'ancien Transvaal. En descendant de l'escarpement, tout a changé. Les acacias sont apparus avec la chaleur. Des aloès et des rochers ronds, des euphorbes et des étendues de savane diffusent un parfum d'Afrique. Sur la route, un groupe d'ouvriers torse nu sue sous le soleil et le goudron chaud. À notre passage, un jeune s'appuie sur sa pioche et nous lance :

— *I like your lifestyle !*

Il ne sait rien de nous, nous ne lui avons rien dit, mais il répète :

---

1. Veille radio qui relie en permanence toutes les fermes entre elles.

— I like your lifestyle! You just walk. You are free [1] *!*

À Nelspruit, nous mettons notre marche entre parenthèses pour un détour vers Johannesburg dont nous avons dépassé la latitude. C'est ce que les Anglo-Saxons appellent un *side-trip* Nous y avons rendez-vous avec une très vénérable dame...

---

1. « J'aime votre style de vie ! Vous marchez simplement. Vous êtes libres ! ·

10

Des os et des hommes

Depuis six mois nous parlons de Johannesburg. Notre pre mière marche du long escalier africain. Le sentiment que tout arrive quand on vit au présent. Il suffit d'être patient. Nous entrons dans Johannesburg le lundi 11 juin après 2 672 kilomètres effectués en cent soixante-deux jours dont quatre-vingt-six de marche, un peu plus que la moitié, juste pour le principe. Pour les pointilleux, cela nous fait une moyenne de trente et un kilomètres par jour marché, et de seize kilomètres cinq cents par jour au total. Notre objectif est de marcher peut-être un peu moins, mais avec moins de jours d'arrêt. Nous filmons beaucoup, ce qui nous ralentit considérablement...

À vrai dire, cela nous fatigue même plus que la marche, car nous devons être une équipe à deux : auteur, réalisateur, cadreur, preneur de son, acteur, intervieweur. L'Afrique du Sud est riche en sujets passionnants. Un boulot de rêve, mais exténuant. Le hic, c'est que quelques sujets ne se trouvent pas sur notre route, c'est pourquoi, pour les besoins des tournages, nous devons parfois prendre un véhicule. Ainsi nous ne sommes pas entrés dans la mégalopole en marchant, car elle ne se trouvait pas sur notre route. Passer à pied par Joburg aurait été plus court, mais beaucoup plus ennuyeux et trop dangereux.

Le but de notre digression est de rencontrer le docteur Francis Thackeray du Museum du Transvaal. Il est le conservateur de Mrs Ples, une australopithèque gracile de deux millions six cent mille ans, six cent mille ans plus jeune que notre célèbre Lucy, mais possédant des caractéristiques assez simi-

laires. Le professeur nous a donné un rendez-vous énigmatique :
« À 9 heures sous l'éléphant. Vous ne pouvez pas le rater. »
Nous grimpons le jour dit les marches du musée : il nous attend
en blouse blanche, raide comme une quille de criquet, sous
l'éléphant empaillé du hall. Je lui tends la main :

— *Docteur Thackeray, I presume? Sorry we are a little
bit late* [1] *!*

Un sourire irradie son visage de savant cosinus au front
dégarni et allume sa pupille bleue derrière des lunettes de
myope.

— *Don't worry, I deal with millions of years. So what's a
couple of days* [2] *!*

Nous sommes venus lui exposer le fil rouge, la colonne
vertébrale de notre voyage : « Quatorze mille kilomètres dans
les pas de l'homme », remonter vers le nord le Grand Rift africain et tous « ses berceaux » de l'humanité. Il nous mène à travers les galeries de dinosaures vers son laboratoire. Un petit
panneau branlant portant son nom pend au-dessus de sa porte
avec un bout de chaîne brisée ; il nous le pointe du doigt :

— Toujours pas trouvé le chaînon manquant !

Sur la porte, un autocollant : *I love Mrs Ples.*

Au milieu de morceaux de brèche trempant dans des bassins de dessiccation, nous discutons sur le sens de notre marche.

— En effet, commence-t-il, si l'homme est partout
répandu sur la planète et qu'il est apparu et, je précise, disparu
sous diverses formes dans l'Est africain, c'est bien qu'il a fallu
qu'il quitte le continent à pied comme vous le faites. Non pas
un même individu, bien sûr, mais par vagues successives étalées sur le dernier million d'années, et sous la forme *Homo
sapiens* beaucoup plus récemment, depuis deux cent mille et
peut-être même trois cent mille ans. Donc, si j'ai bien compris,
votre marche se propose de retracer symboliquement cette épo-
pée. Si j'avais vingt ans de moins, je viendrais avec vous ! Il a
fallu à nos ancêtres une génération au moins pour parcourir ce
que vous faites en un jour. Ils avaient beau ne pas avoir d'habitat fixe, ils n'étaient pas pour autant nomades. Ils utilisaient

---

1. Docteur Thackeray, je présume ? Pardonnez-nous, nous sommes un peu en
retard.
2. Ne vous inquiétez pas, je m'occupe de millions d'années. Alors, quelques jours
de plus ou de moins...

peut-être des pierres brutes comme outils, mais ne maîtrisaient pas encore le feu.

Au ralenti, avec la gestuelle emphatique de circonstance, il nous ouvre l'épaisse porte d'un coffre-fort qui contient les plus précieux fossiles du musée. Les yeux écarquillés, il susurre :

— Ce que vous allez voir est plus rare et précieux que l'or ou les diamants !

Sur un velours noir, l'authentique crâne de Mrs. Ples. Droit dans ses orbites se perd la mise en abîme de notre mystère, un plongeon dans le temps. Ironique, Francis se tourne vers nous :

— En fait nos dernières découvertes nous font croire qu'il s'agissait plutôt de M. Ples ! Mais laissez-moi vous parler de notre plus ancien cousinage dans cette partie du monde. « Australopithèque » veut littéralement dire « singe du Sud », car cette variété d'hominidé a été découverte premièrement en Afrique australe dans les années 1920 par les professeurs Raymond Dart et Robert Broom. *Ples* vient du grec « presque », car « presque humain ». Il a été trouvé à Sterkfontein où je vais vous conduire.

Il nous montre un autre crâne plus épais et simiesque, dépourvu de front et doté d'une crête sagittale et de pommettes sous-orbitales prononcées.

— Ce crâne-ci a été trouvé à Kromdraai, juste à côté, c'est un *Australopithecus robustus*, contemporain et même plus récent que les graciles, alors qu'il a des caractères moins proches de nous : c'est la caractéristique typique d'une branche qui a échoué, l'évolution ne régresse jamais. Pour parvenir à l'homme, beaucoup d'espèces pré-humaines se sont éteintes. Nous n'en descendons donc pas. Notre arbre généalogique est plein de branches mortes, et plus on trouve de branches différentes, moins on voit le tronc ! On a d'abord cru que les graciles étaient les femelles et les robustes les mâles d'une même espèce, mais alors comment expliquer qu'on les retrouve uniquement dans des grottes différentes ? Faisaient-ils grotte à part ? Et comment expliquer que les femelles survivent à leurs mâles de plus de un million d'années puisque les graciles ont disparu plus tard ? C'est donc qu'il s'agissait bien d'espèces distinctes !

« Sterkfontein est une ancienne mine de calcite dans un réseau de percolation dolomitique (calcaire) qui a été partiellement colmaté par de la brèche, c'est-à-dire des dépôts de toutes sortes peu à peu cimentés par cette même calcite issue de l'érosion et de la dissolution de la dolomite. Et dans ces débris qui ressemblent à du pudding plein de grumeaux, on trouve les précieux fossiles ».

Nous nous rendons sur le site de fouille, une carrière en plein air, une ancienne doline d'effondrement quadrillée de fils de fer et survolée de passerelles. Rien de très impressionnant, mais Francis, théâtral et passionné, nous mime avec force gestes le crâne de Mrs. Ples tombant dans ce trou noir, roulant sur le cône de déjection et venant se caler dans un petit gour où il a été lentement pétrifié dans un écrin de calcite.

— Le toit de la grotte a disparu. Toute cette roche amalgamée en plein air, ce sont les minéraux qui se sont accumulés au cours des âges dans la cavité. Ces grottes sont les poubelles de l'Histoire, elles ont conservé ces os mieux que ne l'aurait fait un coffre-fort.

Voyage immobile dans le vertige du temps, à l'infini, surhumain, l'évolution figée sous nos yeux. C'est aussi réel qu'un coup de tibia sur la tête. Et c'est là, sous nos pieds, six mètres sous la surface, que cela s'est passé, il y a plus de deux millions six cent mille ans, autant de secondes que dans une longue vie d'homme.

Francis nous mène ensuite au fond de la grotte à trente mètres sous la surface, et dans la pénombre, comme une sorte de rituel magique, il sort de sa poche une copie du crâne de sa protégée et se met à lui réciter les yeux dans les trous, la célèbre tirade d'*Hamlet* :

— *To be or not to be, that is the question...*

De l'autre poche, il sort ensuite une bouteille de champagne et trois coupes gravées d'un petit crâne de son idole :

— Levons nos verres !

Nous trinquons :

— *To Mrs Ples, to your fascinating walk, to heritage* [1] *!*

Nous ressortons de la grotte comme trois larrons en foire, nous avons un bon ami de plus en Afrique du Sud, et nous nous promettons de réitérer le toast dans la grotte de Lascaux, dans deux ou trois ans...

---

1. « À Mrs Ples, à votre fascinante marche, à notre patrimoine ! »

Nous profitons de notre présence à Johannesburg pour nous aventurer dans les ghettos noirs qui entourent la ville. L'ancien cœur financier tout hérissé de gratte-ciel a été totalement déserté par les Blancs. L'espace semble avoir été investi par tous les déshérités d'Afrique. Une forte immigration nigériane et mozambicaine en a fait, la nuit, une zone de non-droit qui contribue à la mauvaise réputation du pays. Toute la richesse, les sièges d'entreprises, les bourgeois, les centres commerciaux et de loisirs, l'économie, tout s'est déplacé vers le nord à Sandton. Là, tout est flambant neuf, aseptisé, et tout le monde se protège derrière de hauts barbelés électrifiés. L'évolution appelle l'adaptation.

La frustration des Noirs est à la hauteur de leur désillusion. En conquérant le centre d'affaires, ils ne s'appropriaient pas les richesses, ils les faisaient fuir. Les affaires, elles, y trouvent toujours leur compte : déplacer une ville et développer une société sécuritaire sont de formidables générateurs de prospérité.

La nuit, le cœur de Joburg résonne de coups de feu, symphonie de crissements de pneus et de bris de vitrine. On est dans *Blade Runner* : les réfugiés et les squatters en hardes se font des petits feux d'infortune au pied des gratte-ciel vides, et ces signaux palpitent dans le kaléidoscope des tours de verre au rythme saccadé des échos de leurs chants. Il flotte, sur le béton froid et mort, de vagues rumeurs d'Afrique noire. Dans l'ombre, on rase les murs, la mort peut surgir de partout, ce cœur est réputé le plus dangereux du monde. Le gouvernement essaie tant bien que mal de rétablir l'ordre en rasant les bidonvilles de squatters et en déplaçant ces populations vers des habitations plus durables qui prolifèrent dans tout le pays, mais cela ne se fait jamais sans débordements de violence.

Dans le légendaire Soweto, contraction de South-West Township, et non pas un nom africain contrairement à ce qu'on pourrait penser, nous ne voyons, en revanche, que des petites maisonnettes proprettes au milieu de petits jardins coquets, et nous nous réjouissons des progrès qui s'y sont développés ces vingt-cinq dernières années. Quel changement depuis les révoltes étudiantes de juin 1976 ! Révoltes matées dans le sang par une répression aveugle qui avait indigné la communauté internationale et attiré l'opprobre sur l'apartheid.

Aujourd'hui, le dernier chic, quand on est fonctionnaire noir ou qu'on a réussi dans les affaires, c'est de s'installer dans le coin des millionnaires autour de l'ancienne maison de Nelson Mandela, occupée aujourd'hui par la contestée mais toujours adulée Winnie du même nom. Nous nous sommes épargné la visite guidée. En revanche, sur les conseils de Catherine Blondeau, en charge de l'IFAS (Institut français d'Afrique du Sud), nous nous rendons à Alexandra, le *nouveau point chaud de la ville*, dont la seule évocation fait trembler tous les Blancs.

Sandton City, la nouvelle vitrine commerciale sophistiquée, s'est développée aux portes d'Alexandra qui est en fait le plus vieux bidonville de la région. À l'époque, il était très éloigné du centre-ville. Le contraste entre l'extrême richesse aux portes de l'extrême pauvreté s'est ainsi recréé avec encore plus de force que sous l'ancien régime, avec son lot de tensions et de tentations.

Catherine nous brosse le tableau :

— Les jeunes que vous allez rencontrer sont d'anciens *high-jackers,* cambrioleurs, voleurs de voitures, certains libérés sous caution, reconvertis dans un groupe de jazz, un *brass band,* et qui prêchent maintenant la bonne parole : « Bien mal acquis ne profite jamais ! » Je me suis débrouillée pour les faire inviter par le festival de jazz de la Villette qui se déroule en ce moment. Vous avez de la chance, ils en sont revenus hier. Allez voir Muzi, c'est le chef de « *band* »...

Par précaution, nous lui donnons rendez-vous le lendemain dans un coin tranquille du township. Grand, fin, retenu, les yeux mis-clos sur un beau port de tête, il dégage contre toute attente une impression de sagesse et de tempérance. Je hasarde :

— Muzi ! C'est un nom parfait pour un musicien.

Il esquisse un sourire :

— Alexandre ! C'est un nom parfait pour un grand voyageur et parfait aussi pour visiter Alexandra !

Sous bonne garde il nous conduit à son quartier général, une vétuste chapelle luthérienne. Alexandra est un quadrillage de rues insalubres sur une pente au pied de laquelle un véritable égout charrie régulièrement le choléra. Malgré cela, Alexandra reste une patrie quasi mythique pour tous les natifs du pays. Dans Third Street, sur la gauche, à la porte de la chapelle, ils sont tous là : Makass, Paul, Basile, Donald, Luther et les autres... de sacrées tronches.

152

Muzi nous introduit, les visages s'éclairent.

— La Villette, c'était formidable. Après le concert, on est allé au pub sans problèmes. Il y avait des filles en mini-jupe. Elles étaient relax ! Y'avait pas de stress ! On pouvait utiliser son téléphone dans la rue. Un sentiment inouï de liberté et de sécurité.

Pour une fois, que ce n'est pas la tour Eiffel ou les vieilles pierres qui marquent, mais la sécurité ! Nous lui demandons des explications :

— Ici, la nuit, je peux me faire tuer pour mon portable. S'il sonne dans la rue, *I'm in trouble* [1] *!* On a peur de sortir, tout peut arriver.

Nous recevons avec effroi ce témoignage d'un ancien voleur à main armée, et réalisons que les problèmes de sécurité affectent tout autant les Blancs que les Noirs, et je repense à notre copain le zèbre : il doit rétablir l'État de droit avant que les hyènes tachetées ne dévastent le bush...

— On joue tout à l'heure pour un mariage zoulou, vous nous suivez ?

Dans une maison un peu mieux lotie que les autres, les deux familles endimanchées attendent l'arrivée des époux. D'impressionnantes mamas déjà chauffées par la musique, la bière et leurs fourneaux préparent la nourriture dans des bassines tout en dansant. Sonia met la main à la pâte sous les vivats des convives. Tout le monde nous accueille avec chaleur ; en chemin, un type hilare nous a même hélés : *It's great to see white people here* [2] *!*

Le cortège arrive bientôt. Les hommes d'un côté, les femmes de l'autre, les deux chenilles ayant à leur tête les jeunes mariés. Notre *brass band,* tous cuivres rutilants, les accueille en fanfare et leur ouvre la route. Tintamarre et vibrations. En rythme et en musique, les deux files avancent parallèlement, se séparent pour éviter une voiture garée, se retrouvent et se présentent enfin à l'entrée de la maison. Silence. Trois duègnes viennent aussitôt les invectiver, cracher à leurs pieds, les menacer du poing. Muzi nous explique :

— Elles les dissuadent de se marier, leur parlent de tous les problèmes de la vie conjugale et leur disent que s'ils fran-

---

1. J'ai du souci à me faire !
2. C'est bien de voir des Blancs ici !

chissent ce seuil ils seront mariés en connaissance de cause et devront assumer.

Le couple franchit le pas à l'acclamation générale.

L'après-midi entière se passe à boire et à manger sur fond de fanfare. Tout le répertoire y passe, chacun y va de ses solos, les lèvres souffrent, les doigts dansent avec les reflets sur les cornets et les pavillons. Donald fait des cabrioles avec son trombone sous le regard admiratif des adolescents, les invités entrent dans la danse, l'Alexandra Brass Band fait vibrer la noce.

Ils entonnent soudain *Alexandrie, Alexandra*, de notre cher Claude François et je songe, emporté par la foule dans un rock endiablé avec Sonia, qu'il nous faut marcher d'Alexandra à Alexandrie.

— Rien ne vaut de passer deux ans en prison, où l'on te poignarde avec des fourchettes et où l'on se fait violer par les plus forts, nous confie Makass. Moi je dis aux jeunes : « J'ai volé plus de cinquante voitures et j'en ai pas une seule aujourd'hui ! Alors à quoi bon ? » Ici, au moins, on est utile à notre communauté ; c'est ce qu'on essaie de leur dire maintenant...

A rebel with a cause...

Avant de retourner prendre le cours de notre marche à Nelspruit, nous partons rencontrer les Ndébélés au nord-est de Pretoria. Ils sont célèbres de par le monde pour leurs splendides maisons peintes de motifs géométriques. On nous a dit qu'il n'en existait presque plus et qu'il fallait se dépêcher d'aller recueillir des témoignages sur ces chefs-d'œuvre en péril. Nous allons donc mener notre enquête. Nous nous sommes fait conseiller un village traditionnel où nous allons pouvoir nous documenter : Ngkondwana.

Nous traversons des dizaines de ghettos noirs dans la région peuplée par les Ndébélés, sans voir une seule de ces fameuses maisons : ce qu'on nous a dit est donc vrai, cette tradition est menacée.

En arrivant à Ngkondwana, nous tombons des nues : sur un terrain fourni par le gouvernement, le ministère du Tourisme a construit une série de maisons représentant toute l'évolution de l'habitat ndébélé à travers l'histoire, depuis les huttes de paille jusqu'à ces belles maisons festonnées aux multiples enceintes décorées de peintures rutilantes.

En lieu et place d'un village traditionnel, nous sommes venus voir un écomusée, un triste cirque avec de vieilles figurantes déguisées qui vivent seules, loin de leurs familles, derrière le « village », dans des baraquements dépourvus de toute décoration. Déception.

Voilà l'impression sur laquelle nous serions restés si nous avions dû reprendre la route tout de suite. Nous restons et décidons de passer l'après-midi à papoter au soleil avec ces gentilles petites mères tout affairées à des travaux d'artisanat dont elles tirent leur subsistance.

Nous sommes assis dans une cour sans éléments de vie, les maisonnettes sont dénuées de tous ustensiles domestiques, la coquille est vide, mais Martha, assise au sol à l'équerre sous le cagnard et drapée dans sa couverture tricolore, jaune, rouge et mauve, enfile des perles en chantonnant. Elle en fait de longues bandes qu'elle assemble ensuite en colliers, bracelets et diverses parures. Martha est toute petite et chenue, un sourire d'ange, la grand-mère en sucre, et elle chantonne encore et encore sous le soleil bleu en travaillant. Moîna est plus robuste et émaciée, plus grande et impavide, avec des battoirs à la place des mains. Moîna fabrique une poupée. Nous leur proposons du biltong que nous grignotons avec elles en nous dorant la pilule. Sonia reprend du bout des lèvres leurs petites stances courtes et lancinantes. Elles en gloussent de plaisir, et le temps se suspend.

En plein midi, le soleil s'obscurcit peu à peu, l'air devient orange, étrange, je m'écrie :

— L'éclipse solaire ! J'avais oublié ! Après celle de 100 % observée à Reims, nous avons droit à celle de l'hémisphère Sud !

Nos petites mères montrent des signes d'inquiétude. Nous les rassurons en dessinant sur le sable des schémas d'astrophysique qui les intéressent plus par leur graphisme que pour leur signification.

Une fois l'éclipse finie, Martha se dirige vers un mur blanc et dessine, à côté d'une lame de rasoir et d'un avion stylisé, un soleil mangé par une lune... la peinture ndébélé est vivante !

Une petite tête blonde à lunettes jaillit du parapet et rompt le charme qui prenait forme. Elle entre dans la cour :

— Bonjour, je m'appelle Sarie, je suis ethnologue, je peux vous poser quelques questions ?

En thèse sur les Ndébélés, elle étudie les rapports entre leur culture réelle et la perception de cette même culture par les touristes. Elle passe au crible notre ignorance et semble satisfaite de notre déconvenue.

Enfin vient notre tour de poser des questions.

— De quand date cette tradition de peindre les maisons de cette façon si particulière ?

Elle se fait une joie de nous répondre en jetant un pavé dans la mare :

— Tout a commencé en 1923, un fermier et architecte dénommé Meiring avait remarqué les talents artistiques d'une de ses ouvrières agricoles, Esther Mzuzi, pour décorer sa maison de motifs ocre, comme cela se fait chez tous les peuples bantous. Il lui donna des restes de peinture acrylique en lui demandant de peindre sa maison, car il voulait attirer des touristes pour la louer. La bonne Esther ne se fit pas prier et décora toute la ferme. Elle eut treize enfants qui firent comme leur mère, et c'est bientôt toute la fratrie qui adopta ses motifs et son style.

Nous sommes estomaqués :

— Et de ce talent artistique personnel est née une tradition ?

— Eh oui, répond Sarie, il faut bien que les traditions naissent un jour, et celle-ci est née il y a soixante-dix ans. Ce qui était nouveau, c'était l'usage de peintures industrielles vives sur un fond blanc, ainsi que les motifs géométriques uniques et originaux d'Esther. Comme si tous les Français avaient décidé de peindre leur maison dans le style de Picasso, et que l'on appelle cela une tradition : il y a une confusion entre culture et tradition, car la politique est entrée en jeu...

Derrière, nos petites mères continuent à chantonner.

— Cette « tradition » serait restée familiale si en 1965, aux dures heures de l'apartheid, le parti de libération Kwa-Ndébélé ne l'avait pas dénichée et utilisée parmi la batterie d'arguments identitaires pour justifier le statut de peuple indigène officiel, au même titre que les Xhosas ou les Zoulous. À la clé, il y avait un enjeu d'importance : l'obtention d'un bantoustan et de tous les droits d'autonomie qui en découlaient. Tout ce

156

qui pouvait passer pour avoir un caractère ethnique, tribal ou identitaire était mis en avant, et c'est ainsi qu'Esther vit sa peinture projetée sur le devant de la scène sous l'appellation : « peinture traditionnelle ndébélé ». L'art au service de la quête identitaire !

« Dès lors, cette peinture architecturale et murale fit florès et fut médiatisée. Le monde entier découvrait les splendeurs de cette tradition inconnue – et pour cause – en blâmant l'apartheid qui l'avait fait naître. L'apartheid favorisait l'ethnicisme pour justifier une différence de mode de vie et donc une séparation entre les peuples. En 1974, les Ndébélés eurent gain de cause, et ces peintures devinrent littéralement l'emblème de toute une ethnie. Celle-ci s'était reconnue et fédérée dans ce design exceptionnel.

« Alors tradition ? Oui et non. Beauté et succès ? Indéniable. Fragilité et pérennité ? Jugez-en par vous-même, tout l'art ndébélé n'existe plus que dans deux ou trois villages comme celui-ci, mais se vend très cher à l'étranger grâce à certains artistes comme Esther Mlhangu qui a décliné ces motifs sur toile : plus facile à emporter qu'un mur. »

À 5 heures pétantes, nos petites dames enlèvent leur costume traditionnel et s'en vont dans leurs baraquements et nous nous disons :

— Tradition ou pas, on s'en moque après tout, c'est beau, c'est unique, ça les fait vivre, et cela dupe certains gogos avides de traditions qu'ils ont eux-mêmes pour la plupart perdues.

À midi, le lendemain nos copines se lèvent et rangent leurs affaires.

— Où allez-vous ?

— À l'école.

— Chercher vos petits-enfants ?

— Non, nous suivons des cours d'anglais et d'alphabétisation que nous paie le gouvernement régional ndébélé pour que nous parlions mieux aux touristes et que nous puissions vendre davantage notre artisanat.

Un pick-up vient bientôt les chercher, nous grimpons avec elles. Les fichus volent, et ça rigole, et ça jacasse, et ça se protège les petits regards ridés de la poussière de la piste. Dans la classe, comme de vrais potaches, elles font de graves mimiques, ouvrent leurs cahiers avec vénération, rognent leur crayon le regard planté au plafond, trichent comme des poulbots de Doisneau, se font vertement tancer par un professeur de vingt ans, concentrées, leur langue se baladant sur des lèvres crevassées pour écrire *wall* ou *window* de leurs petites mains déjà tremblantes. Elles rattrapent une enfance qu'on leur a volée, et apprennent avidement de leurs yeux presque aveugles, qui ont déjà tout vu, tout vécu, les merveilleux secrets de l'écriture et de la lecture. L'art sert parfois la politique, mais dans cette classe appliquée, l'art leur permet de prendre une belle revanche sur la politique qui leur avait interdit d'aller à l'école.

De retour au village, dans le soleil couchant, Sonia, habillée de pied en cap en Ndébélé, danse avec ses amies mamies très admiratives. Gros bracelets de perles aux chevilles, tablier de cuir brodé, couverture étouffante sur les épaules, collier de cuivre torsadé lui étirant le cou, un béret rouge sur la tête, je la vois onduler au rythme du conga, dans les rires des femmes, dans la joie d'une culture vivante.

11

Des crocs et des cornes

À Joburg, Sonia a reçu une nouvelle jupe pour remplacer celle brûlée au Lesotho. Elle est malheureusement un peu courte pour la marche en brousse. Nous cherchons donc dans Nelspruit un magasin de tissus. On nous indique un grossiste : Valencia. Des Espagnols ? Nous entrons. Des Indiens musulmans. Naeem Omar nous reçoit, ravi de nos intentions :

— Rallonger votre jupe ? En général, les jeunes, ils raccourcissent.

— C'est pour marcher dans le bush.

Nous sympathisons, trouvons le tissu, en faisons découper une bande :

— Je vais le faire faire par notre couturier maison. Vous avez le temps ? Voulez-vous du thé ?

Les Indiens musulmans représentent une importante et influente communauté en Afrique du Sud. Ils sont arrivés avec les Britanniques à Durban pour les plantations de canne à sucre puis ont essaimé dans les grandes villes du pays. En 1893 débarqua un jeune avocat du nom de Gandhi... Il venait défendre sa communauté contre les lois iniques de séparation déjà mises en place avant l'apartheid par les Britanniques. Il resta vingt ans en Afrique du Sud et y développa ses idées sur la non-violence qui ont fortement imprégné l'ANC et Nelson Mandela.

En revanche, au Cap, les Indiens se font tristement remarquer pour leur fondamentalisme animé par le Pagad, un groupuscule terroriste islamique. À Durban, ils sont plus *british* et

159

policés. Le gouvernement compte trois ministres d'origine indienne. Les Indiens tiennent le commerce avec l'Asie et la manufacture.

— Vous allez marcher jusqu'à Jérusalem ? Notre troisième ville sainte ? Mais c'est un hadj [1] !

— Nous « marchons dans les pas de l'Homme », pas de Dieu !

— Tous les hommes sont des fils de Dieu ! C'est donc un hadj ! Aucun musulman n'a jamais fait ce que vous allez faire ! C'est un honneur pour moi de vous inviter...

Après une soirée à réciter des sourates œcuméniques et refaire le monde, nous repartons chargés de biltong... hallal, Sonia avec sa jupe rallongée, et un merveilleux ami de plus. Il nous manquait la facette indienne de notre frénétique kaléidoscope sud-africain.

À Whiteriver, vingt-neuf kilomètres après être repartis de Nelspruit, quelque chose me chiffonne :

— Whiteriver, Whiteriver, ça me dit quelque chose...

— Regarde dans le communicateur !

En effet, nous y retrouvons les coordonnées de Nicholas More, un planteur de noix de macadamia, ancien copain de promotion de Malcolm Mackenzie (rencontré après Port Elizabeth), qui nous avait fait promettre de le contacter si nous passions dans les parages. Nous l'appelons, il nous répond :

— Désolé ! Ça aurait été avec plaisir, mais je ne peux pas vous accueillir ce soir, nous partons en week-end dans une *game reserve*... à moins que vous ne veniez avec nous.

La série continue. Les Sud-Africains sont vraiment fous. Après une demi-heure de piste dans la brousse en compagnie de Jean, sa ravissante femme, et trois adorables enfantelets, nous débouchons sur la rivière Sabie. Dans la belle lumière de la fin de journée, nous découvrons des maisonnettes au toit de chaume, pénétrons le hall de réception habité par d'extraordinaires sculptures africaines, simples, design, épurées ; la lumière est tamisée, la décoration de très grand luxe. Nick nous sourit :

— Bienvenue à Lion Sands !

---

1. Pèlerinage vers La Mecque ou une des villes saintes de l'Islam.

160

Tout le personnel nous salue, empressé ; nous ne tardons pas à comprendre que Nicholas est le propriétaire...

— Angel va vous accompagner pour vous montrer votre chambre et on se retrouve à 19 heures pour un verre. Ah oui ! J'oubliais, ne quittez jamais les passerelles la nuit, il y a des hyènes partout et les lions sont libres d'aller et venir. Il y en a un qui s'est aventuré dans le hall avant-hier.

À bon entendeur... La chambre est une suite à baldaquin avec terrasse sur la rivière. Le dernier or du jour s'y endort en roulant dans un reflet du courant. Nous bénissons Malcolm et Leigh-Anne Mackenzie.

Nous nous retrouvons autour d'un vrai brasier dans la *boma*, enceinte circulaire de troncs plantés en épaisse et irrégulière palissade. Les branches contorsionnées, animées par les flammes, dansent sur la nuit étoilée comme des anémones.

— *What would you like to drink* [1] *?*

Nicholas revient avec deux gin tonics.

Plus tard, sur les braises rougeoyantes, grésille un juteux braai, le sacro-saint barbecue sud-africain, quand soudain, d'un geste vif, Nicholas requiert le silence général. Alors du fond de la nuit, comme hésitant par spasmes, comme un appel douloureux, sourd et profond, s'élève le mugissement rauque du lion. Ce n'est pas un rugissement : cela tousse, cela suffoque, cela vomit en tirade déclinante.

— *Let's go !* essayons de les trouver, ils sont tout près !

Nous grimpons dans la Land Rover et roulons sur la piste à ciel découvert. Le vent frais nous coiffe, le nez nous pique, la voie lactée défile ainsi que les buissons dans les pinceaux des phares. À chaque tournant, nous attendons l'apparition, le cœur s'emballe, non, pas ici, pas là, pas comme ça ! Pas des vrais lions sauvages ! Puis tout à coup, au détour d'une courbe, ils sont là, deux lions, de derrière, chacun dans un sillon de la piste. Nos premiers lions. Ils vont partir ? Euh ? Non ! Ils ne nous voient même pas. Nicholas s'approche à cinq mètres d'eux et les suit au pas. De nuit, ils ne paraissent pas énormes, seules leurs parties génitales proéminentes ballottent en un rythme hypnotique ; la tête et la crinière sont cachées par les ondulations de la croupe, le chaloupement des omoplates, l'alternance

---

1. « Que voulez-vous boire ? »

économe et mesurée des pas. Les lourdes pattes souples aux larges empaumures font pof ! et pof ! et pof ! dans la poussière à chaque foulée et laissent une terrifiante empreinte dans leur sillage.

Soudain l'un d'eux s'arrête, se retourne, et, tout auréolé de poils fauves enflammés par les phares, nous lance, comme des traits, deux éclairs jaunes qui nous transpercent l'âme : le visage du lion. Ils repartent en trottant quelques pas, et démarrent subitement une course folle déclenchée par un inaudible appel. Ils ont disparu dans le bush.

— Sans doute pour chasser une hyène, souffle Nicholas, ils patrouillent sur leur territoire. Regardez ! Les voilà qui reviennent.

Après cette démonstration de puissance sauvage, ils réapparaissent de conserve sur la piste : les seigneurs s'affirment et friment au firmament du règne animal. À une fourche, le lion de tête s'arrête et réfléchit. Cela mobilise toute son énergie, l'immobilise. Il opte pour la gauche ; la mécanique ondulatoire se remet en marche, féline et parfaite. Pas un seul regard pour les suiveurs, pas d'agacement, pas même de dédain : nous n'existons pas.

C'est surréaliste ! Surtout le fait de savoir que si nous mettons un pied hors de la Jeep, nous sommes morts. Les lions marchent maintenant dans les fourrés parallèlement à la piste, d'un pas égal, comme s'il n'y avait ni buissons ni épines, et le bush en signe d'allégeance s'ouvre à leur passage comme la foule d'un bal se fendrait à l'arrivée d'un empereur. Nous entrons dans la danse. Les spectres des arbres aux fruits d'étoile griffent le bleu de la nuit et défilent ; les courtisans suivent en silence.

Dans une vision fugace dont ces nuits africaines sont si prodigues, Nicholas devient un César tracté dans son char par deux lions... Une demi-heure, nous les suivons, ils marquent leur territoire de fréquentes mictions sur les buissons, grattent le sol comme de gros chats et repartent fièrement. De temps à autre, ils hument la nuit et parlent au bush avec morgue, et le râle et le rauque et le grondement rocailleux résonnent dans le silence d'une nature inféodée. Ce mugissement d'outre-tombe, cet effroi d'outre-temps, parle à notre mémoire ancestrale et parcourt d'un frisson notre échine hérissée d'anciennes proies.

Pendant des millénaires, nos semblables ont honni cet appel, cet auspice de mort, et nous sommes assis dans une voiture aux premières loges du vibrant spectacle de la vie, celle qui ne doit rien à l'homme, celle qui suit son cours pour peu qu'on sache préserver ses derniers espaces de liberté.

De retour à nos côtelettes, nous savourons, toutes canines déployées, le gras juteux de la viande offerte en bonne compagnie, au coin du feu, un verre de vin du Cap à la main. Dans notre dos, le froid de la nuit enveloppe de mystères de macabres combats. La vie mange et la vie est mangée. Au loin, le lion encore réclame sa part de chair, les hyènes gloussent et « houppent » leur désarroi autour de la *boma*, les grillons grignotent le feutre de la nuit et s'orchestre le concert de la vie.

À deux pas, des craquements sinistres déchirent cette douce musique :

— C'est Stompy ! Un éléphant ombrageux qui a élu domicile dans le campement. Ne vous approchez jamais de lui, il charge tout le monde.

Le voilà qui passe, surgi de la nuit, d'une démarche incroyablement silencieuse, gratte son dos sur un des arbres de la *boma* au risque d'en faire des allumettes, lève sa trompe au-dessus de l'enceinte et s'en va, dégoûté, vers des reliefs plus végétariens.

— La *boma* est installée sur le chemin qu'il emprunte pour se rendre à la rivière. Par chance, il nous tolère. N'oubliez jamais qu'il n'est pas chez nous, mais que c'est nous qui sommes chez lui.

Nous allons nous coucher sous bonne escorte, partout le bush autour de nous palpite de quêtes et de fuites.

Les deux jours qui suivent déclinent décharges d'adrénaline et sensations de brousse. Nous nous faisons charger par Stompy dont nous croisons la route en allant dîner, je suis présenté comme une vulgaire côtelette à une troupe de lions alanguie, assis à l'avant du capot sur le siège du traqueur, les jambes pendantes sous leur truffe, je suis attaqué par un de ces mêmes lions effrayé par la caméra, et enfin nous nous garons à un mètre d'un léopard dont la dent craque sur un crâne de springbok : en tendant la main nous aurions pu lui gratter l'échine.

Autant de mises en condition pour la suite : nous sommes invités exceptionnellement par les dirigeants du Parc national Kruger à marcher trois jours au milieu des bêtes sauvages en compagnie d'un ranger. De quoi développer la parano du marcheur.

Parc national Kruger, mercredi 18 juillet 2001, 199ᵉ jour, 26 km, 2 766ᵉ km

L'aube se lève sur le Kruger. Le soleil rougeoie gentiment les couches d'air grises à l'horizon dans un fouillis de branches et d'épines. Le bush d'hiver est sec et triste, les herbes sont jaunes et le fond de l'air est enfumé par les feux de broussailles. C'est pourtant le meilleur moment de l'année pour observer les animaux. Nous marchons en silence derrière Robby Bryden, notre traqueur. Il file à grandes enjambées souples et félines, le pas précis et léger se jouant d'horribles épines. Robby marche en short très court, pieds nus dans de grosses chaussures de cuir. Il serpente et file comme une bête avec son fusil à éléphant sur l'épaule. Nous le suivons religieusement, suspendus à ses sens en éveil, à sa main levée, à ses ordres de nous tapir, de repartir, ou de scruter d'invisibles signes ; pas à pas, il nous initie à une danse magique avec le bush.

Tout commence par des pistes. Des sentes animales quadrillent et sillonnent la brousse en tous sens. Il cherche des signes, le nez au sol, les yeux dans les branches et les oreilles dans le ciel avec la frénésie d'un pointer. Le vent coiffe les herbes blondes en chantant dans un univers de pistes, de traces et de sons. Pourtant, nous sommes dans un monde du silence.

Un silence assourdissant.

La présence d'un grand vide tout autour. Nous sommes aux aguets. C'est tout notre corps qui s'extériorise, pas moyen de refermer une portière, de s'isoler, de faire abstraction, de prendre ses distances, la brousse est là qui nous parle et nous écoute, qui nous attend, qui nous tend ses pièges, nous devenons brousse nous-mêmes.

Il n'y a qu'une montre dans la brousse, le temps qui passe et qui s'inscrit dans l'espace s'écrit sur le sol, par les animaux qui passent : il y a trois heures, un buffle ; il y a dix minutes, une civette ; urine fraîche ou fumier froid.

Le soleil dans sa course en souligne le relief, en permet une lecture plus nette le matin et le soir du fait de la lumière rasante, et nous révèle ainsi le braille de la terre. En plein midi, les ombres écrasées effacent les traces, donc on s'arrête. On s'accroche à cette montre, à cet entrelacs de la vie passée par là, qui nous parle de mauvaises rencontres, de conjonctions. Nous fantasmons des altercations. Cette souris et ce chacal, l'empreinte de l'une dans celle de l'autre pour un rendez-vous impossible : ils se sont ratés. J'imprime ma paume dans une empreinte de lion. Il était là il y a peu. Ne pas être au même endroit au même moment. La vie ne tient qu'à l'espace-temps.

Au fil de nos pas nous franchissons les frontières de territoires virtuels par des checkpoints olfactifs, des bouffées de musc ou de fauves senteurs. Pour nous tout se ressemble, les bêtes, elles, savent parfaitement où elles mettent les sabots ou les griffes. Le nez au vent le message passe directement au cerveau : ça, c'est un lion ! Ça, un léopard, Ça, un chacal !... Ils ne peuvent pas se sentir...

Dans une clairière, au loin, deux phacochères fourragent dans la terre avec leurs redoutables défenses : notre premier gibier. Nous nous approchons sous le vent avec des ruses de Sioux quand nous découvrons à l'arrière-plan, au-dessus des futaies, deux têtes de girafes naviguant sur les cimes.

Plus loin Robby nous explique, le doigt planté dans une bouse chaude :

— Le rhinocéros blanc et le rhinocéros noir ont la même couleur ! Leur principale différence est que le blanc broute alors que le noir ne se nourrit que de feuilles, l'un a les lèvres carrées comme le bord d'une tondeuse, l'autre les a préhensiles pour attraper les branches. Regardez cette boule de fumier : on y retrouve des tronçons de branchage caractéristiques, coupés à quarante-cinq degrés comme par un sécateur, c'est donc un rhino noir qui est passé par là. Le cœur est encore chaud, il est tout prêt. Il y a trop de buissons, c'est très dangereux, d'autant plus qu'il n'est pas seul... Je devrais dire qu'elle n'est pas seule ! Regardez, là ! Son petit marche sur ses traces ! C'est une autre preuve ! Les blancs poussent leurs bébés devant eux, alors que les bébés des rhinos noirs les suivent. Le noir est aussi doté d'un caractère beaucoup plus ombrageux : on ne va donc pas s'attarder dans les parages.

À midi, accablés de chaleur, nous trouvons refuge sur le sable frais d'un lit de rivière à sec. Nous n'avons jamais encore eu aussi chaud. Cela présage de l'Afrique qui nous attend. Robby nous conseille :

— Inspectez vos moindres recoins et débarrassez-vous des larves de tiques, elles ne sont pas plus grandes que des puces mais s'incrustent dans la peau...

Partout, en effet, elles grouillent sur nos jambes ; nous nous aspergeons d'insecticide. Une fois le soleil passé, nous reprenons notre marche à l'azimut. Il n'y a aucun repère dans cette brousse. Mais Robby n'a pas besoin de boussole ni de GPS. Il nous apprend à trouver le nord avec notre montre. Il suffit de positionner un brin d'herbe à l'aplomb du 12 et tourner sur ses pieds jusqu'à ce que son ombre projetée passe par le centre de la montre. Le nord se trouve au milieu de l'angle formé entre cette ombre et la petite aiguille.

L'après-midi la brousse est encore plus morte. Rien ! Que de l'herbe et des branches. Le silence mortel. Pas un cri, pas un appel, pas une queue de springbok à l'horizon. Nous marchons depuis quelques heures, après avoir identifié les empreintes de tout ce que le Parc Kruger compte de quadrupèdes, quand Robby s'arrête net. Il nous pointe deux rochers. De l'un d'eux décolle un pique-bœuf bruyant. Soudain, les rocs remuent...

Réveillés en sursaut, les rhinocéros blancs se positionnent tête-bêche pour se protéger. Ils pivotent ainsi en se bousculant le derrière pour identifier et localiser la menace. Le plus gros nous fait face. Robby nous rassure :

— Ils sont presque aveugles, ils ne nous voient pas, mais cherchent à nous sentir. Tout va bien, nous sommes sous leur vent !

Sonia et Robby en profitent pour s'approcher à une vingtaine de mètres d'eux et composer un cadre magnifique dans ma caméra, avec les deux chimères au milieu.

Soudain le vent tourne et, d'un coup, la situation : les deux monstres de cuir et de corne nous foncent droit dessus.

— Derrière l'arbre, hurle Robby en tapant dans ses mains pour tenter de dévier les tonnes de chair lancées à notre assaut

En un clin d'œil, ils sont sur nous. Nous sautons à l'abri du tronc, ils nous dépassent en pleine charge et filent en piaffant de conserve, droit dans la brousse, à grand fracas de branches, comme deux chars de combat fous lancés à pleine allure.

En se relevant, Robby désengage en soufflant la balle qu'il a eu le temps de charger dans le canon de son fusil.

— Pfiuu ! J'espère que ça vous a plu ! Venez voir !

Un peu secoués, nous le suivons :

— Nous avons été sauvés par ce tronc couché dans les herbes, il a dévié les locomotives. Les rhinos ne sautent jamais par-dessus un obstacle... en principe !

Sonia, si ! En atterrissant derrière l'arbre sur une mauvaise souche, elle s'est cassé une côte, mais elle ne le sait pas encore. Nous reprenons la marche, les veines encore pleines d'adrénaline, à brosser sans relâche les tiques de nos jambes, à regarder simultanément au sol parmi les herbes et dans le brouillon de branches emberlificotées de tous côtés, car cent cinquante-sept espèces de serpents mortels infestent le parc... et je songe qu'on aurait pu mourir par la trahison d'un pique-bœuf !

Dans les fourrés, soudain, des craquements. Nous filons. Robby est tendu, tous les sens en éveil :

— Trop tard ! Des éléphants ! Vite ! Tous accroupis !

On ne peut pas fuir. Ils sont trop près. Le vent est avec nous. La première masse se distingue à travers les fourrés. La voilà qui s'en détache, elle passe, avec dans sa suite d'autres ombres silencieuses. Une horde au complet. Dans cette grisaille, les défenses blanches tranchent, avancent comme deux purs socs traçant dans la brousse un sillon. Ils vont en ouvrant un passage entre les arbres, les branches ploient, griffent le cuir gris et craquelé des dos interminables puis se referment comme un sillage. Jamais on aurait cru que des éléphants puissent passer par là. Quelques barrissements, des grondements sourds, des petits courent entre les pattes. Ils sont tout près, énorme armée de muscles et de chair.

Nous sommes des vers ratatinés sur la piste.

Aucun d'eux ne nous repère, tout occupés qu'ils sont à suivre une mystérieuse direction, une invisible étoile, un inaudible appel dans cet univers hirsute et crochu. Ils passent. Ils sont passés. Non ! Il en reste une, qui ferme la marche, plus hésitante, un pas, deux pas, sur ses coussins ronds... Elle passe enfin... ouf !

Nous soufflons. Crac ! Quoi encore ? La revoilà ! Elle est revenue sur ses pas. Quelque chose la chiffonne, elle s'arrête net, lève sa trompe comme un périscope, hume l'air, elle ne nous a pas encore vus. Lentement nous l'entendons qui passe au crible tous les parfums des environs au scanner de son énorme cerveau. Un souffle de forge ronfle dans la trompe inquisitrice. Tout en haut la petite ouverture préhensile et molle cherche, tournicote, hésitante et inquiète, pour finir droit sur nous comme un œil noir. Ça y est, elle nous regarde de tout son poids, de toute sa masse, c'est le face-à-face, Robby chuchote :

— À mon signal, c'est le sauve-qui-peut...

La grosse matriarche bat deux fois des oreilles, lève son front renfrogné, barrit, nous éprouve, nous ne battons pas d'un cil, le cerveau pétrifié, le cœur suspendu, le souffle arrêté, les pieds à l'arrêt, prêts à décoller, secondes d'éternité où l'on sent le canon d'un fusil braqué sur sa tempe et le doigt sur la détente, sauf qu'ici le projectile fait quatre tonnes et qu'en cinq pas nous sommes écrabouillés... Elle nous étudie de ses petits yeux marron bordés de jaune. Nous gardons la tête baissée. Nous n'existons plus. Une sueur de mort me ruisselle dans le dos. Voilà qu'elle baisse aussi la tête et reprend le fil de ses pas, reprend sa marche comme un automate ; sur nos guibolles tremblotantes nos poumons se remplissent du ciel...

Quand le jour décline, il teinte tout de notes fauves, les herbes deviennent des poils, les touffes de grosses fourrures, la peau se dore aussi, tout s'embellit. Depuis nos éléphants nous n'avons rien vu. Ils continuent à défiler dans nos têtes de leur train de sénateur. Nous fendons les herbes, harassés et fourbus. Robby, toujours en tête, scrute l'invisible, surveille le vol des oiseaux, analyse l'absence ou la présence de gibier, déchiffre la dangereuse langue du bush. Tout à coup, il s'arrête encore. Rien pourtant à l'horizon. Il hume l'air, se tasse un peu, suppute, goûte, répond à son instinct qui lui dit de temporiser. Quelque chose le turlupine. Soudain, au-dessus des herbes à trente mètres, énorme et hirsute, une tête de lion ! Le voilà sur ses pattes suivi de huit autres têtes : nous sommes tombés au cœur d'une troupe. Lionnes et lionceaux s'agglutinent derrière deux gros mâles. Le cauchemar ! Robby, détendu, nous souffle :

— Suivez-moi au pas de course...

Mais au lieu de fuir, il fonce droit vers les fauves.

— Il est fou !

J'hésite un instant, tout mon être refuse, il hausse le ton :

— Venez tout de suite, sinon nous sommes perdus !

Nous les chargeons.

Aussitôt, en tous sens, c'est une explosion de queues et de croupes fauves qui volent au-dessus des herbes, un déchaînement de peur panique et de rugissements. Lions, lionnes, lionceaux, la fière tribu du roi s'égaille comme une volée de moineaux. Trois secondes plus tard il n'y a plus que leurs formes dans l'herbe et une puissante odeur de suint pour nous convaincre que nous n'avons pas rêvé. Tout s'est joué si vite.

— La fuite est comme un déclencheur pour eux. Fuir c'est mourir, c'est la réaction de la gazelle ! Dans le règne animal personne ne les charge jamais, ils ne connaissent pas ce comportement, ils n'ont pas d'autre réponse que la fuite.

Le roi est détrôné. Robby a du mal à cacher le tremblement nerveux de ses mains.

— Vous m'avez fait peur à rester en arrière ! Avec une balle à éléphant contre neuf lions, on était mal... Je vous avais dit qu'on ne verrait peut-être rien de la journée, mais que si on voyait quelque chose ça serait très gros et très rapide !

Après cette charge de rhinocéros, il nous fallait une revanche. Robby nous la donne le soir même :

— Ça vous tente demain la capture de deux éléphants et quatre rhinos ? Cela promet un beau rodéo !

— Pourquoi les capturez-vous ?

— Il y a trois mille éléphants de trop dans le parc et sept cents rhinocéros blancs en excès, alors nous les vendons aux enchères à des réserves privées.

À l'aube, nous sommes parés et embarquons en tête de convoi dans la Land Rover de Johannes Malan, le directeur de *Game Capture*. Derrière nous suivent les vétérinaires, un premier trente-trois tonnes tout-terrain pour les éléphants, un second portant quatre bennes sur un plateau, un tracteur pour hisser les bêtes endormies sur un tapis roulant, et enfin une grue pour les déposer sur ledit tapis. Bref, du bon matos, bien rodé, bien ficelé.

Nous roulons en cortège dans le parc à la recherche du jouet fondamental pour la capture : l'hélicoptère. Il apparaît bientôt dans le soleil levant : c'est un des deux Eurocopter 120 venus remplacer deux Jet Ranger en fin de course. Fanie Botha, le pilote, revient d'une formation spéciale à Toulouse. Quand il entend par radio qu'il y a deux Frenchies au sol, il propose de nous faire faire un tour, encore tout émoustillé par le cassoulet du Gers, la saucisse de Toulouse et le vin de Cahors.

Il vient se poser sur la piste devant le convoi. Poignée de main virile, regard azur : déformation professionnelle. D'un geste de la main, les pales nous arrachent du sol. Nous partons au marché du Kruger. En tête de liste des commissions du matin : un mâle porteur de grosses défenses. Avec la brusque élévation, le bush devient un paillasson gris tout mité, plat à l'infini, piqueté au loin par quelques rocs. Dans cette désolation végétale, la grosse masse de chair sombre toute flappante d'oreilles se repère très vite.

— C'est un mâle solitaire, apparemment les défenses conviennent à la commande ! Je vais le diriger vers une clairière le plus près possible de la piste.

Et Fanie de se livrer à son travail de berger : en quelques yoyos et coups de queue de son gros insecte, le pachyderme prend la direction choisie. Nous reprenons de la hauteur. Markus, le véto, prépare sa fléchette somnifère. Entre ses pieds, à travers la bulle, Fanie surveille la direction du *tusker*, le porteur de défenses, comme disent les Anglais. Le convoi attend sur la piste, c'est le moment, Fanie descend à l'aplomb du dos agité, Markus vise la fesse : bang !

La bête est fléchée, aussitôt Fanie décroche, l'éléphant continue tout droit, écrasant tout sur son passage, furax.

Dans son casque Markus nous crie :

— Une simple goutte de ce produit te touche la peau, l'effet transcutané peut te tuer !

En deux minutes, le pachyderme devient flagada, marchant comme un somnambule.

— Ça y est, il est en pilote automatique ! Maintenant, il faut éviter qu'il se blesse.

C'est alors que Fanie se livre à une fantastique partie de ping-pong avec quatre tonnes de viande en guise de balle : le but du jeu étant de contenir la bête dans la clairière pour qu'elle soit manipulée et chargée plus aisément.

— Il y a une caisse de bière à la clé si l'éléphant s'endort sur la piste !

170

Et Fanie de se renvoyer à lui-même à grands coups de ventilateur un éléphant de plus en plus tourneboulé. Nous frôlons la cime des arbres, descendons entre les branches, faisons tourner le mastodonte à cent quatre-vingts degrés, repassons par-dessus et allons le récupérer dans un gymkhana de tous les diables. Les pales soulèvent des tourbillons d'herbe et de poussière, les oreilles de l'éléphant se rabattent sur son visage, il trébuche, fait volte-face, la trompe gonflée de rage. Fanie s'amuse :

— C'est le moment le plus délicat, à tout moment l'éléphant peut se dresser sur ses postérieurs et attraper le patin avec sa trompe...

Mais c'en est bientôt trop, le patapouf s'assied, lance un dernier regard vers le ciel à cet insecte de malheur et roule en douceur sur le flanc. Aussitôt l'assaut de Lilliput se déclenche : de partout des petits bonshommes s'affairent avec des gestes précis autour du géant couché, prises de sang, pommade sur les griffures, mesure des défenses, arrosage, maintien de la trompe tendue et ouverte pour protéger la respiration, en quelques minutes l'affaire est classée, l'éléphant chargé sur le tapis, treuillé dans la benne, réanimé dans son conteneur et Fanie repart en chasse. De vrais pros.

Cette fois-ci, la commande est une femelle rhinocéros et son petit. Le scénario est le même, la paire est repérée, ils fendent la brousse à toute allure, il faut faire vite :

— Dans sa terreur, le petit peut avoir une crise cardiaque ou se blesser...

Il est tiré en premier, et s'effondre tout de suite suivi de près par la mère. Malheureusement celle-ci est allée se coincer dans une petite ravine malcommode. Débarque une équipe de biologistes qui se livre alors à la plus acrobatique des échographies. Le bras enfoncé jusqu'à l'épaule dans l'anus de la maman, Jeff cherche la matrice en suivant sa progression sur un écran de contrôle. Il s'écrie bientôt :

— Enceinte ! Sept mois ! Magnifique ! Je vois parfaitement la colonne, c'est un petit mâle !

Johan jubile :

— Bingo ! De soixante-quatre mille euros le lot passe à près de quatre-vingt mille euros ! Je crois qu'on va systématiser les échographies ! Nous vendons trois cents rhinos par an !

Sonia profite de l'émotion générale pour se diriger vers la tête, et prendre la mesure de ce à quoi nous avons échappé :

171

cinquante-cinq centimètres de corne effilée comme la mort, propulsée par plusieurs tonnes d'élan et de masse... Peur rétrospective. Avant de quitter la chimère, elle lui attrape l'oreille :

— Tu fais moins la maligne maintenant, hein ? tiens, coquine ! Et que je ne t'y reprenne pas !

Markus se rapproche avec une perceuse et commence à forer la base de la corne :

— Nous cachons une micropuce à l'intérieur pour lutter contre le braconnage. Avec ça, la corne est invendable... Allez hop ! Un peu d'Araldite pour reboucher le trou et le tour est joué. Maintenant il est temps de charger maman et bébé, je vais administrer l'antidote...

La technique est alors différente : on réveille à moitié la masse de muscles en lui voilant la vue d'une serviette éponge, il se dresse sur ses pattes et se laisse tracter docilement jusqu'à la benne comme un caniche. Quelques hommes en ligne avec Sonia à leur tête se livrent à cette promenade de santé, menant en laisse et par le bout du nez ce monstre préhistorique qui n'a qu'une corne à envier au tricératops !

12

God's Window et l'arche de Brian

Après avoir « marché dans les pas des animaux », nous reprenons à Whiteriver notre « marche dans les pas de l'Homme ». Direction le fabuleux escarpement qui s'élève au-dessus du Kruger. Nous remontons dans la fraîcheur des forêts de pins. Ce pays est vraiment d'une folle diversité : en quelques kilomètres nous passons de la brousse torride à la pinède nordique. Nous progressons vers Graskop sur une route déserte quand dans mon sac le téléphone sonne.

— Bonjour ! Ici Andries Botha, vous vous souvenez de moi ?

Andries est député au parlement du Cap, bras droit de Tony Leon, le leader du parti Democratic Alliance, jeune parti résolument multi-ethnique qui vient de remporter la province du Cap. Un parti d'avenir, pragmatique, « désidéologisé », fondé sur les principes de la réconciliation. Il nous avait entendu parler de son pays dans une émission de radio à succès animée par la très populaire Patricia Glynn à Johannesburg. Connaissant la journaliste il lui avait demandé si elle ne pouvait pas organiser un dîner pour nous rencontrer. Ce qui fut fait. Toute la soirée il se passionna pour nos témoignages, s'émerveilla de la diversité de nos rencontres, s'enthousiasma des signes d'espoir et du travail de réconciliation entrepris par toutes les communautés. Emballé, il nous déclara :

— Vous connaissez bien mieux la Rainbow Nation que n'importe quel Sud-Africain ! Je ne connais pas un journaliste, *a fortiori* étranger, qui ait vécu autant d'expériences que vous en vivant chez tant de gens différents ! Vous êtes porteurs d'un sacré trésor...

Allons-nous conserver longtemps cette même fraîcheur, cette même écoute, cette même soif de rencontres, de comprendre ? Déjà tant de choses et encore douze mille kilomètres devant nous ! En fin de repas il avait lancé à la cantonade :

— On devrait faire marcher tous les hommes politiques ! Accepteriez-vous que je vienne marcher deux ou trois jours en votre compagnie ?

Nous lui avions répondu que oui, n'importe où, n'importe quand, en ne nous faisant pas beaucoup d'illusions sur les promesses d'un homme politique...

Et le voilà au bout du fil, trois semaines plus tard !

— Vous souvenez-vous de notre conversation ? Où et quand puis-je me joindre à vous ?

J'ai la réponse,

— Le mieux serait ici et demain ! Nous allons emprunter le Trek du Paradis qui longe l'escarpement jusqu'au canyon de Blyde River. Ce serait idéal !

— OK ! Je connais l'endroit. Je serai au supermarché Spar de Graskop demain à 19 heures.

Nous raccrochons en nous demandant comment il va s'y prendre pour réaliser cette gageure. Le Cap est à près de trois mille kilomètres.

Sous un crachin collant nous gagnons la petite ville forestière et nous nous dirigeons naturellement vers le Spar pour préparer le rendez-vous de demain. Nous y rencontrons Shirley Emmerich qui y tient le syndicat d'initiative : elle démarre au quart de tour...

— Mon mari est le directeur du supermarché, venez dormir à la maison, et demain on organise tout !

Raymond Emmerich, le visage poupon sur un corps de colosse, vient jusqu'à nous :

— Ce soir, j'ai invité un ami qui a traversé l'Afrique à pied, j'ai pensé que cela vous intéresserait..

Décidément, il y a toujours quelqu'un devant soi ! C'est notre deuxième marcheur transafricain après Harald Bohn. Tout a déjà été fait ! Nous rencontrons Bruce Lawson, trapu, dégarni, le sourire d'acier du petit filou sympathique. Il est venu avec son

174

diaporama. En 1997, il s'est attaqué à l'Afrique en partant avec deux amis du cap de Bonne-Espérance pour rejoindre Le Caire à pied, sans assistance. Trop chargés, affaiblis par huit crises de malaria, à court de ressources, aux prises avec un refus des autorités éthiopiennes de les laisser sortir du pays, ils renoncèrent, à la frontière soudanaise, après avoir marché près de dix mille kilomètres. Sur leur liste noire : une cheville fracturée au Zimbabwe, un nez cassé par un coup de poing au Mozambique, des marches forcées la nuit au Malawi pour échapper au harcèlement de la population et à la chaleur, un mois d'inondations à patauger en Tanzanie, une course poursuite à la mitraillette dans un désert kenyan au cours de laquelle ils perdent l'intégralité de leur matériel, de constants jets de pierre de la part des gamins éthiopiens, et le coup de crosse fatal d'un militaire qui déchira l'oreille de Bruce et mit un terme à l'expédition.

Au fil des diapos se dessine une Afrique pauvre et pouilleuse, plate et chaude, dangereuse et hostile, insalubre et ennuyeuse. Une promenade de santé ? Nous sommes paniqués. Tout va-t-il vraiment changer à Beitbridge, le poste frontière ? En sept mois et plus de trois mille kilomètres nous nous sentons encore tout petits, tout blancs, tout en bas... Bruce tente de nous rassurer :

— Vous avez tout compris avec votre sac de huit kilos ! Moi j'ai porté jusqu'à soixante kilos, c'était stupide, on était un peu *no brain, no pain* [1] ! on tirait un chariot plein d'eau et un curvimètre afin de mesurer la distance pour le *Guinness Book*, une pelle pour creuser nos fosses d'aisance, des chaussures de rechange, une radio, un réchaud... On avait tout faux. Malgré cela, nous détenons le record du monde ! Et il reste à battre. C'est tout le mal que je vous souhaite ! D'ailleurs, si vous passez par le sommet du Kilimandjaro, votre premier record du monde sera établi : personne n'a jamais marché sans assistance du point le plus austral au point le plus haut d'Afrique.

L'immensité du continent nous fait prendre conscience de notre folie. Pourtant, depuis Joburg et les conseils de nos amis Roetheli, nous sommes devenus raisonnables : nous nous sommes alourdis d'un trépied photo de neuf cents grammes, le plus léger du marché, de la plus légère tente du monde, une Bug-Hut de Walrus, pesant six cents grammes, commandée par Inter-

_____

1. Pas de cerveau, pas de souffrance !

net aux États-Unis, d'une gamelle en aluminium pour la tambouille ainsi que de deux bols en plastique ultra-léger accompagnés de leur cuiller. Autant de graves entorses à notre obsession de légèreté.

Raymond clôt la soirée en proposant :

— Pour demain, j'ai une idée, vous faites les dix-huit kilomètres pour rallier le camp de Paradis et nous vous rejoignons en 4 × 4 le soir avec le député et un braai ! Je connais une piste carrossable dans la montagne qui rejoint le refuge. Ainsi vous ne perdrez pas de temps.

À l'aube, nous partons dans un horrible crachin à travers une lande hérissée d'étranges chandelles de quartzite qui dressent dans le brouillard une armée de spectres tortueux se battant contre les gorgones fantomatiques des aloès. Tout est feutré, l'herbe trempée, nous sommes rincés. Nous marchons en bordure des mille mètres de vide de l'escarpement sans rien voir.

Un vrai sentier sportif, un casse-pattes nous rappelant le Tour des Cirques à la Réunion, et dessiné pour briser du citadin. Même avec trois mille kilomètres dans les jambes et un passage par le Lesotho, ça grince dans les poulies, ça gémit dans les cordages ! Serons-nous jamais rodés ? La côte cassée de Sonia se fait sentir dans les montées. La pauvrette serre les dents, ne se plaint jamais, laisse juste échapper de temps à autre un petit cri de souris qu'elle camoufle dans un rire : « Ça me fait moins mal quand je marche ! C'est incroyable ! » Je suis mortifié. Mon pauvre amour. Je veux lui porter son sac, elle m'envoie paître.

En fin de journée, le rideau se lève sur une adorable prairie avec au milieu un petit refuge en bordure de rivière : le camp de Paradis. Du silence et des pins. Nous préparons un bon feu pour l'arrivée de nos hôtes de marque sans trop y croire. Nous sommes trop loin, il fait trop noir, le pari est perdu, Andries ne viendra pas.

Autour du feu nous sortons nos flûtes et, les yeux plantés dans les flammes, nous égrenons sous les étoiles tout notre répertoire. La forêt résonne de nos trilles. La soupe chante entre trois pierres. Soudain, une voix derrière nous pénètre le cercle de lumière. Andries, surgi de la nuit, cordial et énergique, nous attrape dans une formidable étreinte :

— La flûte, c'est une idée pour charmer les foules. Sacrés marcheurs ! Je suis content d'être là.

176

Il ressemble à s'y méprendre à Martin Gray, la soixantaine mûrie par une vie d'agriculteur, le beau visage buriné d'un idéaliste, le sourire franc et la poigne ferme du travailleur pragmatique, le nez cassé par une vie passée à prendre des risques, le parler vrai de la tête brûlée. Il a pris un avion ce matin du Cap pour Bloemfontein, la capitale de la province de l'État libre d'Orange, a sauté dans sa voiture, roulé mille kilomètres jusqu'à Graskop où Raymond l'a pris en charge. Une belle démonstration de suite dans les idées et la preuve qu'un député peut tenir parole.

Shirley déballe la glacière regorgeant de viande, Raymond installe la grille, et notre braai ne tarde pas à chuinter tandis que nous éclusons nos premières bières fraîches. Les Sud-Africains ont tout compris au voyage.

À l'aube Andries est paré. Nos amis nous ont quittés tard dans la nuit. Nous suivons le cours de la rivière cristalline. Et avec le débit commence celui intarissable de notre homme politique. Il veut tout savoir, par le menu, par le détail, le comment, le pourquoi, avec Sonia nous nous relayons pour suivre, tout y passe. Quand la rivière gronde, il hausse le ton, quand nous marchons en file, il marche en crabe, dans les montées il souffle entre les mots, rien n'arrête sa soif de savoir.

Nous pénétrons une vallée entièrement carbonisée. Il rebondit sur tout :

— Nous venons de faire passer une loi interdisant l'écobuage systématique qui recouvre chaque année le pays de ce nuage jaune irrespirable. Ce qui était possible à l'échelle tribale ne l'est plus à l'échelle continentale. Chaque année c'est toute l'Afrique qui flambe ! C'est une catastrophe écologique qui aggrave l'effet de serre ! Il y a de bien meilleures façons d'amender le sol qu'avec les brûlis, et sans surcoûts !

Il est responsable au sein de son parti de la surveillance de l'évolution des services publics.

— Le drame de notre nouvelle Afrique du Sud est qu'elle échoue en premier là où elle devrait réussir : le service public. Plus rien de ce qui est géré par le gouvernement ne fonctionne : poste, télécommunications, transports, hôpitaux, police, justice, c'est la Berezina ! Seule l'éducation n'est pas en faillite totale. Mais le pire est que ce sont les populations défavorisées, essentiellement noires, qui en sont les premières victimes. On arrive à

cet horrible paradoxe que bien souvent leur situation s'est consi
dérablement dégradée depuis 1994.

Il reprend son souffle à la faveur d'un beau panorama et relance son réquisitoire :

— Cet état de fait est compensé par deux phénomènes. D'un côté, les Noirs développent des stratégies d'économie parallèle et de secteur informel, et de l'autre, les Blancs développent le secteur privé par d'énormes investissements. Résultat, l'écart se creuse. Dans la communication, les lignes téléphoniques en cuivre sont systématiquement arrachées pour être revendues par les pauvres des ghettos, le réseau est foutu ! C'est pour cela que notre pays a connu la plus forte croissance au monde des téléphones mobiles et que nous sommes en pointe dans ce domaine. Dans les transports, les Noirs s'entassent dans des tombeaux roulants et se livrent à des guerres de gangs, les Blancs et les nantis ne se déplacent plus qu'en compagnies privées. Plus de lignes d'autobus régulières, plus de trains de passagers. Les hôpitaux sont des mouroirs démunis de tout, les cliniques privées se multiplient et les assurances vie ruinent les Blancs : 65 % de leurs clients sont d'ailleurs des Noirs. Pour rien au monde ils iraient se faire soigner dans les hôpitaux gouvernementaux... La police étant défaillante, notre secteur d'activité le plus florissant est celui des groupes de surveillance et des milices de sécurité, sans parler des mafias et des gangs qui font la loi dans les ghettos.

Idem pour la justice, les gens commencent à se faire justice eux-mêmes : il n'y a jamais eu autant de lynchages, de vengeances et de crimes racistes, mais ils sont Noir contre Noir ou Noir contre Blanc, alors cela n'intéresse personne... Pour l'éducation rien n'a changé. Les écoles privées sont l'apanage des élites noire, indienne et blanche. Plus que jamais nous avons un pays à deux vitesses.

Nous essayons de le rassurer en lui parlant de l'entraide que nous avons vue, des petits riens qui rapprochent les gens, de la solidarité dont font montre les fermiers que nous avons rencontrés. Il repart de plus belle :

— Pour les campagnes je le sais, mais dans les villes il y a toujours un apartheid de fait : n'avez-vous pas remarqué que les communautés ne se partagent plus l'espace ou les quartiers, comme avant, mais les heures de fréquentation ? Vous ne verrez jamais un Blanc faire ses courses dans une ville moyenne le week-end. En revanche on assiste à une affluence des travailleurs noirs qui viennent en autobus affrétés pour dépenser leur paie. La matinée en semaine, ils ont tous disparu, seules des femmes blanches vaquent à leurs occupations dans une ville trans-figurée... Les gens ne se fréquentent pas plus, ils inventent des stratégies d'évitement ! De grands centres commerciaux se déve-loppent partout juste en dehors des centres-villes, car la majorité des Noirs pauvres et « infréquentables » ne peuvent pas s'y rendre sans transports... le seul critère devient l'argent.

Là encore nous le rassurons en lui affirmant que tout va changer avec la génération qui vient, et qui aura été élevée sur les mêmes bancs. Il rétorque :

— Malheureusement, cela ne concerne pas la majorité des élèves des écoles gouvernementales ! Les effets positifs de l'*affirmative action* se produiront à long terme. Mais cela a pour l'instant un coût social, psychologique et économique énorme. Tenez ! Un exemple parmi tant d'autres : l'année dernière, le fils d'un ami s'est fait remplacer à un haut poste commercial chez Petronet par un bénéficiaire de l'Affirmative Action sans expé-rience professionnelle. La première chose que ce dernier a faite, c'est de commander un 4 × 4 Mercedes, intérieur cuir, vitres tein-tées. Un an après, il a été absent 60 % du temps, a fait échouer un contrat d'oléoduc avec le Mozambique. Une vraie catastrophe. Le fils de mon ami vient d'être repris. L'autre jeune était un proche du pouvoir. Ce n'est pas une bonne pub. Ce gouverne-ment est en train de gâcher les fabuleux espoirs hérités de Nelson Mandela.

Dans la forêt les oiseaux chantent ; nous arrivons sur le fabuleux débouché de God's Window : la fenêtre de Dieu. À nos pieds un vide de cinq cents mètres. Au loin, au-delà des col-lines arborées, s'étendent les platitudes embrumées du Kruger. Nous longeons l'escarpement où s'accrochent par instants des écharpes de brume, par un merveilleux sentier sinuant dans des jardins paradisiaques. Un touraco surgi d'un massif vient déployer sous nos yeux ses ailes rouge sang dans une passe de cape de toute beauté, et disparaît.

Trois jours durant nous arpentons les alentours de Pilgrim's Rest, cette terre de chercheurs d'or, nous nous baignons dans des chutes d'eau paradisiaques, partageons nouilles et biltong avec notre parlementaire. À Bourke's Luck, où fut trouvé un énorme filon d'or, nous passons devant d'extraordinaires cataractes ayant sculpté dans le grès des gorges sans fond, toutes grugées de chaudrons de sorcière.

Nous débouchons sur une des sept merveilles d'Afrique : le canyon de la rivière Blyde, occupé par les Trois Rondavels, trois plateaux circulaires distincts, détachés de l'escarpement, se suivant à la queue leu leu avec leurs sommets coniques et leurs pieds baignant dans le lac de barrage de Blydepoort, huit cents mètres plus bas. Au cœur du canyon se dresse le « cadran solaire », une aiguille pyramidale dont l'ombre de la pointe parcours les rebords de la vallée au fil de la course du soleil. La montre de Dieu ! Un décor féerique. Là encore, de l'espace, du vide à l'infini, des jeux d'ombres et de lumière, des roches rougissantes, les strates convulsées de falaises titanesques : une réminiscence du Drakensberg.

Notre marche avec Andries s'achève ici. Malheureusement, nous avons été trop bavards, nous ratons un rendez-vous pris avec une amie de Johannesburg, demain à 9 heures sur l'aérodrome d'Hoedspruit, en bas de l'escarpement, à soixante kilomètres d'ici. J'attends une zone de signal pour nous décommander.

— Désolé, Natasha ! Nous ne pourrons pas y être, nous sommes toujours sur l'escarpement !

Mais il en faut plus pour qu'une Sud-Africaine abandonne la partie.

— Où ça exactement ? Blyde River Canyon ? Ne bougez pas, je vous rappelle.

Un quart d'heure plus tard :

— Il y a une petite piste privée tout près ! C'est la piste du centre de vacances Aventura situé sur la lèvre de l'escarpement au-dessus du canyon, vous ne devriez pas être très loin. On a les coordonnées GPS et l'autorisation du manager Hans Bucher. Ça excite beaucoup mon père de se poser là ! Il paraît que c'est un véritable porte-avions ! *ETA* [1] demain à 9 heures s'il n'y a pas de brouillard. Vous sauterez dans l'avion en marche, on ne pourra pas arrêter le moteur...

Elle a raccroché.

----
1. *Estimated time of arrival* (heure d'arrivée prévue).

Nous passons notre dernière soirée avec Andries. Il continue son aventure dans la région :

— Je vais visiter une ferme d'agrumes rachetée par le gouvernement il y a cinq ans. C'était une des meilleures fermes du pays ! Aujourd'hui, ils n'exportent plus un citron, plus une orange. Problème de management. Voilà le grand enjeu de notre pays ! Ça prendra dix, vingt ou trente ans, peu importe, les Noirs doivent apprendre à diriger, à administrer. Un élève ne prend pas la place du professeur sans apprentissage. C'est un fabuleux défi. J'y crois dur comme fer ! Mais pour réussir, ni le professeur ni l'élève ne doivent être arrogants. Sans partage et sans humilité nous irons tous dans le mur.

Nous découvrons avec angoisse la piste le lendemain : une piste de ski ! Une pente perchée entre une gorge et un précipice. Nous nous tenons au sommet, dos au vide, là où l'avion fera son demi-tour pour replonger dans la pente. Les yeux au ciel nous scrutons les trouées dans les nuages. À 9 heures pile, une vibration parcourt l'air. Au loin, derrière une montagne, apparaît la mouche de métal. Les voilà. Ils grossissent dans le paysage, font un premier passage pour un repérage de la piste et vont s'aligner. Les voilà à l'approche, face à nous, tout en bas de la pente, en crabe à cause d'un faible vent latéral. Au dernier instant, le pilote donne un coup de palonnier pour mettre l'oiseau dans l'axe, il se pose, mais rebondit dans un rugissement de turbine sur la piste déformée ; le Cessna Caravan trépigne, mais la pente le freine ; ils fondent sur nous, ralentissent, la porte s'ouvre, la carlingue entame son demi-tour, une bouffée de kérosène nous décoiffe, nous avons à peine le temps d'embrasser Andries que l'avion nous happe, nous dévalons la pente et sommes avalés par l'air...

À l'intérieur, hilare, Natasha nous étreint sur des sièges en cuir beige. Sa mère se tient le visage dans les mains, elle a une terreur noire des avions. Normal, son mari est pilote ! Le bout de la piste passe et nous nous retrouvons en plein ciel comme pour un décollage de deltaplane. Huit cents mètres plus bas, le vaste canyon de Blyde River, son miroir d'eau calme, ses trois rondavels tutélaires défilent dans l'espace. C'est bientôt le bush plat et moche que nous survolons. La maison des Keizan est en plein cœur de cet univers broussailleux. Natasha est mannequin et publicitaire. C'est une superbe brune aux yeux reptiliens sur un large sourire plein de perles :

— Sonia, tu vas pouvoir te reposer vraiment avec ta côte cassée. Pas de marche. Pas de tournage. Ma mère est kiné, elle va t'arranger ça avec des pommades.

Nous passons là deux jours. À prendre des douches au soleil, à lire, à écrire nos chroniques, à enregistrer des émissions de radio avec la France, à dérusher [1] nos images du Kruger, à prendre du recul sur notre marche.

Plus nous allons de l'avant dans notre voyage, plus nous nous rendons compte qu'il faut marcher pour mériter les rencontres. Si on ne marche pas, il ne se passe rien. Comme s'il y avait un rapport direct entre le litre de sueur et la récompense à l'arrivée, une sorte de loi immanente, irrationnelle, secrète.

Chacun de nos pas nous ouvre une porte fabuleuse, nous apporte un enseignement, une leçon péripatétique. Notre vie n'a jamais été aussi riche depuis que nous sommes de pauvres marcheurs. Marcher c'est provoquer. C'est aller au-devant des choses, moissonner en liberté le long d'un sillon romanesque, vivre dans un émerveillement perpétuellement renouvelé. Vive la marche !

Cette fois-ci, après un partage avec un parlementaire, la marche nous offre un week-end jet-set avec un important industriel du pays. La marche s'en moque, elle n'est ni raciste ni marxiste, elle décloisonne, elle est libre, elle postule que tout hôte à quelque chose à donner et n'a pas été croisé par hasard.

Eddie Keizan a tout ce qu'il lui faut, il ne manque de rien. Pas même de philosophie.

— Je chéris ma femme par-dessus tout, elle est mon bien le plus précieux : tu peux t'acheter une maison, tu ne peux pas t'acheter un foyer !

Je réponds :

— Tout à fait d'accord ! Je suis très loin de pouvoir m'acheter une maison, c'est pour cela que je promène mon foyer avec moi...

Les Keizan nous soignent aux petits oignons. La côte de Sonia est colmatée par des kilos de côte de bœuf ! Le miracle de la marche c'est qu'après une journée d'usure, de faim, de doute, nous partageons la table de squatters ou d'ouvriers agricoles avec la même gratitude. Sonia jette dans la conversation avec

---

1. Terme technique : visionner et scripter des films bruts.

notre milliardaire philosophe, un diamant que lui avait donné Mike Van Sittert à Laetseng au Lesotho :

— Quand je me lève le matin je me dis : « Aujourd'hui est le premier jour du reste de ma vie. »

— Avec de tels principes vous irez loin, chère demoiselle.

— Oh ! Juste quelques milliers de kilomètres...

Lundi à l'aube, le Caravan nous redépose sur notre porte-avions échoué sur l'escarpement. Là où il ne nous avait fallu qu'un coup d'aile, il nous faut deux jours pour redescendre à travers des gorges sauvages. À Hoedspruit, une des portes du Kruger, nous voulons rétablir une relation pacifique avec la faune d'Afrique : finies les poursuites, les charges, les traques et les captures. On nous a parlé de deux centres d'accueil et de soins pour animaux orphelins ou blessés. Tout d'abord nous passons par Moholoholo où Brian Jones nous reçoit dans une véritable arche de Noé : partout des volières, des enclos, des cages animées. Il attaque :

— Cela me navre de les voir en cage : mais ils sont là parce qu'il n'y a plus de place pour eux au-dehors car l'homme empiète partout sur leur territoire... Laissez-moi vous présenter nos derniers réfugiés, les jeunes Dodger et Badger.

Nous pénétrons dans un vaste enclos grillagé. Parmi les herbes ne tardent pas à sautiller un ratel et une loutre à joues blanches. Les deux s'entendent comme larrons en foire et font un assaut groupé sur la jupe de Sonia.

— Ils ont été récupérés par la police dans le bidonville voisin où ils allaient être transformés en poudre de perlimpinpin pour marabout sorcier.

De vraies crapules courant en tous sens. Le ratel est une sorte de glouton de la famille des blaireaux et la loutre à joues blanches, plus grande que l'européenne, a la particularité de ne pas avoir de griffes.

— C'est l'heure de la tétée, cela vous tente ?

Sonia ne se fait pas prier. La voilà bientôt avec une loutre alanguie et béate entre les bras, les pattes palmées en éventail, la bedaine dodue offerte aux caresses, le museau tout humide de l'effort de la succion du biberon. Un vrai bébé. Et Sonia de se pâmer tout en palpant de sa main porteuse la fourrure douce et moelleuse de la petite bête. La larme à l'œil, elle s'exclame ·

— Je n'ai jamais rien vu de plus beau...

Son instinct maternel me fait quand même tout drôle... Dodger n'a pas le droit au même traitement, il est plein de puces, mais semble trouver un ineffable bonheur dans les plis de sa jupe. En revanche, dans nos pattes, une petite hyène, Cheeky, vient réclamer en gémissant sa part de tétine. Avec sa robe tachetée, ses grands yeux humides et son adorable minois, elle redore le blason de sa race répugnante. D'un sachet gluant qu'il porte à la main, Brian tire une chose humide et chiffonnée :

— Ce sont des poussins morts qu'un élevage voisin me livre tous les matins. On les laisse un peu faisander, Cheeky en raffole !

Miam ! Miam ! Du poussin pourri ! Quand Brian apprend notre nom, il esquisse un sourire aussitôt voilé par un nuage :

— Vous savez, la loi des hommes est la même que celle des animaux : brutale, cruelle, sauvage, imprévisible. Ici il n'y a que des rescapés. Qui sait si vous n'allez pas vous faire trucider sur la route ? Vous marchez comme deux idéalistes. C'est mignon, certes. Mais un jeune couple de touristes néerlandais s'est fait égorger la semaine dernière à cinq kilomètres d'ici. Ils ont d'abord violé la fille devant le type, juste pour le plaisir. Jamais je ne laisserais faire à ma fille ce que vous faites ! Soyez toujours prêts au pire. Moi-même je suis un rescapé. Il y a trois ans une bande est descendue de Bushbuck Ridge pour nous piller en plein jour. Sans sommations ils m'ont perforé de trois balles à travers le torse.

Et Brian de joindre le geste à la parole en minant la trajectoire des balles dans un strip-tease macabre aux allures de macarena.

— Me croyant mort, ils s'en sont pris à ma femme en la traînant par les cheveux jusqu'au coffre. Elle l'a ouvert, il n'y avait que des armes à l'intérieur. Ils commençaient à s'en prendre à ma fille quand un des salauds à découvert que je n'étais plus là. Dans un semi-coma, je m'étais traîné chez le voisin. Pendant ce temps-là, mes travailleurs noirs ont rappliqué, et cerné la maison avec des haches, des faux, des pioches. Mon contremaître s'est pris une balle dans la cuisse. Les autres menaçaient de faire sauter la cervelle de ma femme et de ma fille. Au même moment, je m'évertuais en pissant le sang à appeler la police de chez le voisin : ils me raccrochaient au nez dès que je parlais d'attaque. Il a fallu que je les menace, j'étais en plein cauchemar.

184

Au bout de deux heures, mes ouvriers ont compris qu'il fallait qu'ils laissent partir les tueurs... Les flics sont arrivés six heures après les faits ! Depuis, je suis en procès car la justice, suite à la loi sur la « disparition » des armes référencées, me réclame une fortune parce que je me suis fait voler mes fusils... Je vous le dis, on vit dans un pays submergé par un déluge de crimes et de mort ! Mais venez, je vais plutôt vous parler de vie. Voici ma grande fierté, Naughty, mon serval reproducteur ! J'en ai réintroduit deux cent trente-quatre dans la nature et tout le monde m'en demande.

Le serval est un grand chat, haut sur pattes, dont le pelage tigré au garrot devient robe de léopard sur le dos. De grandes oreilles arrondies en font un redoutable traqueur de souris dans les hautes herbes. Nous jouons longtemps avec lui, il en feule et ronronne de plaisir, roule et bondit, nous fait tout son cirque. Le serval est résolument notre favori. Brian sort alors de sa poche un hamster vivant :

— Désolé si vous êtes sensibles, mais c'est la loi de la nature. Si l'on veut réintroduire ces animaux, ils doivent apprendre à chasser.

Et Brian de lâcher le hamster affolé, poursuivi par un serval joueur. Au premier coup de patte la pauvre petite boule de poils se met à pousser des cris stridents. Mais la survie chez le serval est un jeu. Il a pour habitude de jeter les souris en l'air plusieurs fois pour les rattraper au vol. Sans doute pas très affamé, il fait durer le plaisir plus que de raison dans de grandes passes de volleyeur encouragées par les atroces couinements. Saisis de malaise, nous regardons la scène comme des démiurges pervers qui observeraient avec délectation les hommes s'entre-tuer...

Suivent une famille de caracals, le lynx africain, cauchemar des fermiers, un bébé guépard aveugle et tremblant, seul rescapé d'une portée dont la mère a été tuée par des braconniers, un python grand brûlé, rescapé d'un feu de brousse, des antilopes miniatures et toute une volière d'aigles pêcheurs, bateleurs, de Verreaux. Et enfin les deux chouchous de Brian : l'aigle martial et l'aigle couronné, qu'il nous présente avec une profonde admiration.

— Le martial chasse dans les plaines, le couronné dans les forêts, l'un a la queue courte et les ailes longues pour planer sans efforts, l'autre les ailes courtes et une longue queue pour voler entre les branches et faire des virages extrêmes : adaptation au milieu.

Il nous cloue le bec en nous montrant que l'aigle couronné, le plus puissant des rapaces du monde, est aussi le seul à pouvoir décoller à la verticale...

— La nature n'a rien fait au hasard, chaque animal a sa raison d'être sur terre. Les écosystèmes sont d'une complexité qu'on ne maîtrisera jamais ! Ils disparaîtront avant ! Ces deux aigles sont en voie de disparition, et ces deux spécimens ici présents ne pourront jamais retourner dans la nature. Elle est devenue trop dangereuse pour eux. Ils sont condamnés à vivre en cage. Mais, de vous à moi, ce qu'il faudrait mettre en cage, c'est l'homme ! C'est d'ailleurs ce qui se passe à l'échelle nationale : la sauvagerie court les rues, les innocents se barricadent derrière les barbelés électrifiés de leurs prisons dorées, ou pour les plus pauvres derrière de simples tôles ondulées...

Un peu plus loin, c'est chez Ala Sussens, propriétaire de Tshukudu, que nous tirons notre révérence au règne animal par une petite marche matinale en compagnie de Timbo, un éléphant de quinze ans, de Serabi et Nyala, deux lionnes de trois ans, et de Savannah, un guépard adulte. Frisson garanti ! Ces animaux ont beau être habitués au contact de l'homme, ils n'en restent pas moins sauvages et imprévisibles. Six rangers armés nous encadrent. Timbo, débonnaire et réglé comme du papier à musique, ouvre la marche, mais les lionnes lassées de le suivre filent bientôt droit dans la brousse. M. Jordaan, un vieux ranger exilé du Zimbabwe, nous lâche :

— La semaine dernière, elles ont tué un koudou et un phacochère !

Mais les voilà qui reviennent bredouilles. Savannah, lui, suit gentiment ; il sait qu'un bon steak d'éland l'attend à l'arrivée. Rien ne sert de courir...

Tout à coup, Timbo montre des signes d'agitation : dans les fourrés s'approchent une femelle rhinocéros et son petit. C'est la confrontation. Chats échaudés, nous repérons vite un arbre... Les lionnes, comme à l'exercice, encerclent la mère de plus en plus nerveuse.

— Timbo est un tueur de rhinos, il s'en est déjà payé deux en les clouant au sol avec ses défenses, ça fait cher la promenade matinale...

186

Nous sommes dans l'arène – *Ave Caesar, morituri te salutant* –, tout ce que l'Afrique compte de plus dangereux s'affronte en silence. Un ange passe, statu quo, puis trompes, truffes et queues se baissent. Jupiter soit loué ! Le sang ne coulera pas.

À notre arrivée, un bon petit déjeuner nous attend : ça creuse, la marche avec les fauves ! À table, nous discutons avec deux hommes d'affaires de Durban en vacances.

— On a un camp à vingt-six kilomètres d'ici ! On vous y attend ce soir !

La réaction en chaîne continue. Nous sommes des électrons à pattes attirant d'innombrables atomes de sympathie et de générosité.

Allan et Jeff viennent par trois fois nous chercher le soir sur la route et nous y redéposent au mètre près le lendemain. Chaque fois nous passons en une seconde de la sueur et de la dureté de la route sous le cagnard du bas veld au cuir frais et climatisé d'une énorme Mercedes blanche (encore une !), une canette glacée à la main. On pourrait ne marcher que pour cette jouissance. « C'est si bon quand ça s'arrête ! » répondait le maso.

Tout le jour nous ruisselons des litres, le goudron rayonne et nous cuit. Il fait 45 °C en plein midi. Nous sommes grillés entre le soleil et l'albédo dans ce bush ravagé par des incendies. Il fait trop chaud pour marcher le jour, il va falloir devenir nyctalopes !

Le lendemain, à l'horizon, dans les vibrations de la chaleur, apparaît une femme. Elle est enceinte et porte un gros manteau de laine. Sur cette route déserte, elle marche seule, un sac à la main et un gros paquet sur la tête : voilà l'héroïne dont nous sommes la pâle copie.

Un peu plus loin, pour nous encourager, deux jeunes nous tendent des chips par la fenêtre de leur poubelle roulante. Puis un Boer mal luné nous passe un savon, essaie de nous dissuader de continuer, nous traite de candidats au suicide. Tant de carnages cognent dans nos têtes sous le soleil. Nous marchons avec une épée de Damoclès au-dessus de nos têtes. Un minibus venu d'un township voisin, hoquetant et surchargé, hirsute de bras et de têtes hilares, vient la décrocher en nous dépassant au pas...

À 18 heures, Allan et Jeff arrivent au volant de leur cheval blanc...

Le soir, il nous faut deux heures, deux litres d'eau et une douche pour nous remettre d'aplomb : comment allons-nous faire pour tenir jusqu'au Zimbabwe ?

Tzaneen, mardi 14 août 2001. 226ᵉ jour
36 km, 3 031ᵉ km

Le quatrième matin, Allan et Jeff nous redéposent à quatre-vingt-dix kilomètres de leur camp.

— Bah ! Qu'est-ce que c'est une demi-heure de voiture, aller et retour...

La brousse défile sous nos yeux à cent quatre-vingts kilomètres à l'heure. Et j'aggrave notre cas :

— Vous savez, Franz Hummel, un Français, a traversé l'Afrique du Cap à Alger en onze jours, en Range Rover. Il détient le record.

— *Kak Man ! You bloody Frenchmen are real nuts* [1] *!*

Une heure après avoir repris la marche, un type s'arrête à notre hauteur .

— J'ai été soldat en Rhodésie, je sais ce que c est qu'avoir chaud et soif. J'étais obsédé par la vision d'une bouteille de Coca glacée : en voici deux pour vous...

Il nous tend les bouteilles puis passe son chemin ; nous ne savons même pas son nom.

Plus loin, Ala Sussens, de Tshukudu, nous dépasse, émue aux larmes. Elle, qui avait poliment fait semblant de croire à notre histoire de marche, nous retrouve sous le soleil, plus vrais que nature ! Elle nous charge d'un kilo d'oranges et nous décharge de l'étape du soir : une de ses amies nous hébergera à Tzaneen.

Enfin, une échoppe. Petite pause. Le tenancier est d'origine slovaque. Il s'appelle Horak, ce qui signifie « montagne ». Sonia lui chante une berceuse dans sa langue natale qu'il n'a pas entendue depuis trente ans. Comme lui, la mère de Sonia a fui la Tchécoslovaquie avant la répression du printemps de Prague. Et le voilà qui pleure comme une Madeleine !

— Non, vraiment, Sonia ! Tu déconnes ! Il ne faut pas faire pleurer les petits messieurs !

Nous repartons avec un kilo de beignets slovaques...

Avant d'entrer dans Tzaneen, un type sous un baobab nous hèle. Près de son étal de fruits avec sa femme, il nous a préparé deux transats :

---

1. « Vous, les Français, vous êtes vraiment frappés ! »

— Cela fait trois jours que je vous vois sur la route, je savais que vous passeriez par ici. Avec Antoinette, on vous a préparé un panier de fruits ! *God bless !*

Jan et Antoinette Volkschenk (cadeau du peuple !), pauvres Boers nu-pieds, à l'accent à couper au couteau, se groupent en pack de rugby, mais au lieu de pousser un cri d'encouragement, se mettent à prier pour la sûreté de notre marche... Et c'est maintenant Sonia qui pleure !

Nous avons passé notre trois millième kilomètre aujourd'hui, sans doute fallait-il que cette journée fût folle.

À Duiwelskloof, juste avant de remonter sur l'escarpement du haut veld, c'est un corbillard qui s'arrête à notre hauteur. Son chauffeur nous demande :

— Avez-vous entendu parler du plus gros baobab du monde ? Il est creux à l'intérieur et a été transformé en bao-bar. Je vous y emmène boire une bière, j'ai fini mon service.

Nous montons dans le corbillard. Joey Schambriel est croque-mort. Il nous parle de son métier :

— C'est l'hécatombe en ce moment. Le sida. Même les types qu'on embauche tombent comme des mouches. J'ai plusieurs funérailles par jour, sans compter les fosses communes. Certaines familles sont décimées et personne ne vient reconnaître les corps. D'autres ne veulent pas payer, alors ils entassent leurs défunts. On a dû investir dans un autre frigo. Et l'autre abruti de Mbeki qui déclare en direct à la télévision, devant un congrès d'organisations humanitaires, qu'il n'y a pas de lien prouvé entre le VIH et le sida. Lui, le président du pays le plus affecté au monde !

Énorme et tentaculaire, le baobab se profile à l'horizon. C'est un monstre, une bête, une hydre cauchemardesque. Annah, une adorable petite Venda, nous accueille.

— Cet arbre a six mille ans, il fait quarante-six mètres de circonférence pour vingt-cinq mètres de haut : vingt personnes peuvent se tenir à l'intérieur. Bienvenue !

Entre deux racines de cet éléphant végétal est incrustée une petite porte de maison de Schtroumpf surmontée d'une lanterne et d'une vieille enseigne de taverne portant chopine. Sonia disparaît entre deux plis d'écorce.

— Fais gaffe ! Il y a sûrement un chevalier Jedi à l'intérieur !

Mais non. Rien qu'un bar, des bancs, des alvéoles, une seconde pièce, et du jazz en sourdine. Au-dessus de nos têtes une haute cavité en croisées d'ogives naturelles, les arc-boutants organiques d'une nef végétale. Entre deux bourrelets d'écorce lisse des vitraux tamisent une lumière chatoyante. Joey nous fait servir à boire et reprend sa conversation macabre :

— Pour les Blancs, je ne fais plus d'enterrements. Ils veulent tous être incinérés.

— Pourquoi ? s'interroge Sonia. Les cimetières sont profanés ?

— Pas du tout ! Les morts ne risquent rien. C'est plutôt parce que les cimetières sont devenus trop dangereux pour les vivants. On ne compte plus les viols et les meurtres perpétrés sur les tombes que les victimes étaient venues visiter... Alors mes clients préfèrent les urnes protégées dans les funérariums. Ils pensent à leurs enfants. Les Vendas sont un peu spéciaux vous savez. Chaque fois que la foudre tue un des leurs, le lendemain une autre victime est désignée par le sangoma, car ils sont convaincus que l'éclair a été dirigé intentionnellement. C'est une terre de sortilèges ici, où les druides et les sorciers se battent à coups de tonnerre. Ce matin j'ai enterré un innocent, victime de cette vengeance traditionnelle... Hé hé ! Ça vous en bouche un coin ça, hein ? On ne vous raconte pas ça en France ? Vous avez vu le week-end dernier, cette image qui a fait le tour du monde ; cette petite Sud-Africaine victime d'un affreux crime raciste et vexatoire : peinte en blanc parce qu'elle avait volé, à Louis Trichardt, dans une épicerie tenue par des Blancs. « Humiliée, avilie, parce qu'elle avait faim », a dit le journaliste de CNN. Ce qu'il a oublié de préciser, c'est que la tenancière blanche n'était pas là, que ce sont ses employés noirs qui l'ont fait, que la petite était récidiviste, et que c'est une tradition venda de peindre les voleurs de pigment blanc afin que tout le monde le sache et qu'ils ne recommencent pas ! Mais la vérité, la presse s'en fout ! Ça leur fait une histoire croustillante. Moi je vous le dis : avec des journalistes comme ça aux commandes, on n'est pas sorti de l'auberge ! En revanche, j'ai inhumé sept fermiers assassinés cette année : ça a fait une brève dans le *Soutpansberg*, il y a un embargo sur la question...

Quand nous ressortons des entrailles de cette cathédrale de cellulose il nous semble entendre parmi les étoiles chanter un requiem...

Le lendemain, nous passons le tropique du Capricorne. Une sculpture moderne se dresse vers le ciel dans les étendues désolées du haut veld. Ça y est, nous quittons la zone tempérée pour la zone intertropicale. Avant la fin de notre marche, nous aurons croisé l'Équateur et le tropique du Cancer...

La vieille dame pleure. Son fils vient d'être incarcéré. Il est fermier au Zimbabwe. Il est accusé de complicité pour avoir apporté des couvertures à ses amis emprisonnés, sept fermiers qui ont porté secours, sans armes, à un de leurs voisins attaqué et molesté par des « envahisseurs ». Elle renifle :

— Il n'a rien fait et pourtant il est en prison, pieds nus, avec un pyjama de bagnard, la tête rasée, pour l'humilier...

Nous essayons de la rassurer en lui disant que tout cela n'est que vexatoire, politique et symbolique, qu'il est sûrement bien traité.

— Par solidarité, tous les Blancs du pays se sont rasé la tête : on reprend les mêmes actions de résistance pacifique que l'ANC pendant l'apartheid...

Nous sommes chez Lulu Fick à Louis Trichardt, ville nichée sur le flanc sud de la chaîne du Soutpansberg et qui tient son nom d'un des leaders des pionniers, les *voortrekkers*, qui conduisit jusqu'ici sa caravane de colons en 1836. Ils furent décimés par la malaria et les Tsongas. D'autres vagues de colons suivirent, menées en chars à bœufs par Andries Pretorius, Piet Retief, Andries Potgieter ou Janse Van Rensburg. Demain, nous quitterons les pistes des voortrekkers que nous suivons depuis près de huit mois.

— Vous devenez des *voor-voortrekkers* ! lance Lulu.

Il a le secret pour détendre l'atmosphère.

Le matin suivant, nous prenons le chemin du versant nord de la chaîne du Soutpansberg et de sa vaste plaine à baobabs interrompue par le Limpopo. En trois jours, nous rallions Messina et nous nous présentons à Beitbridge, le poste frontière avec le Zimbabwe au trois mille trois cent trente-troisième kilomètres d'*Africa Trek*, le 1er septembre 2001, après deux cent quarante-deux jours de voyage dont cent onze de marche. Vive les chiffres ronds !

Zimbabwe et Mozambique

1. Helen Campbell
2. Patrick Rutenga
3. Pierre et Rosette Émeric
4. Wilhelm et Carina Kloppers
5. John Magomo
6. Clifford
7. Père Otto Hubman et Mandy Machache
8. Morgan et Susie Tsvangirai
9. Timothy
10. Saül
11. Tinache
12. Walter Mbauya
13. Andrea et Anthony Pycroft
14. Kevin et Belinola Forrest
15. Japhet et Tanya Chipfunde
16. Patrick Fombe
17. Lucy
18. Isidro Vaz et Cecilia
19. Catherine Heule
20. Bernard Trouvé et Thibault
21. David
22. Franck Lucius

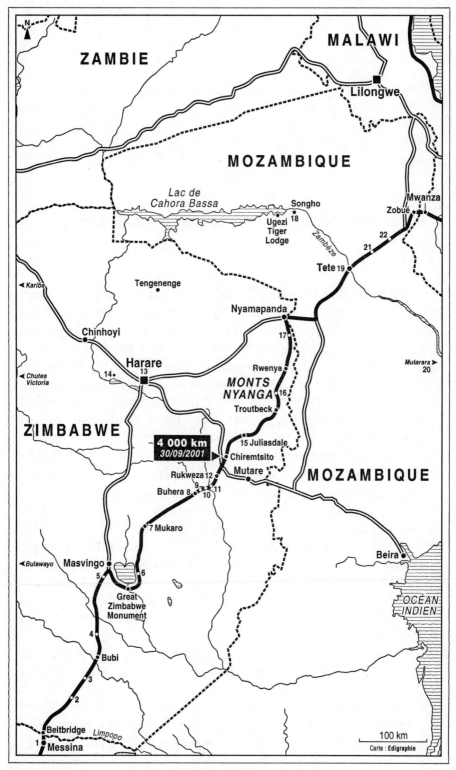

De Beitbridge à Nyamapanda

13

Small Zimbabwe *versus* Great Zimbabwe

Dans l'aube naissante, nous nous attardons sur le vieux pont métallique qui enjambe le Limpopo. Au milieu du fleuve, des rochers ronds crèvent la surface. Nous avons quitté l'Afrique du Sud non sans émotion. Sonia a fondu en larmes. J'ai un petit nœud dans la gorge. Depuis huit mois, Beitbridge est notre objectif. Depuis huit mois, nous serinons ce nom à nos hôtes incrédules. Depuis huit mois, il se rapproche et il est là : vieux pont ferroviaire offert au pays par Alfred Beit, un des financiers de Rnodes, qui donna un nouveau souffle à l'expansion coloniale britannique vers le nord. Derrière nous, une ribambelle d'amis et de souvenirs, d'expériences et d'enseignements. Un apprentissage progressif de l'Afrique.

Les rochers ont disparu. Des hippopotames ! Un soleil de braise roule sur le courant en allumant des lambeaux de brume. Où sont les piroguiers du Limpopo ? Il nous semble pourtant entendre leur clameur sur les flots ! Un hippopotame grogne de dédain à ce cliché ; des lavandières chantent en battant leur linge sur la rive. Nous posons le pied au Zimbabwe.

— Bienvenue dans mon pays natal ! nous lance Helen Campbell.

Helen nous accompagne, elle tient à nous faire connaître son pays. Cette petite veuve boulotte, mère de cinq enfants, PDG de Messina Shipping, une grosse boîte de transports, a tout laissé tomber, vaches, cochons et couvée, pour venir marcher avec nous jusqu'à Masvingo, à plus de trois cents kilomètres d'ici. Elle est née en Rhodésie du Sud, devenue

Zimbabwe en 1980 à l'indépendance. Entre Helen et nous, ce fut le coup de foudre. À peine avons-nous fait connaissance dans un bar, que nous étions invités chez elle. C'est une petite brunette au visage chafouin et à la langue bien pendue, au caractère trempé mais toujours enjoué.

— J'en ai assez de ma salle de gym, je viens avec vous ! a-t-elle lancé le soir même autour d'énormes T-bones.

— Il n'y a donc pas que les Sud-Africains qui soient givrés...

Durant la journée de préparation, elle s'est pliée à toutes nos exigences : achat de chaussettes de laine, d'un petit sac, d'un chapeau et d'habits de marche. Puis elle nous a fait visiter sa mare aux canards. Oui ! Une mare aux canards !

Coincée entre ses hangars et ses bureaux, agrémentée de rocaille et d'une chute d'eau et entourée d'un massif de bambous, cette mare est le paradis d'une foultitude de pilets, mandarins, fuligules et autres garrots à œil d'or. Helen collectionne les canards exotiques, mais elle possède aussi des paons, des cygnes et une légion d'oies qui gardent son terrain vague comme un capitole. En partant, elle a lancé à ses canards :

— Je m'en vais avec les poussins marcheurs, mais ne soyez pas jaloux, là où on va, il n'y a pas d'eau !

Les zones frontalières sont toujours riches en enseignements. L'excitation qu'elles suscitent électrise le sens de l'observation et rehausse les contrastes. D'infimes détails, quelques scènes, un regard, affluent en bouquets de premières impressions. C'est ce qu'on appelle prendre la température d'un pays. À pied, en prise directe avec la réalité, ces premières perceptions se révèlent souvent très justes et se voient confirmées les jours qui suivent. Ces impressions qui frisent la caricature recoupent parfois l'analyse des spécialistes qui étudient le pays depuis vingt ans. Il ne s'agit pas d'une vérité, mais de l'âme et de l'haleine d'un pays qui s'insuffle ainsi comme un premier baiser, une atmosphère... C'est ainsi que la folie de nos premiers jours dans la péninsule du Cap s'est prolongée à travers toute l'Afrique du Sud. Elle n'a pas été démentie.

Ici, notre première impression est triste. Nos premiers Zimbabwéens sont très gentils mais quelque chose de brisé ombre leur regard, quelque chose d'encore indéfinissable. Nous traversons des TTL (*Tribal Trust Land*), de vastes espaces attribués aux communautés locales dans les années 1970 puis à l'indépendance. La brousse autour de nous est fade, pelée, morte. Un détail nous frappe : les barbelés ont disparu. Les chèvres vont et viennent librement. Elles broutent les arbustes car il n'y a plus rien au sol. Au loin arrive une carriole chargée de bois tirée par quatre ânes côte à côte. Helen nous lance :

— Voilà le 4 × 4 zimbabwéen ! Bien plus sobre qu'un Pajero ! Quoi qu'il leur arrive, les Africains s'en sortiront toujours. J'admire ces gens. Ils ont une incroyable capacité à encaisser la douleur. Mais c'est aussi ça qui les perd. Les tyrans en profitent...

Le pays traverse une grave crise pétrolière. Il n'y a plus d'essence à la pompe, toute l'économie est paralysée. De maigres villages s'égrènent le long de la route déserte. Les camions sont encore coincés à la frontière derrière nous. Helen connaît son affaire :

— On verra passer les premiers camions vers 10 heures.

Éberlués, les gens nous demandent d'où nous venons ·

— Du Cap, à pied.

Ils ne semblent pas percuter.

— Ah bon... mais où allez-vous ?

— Masvingo.

Et là ils s'exclament :

— Masvingo ? Quoi ! Mais vous êtes fous ! C'est beaucoup trop loin !

— Attendez ! On s'est mal compris ! On a fait trois mille trois cents kilomètres pour venir jusqu'ici : ce ne sont pas trois cents kilomètres de goudron tout droit qui vont nous impressionner !

— Oui ! Mais quand même, Masvingo, c'est beaucoup trop loin...

Cette invariable réaction que nous rencontrons depuis Le Cap, répond à une impitoyable règle : ce qui reste à faire impressionne beaucoup plus que ce qui a été fait. Au Caire, les gens seront plus impressionnés par notre Sinaï à franchir que par nos treize mille kilomètres à travers le continent et notre traversée du Sahara ! Si nous arrivons jusque-là... Ça finit par agacer mais c'est comme ça. On s'y fait. Et moins les gens nous croient, plus nous sommes flattés. Cela prouve que nos pas ont dépassé la mesure.

196

Dans un de ces villages routiers, nous apercevons un jardin potager :

— Regardez ! Ici on enferme les légumes derrière des épineux et des barbelés pour ne pas qu'ils se sauvent ; mais les chèvres sont libres d'aller et venir dans les champs...

Les jeunes arbres préservés sont ceux qu'on a entourés d'un fourreau de branches d'acacia. Ainsi, près des maisons, ils portent tous leur couronne d'épines. En Afrique, la parabole a tout faux : seules survivent les graines tombées dans les épineux !

Peu fréquenté, le goudron est d'excellente facture, les bas-côtés sont plats, ce qui facilite considérablement la marche. En Afrique du Sud, les routes bombées nous faisaient changer de côté toutes les heures pour ne pas devenir complètement « dahuts », car la pente des bas-côtés nous torturait la malléole externe de la cheville amont, tout en menaçant la face interne du tendon d'Achille. Évident, non ? La marche est un équilibre très sensible, une dynamique affûtée par quatre millions d'années de sélection naturelle !

Tout le jour nous croisons des groupes de marcheurs faméliques. Ils traînent leurs savates vers la frontière sud-africaine avec un baluchon crasseux sur le dos. Ils font partie de ces milliers de gens qui fuient la misère du Zimbabwe. C'est un étrange sentiment que de s'enfoncer dans un pays que ses propres habitants fuient. Nous racontons à Helen que, deux jours avant le passage de la frontière, une voiture venant dans l'autre sens avait fait demi-tour pour venir s'arrêter à notre hauteur. Comme chaque fois, dans le doute et dans la terreur des histoires qu'on nous raconte, j'avais mis la main à ma bombe lacrymogène, mais ce furent un beau gosse en costard et une jolie fille qui sortirent du véhicule.

— *Hi ! I'm* Tim Butcher, je suis le représentant pour l'Afrique du *Daily Telegraph*...

Chouette ! On va avoir un article, m'étais-je dit...

— J'ai entendu parler de vous dans un dîner parisien...

— Incroyable ! *Small world !* C'est sympa d'avoir fait tout ce chemin pour venir nous voir.

— Non, on n'est pas venu pour vous, on vous a vus par hasard. (Bing ! Prends ça dans les dents !) On revient du poste frontière où on a interviewé le chef de l'immigration : deux mille six cents à trois mille Zimbabwéens, Shonas et Matabélés fuient tous les mois. Ça va mal, là-bas. Toutes les usines ferment, les envahisseurs chassent les fermiers et leurs ouvriers agricoles. Ces derniers viennent chercher du boulot ici en passant la frontière clandestinement. Certains exploitants agricoles les embauchent plus ou moins légalement car ils ont trop de problèmes avec leurs Vendas. Paresseux, paraît-il... Évidemment, ça crée des règlements de comptes sanglants...

Nous les avons vues, ces hordes affamées, ces gamins en guenilles qui traversent la chaussée pour nous demander à manger. Chaque fois, nous leur donnons avec un sourire d'encouragement quelques biscuits. Nos premiers mendiants africains.

Nos premières impressions du pays sont un peu sinistres dans cette brousse accablée de chaleur. Helen, rougeaude, s'en sort très bien. Elle enchaîne rapidement des petits pas légers, là où nous avons une foulée plus ample et plus lourde. Avec Sonia, elles papotent tout le jour pour ne pas voir le temps passer. J'entends leur doux babil derrière moi ; il berce mes pas.

Deux ou trois fois par jour, des camions s'arrêtent devant nous dans un nuage de poussière et un hurlement de freins à disques. Des chauffeurs hilares viennent saluer *le patron* et nous donner Coca glacés et barres énergétiques... Ils se sont tous passé le mot, la PDG marche avec les *crazy Frenchmen* !

Un soir, nous arrivons crevés près d'un hameau de huttes sur le bord de la route. Elles sont éparpillées dans la brousse derrière des fils barbelés démontés. Helen hésite :

— Ce sont des envahisseurs ! On est tombé en plein dans un de leurs camps.

— Tant mieux ! dis-je. On va pouvoir leur poser des questions. De toute façon, on n'a plus d'eau et on a assez marché aujourd'hui. Trente-huit kilomètres, ça va comme ça.

Nous empruntons une piste sous le regard suspicieux de quelques femmes affairées à collecter du bois. Nous continuons avec naturel. À la hauteur d'une case traditionnelle fraîchement construite, nous abordons un homme d'âge mûr. Il nous accueille, vaguement gêné. Nous le mettons tout de suite à l'aise :

— Nous sommes des touristes français. Nous traversons votre pays à pied.

Aimable et policé, Patrick Rutenga nous répond :

— C'est dangereux ce que vous faites. La plupart des envahisseurs sont de pauvres gens désespérés comme moi. Mais gare à vous si vous tombez sur des commissaires politiques du Zanu-PF[1].

Au fil de la conversation, il se détend et à la faveur d'un thé que nous faisons sur son feu, nous entrons dans la confidence :

— Vous savez, moi, je ne suis pas fermier. Je vais vous surprendre, je suis électricien. Je travaillais à Harare dans une fabrique d'équipements électriques qui a fermé. Je me suis retrouvé chômeur à Chitungwitza avec ma famille à nourrir. Là, je me suis fait ramasser de force par des *war vets*[2]. J'ai protesté en leur expliquant que je cherchais du travail et que je n'étais pas intéressé par la politique. Un des jeunes types armés m'a menacé : « Estime-toi heureux ! Tu as trouvé un boulot. Tu recevras cinquante dollars zimbabwéens par jour[3] et tu pourras braconner tout ce que tu voudras dans la brousse. » J'ai juste eu le temps de dire à ma femme que j'avais trouvé un travail et ils m'ont conduit ici. Je suis là depuis trois mois. Demain, je reçois ma paye de 4 500 dollars zimbabwéens[4], et j'ai le droit à ma première permission. Ils nous ramassent en pick-up. Je veux bien que vous restiez là, mais il faudra que vous partiez avant l'aube si vous ne voulez pas d'ennuis.

— Et après votre permission, demande Sonia, vous allez revenir vous installer ici avec votre famille ?

— Jamais de la vie ! Je ne suis pas fermier et ne compte pas le devenir. D'ailleurs, personne ne veut être fermier : la terre, c'est pour les pauvres. De toute façon, on ne peut rien faire ici, il n'y a pas d'eau, il n'y a pas de terre, il n'y a que du sable et des graviers. Je reviendrai tant qu'il y aura du *nyama*[5] qu'on revend dans les banlieues d'Harare. Deux fois par

---

1. Parti au pouvoir depuis l'indépendance en 1980 avec à sa tête le « camarade » Robert Mugabe.
2. Abréviation de *war veterans* : anciens combattants de la guerre de libération des années 1970.
3. Soit vingt centimes d'euro. Le taux de change officiel est de cinquante-cinq dollars zimbabwéens (ZWD) pour un dollar américain, mais ce dernier s'échange partout à trois cents ZWD. Notre mesure de référence de la valeur des choses est le Coca, le fioul des marcheurs, qui coûtait alors vingt ZWD.
4. Soit dix-neuf euros.
5. Dans la plupart des langues bantoues, il n'existe pas de terme générique équivalent à « gibier ». Le mot *nyama*, qui signifie « viande », s'y substitue.

semaine, les prétendus *war vets* ramassent la viande. À part ça, on coupe les arbres, on brûle tout pour faire du charbon de bois qu'on envoie aussi dans les grandes villes. Enfin, on s'occupe. Y a pas grand-chose à faire ici.

— Comment attrapez-vous les bêtes ? Vous n'êtes pas armés ?

— Non. Seuls les chefs des *war vets* le sont. On les attrape au collet. Moi, j'en pose plus d'une centaine par jour. On utilise les barbelés pour ça.

Dans une de ses cases fermées à clé sont suspendus trois phacochères et deux duikers, petites antilopes grises. Dans un coin, une réserve de fils dépiautés...

La nuit est tombée. Nous cuisons notre soupe aux nouilles et rognons en silence nos bâtons de biltong avec cet homme pris dans une tourmente qui le dépasse, victime passive de manigances et d'intrigues politiques dont il n'est certainement pas le bénéficiaire... Les yeux dans les flammes et des flammes dans les yeux, il conclut :

— Que voulez-vous ! Il faut bien vivre. Tout le monde a peur des *war vets*. Vous savez, en 1976, j'avais vingt ans. Je n'ai pas participé aux guérillas, j'étais en formation professionnelle. Alors je me demande comment ces jeunes types peuvent oser s'appeler des *war vets*. Ils n'étaient même pas nés à l'époque ! Ça va mal dans le pays. Ça fait vingt ans qu'on plonge. Mais c'est allé très vite ces trois dernières années. Tant que Mugabe est là, c'est du chacun pour soi. Ne croyez pas que tous les envahisseurs soient des Zanu-PF. Moi, ce n'est pas parce que je suis là que je voterai pour lui, j'ai pas eu le choix...

Safaris Estate, mardi 4 septembre 2001, 245ᵉ jour, 40 km, 3 407ᵉ km

Nous reprenons à jeun la route le lendemain matin. Des dizaines de personnes attendent sur la route les navettes et les collecteurs du Zanu-PF. Quand, dans les véhicules, ils nous dépassent, c'est un bouquet de bras et de rires jaillis du pick-up qui nous encourage. Chers envahisseurs !

Aujourd'hui, c'est notre deuxième anniversaire de mariage. Je n'ai rien d'autre à offrir à ma tendre épouse que de la sueur et du bitume. Elle s'en contente. Ma femme est une machine à marcher. Je fredonne : « *Get up ! Get on up ! Like a walking-machine ! Get on up !* »

Je la vois en compagnie d'Helen ; cela me permet de prendre du recul et de la considérer en dehors de moi, en dehors de nous, en dehors de notre marche. Elle est là, dans cette brousse perdue, par 43 °C, sac au dos, le ventre creux, pas maquillée, après une dure nuit à même le sol dans un camp d'envahisseurs-braconniers. Elle marche, radieuse, heureuse, en pleine discussion. Personne sur terre ne pourrait être à sa place. Elle est unique, elle est la seule femme capable de me supporter, aux deux sens du terme, et j'ai la chance de partager ses pas, de partager ses jours. Son seul bonheur est de rencontrer de belles âmes. L'Afrique a été généreuse avec nous, jour après jour, tranches de vies après pages d'existences feuilletées au fil des kilomètres.

Nous avançons sans savoir vraiment où nous allons. Certes, il n'y a qu'une route, le problème est réglé, mais le suspense est de ne pas savoir chez qui nous allons. Ces rencontres sont notre seul mode de survie, notre seule raison d'être. Sonia est épanouie. Chaque jour avec elle est un anniversaire de mariage. Son cœur est ma boussole.

Toute la journée, des petites engeances se joignent à la fête : nous sommes poursuivis par un halo de mouches de mopane. Ce sont de micro-mouches rondes qui oscillent devant les yeux sans se poser. Ce qui use les nerfs, c'est leur nombre et leur attirance pour les orifices... De temps à autre on en avale, une curieuse va s'engluer dans le cérumen de nos oreilles ou, pire encore, s'empâter dans le coin de l'œil. Nous avons une parade. Chez Helen, nous nous sommes cousu des bouts de moustiquaire en forme de cloche que nous enfilons par-dessus nos chapeaux et coinçons dans le col de nos chemises. Ça excite encore plus les petites pestes !

Après le déjeuner, nous faisons une sieste dans un baobab creux, histoire de laisser passer la fournaise. Helen et Sonia dorment en ronflant doucement, alanguies sur des bouts de carton trouvés dans les poubelles, la tête encapuchonnée de cette moustiquaire verte. Tandis que les mouches continuent de virevolter, je songe à Helen en conseil d'administration et à Sonia qui, il y a deux ans, portait sur la tête une autre sorte de voile...

Au soleil couchant nous nous arrêtons devant un vaste portail entouré de deux rondavels et surmonté de lettres en fer forgé : Safaris Estate. Trois types armés vaquent entre deux guérites. L'un d'eux s'adresse à nous, ô stupeur ! en français :

— Vous êtes des amis de M. Émeric ?

— Non.

— Pourtant, vous êtes français ? Qu'est-ce que vous pouvez bien faire à pied dans le coin ?

À notre réponse succède un fantastique éclat de rire. Notre bonhomme congolais en tombe à la renverse.

— Alors ça, c'est trop fort. On va appeler le *bwana* à la radio pour lui raconter !

Après de brèves présentations, Pierre Émeric me dit :

— Sapristi ! Il faut que je vienne vous chercher, car pour venir à la maison vous en avez encore pour six heures : je suis à trente kilomètres dans les terres... Bougez pas, j'arrive !

Trois quarts d'heure plus tard, nous entendons le ronronnement de sa Land Rover.

— Vous êtes sacrément vernis ! Il n'y a que deux Français au Zimbabwe et vous frappez à ma porte.

— C'est normal. C'est notre anniversaire de mariage, et je n'avais rien prévu pour ce soir !

— Bah ! On va rattraper le coup. Ma dernière visite remonte au mois de mai, et je ne bois qu'avec des invités. Il me reste quelques bouteilles de bandol dont vous me direz des nouvelles.

Dans la pénombre de l'habitacle, secoué par les cahots de la piste, nous en pleurons presque de joie.

Il fait nuit lorsque Rosette Émeric nous accueille dans une incroyable maison moderne, mélange de Bauhaus et de Le Corbusier avec des angles et des courbes blanches, des espaces et des volumes francs ouvrant sur d'immenses baies vitrées.

— Vous découvrirez le panorama demain matin, on voit à près de quatre-vingts kilomètres !

Au dîner, nous sommes gâtés : terrine de lièvre, steack d'éland aux myrtilles et ce fameux petit bandol grenat, léger, fruité, qui nous change des lourds vins sud-africains. Sur TF1, nous prenons une petite dose de Claire Chazal en digestif. Comment avons-nous fait pour vivre huit mois sans elle ?

Pierre est une sorte de Raimu colonial, en plus jovial. Il vient de la République centrafricaine, mais a été invité à s'installer ici par le pouvoir pour relancer une réserve de chasse. Il bénéficie de la protection diplomatique française :

— Je me suis fait envahir trois fois et chaque fois l'armée est venue déloger les *war vets*. Ces gens-là ne désirent pas la terre, ils veulent mon gibier et surtout foutre dehors les Blancs. Quand je suis arrivé il y a cinq ans, il n'y avait plus un seul animal sur mes soixante-dix mille hectares, le précédent propriétaire les avait tous abattus pour rembourser ses dettes. Eh bien, figurez-vous qu'en cinq ans, sans rien faire, sans réintroduire une seule bête, j'ai plus de mille élands, mille koudous, six cents girafes et des léopards en pagaille... J'ai seulement creusé dix-sept puits profonds et installé des pompes pour créer des points d'eau. Les animaux sont revenus par osmose, pour combler le vide laissé et pour fuir les massacres alentour. Ici, ils se sentent en sécurité. Nous ne prélevons que les trophées. Cette année, je n'ai eu pour l'instant que cinq clients. Il n'ont tiré qu'une douzaine de têtes. Si j'étais envahi, tous mes animaux disparaîtraient en six mois.

Avant d'aller nous coucher, Rosette nous glisse une dernière recommandation :

— N'ouvrez pas votre porte-fenêtre, n'allez pas non plus admirer la lune dans le jardin car la nuit nous lâchons trois guépards autour de la maison...

À l'aube, nous avons le souffle coupé. La maison est au sommet d'un petit mont, entourée d'une belle pelouse plantée de palmiers, de cactus, de yuccas et de parterres fleuris. Tout autour, la brousse s'étend à l'infini, uniforme et plate, fermée à l'horizon par une chaîne de montagnes et un chapelet de collines. Contemplant cette vastitude comme des sphinx, nos trois guépards occupent la pelouse. L'un est assis, les deux autres couchés de part et d'autre dans une parfaite symétrie.

Au petit déjeuner, Pierre nous apporte un album de photos :

— Je suis en train de constituer un dossier sur le braconnage pour plusieurs instances internationales. Mes voisins ont presque tout perdu. Il y en a un qui abrite contre son gré sept villages de squatters, c'est Mitchell. Vous avez dû voir les envahisseurs hier.

— Oui. On a même dormi chez eux.

— Quoi ? Vous êtes fous ! Il y a des forcenés et des repris de justice parmi eux. Vous auriez pu être transformés en côte-lettes. Et heureusement que Mitchell ne vous a pas vus. Il n'aurait pas été content de voir des *makiwa* [1] chez lui.

Nous lui parlons de l'accueil de Patrick Rutenga.

— Classique du climat de terreur. Pauvre type ! Enfin, il y trouve son compte en braconnant. La plupart de ces photos ont d'ailleurs été prises chez Mitchell. Tenez, là, un zèbre dont ils n'ont pris qu'un cuissot arrière car ils ne pouvaient pas empor ter le reste.

La belle robe striée est grugée d'une énorme cavité rouge.

— Ici, une girafe dont ils n'ont pris que la queue : sûre-ment une commande de sorcier. Des élands, des koudous : là ils prennent tout, ils ne laissent que la tête. Autant de trophées qui ne rapportent rien ; car n'oubliez pas que mes chasseurs n'emportent que la tête et que la viande est partagée dans les communautés locales. Et là ! ce gros lapin dépiauté est un léo pard, ils gardent la fourrure et ne touchent pas à sa viande...

Le carnage et les écorchés défilent sous nos yeux. Pierre reprend :

— Le pire, c'est peut-être les feux. Ils ravagent un éco-système à très lente régénération, les animaux ne pourront plus jamais revenir si la brousse est détruite ! Les envahisseurs mettent systématiquement le feu pour déprécier les propriétés et pour rabattre tout le gibier dans leurs filets. De toute façon, le Zanu-PF leur a demandé de défricher, et c'est plus facile de foutre le feu que de prendre une hache ! Ce qu'ils ne savent pas, c'est qu'ils ne pourront jamais planter quoi que ce soit ici. Jamais personne n'a vécu de la terre dans la région. Avant les années 1960 et les premières réserves de chasse, c'était un désert. Il n'y avait personne ici, aucune tribu. Le pouvoir leur raconte et leur promet n'importe quoi.

Les guépards, comme inquiets de l'emportement de leur maître, viennent à la fenêtre :

— Laissez-moi vous présenter Bichon, Bichonnette et Pomponette.

Sonia pouffe de rire :

— Mais ce sont des noms de yorkshires '

---

1. Des Blancs, en shona, la langue du pays.

— Ne vous y fiez pas ! Ils sont très sauvages. Ils ont failli me croquer un jardinier la semaine dernière. Ils sont très jaloux, alors approchez-vous l'un après l'autre, tout doucement...

Le regard dans le lointain et la gueule haletante, Bichon se laisse flatter gentiment. Ses larges yeux jaunes aux épaisses cornées passent au scanner la brousse au loin en quête d'un invisible mouvement. Sa robe finement mouchetée brouille le regard. Il a des griffes de chien non rétractiles pour courir plus vite et un ergot acéré à la moitié de l'antérieur pour accrocher le dos de ses proies dans la course. Il tourne soudain son minois vers nous : de grandes traînées noires lui coulent des yeux. Il pousse un petit miaulement. Ses grands yeux de soleil nous fixent du regard ingénu et mélancolique d'un Pierrot-la-lune.

— Ça vous dirait, un petit tour de la réserve ? Vous n'allez pas reprendre la route aujourd'hui avec les ampoules d'Helen. Un peu de pitié pour l'arrière-garde ! Je vais vous présenter ma petite armée de *game-scouts* anti-bracos ; c'est jour de paie.

Nous serpentons depuis une heure dans une brousse touffue dont ne dépasse que de temps à autre une tête de girafe effarée, quand déboule sans crier gare un immense troupeau d'élands. Ils défilent à la charge, mâles, femelles et petits, ça n'en finit pas. Leur galop de tonnerre nous laisse admirer le ballottement des jabots gras, les contractions des muscles lourds, les robes fauves et les coups de sabots. La terre tremble. L'éland est la plus grosse antilope du monde. Le poids d'un percheron ! Nous sommes fascinés. Pierre nous tire de notre contemplation :

— C'est le troupeau de six cents têtes. Il y en a encore deux autres de deux cents têtes !

Près d'une rivière à sec, des hommes en treillis attendent au garde-à-vous. Ils font un pas en avant, un pas de côté, claquent des talons, gesticulent et poussent à notre arrivée un grand cri de guerre façon brigade Léopard de Bob Denard. Pierre s'en amuse :

— Je ne leur ai rien demandé, ils le font spontanément : ils adorent se mettre en rang !

Sérieux comme un pape, il les passe en revue – va-t-il leur tirer le lobe de l'oreille ou leur accrocher une décoration ? Chacun leur tour, les hommes sortent du rang pour recevoir leur paie. Le rapport de leur chef est succinct :

— Nous avons repoussé quinze bracos, collecté cent trente-sept collets et neutralisé deux départs de feux.

Toute la journée nous suivons Pierre dans sa tournée d'inspection.

— J'ai une centaine de game-scouts sur le terrain pour surveiller la plus grande réserve de chasse privée du pays, soit un rectangle d'à peu près soixante-quinze par cinquante kilomètres... C'est très difficile à contrôler car je n'ai ni clôtures ni barbelés, les animaux sont libres d'aller et de venir. Et les braconniers sont rusés. Ils mettent le feu à mes frontières comme ça il y a de belles petites repousses vertes dont les élands raffolent. Ces derniers y vont la nuit et tombent dans leurs pièges. D'autres encore plus malins plantent de véritables potagers. Et les élands sont fous des choux. De toute façon, je ne me fais pas beaucoup d'illusions ; tant que le dictateur est en place et que les hommes ont faim, ces bêtes sont en sursis...

Nous reprenons le lendemain notre dialogue avec le goudron chaud. Helen boitille courageusement sur ses ampoules. Tout est plat, la route file droit devant nous. Pendant les pauses, Sonia se livre à son exercice chirurgical préféré : percer les poches de lymphe avec du fil et une aiguille, puis injecter dans la cavité de *l'alcool dénaturé*, version violette de l'alcool iodé. C'est une méthode héritée des forces spéciales sud-africaines. « Ça fait très mal sur le moment, mais l'ampoule est neutralisée en vingt-quatre heures », nous avait prévenu Mike Van Sittert. À l'injection, je suis obligé de tenir les jambes d'Helen qui rue comme une girafe étranglée par un collet. Elle rit de douleur. Bon tempérament !

À Bubi, derrière notre première station-service, trois girafes apprivoisées se laissent flatter par les visiteurs. Je grimpe dans un arbre pour aller compter fleurette à l'une d'elles les yeux dans les yeux. Sa lourde tête osseuse balance mollement devant moi entre les branches, et ses yeux énormes, pleins d'eau noire sous d'interminables cils, clignent lentement l'air de dire : « Mais qu'est-ce que c'est que ce babouin ? » Je gratte énergiquement son duvet entre les cornes, son cou en vibre de plaisir. Sonia filme la scène en contre-plongée. Mais une autre girafe, de sa longue langue bleue et baveuse, s'empare de son appétissant chapeau de paille. Du haut de mon perchoir, je vois alors Sonia courir en hurlant derrière la bête dégingandée pour récupérer son couvre-chef...

L'après-midi, à la hauteur d'une échoppe paumée en pleine brousse, une grosse dame blanche nous hèle :

— Voulez-vous des gaufres ?

Nous convergeons comme des mouches à cet appel magique. Anita nous accueille sous une monumentale bougain-villée fuchsia :

— J'essaie de relancer un petit commerce pour mes employés, afin qu'ils gagnent un petit quelque chose. Je leur apprends à faire des gaufres. Aujourd'hui c'est gratuit parce qu'ils sont en formation.

Après avoir fait honneur aux gaufres d'Anita, nous reprenons la route. Je maugrée dans ma barbe :

— C'est cette pauvre femme qui fait tout ce qu'elle peut pour ses gens, leur fournir du travail, une compétence, que cet enculé de Mugabe veut virer ? Qu'est-ce qu'il fait pour eux, lui ? Il chasse les investisseurs, ferme les entreprises, renvoie les pauvres dans les campagnes pour envahir les fermiers qui nourrissent le pays. Où est la logique ?

Dans ma rage contre tous les oppresseurs des peuples, je sème mes deux copines... En me retournant, je les vois discuter au loin à la portière d'une voiture. Avant d'avoir eu le temps de les rejoindre, le véhicule démarre et un gros type me salue en me dépassant. Sonia et Helen sont radieuses :

— Il paraît que tout le monde nous cherche ! Nous sommes attendus ce soir chez un fermier envahi. Ce type qui vient de partir est boucher, il a laissé chez notre hôte des T-bones à notre attention... on croit rêver !

Wilhelm et Carina Kloppers nous accueillent. L'ambiance n'est pourtant pas à la fête. Ils ont récemment abattu tout leur cheptel pour en tirer quelque argent, car le millier d'envahisseurs (deux cent cinquante familles) ont introduit sur leurs terres des centaines de vaches volées. Alors les Kloppers ont décidé de tout arrêter. De faire le dos rond et d'attendre que la tempête passe. Ils sont victimes d'intimidations. De menaces directes. Carina, au bord des larmes, réussit difficilement à desserrer les mâchoires :

— Les envahisseurs se relaient pour venir danser et chanter toute la nuit sous nos fenêtres dans le jardin. Ils gesticulent avec des piques, des casse-tête, des haches et des lances, ils veulent nous faire craquer.

Wilhelm reprend :

— On essaie bien de leur parler. On leur donne ce qu'ils demandent : un tracteur, du fourrage pour leurs vaches, des graines de maïs à planter, une nouvelle pompe car ils ont cassé la mienne qui fonctionnait sur la parcelle qu'ils ont envahie...

Dialogue de sourds. Les envahisseurs ne veulent que le départ des Kloppers. Pourtant, à force de patience et de négociation, Wilhelm a fini par s'entendre avec un des chefs pour l'achat d'une nouvelle pompe.

— On s'est réuni en grande palabre, je leur ai dit que s'ils m'apportaient cent cinq mille ZWD soit quatre cent cinquante euros, j'irais leur acheter la pompe, et je la leur installerais. Trois mois passent. Je les relance souvent. Ils me disent que l'argent arrive. Deux mois plus tard, ils sont parvenus à réunir la somme. Mais avec l'inflation galopante que connaît le pays, la pompe est passée à deux cent cinquante mille ZWD. Je reviens, dépité, et là ils m'accusent de trahison, menacent de foutre le feu à ma maison, de tuer mes enfants... Il a fallu que je paie la différence. Soit ! Je veux bien faire ça pour avoir la paix. J'installe la pompe. Tout le monde est content, la situation s'apaise. Trois semaines plus tard, ils viennent m'accuser de sabotage : la pompe est cassée. Je vais voir ; malgré mes recommandations, ils ont oublié de remettre de l'huile dans le carter. Le préposé à l'huile a été égorgé la nuit suivante... Depuis cette histoire, ils m'emmerdent moins, ils sont trop occupés à brûler et défricher mes forêts. Ils attendent la saison des pluies et les graines que leur promet le gouvernement. Ils peuvent toujours attendre : le principal producteur de semences du pays a été envahi l'année dernière et il n'arrive plus à produire ! Quand à mes envahisseurs, ils hésitent entre coton et maïs, c'est-à-dire entre cash et nourriture : affreux dilemme ! Moi je vous le dis, ils ne planteront rien... Ces terres ne sont viables qu'avec de très gros investissements et une très faible densité de population. Je suis désolé pour eux. On leur a menti. Promis la lune pour se débarrasser d'eux. Ils ne pourront jamais survivre ici...

Le lendemain, nous traversons des kilomètres de forêts encore fumantes qui viennent ajouter de la chaleur au soleil.

Nous sommes accablés. C'est la fuite en avant. Il n'y a rien à voir. Marcher. Enquiller. Marcher pour atteindre un objectif, et non pas marcher pour vivre... C'est long et fastidieux. On abat du kilomètre, on s'enferme au plus profond de soi pour puiser des ressources morales. Les pinsons ont cessé de gazouiller derrière moi.

Nous quittons le bassin du Limpopo et retrouvons des TTL. De grands batholithes de granit percent des pentes douces. Nous remontons un peu en altitude, la végétation change, de grands arbres verts s'accrochent aux rochers. Dans le fond de l'air flotte un peu plus de bonheur. Il y a de l'espace. Bizarre que les envahisseurs n'envahissent pas les TTL. Ils seraient bien mieux ici. La population y est beaucoup plus détendue et les relations plus naturelles.

John Magomo, un adolescent affecté par la poliomyélite, vient partager un peu de chemin avec nous en claudiquant. Nous ralentissons l'allure. Il veut aller travailler à Harare dans une fabrique de chauffe-eau. Il a une formation de spiraleur de résistances. C'est une association américaine évangéliste de soutien aux handicapés qui l'a financée. Malheureusement, la boîte de Harare n'embauche plus à cause de la crise, elle est au bord de la faillite, alors il attend. En nous quittant, essoufflé et radieux, il nous lance :

— C'est dur ce que vous faites ! Et je sais de quoi je parle ! Dieu vous bénisse !

Les Africains sont très croyants. Tous nous quittent sur ces bonnes paroles dont ils auraient tant besoin eux-mêmes. Dieu les entende ! *Nkozi Sikele Africa* [1]...

Ici, sur le bord de la route, s'alignent des sculpteurs sur bois. La forêt s'étend derrière eux ; quand les grands arbres sont épuisés, ils déplacent leur atelier plus loin. Malheureusement pour tous ces forçats accroupis sur des tas de copeaux et ruisselant de sueur au soleil, il n'y a plus de touristes au Zimbabwe. Leurs hippopotames s'entassent, leurs éléphants bâillent d'ennui et leur girafes au cou interminable scrutent en vain à l'horizon la venue des chalands et des lendemains heureux que leur chante le pantin grotesque au micro du pouvoir.

---

1. « Dieu bénisse l'Afrique » : hymne national sud-africain dont l'air est repris par de nombreux pays du continent.

Ils veulent tous nous fourguer des hippopotames de trente kilos. Ils ne croient pas du tout à notre histoire de marche et cherchent désespérément du regard la voiture balai... L'un d'eux nous court après avec son hippopotame mal dégrossi sous le bras. Tous les dix mètres il baisse le prix jusqu'à un euro pour une sculpture qui lui aura demandé près d'une semaine de travail acharné et aura sacrifié un arbre centenaire. « Sculpteurs-prolétaires-déforestateurs, unissez-vous contre le grand capital mondialiste ! » doit leur chanter le camarade libérateur Mugabe... Quelques minutes plus tard, l'un d'eux nous rattrape avec un petit sac.

— Ça, vous pouvez prendre, c'est de la *mashona meat*, c'est léger !

J'ouvre le sachet : des termites séchés.

— Essayez, c'est très bon ! C'est ma grand-mère qui les attrape.

N'écoutant que mon courage, je m'en lance une poignée sur la langue. Tout d'abord ça pique. Il ne s'agit pas de piment mais des crocs acérés des termites soldats qui piquent la langue et l'intérieur des joues. Puis on se débat, on broie sous les molaires à grands coups de salive ces carapaces d'arthropodes. Le jus qui s'en exfiltre dégage un puissant parfum de daphnies, cette petite poudre d'animalcules séchés que l'on donne aux poissons rouges...

Nous déjeunons plus tard sous un arbre à saucisses, isolé au milieu d'un pré. Allongés, assoupis, nous regardons pendre les lourds appendices au-dessus de nos têtes. Tout autour, la campagne grillée est blanche de soleil. Dans un bruit mou tombent de grosses fleurs mauves que viennent brouter au ras de nos têtes, d'un coup de langue gourmand, des vaches en liberté. Le nez au vent, tout en mâchonnant, l'une d'elles attend la prochaine rafale qui lui apportera une nouvelle fleur. C'est la première fois que je vois une lueur d'intelligence dans l'œil d'une vache.

Ce soir, point de sauveur pour nous recueillir. Un lit de rivière à sec. Pendant que les filles dressent la tente sur le sable blanc, je vais à la corvée de bois. Une lune pleine s'élève et vient rincer en douceur notre harassement, filtrer nos grumeaux de fatigue, semer sur nos épaules un baume bleu et frais. Une flamme orange vient bientôt animer nos visages. Nous sommes assis en silence. Petit feu, petite soupe, petit bonheur.

Dans la nuit froide retentit le cri guttural de l'engoulevent. Nous étrennons notre micro-tente. C'est un petit dôme moustiquaire conçu pour deux personnes. Nous calons la petite Helen tête-bêche. Des nuages jouent avec la lune, une bise fraîche caresse nos visages. Nous sommes à la belle étoile mais protégés des moustiques. Au milieu de la nuit, Helen, frigorifiée, se retourne et se fraie un chemin entre nous deux. Au réveil, le cheveu en pétard et le regard bouffi, elle se confond en excuses :

— *Sorry, I was freezing like a sardine in a tin-box* [1] !

Sonia éclate de rire :

— Quand je l'ai vue s'immiscer entre nous deux, coincée dans son petit sac de couchage, on aurait dit une taupe aveugle fouissant dans un tunnel. Helen, c'est notre petite taupe d'or !

En reprenant la route ce matin, nous tombons sur notre premier champ. Un choc. C'est beau, c'est plat, c'est vert, c'est régulier, c'est riche. Quel contraste avec la brousse ! Tout autour, des squatters. Ils attendent que les blés soient mûrs...

Great Zimbabwe, mardi 11 septembre 2001, 252e jour, 25 km, 3 676e km

Après ces dix jours de brousse chaude et plate sur une route rectiligne infestée de mouches et jalonnée çà et là de baobabs géants, nous montons sur le plateau central du pays bordé au sud par les ruines de Great Zimbabwe.

Ces ruines ont donné leur nom au pays en 1980, tournant ainsi la page coloniale de la Rhodésie. Helen nous quitte aussi rapidement qu'elle est entrée dans notre vie : d'un coup de voiture à la station Shell de Masvingo. Elle sera chez elle dans trois heures avec trois kilos de moins... Au récit de nos aventures les pompistes se marrent et ne nous croient pas : on adore ! Traverser à pied l'Afrique dans un effarement renouvelé !

Malgré ses ampoules sanguinolentes, malgré la soif et la chaleur, malgré les mouches et le bitume, la brousse et les soupes aux nouilles, Helen ne s'est pas plainte une seule fois. Une grande petite dame. La voilà partie. Nous nous sentons orphelins.

---

1. « Désolée mais j'étais gelée comme une sardine en boîte ! »

Nous découvrons à l'aube le lendemain le site de Great Zimbabwe dans un cadre de gigantesques batholithes granitiques dont les pains de sucre rebondissent sur l'horizon à l'infini. Sur l'un d'eux, allongé comme un dos de baleine et zébré de traînées noires laissées par la pluie des siècles, est perchée l'acropole de cette cité de l'Empire rozwi qui s'est épanoui du XIIIᵉ au XVᵉ siècle. Ce sont les seules ruines précoloniales de toute l'Afrique subsaharienne, les uniques vestiges d'une civilisation complexe et organisée autour d'un pouvoir original et fort.

Nous gagnons cette imprenable forteresse, aux murs épais de sept mètres, qui domine une vallée sur le versant de laquelle s'enroule la Grande Enceinte. De loin, les arbres qui poussent à l'intérieur de ce pur anneau de pierre de dix à douze mètres de haut semblent un bouquet de persil jaillissant d'un vase. La vision d'un décor de science-fiction. La Grande Enceinte est un fabuleux mur circulaire de pierres sèches, érigé comme un mystère rituel, comme le cénacle d'un grand pouvoir.

Les formes sont lisses, les courbes épousent les reliefs et l'on cherche en vain du regard un endroit où poser une interprétation.

— *Dzimba mbwe* en shona veut dire « maison de pierre » et « maison vénérée », nous indique notre guide Valentin.

Deux premiers indices. Vue de l'acropole, l'enceinte est elliptique et fendue d'une unique porte. Elle a été construite dans le sens inverse des aiguilles d'une montre : le début est un peu gauche, hésitant – les architectes se cherchaient –, tandis que la fin est un joyau d'empilements de pierres.

Au sommet de notre rocher, les formes sont organiques, agencées en cellules, intégrant les reliefs, les blocs ronds, contournant un obstacle, s'arrêtant en parapet au bord du vide. C'est moderne avant l'heure. Aucun mortier, aucun ciment, les pierres sèches sont ajustées. Valentin nous explique leur secret de fabrication :

— Ces pierres n'ont pas été taillées. Elles ne portent pas de traces d'outils. Elles ont été coupées en chauffant des plaques de granit exfoliées des dômes et en les cassant net d'un coup de masse.

Nous redescendons de l'acropole vers l'enceinte sacrée par un labyrinthe d'escaliers incrustés dans la roche, et nous nous présentons devant la grande porte en forme de fente, de l'édifice énigmatique. À gauche en entrant, un couloir à ciel ouvert suit la courbe du mur extérieur et conduit directement à la tour conique qui se dresse entre deux arbres touffus, au fond de l'enceinte.

— Ce sanctuaire, continue Valentin, était habité par les reines aînées (le roi possédait jusqu'à deux cent cinquante femmes). Elles initiaient à la sexualité les filles d'un côté et les garçons de l'autre. On y a trouvé des olisbos d'ivoire. Le chemin de ronde permettait aux jeunes adolescents de gagner la tour sans passer par les appartements des filles. Cette plate-forme, au pied de la tour, pouvait servir aux reproductions rituelles. L'enceinte circulaire serait la matrice féminine et la tour un lingam masculin. Le pouvoir de l'empereur passait par le contrôle de la sexualité, donc de la fertilité.

Et ces ruines deviennent soudain un dédale initiatique, un lieu de reproduction hautement ritualisée, le temple de la fécondité...

L'empire du Monomotapa fut ainsi nommé par les premiers Portugais qui rencontrèrent au début du XVIe siècle le roi Mwene Mutapa. En découvrant Great Zimbabwe, ils croyaient avoir trouvé le fabuleux royaume d'Ophir, gardien des mines d'or du roi Salomon, car la cité tenait sa prospérité du contrôle des gisements d'or alluvial qui sillonnaient le plateau. Des armées d'orpailleurs tiraient des sables érodés du granit, ces fines paillettes dont la fonte rituelle était le monopole des orfèvres-alchimistes de la cité. Les Portugais ne furent pas les premiers à entrer en contact avec cet empire : des tissus indiens, des porcelaines chinoises ainsi que des verres et des métaux perses attestent que des marchands swahilis cabotaient déjà le long des côtes en quête d'or et d'ivoire.

Dans le ciel, un aigle tournoie, les Shonas le croyaient le vecteur des âmes entre le ciel et la terre. Il est peut-être la clé d'un autre mystère de cette cité impériale : peuplée à son apogée de plus de vingt mille âmes, on n'y a pas trouvé une seule sépulture...

Le soir, en rentrant vers notre tente plantée au milieu des ruines, un type affolé court vers nous en criant :

— La Troisième Guerre mondiale est déclenchée ! Une bombe atomique a rasé New York !

Terrorisés, nous trouvons dans un hôtel voisin un téléviseur et assistons en boucle à la chute des Twin Towers sur CNN.

Nous tombons avec elles.

De lourdes larmes muettes roulent sur nos joues.

David contre Goliath. Abattre l'Amérique avec trois cutters.

Le colosse démocratique a des pieds d'argile. La polémologie est muette sur le déclenchement d'un conflit qui se veut prophétique et manichéen. C'est toute l'humanité qui est dégradée. C'est un déni de l'Histoire, une insulte au genre humain, une blessure à Dieu. Une terrible régression. L'Homme a été amoindri aujourd'hui. Ratatiné.

Nous retournons à notre abri de tulle et, dans un silence peuplé de soupirs, ces ruines sont pour nous l'endroit idoine pour méditer sur la fragilité des civilisations, et porter notre deuil.

14

Triste Zimbabwe

Nous passons une semaine à filmer ces ruines en songeant à celles qui fument à l'autre bout du monde et laissons glisser de longues heures muettes et pétrifiées, assis face au mystère de cette cité intacte mais morte en un an, assis face à la télévision et cette autre cité détruite en une heure, mais qui renaîtra de ses cendres...

Les commentateurs de CNN sont répugnants. Ils ne perdent pas leur éloquence en décrivant le carnage *ad nauseam*. Trop professionnels. Et cette vision obsessionnelle des avions-missiles pénétrant les tours comme dans du beurre... La matière n'est que poussière. Ce fleuron architectural élevé à la gloire du commerce et pour l'orgueil de l'homme n'est plus qu'un tas de poussière. Vaporisation et sublimation de tout un ensemble d'atomes divers. Chute des corps et papillonnement des contrats. Atomisation du fer et de la chair, retour à la poussière par la chaleur et la lumière. Noire. Rien d'autre que de la poussière. De la mort.

Ce qui fait l'homme, c'est l'amour de la vie et la conscience que tout n'est que vide et poussière hormis cet amour de la vie. La vie organise. La barbarie désorganise, anéantit. Great Zimbabwe ou la fin d'un monde...

Nous reprenons la piste à travers des terres communautaires. Les populations survivent chichement d'une agriculture de subsistance. Le Zimbabwe traverse une crise sans précédent : sur fond d'expropriation des fermiers blancs et de fuite des capitaux, le gouvernement, en place depuis vingt et un ans, renoue avec de vieux démons communistes et sectaires. Fuite en avant et recherche de boucs émissaires. Il en résulte un appauvrissement général et rapide de la population rurale. Le pays est au bord de la famine, il s'isole, les journalistes étrangers sont chassés, le tourisme mort.

Un type surgit de la brousse, le visage maigre et les habits déchirés. Il nous court après et nous rattrape, essoufflé :

— Nous aimons les Blancs, ne croyez pas ce que vous dit le gouvernement, nous ne voulons pas votre départ, nous votons pour le parti d'opposition MDC. Je vous en prie, restez ! Tout ça va s'arranger aux prochaines élections, nous allons chasser Mugabe...

Le brave type nous prend pour des Zimbabwéens expulsés de notre ferme *manu militari* par des milices de *war vets*, fuyant avec nos sacs sur le dos...

De longs jours durant, nous traversons ces pauvres campagnes. Le pays est désert. Très peu de villages et très peu de gens : la population de l'Île-de-France répartie sur toute la France. Quel est donc ce problème de la terre au Zimbabwe, seriné par tous les médias du monde ? Le fameux *land issue* dont se gargarise Mugabe ? Et lui, que fait-il pour son peuple ? Les écoles sont pouilleuses, nous ne voyons pas de dispensaires, pas de présence administrative, pas de travaux, nous traversons un pays laissé en jachère. Et toujours ces jeunes ou ces petits vieux qui viennent partager quelques pas avec nous et s'apitoyer sur notre sort. Ce matin c'est Clifford, un bel adolescent shona, qui sort d'un taillis pour compatir :

— Alors, ils vous ont tout pris ? Ils ont tout cassé ? Je suis désolé. Nous avons tout perdu nous aussi depuis le départ de notre patron. Nous attendons. Il ne se passe rien.

On fait durer le quiproquo.

— Tout a été pillé chez lui, continue Clifford. Ils ont mis le feu à sa baraque, il n'y a plus rien qui marche, les tracteurs sont cassés, les pompes aussi, tout le stock d'engrais a été volé. Peut-être que vous le connaissez ? Il s'appelle Collins. C'est pas un pote à vous ? Vous ne pouvez pas lui dire de revenir ? On le défendra contre les envahisseurs.

Quand je lui avoue enfin que nous ne faisons que passer, il est presque déçu, il aurait voulu pouvoir dire sa sympathie à des Zimbabwéens de la mauvaise couleur.

216

Dans cette brousse pauvre et triste, seul le goudron en très bon état nous rappelle que l'on est dans un pays qui fonctionnait très bien il y a peu. Nous avons quitté l'axe Joburg – Harare qu'empruntent les camions et la route est déserte. Dans la matinée, nous tombons sur une station-service très déglinguée. Le magasin attenant abrite un réfrigérateur plein de viande grossièrement équarrie. Pour conjurer le sort et changer notre ordinaire de soupes aux nouilles, nous achetons quatre steaks. Plus loin, à l'ombre d'un grand arbre je fais le feu.

— Comment va-t-on la faire cuire, cette bidoche ?

Nous n'avons pas de grille, pas de fourchette, pas d'huile ni d'assiette... À Messina, avant la frontière, en souvenir de nos amis Roetheli, nous avons acheté une petite gamelle en aluminium, deux bols et deux petites cuillers en plastique. Je m'éclipse dans la brousse et reviens avec une belle dalle de granit fine et propre que je dispose au-dessus du foyer.

— Une pierrade ! Quel luxe !

Je laisse chauffer la pierre puis y dépose la viande qui se met aussitôt à grésiller. En une minute, elle est cuite, nous la mangeons sur un bout de pain. Dans la morosité, rien de tel que l'intendance pour remonter le moral...

Après le déjeuner nous avons pris l'habitude de dormir jusqu'à quinze heures pour laisser passer le cagnard. C'est la seule pause de la journée car nous marchons sans nous arrêter. Allongés à l'ombre sur nos demi-tapis de sol, nous jouissons de l'immobilité en silence, le souffle court des bêtes en plein midi, à l'heure où le ciel vibre et où la brousse vrombit d'insectes. Ce sommeil de fauve est extraordinairement réparateur. Nous repartons l'après-midi comme si nous n'avions pas marché les vingt ou vingt-cinq kilomètres du matin.

Nous prenons un peu de hauteur dans une campagne clair-semée où les villages alternent avec des blocs de granit jouant les équilibristes. Des petites femmes s'affairent au loin, toujours courbées en deux, porte-eau, porte-foin, porte-fagot, portefaix, un bébé dans le ventre et l'autre sur le dos, emmailloté de telle sorte qu'on n'en voit que les adorables petits pieds nus qui dépassent de part et d'autre des hanches de la mère, comme des membres excédentaires. À tout âge, tout modèle, toute couleur, elles ont les petits pieds latéraux en série ! Le bébé annuel. Des chèvres vaquent autour de jardinets clos, des enfants cul nu couverts de crasse jouent sur le pas des portes, de grands dadais oisifs se tripotent en traînant des pieds. Quelques types décharnés et ascétiques se battent avec leur houe pour tirer de la terre de quoi survivre quelques mois. Des huttes rondes, des toits de chaume et des coqs déréglés, omniprésents, qui se partagent poules et territoires. L'Afrique noire souriante malgré sa pauvreté. Une Afrique qui ne compte sur personne, intemporelle et éternelle. Qui ne se préoccupe pas de nation ou de société, qui ne perd pas son temps en bavardages et débats d'idées, une Afrique qui s'occupe à survivre. Tout le jour ce ne sont que sourires et saluts, attroupements et mains tendues, pas des mains mendiantes, des mains donnantes, des mains aimantes.

Ce soir encore nous allons dresser la tente loin d'un village. Ne pas être obligé de mendier un logis tous les soirs est un luxe. Pas besoin de raconter nos histoires. Pas besoin d'écouter les malheurs des autres. Des vacances. Nous essayons de maintenir un équilibre entre rencontre et solitude. Pour que ni l'une ni l'autre ne pèse.

Nous plantons la tente sur une étendue sablonneuse parsemée de buissons et piquetée de hauts blocs granitiques. La tente est accotée à un gros roc qui nous restituera dans la nuit froide un peu de la chaleur qu'il a emmagasinée pendant le jour. Déjà nous le sentons rayonner dans notre dos tandis que devant nous chatoie le feu. Je prépare une nouvelle pierrade quand un petit bonhomme, sorti du crépuscule, marche droit sur nous, sans crainte et sans hésitation, pénètre notre cercle de lumière, vient nous serrer la main en silence et s'assied au pied du feu. Énigmatique, il nous sourit. Un croissant vif sur un disque d'opale se lève à l'horizon. La lune est sur le dos ce soir. Les flammes étincelantes montent vers la Voie lactée. Notre Petit Prince noir arrange les branches du foyer, les retourne, souffle ici, fourrage là, accroupi, il nous regarde, toujours souriant. Il nous apprivoise en silence. Il ne demande rien. Il est là. Il est bien. Nous sommes bien. Quand on lui tend un biscuit ou un bout de pain, il tape deux fois dans ses petites mains poussiéreuses, se soutient le coude droit de la main gauche et avance timidement une petite main pleine de gratitude. Puis il grignote doucement, les yeux dans les flammes. Il doit savoir y lire des choses merveilleuses.

À l'heure de se coucher, il reste longtemps autour du feu. Nous nous endormons en nous disant qu'il finira bien par rentrer

218

chez lui. Une heure plus tard, je suis réveillé par la lueur d'un grand brasier. Le mioche frigorifié a mis le feu à un buisson tout près de notre tente. Paniqué, je jette des poignées de sable sur l'incendie qui commence à se propager autour de notre abri de nylon. Je sermonne le gamin.

— Mais où habites-tu ? (Il m'indique une direction.) Eh bien, vas-y ! Rentre chez toi !

Ses yeux s'élargissent comme des soucoupes, ses lèvres se crispent vers le bas, il tremble de terreur : il est venu vers nous car il avait peur de la nuit. Le sangoma de son village a dû lui raconter des histoires d'esprits et de fantômes. Je lui propose de l'accompagner, ça le rassure. Nous partons dans la nuit. Je prends mes repères aux étoiles, me retourne sans cesse pour visualiser le layon le long duquel nous serpentons, note mentalement les bifurcations, compte les chiens qui aboient, les arbres morts. Mon Petit Prince file en silence, rasséréné. Au bout d'une demi-heure, voilà sa hutte. Il parle à travers la porte. On entend du remue-ménage à l'intérieur, quelques gémissements, sa mère vient ouvrir. Stupéfaction ! Un Blanc dans la nuit ! Je salue mon petit camarade et m'enfonce dans la brousse sans autre forme de procès. Sans encombre je retrouve le chemin du retour, comme un jeu de piste, mais une angoisse me gagne un peu plus à chaque pas : j'ai laissé Sonia toute seule. Je me mets à courir. On imagine toujours le pire. Dans quel état vais-je la retrouver ? Concentré, je fonce, compte mes chiens, mes troncs noueux et mes étoiles. À cinq cents mètres, je l'appelle dans la nuit. Aucune réponse. Je fonce à travers les buissons, attrape une pierre au passage, furax et haletant, débouche sur notre clairière les tripes retournées. Rien n'a bougé, ma tendre mie est endormie. Les mauvais esprits se sont joués de moi.

Mission de Mukaro, samedi 22 septembre 2001,
265ᵉ jour, 23 km, 3 789ᵉ km

Nous avons une mission : transmettre une lettre à Mandy, la petite sœur de Valentin, notre guide de Great Zimbabwe, qui suit ses études à la *Mukaro Mission School*.

Le père Otto Hubman nous accueille dans cet internat catholique perdu en pleine brousse. Il est arrivé d'Immensee et de sa Suisse natale en 1945 et a construit cette vaste mission, cette école, un dispensaire et sept églises alentour. Les hirondelles spiralent dans le ciel, les enfants en uniforme courent en tous sens après des ballons, par groupes ils s'excitent de notre présence. Nous fendons avec le père une foule en délire. Avec quelques bonnes sœurs et deux curés zimbabwéens, le père Otto est responsable de près de deux mille enfants issus des quatre coins du pays. Il fait appeler Mandy. C'est Valentin qui paie son éducation. Leur père est mort dans une mine quand ils étaient petits. Mandy verse une larme à la lecture de la lettre et nous étreint dans ses grands bras fins. Le frère et la sœur ne se sont pas vus depuis six mois. Ils se ressemblent comme deux siamois.

Avec un groupe de copines, elle nous fait visiter l'école. Elles ont fondé un groupe de chant *a capella*. Pas du Haendel, du groove! L'après-midi, nous les filmons dans la piscine désaffectée, chantant sur le plongeoir en tenue moulante, se trémoussant selon une savante chorégraphie, bruitant le *beat*, feulant comme des professionnelles. Sous les petits uniformes se cachent des tigresses « super-wild ».

Le soir elles nous parlent de leur désespoir de vivre dans un pays qui n'offre plus de place pour les jeunes filles éduquées. Avec leurs mots candides elles expriment leur malaise, leur haine du régime. Elles veulent toutes venir en Europe ou émigrer en Afrique du Sud. Faillite du système. Nous caressons longtemps des rêves de Top 50 et de *Charts*. Nous les encourageons comme nous pouvons.

— C'est vrai, lance Mandy. Vous venez bien du Cap à pied. Tout est possible. Merci de marcher.

Nous quittons la route pour une piste sablonneuse transversale qui nous fait pénétrer en profondeur les TTL. La chaleur est accablante. Nous suons tout notre sel. Le sucre ne sert plus à rien. Dans les batteries, il faut du sel. Le sable nous épuise, nous tétanise les mollets. Les terres redistribuées de longue date sont piquetées de cases. Très peu d'habitants. Mary, la pionne générale de l'internat de Mukaro, nous a raconté les ravages du sida dans la région. Elle-même était religieuse. Elle a dû quitter la robe pour prendre cet emploi, malgré ses soixante-huit ans et son diabète, pour s'occuper des treize petits-enfants de sa sœur défunte et dont les dix enfants et leurs conjoints sont morts du sida. Mary vend aussi des napperons de crochet qu'elle fabrique pendant ses nuits de veille et d'angoisse...

Nous marchons dans une campagne déserte et peu avenante. Le soir, nous nous écroulons dans la brousse sur des grands dômes de granit propre et lisse sur lesquels nous pouvons voir venir les serpents et les araignées. Nous sommes lessivés par les litres de flotte chaude de toutes origines, que nous avons dû engloutir pour refroidir le radiateur percé de tous nos pores tout en gérant le péril de l'hypoglycémie, question de dosage. Au volant de la seule guimbarde que nous ayons croisée aujourd'hui, un médecin frénétique nous donna des bières chaudes. Nous les sirotons doucement avant la corvée de bois. Allez, hop! Courage! Nous vaquons dans les fourrés en quête de combustible. Quand je me baisse pour ramasser une pierre pour le feu, sonia m'arrête :

— Attention aux scorpions!

Je retourne la pierre du pied et fais un bond : un scorpion!

— Comment le savais-tu?

— Aucune idée. C'était comme une certitude bizarre.

Les femmes ont des antennes. Nous retournons au camp. À peine installés, Sonia pousse un cri :

— Une araignée! Énorme! Je l'ai vue entrer dans la tente!

Branle-bas de combat. Je saisis ma chaussure et coince l'horreur velue et crochue dans un coin. J'aveugle de ma frontale ses huit yeux qui brillent dans le noir comme autant de petits fanaux. Le monstre éclate comme une poire blette. Une araignée des sables géante, format tarentule, avec ses quatre crochets frontaux. Loi des séries!

Sous la demi-lune couchée s'orchestrent les coassements sourds d'une mare et les flûtes des engoulevents voletant dans la ramure. Les batraciens protestent et les plumitifs rient. Croâ! Hihihihi! Croâ! Hihihihi! Allongés nus sous le tulle noir, la lune bleue nous panse de son baume rafraîchissant. Nous dormons du sommeil du juste. Avant l'aube, pendant une heure, les oiseaux désespérés prient à gosiers déployés le jour de se lever. Nous le devançons.

Dans la matinée, dans une échoppe de Buhera, nous nous mettons en quête d'une petite culotte pour Sonia. Une énorme mama attrape avec sa perche des horreurs satinées made in China, vertes ou mauves avec des frous-frous.

— On n'y est pas.

Tout le monde glousse.

— Du coton? Une petite culotte de fillette?

Éclats de rires. Sonia en repère une entre des sacs de sucre et des lames de rasoir. Elle est couverte de petits cœurs. Sonia la montre à tout le monde, décontractée. Salve de claques sur les cuisses et rafale de rires.

— Va-t-elle m'aller? demande Sonia à la mama.

Celle-ci retourne Sonia par les hanches, comme on retourne un gigot, lui jauge le popotin et conclut l'affaire sur ledit postérieur d'une grande claque de maquignon.

— Ça ira!

Un grand type sombre et racé, se remettant à peine de la scène, nous invite à boire un Coca. Nous parlons de nous, du pays, de la crise quand il nous demande si nous serions intéressés de rencontrer Morgan.

— Morgan qui?

— Morgan Tsvangirai, bien sûr! Le futur président. Vous débarquez? Vous avez de la chance, il est là en ce moment.

Par un hasard extraordinaire, notre chemin nous a conduits dans le berceau natal du chef de l'opposition, Morgan Tsvangirai, président du parti MDC *(Movement for Democratic Change)* et candidat à la prochaine élection présidentielle d'avril 2002. C'est un gros risque que nous prenons. Si on nous coince, nous serons expulsés, notre matériel confisqué et notre marche amputée. Mais on ne peut pas laisser passer ça. Depuis huit mois, aucun journaliste étranger n'a pu l'interviewer chez lui.

Deux heures plus tard, le type revient avec une réponse positive. Le personnage étant hautement surveillé par les services secrets et les journalistes étant *persona non grata*, il nous faut marcher plusieurs heures dans la brousse par des chemins de traverse pour contourner les barrages et nous réfugier chez lui. Nous nous attendons à un palace de mauvais goût. Pas du tout. Sa maisonnette rectangulaire est en parpaings blancs, recouverte de tôle ondulée. Dehors est accoté le rondavel traditionnel qui sert de cuisine à sa femme Susie. Morgan revient bientôt de la finale de foot des jeunes de Buhera, dans une modeste voiture. Hilare et gros, il a le visage bouffi et vérolé du boxeur retraité, mais c'est un homme humble et doux, censé et attentif, que nous découvrons au fil de nos conversations.

— Je ne suis pas un intellectuel, je suis pragmatique et je sais décider. Je connais les hommes et le monde du travail, j'ai dirigé des syndicats de mineurs. Je n'ai pas peur des foules beuglantes, pas plus que des idéologues. Je crois en l'éveil de l'homme, à son désir irréductible de liberté... De toute façon, rien n'empêchera mes ennemis de me tuer. Regardez Reagan, le pape, personne n'est à l'abri ! Mais mes ennemis perdront au bout du compte, car ils sont dans l'erreur et ils ont le peuple contre eux.

Un homme courageux et engagé. Nous prolongeons longtemps cette conversation à trois, sur des tabourets, sous la lune, devant sa hutte, et je songe que le destin de douze millions de personnes tyrannisées est peut-être entre les mains de cet homme...

Le lendemain matin, nous faisons en plein champ notre interview formelle, Morgan est assis face à la caméra sur fond de hutte traditionnelle.

— Votre parti existe depuis deux ans. En quoi avez-vous été empêchés de participer au jeu démocratique ?

— Ça n'a pas été un chemin facile pour notre jeune parti. Nous avons dû subir un grand nombre de contraintes. Nous sommes méprisés et considérés comme insignifiants, même si, aux dernières élections législatives, après seulement neuf mois d'existence, nous avons obtenu cinquante-sept sièges, contre soixante-deux pour le Zanu-PF, et ce malgré les manœuvres de découpages. Cela nous donnait 52 % des voix des électeurs. Le monde nous a découverts avec stupéfaction. Pour renforcer sa frêle majorité, Mugabe a alors nommé au Parlement trente personnes, dont dix chefs tribaux, les douze gouverneurs de province et huit affidés. C'est ça la démocratie chez nous ! De plus, un grand nombre de nos partisans ont été arrêtés sans charges et croupissent toujours en prison. Cent dix de nos membres ont été à ce jour assassinés pour leurs idées. Nos meetings sont systématiquement sabotés par les milices du Zanu-PF. Nous sommes diabolisés, sans droit de réponse, taxés d'infamie, sans recours. J'ai moi-même été attaqué quatre fois, mon convoi est régulièrement lapidé. On nous dresse aussi des embuscades où nous perdons tous nos véhicules et sauvons notre peau en courant. Le 22 juillet, en chemin vers Bindura, c'est à la hache que nos vitres ont été pulvérisées. Trois de mes sympathisants se sont fait découper les bras à la machette... Deux sont toujours dans un état critique. Traiter ainsi le président du seul parti d'opposition, c'est faire bien peu cas des principes démocratiques.

— Comment expliquez-vous cet accroissement de la violence et cette fuite en avant du gouvernement?

— Laissez-moi d'abord vous dire que notre mot d'ordre est la non-violence. Nous n'avons pas d'autre moyen de nous défendre. Notre seule arme est le bulletin de vote, c'est pourquoi il est d'une importance capitale que les prochaines élections se déroulent sous haute surveillance. Le gouvernement est victime de sa propre incompétence, de son incapacité à redresser le pays. Il cherche des boucs émissaires, invoque un complot international, nous croit à la tête de cette conspiration, nous accuse de traîtrise, se déchaîne sur les fermiers blancs... Nous sommes douze millions sur un territoire grand comme le vôtre, nous avons amplement assez de terre pour tout le monde. Nous n'avons jamais connu d'apartheid, il n'y a ici aucun ressentiment entre les Noirs et les Blancs, malgré ce qu'en dit le gouvernement.

— Que va-t-il se passer?

— Je peux vous garantir que la situation n'a pas encore tourné au bain de sang uniquement grâce à notre patience, à celle des fermiers envahis, à celle du peuple affamé, à sa capacité à encaisser, ce qui est peut-être aussi notre faiblesse, mais aussi notre force démocratique.

— Quel est votre projet politique?

— Au MDC, nous avons une vision: l'amélioration des conditions de vie. Cela ne peut se faire que par le retour de l'état de droit, de la loi et de l'ordre. Cette crise a plongé le pays dans un chômage de plus de 70 %. Toutes les usines, toutes les entreprises, il faut le reconnaître, en majorité dirigées par des Blancs, ferment les unes après les autres et mettent à la rue des milliers de travailleurs. Nous allons prendre le contre-pied total des mesures de l'actuel gouvernement, garantir la propriété privée, faciliter les investissements étrangers, l'implantation d'usines, respecter les lois du marché, protéger l'agriculture commerciale pourvoyeuse d'énormément d'emplois et de capitaux. Nous allons aussi poursuivre la réforme agraire et la redistribution des terres à ceux qui en cherchent, mais de façon légale. Actuellement, le programme *fast-track* attribue en priorité les terres « volées », aux membres du parti et aux fonctionnaires en guise de résidence secondaire ou de revenu d'appoint. De qui se moque-t-on ?

« Cependant, de vous à moi, je ne crois pas que l'avenir de la population et que la modernité d'un pays se construisent en déplaçant des populations urbaines ouvrières à la campagne sous prétexte qu'ils n'ont plus d'emploi en ville. Les gens ne veulent pas de terre, ils veulent un salaire pour acheter des biens de consommation.

« Par ailleurs, laissez-moi vous dire franchement que je ne me fais pas beaucoup d'illusions sur le pouvoir de la politique, c'est le marché qui fait la prospérité d'un pays, pas les politiciens.

— Que direz-vous à vos concitoyens, blancs comme noirs, qui ont quitté le pays à cause de ce que vous appelez « un environnement hostile » ?

— Que nous allons rétablir un environnement amical, et que la propriété et la libre entreprise seront garanties et choyées. Il faut que vous sachiez que la fuite des cerveaux touche beaucoup plus de Noirs éduqués que de Blancs. C'est toute notre classe moyenne, diplômée, moderne, qui s'est envolée. Et je ne les blâme pas, c'est une réaction normale quand vous êtes médecin, avocat, universitaire, entrepreneur et que votre pays ne peut plus vous assurer d'avenir.

— De quel dirigeant africain vous sentez-vous proche ?

— C'est une question très délicate. Je n'ai jamais été en contact direct avec des dirigeants africains. Mon sentiment est que c'est toute une génération qui se tient les coudes, avec les résultats que l'on sait. Partout la décolonisation et les gouvernements de libération ont été un fiasco, menant l'Afrique à la banqueroute et aux guerres civiles. Je suis triste et j'ai honte que les dirigeants africains aient à ce point trahi l'espoir de leurs peuples. Liberia, Sierra Leone, Rwanda, Nigeria, Libye, Angola... La liste est interminable ! Évidemment, Nelson Mandela a été pour moi un modèle. Cet homme est un joyau, une icône, le symbole de la réconciliation et de la bonté à l'africaine : il a su respecter les minorités, le multipartisme et l'opposition, mais il n'est pas resté assez longtemps au pouvoir pour les mettre en pratique.

— Demain vous repartez en campagne, que craignez-vous personnellement ?

— En ce qui me concerne, je n'ai plus peur de mourir, cela a failli m'arriver trop souvent. Je suis surtout inquiet des persécutions que subissent mes sympathisants. Le gouvernement a démontré par le passé qu'il n'avait peur de rien. Dans les années 1980, il s'est livré en toute impunité au massacre de près de quinze mille personnes au Matabeleland par la cinquième brigade entraînée en Corée du Nord. Ma grande terreur est que la communauté internationale se désintéresse du problème zimbabwéen, qu'elle soit focalisée sur l'Afghanistan ou l'Irak, par exemple, ou les conflits qui suivront, qu'elle ne parvienne pas à faire pression sur le gouvernement pour l'envoi d'observateurs électoraux, et qu'elle ne veille pas à ce que les citoyens zimbabwéens aient accès à des élections libres et justes (*free and fair*). Sans ce radar international, la violence peut tourner au bain de sang. Tous les ingrédients sont rassemblés pour faire un autre drame africain si le monde se détourne de nous. Vous ne pourrez pas dire que vous ne saviez pas.

La voix du peuple zimbabwéen ne s'est pas encore fait entendre. Les élections ont été une mascarade. Les observateurs occidentaux remerciés, remplacés par un collège d'observateurs internationaux appartenant aux « grandes nations démocratiques » comme la Libye, le Nigeria, Cuba, le Soudan ! Morgan Tsvangirai a été arrêté, accusé de haute trahison, mais relâché, les élections ont donné Mugabe victorieux à 56 %. Selon certaines sources, c'est 50 % des suffrages qu'il s'est purement et simplement octroyés. Les organismes internationaux lui accordent 9 % de sympathisants. La famine est effectivement venue, et un an après notre interview, le dictateur venait se pavaner en Afrique du Sud, moucher Tony Blair à la Conférence sur le développement durable et déclarer que son peuple était victime d'un complot néocolonialiste... Au même moment, la Banque mondiale prévoyait de débloquer 638 millions de dollars pour venir en aide aux pays d'Afrique australe affectés par les famines en cascades déclenchées par l'incurie zimbabwéenne et une sécheresse chronique. Et Mugabe de se frotter les

226

mains : « J'affame mon peuple, je réussis mon épuration ethnique sous couvert de lutte anti-néocoloniale, et l'on vient gratuitement me sauver mon peuple. » En attendant, l'opposition est
laminée. Le monde s'en fout. Le monde est fou. Mugabe a
encore de beaux jours devant lui ! C'est la chance des dictateurs
mineurs.

Nous reprenons la route avec un regard ressourcé et avec
l'espoir que notre interview servira à quelque chose. En plein
midi, nous nous arrêtons à l'ombre d'un baobab planté sur des
rochers en compagnie d'arbres vassaux. Entre les rocs, nous
trouvons deux vieilles tombes blanchies à la chaux et surmon-
tées de belles croix. Ces baobabs sont sacrés. Les Shonas,
comme beaucoup de tribus africaines, croient qu'ils puisent leur
vie dans l'âme des corps et que leurs branches sont comme des
antennes plantées dans les cieux.

Nous gisons là parmi les esprits, tout occupés à recouvrer
les nôtres quand s'élève une complainte étonnamment douce et
harmonieuse accompagnée à la guitare. Des voix ? De derrière
le baobab surgit un sympathique rasta muni d'un bidon d'huile
emmanché d'un bout de bois tendu de fils de fer. Sa voix
rauque et sa gratte rouillée s'accordent bien. Il s'appelle Timothy, il est briquetier mais là, il fait vraiment trop chaud, alors il
chante comme un grillon.

C'est le chant de Noé, héros du Déluge et de la première
Alliance. Nous reprenons avec lui le refrain : « Noah ! Noah !
Noah ! » Père des hommes et notamment de Cham, son fils
noir, père des peuples africains... À l'heure d'écrire ce livre,
plus d'un an après, son refrain chante encore dans ma tête, et
nous le reprenons souvent en chemin avec Sonia... « Noah !
Noah ! Noah ! » L'esprit du baobab marche avec nous...

L'après-midi marche avec nous Saül avec sa brouette chargée de maïs. Sa récolte. Il va vers une petite minoterie privée,
pour moudre son grain en *sadza*, nom shona pour désigner le
milie meal, après le *pokon ko* des Xhosas et le *putu papa* des
Basothos.

— Tu peux tenir combien de temps avec le contenu de
cette brouette ?

— J'ai récolté cette fois-ci à peu près soixante-quinze
kilos sur mon lopin. J'ai un fils, une femme, une mère et une

tante à nourrir, ça va durer deux mois. Après je ne sais pas, je n'arrive pas à trouver de semences...

À trente et un ans, il n'a qu'un fils. Censé, il me répond :

— Comment ferais-je pour en nourrir d'autres ? Moi, j'ai dû quitter la St. John Catholic School en troisième, car j'avais trop de frères et de sœurs. J'aurais voulu continuer les études. Ma place n'est pas ici, à gratter la terre pour survivre. C'est la faute de mon père. Moi je ferai tout pour que mon fils aille le plus loin possible. Alors, je vais au cours du soir de mon ancienne école, pour rattraper le temps perdu...

En effet, Saül parle un anglais impeccable et sa conversation dénote culture et finesse. Nous ne voyons pas passer les kilomètres, nos sacs et sa brouette deviennent légers, nous refaisons le Zimbabwe.

En fin de journée, nous sommes seuls dans une brousse déserte quand un gamin nous dépasse à bicyclette. Je pourrais presque dire « en » bicyclette car il pédale en danseuse à travers le cadre, avec la barre coincée sous le bras droit.

— Mais elle est trop grande pour toi, cette bicyclette !

— Mon père a prévu large ! Il veut que je m'en serve encore quand je serai grand.

Tinache a neuf ans. Lui aussi parle un anglais parfait.

— Pourquoi marchez-vous si vous pouvez rouler en voiture ? C'est un sacrifice ?

Et malin avec ça !

— Nous marchons pour rencontrer des garçons comme toi ! Si j'étais passé en voiture, j'aurais klaxonné en te voyant, je ne serais pas en train de te parler.

Il marque un temps d'arrêt, réfléchit et me répond :

— En fait, vous voulez provoquer des rencontres qui sans votre marche n'auraient pas lieu ? C'est pas une mauvaise idée. Ça veut dire qu'il faut que vous veniez dormir chez moi.

C'est un génie, ce mioche ! Nous le regardons estomaqués, il dandine toujours dans son cadre trop grand :

— Pas de problème ! Mais je vous préviens, demain matin je me lève à 4 heures pour aller planter des arbres...

— Qu'est-ce que tu racontes ?

— La maîtresse nous a proposé une heure de cours supplémentaire le matin pour planter des arbres, car les arbres c'est la vie !

La relève est assurée. Vivement que passe la classe d'âge au pouvoir, la nouvelle Afrique se prépare activement sur les bancs de l'école...

Chez lui, nous sommes accueillis par deux douzaines de poussins qui dorment avec nous par terre dans le salon. La mère est analphabète, accablée par son travail de femme de ménage dans un dispensaire misérable. Toute la nuit, des chiens cocoriquent et des coqs aboient, nous ne fermons pas l'œil. Dormir chez l'habitant est parfois éreintant. C'est le prix de la rencontre. Et Tinache vit dans ce bouge. Une fleur de pavé.

Va ! Petit ! Va planter ton arbre !

Un autre soir, à Rukweza, on nous indique une école gouvernementale d'agriculture. Chouette, sûrement un bastion Zanu-PF ! Ça va être croustillant, se dit-on, ce voyage au cœur de la propagande.

Le directeur, Walter Mbauya, nous reçoit chez lui, affable et policé, assez élégant. Nous ne tardons pas à lui parler du mal-être que nous ressentons dans le pays. Il attaque fort :

— On ne parle en Occident que des pays retardés, sous- ou moins développés, arriérés, etc. J'en ai assez de ce nouveau paternalisme. Qu'on nous laisse tranquilles, nous débrouiller tout seuls avec nos problèmes !

C'est bien ce que je pensais, on est tombé chez un cacique du parti. Il continue.

— L'aide humanitaire, au développement, à la coopération, enfin l'aide de toute nature maintient des dictateurs au pouvoir, qui sans ça tomberaient comme des mouches ! L'Afrique a toujours été le creuset de la sélection naturelle ! Mais votre ingérence fausse tout... Sans votre mauvaise conscience, on se serait déjà débarrassés de Mugabe.

Aïe ! Il y a maldonne. Ai-je bien entendu ?

— Ce qu'on oublie de dire, c'est qu'on arrive du Moyen Âge et qu'on a découvert le monde moderne d'un seul coup. Moi je trouve au contraire qu'on s'en tire pas si mal. Les Aztèques ou les Incas n'ont pas résisté au même choc. Moi je suis fier, même s'il reste beaucoup à faire, qu'en un demi-siècle on ait rattrapé notre retard.

Jamais entendu un tel discours. Il continue de plus belle.

— C'est grâce à l'éducation qu'on a reçue des missionnaires, ils nous aimaient comme leurs propres fils. En revanche, le communisme a tout cassé chez nous et nous méprise tandis que la colonisation, elle, nous avait apporté la lumière...

— Mais non, Walter ! Ne dites pas ça...

— Et comment que je dis ça, c'est la vérité ! L'avenir était plus rose sous l'Empire. Regardez aujourd'hui quel est notre avenir. La famine

Chiremtsito, samedi 29 septembre 2001,
272ᵉ jour, 34 km, 3 999ᵉ km

Toute la journée nous traversons une ferme envahie d'où les propriétaires ont été chassés, puis une autre ferme, redistribuée il y a vingt ans, à l'indépendance, par un milliardaire zimbabwéen qui en possédait une douzaine. Cas d'école. Contraste des méthodes. Similitude des résultats.

Nous marchons d'abord le long d'un champ labouré au fond d'une vallée de brousse. Il fait bien cinq kilomètres de long par cinq cents mètres de large. Il a été aplani, amendé, dépierré, débroussaillé, fertilisé et travaillé par cinq générations d'une même famille : d'abord à la main, puis à l'araire, puis à la charrue et, depuis deux générations, par le passage régulier des tracteurs. Qu'importe le nom des fermiers. On les a chassés.

La disposition du terrain est idéale pour le morcellement : des tranches de cent mètres de large. Ainsi tous les cent mètres trône une hutte de paille en plein milieu du lopin rectangulaire. Autour de la hutte, la terre est vaguement grattée sur la surface d'un potager mais rien ne pousse. Personne n'a de semences. À côté de la case il y a une grosse cheminée fumante et un grand trou, comme si la terre avait été mangée. On la fait cuire. Avec les troncs des belles allées de jacarandas qui menaient à la ferme du boss. Pour faire des briques. Pour construire en dur.

Tout est désert. Il y a bien une vieille qui vaque dans un coin, des enfants qui traînent et un type qui débite du bois.

Là où s'étendait un champ fertile et nourricier, productif et exportateur, ne s'étend plus que la désolation d'étiques jardins mités aux allures de bidonville. Des lopins qui ne parviendront même pas à nourrir leurs occupants. Ce champ est perdu pour tous.

Dans la seconde ferme, redistribuée il y a vingt ans, les choses sont mieux organisées. Mais en vingt ans les propriétaires se sont multipliés, malheureusement pas la surface. Sur les lopins, il n'y a plus une case, mais cinq. Et le bétail en sus ! C'est plus de la moitié de la surface utile qui est occupée. Tout est défriché. Plus un arbre à l'horizon, et le ravinement est à l'œuvre. Rien de ce qui existait n'est utilisé. L'ancienne ferme bée, les séchoirs à tabac, les granges, les ateliers, tout est détruit, cannibalisé. Seuls le lac de barrage et quelques jacarandas épargnés témoignent de la grandeur passée. L'ensemble forme aujourd'hui le village de Chiremtsito. En vingt ans, ni l'école promise ni le dispensaire ne sont venus à Chiremtsito. Trop loin ! Il y a tout de même un *shabeen*, un bar à bière traditionnelle qui crache de tous ses haut-parleurs un crincrin inaudible pour attirer le chaland. Nous y atterrissons. Une bande de gaillards éméchés mais amicaux nous y accueille. Un grand échalas un peu moins torché que les autres nous bafouille :

— Ça fait vingt ans que pas un Blanc ne s'est pointé par ici. Vous avez un sacré culot. Bienvenue à Chiremtsito ! Je vous offre un *scud* ?

Le *scud* est une bonbonne de trois litres de bière d'orge distillée par la seule compagnie fonctionnant encore dans le pays : Chibuku. Dans les campagnes, on voit toujours un homme ou deux se balader, l'œil rouge, avec son biberon *scud*. Ce n'est pas mauvais, c'est douceâtre et nourrissant, ça coûte le prix d'un Coca et on en a bien plus pour son argent ! J'avale les grumeaux et les grains. C'est la même boisson que le *mkompoti* du Lesotho. Ici, Accepter un *scud*, c'est aussi un geste symbolique fort, c'est sceller un pacte d'amitié et renoncer au mépris que les Zimbabwéens blancs ont toujours eu pour cette boisson de Noirs. Notre homme se met à parler : il a étudié aux États-Unis. Il est ingénieur hydraulicien. Il est revenu acheter six hectares. Il fait du tabac et en rachète aux autres petits producteurs. Il mise sur les calamités africaines, les sécheresses et les guerres pour la hausse des prix... Il nous avoue gagner un million de dollars zimbabwéens par an, soit quatre mille euros. C'est le roi du coin. Pour nous le prouver, il repaie une tournée générale. C'est lui le patron du *shabeen*.

Nous repartons dans la nuit avant d'être interceptés par Chamiso et Tatenda, « Miracle » et « Merci » dans le texte, deux adorables fillettes qui nous prennent sous leur protection. Les anges gardiens de Chiremtsito !

Le lendemain à l'aube, nous passons notre quatre millième kilomètre. Nous nous embrassons de joie sur la piste. *Africa Trek* prend forme ! En débouchant sur la route de Nyanga, nous décidons de marquer une pause et de faire une digression vers Harare.

15

Cataractes et serpentine

Le deuxième jour de notre marche, aux abords de Simonstown sur la péninsule du Cap, le type dans son moteur nous avait dit : « Si jamais vous passez par Harare, appelez-nous ! » Nous l'appelons.

— Bonjour, ce sont les poussins français. Vous vous souvenez ? Les deux marcheurs du Cap. On est à Harare.

— Non, je n'y crois pas ! Fantastique ! Où êtes-vous ? Ne bougez pas, on vient vous chercher.

Neuf mois se sont écoulés qui n'ont pas entamé la parole donnée. Mike, Pat Hamblet et leur fille Andrea Pycroft déboulent sur les chapeaux de roues. Embrassades sur un parking. Il nous semble déjà faire partie de la famille. Des amours. Andrea nous ouvre les portes de sa maison.

— Vous devez vous reposer. Restez aussi longtemps que vous le voulez. Venez dans le jardin, on va vous faire les présentations...

Cory et Amy, deux adorables bambins couverts de taches de rousseur, nous mènent à une grande volière. Dans l'herbe grasse, un gros lapin angora lève vers nous un museau circonspect.

— C'est Mr. Bunny. Et là-bas, le cochon d'Inde, c'est Elvis. Sans oublier bien sûr Emily la tortue...

Un grand setter irlandais déboule sur ces entrefaites, suivi par un golden retriever. Des colombes diamant volettent en tous sens. Nous nous posons autour de la piscine et renouons avec les joies sédentaires du soin, du confort et de la facilité, un jus d'orange à la main et le regard divaguant dans un beau jardin. Mike et Pat se sont construit eux-mêmes une chaumière traditionnelle au bout du terrain, pour être plus près de leurs petits-enfants.

On avait tout oublié. On s'était fait à la crasse, à l'inconfort, aux privations, au manque d'intimité, à la lutte permanente, à l'incertitude, à la précarité, à tant de petites souffrances. Ce plongeon brutal dans la normalité occidentale nous émerveille. Dans la chambre tout est moelleux, capitonné, des coussins sur les lits, des fleurs dans un vase, des gravures aux murs, des rideaux à la fenêtre, une salle de bains attenante, une cuvette propre, des serviettes-éponges. Ah ! les serviettes-éponges ! Douces retrouvailles. Un robinet qui coule. Un ruban d'eau cristalline et pure. Pouvoir marcher pieds nus du lit aux toilettes sans risquer de se viander sur un bout de verre ou de fer, sans risque de glisser sur une fiente. Luxe ineffable !

Le soir rentre du bureau Anthony Pycroft, ravi de nous revoir mais accablé par une terrible nouvelle : son usine a été envahie aujourd'hui par les hordes du Zanu-PF. Il y a eu des blessés. Anthony a été caché par ses employés noirs dans un placard. La dernière fois, il s'était fait attraper, ficelé tout nu une nuit durant dans un garage, ses bourreaux lui crachant à la figure, lui arrachant les poils, lui hurlant dessus.

Anthony a le malheur de diriger la deuxième usine de pain du pays. Sujet sensible, symbolique et stratégique s'il en est ! Depuis plusieurs jours, il mène un bras de fer tendu avec le pouvoir qui l'empêche d'augmenter le prix du pain. Son contrat avec la société Baker's Inn lui interdit de produire à perte. Or, avec l'augmentation du gaz, de la farine, des salaires et des frais de livraison, il perd dix ZWD par miche de pain. Le conseil d'administration vient de décider de passer de quarante-huit ZWD à soixante ZWD par miche. Ce coût politique est impossible à avaler pour Mugabe.

— Ce que les ministres ne comprennent pas, nous explique Anthony, c'est que les prix sont fixés par les logiques du marché, pas par moi. Cette augmentation est le fruit direct de leur politique désastreuse. C'est toute l'économie qui part en vrille. Depuis trois jours, on n'a plus de gaz. Les camions sont retenus à la frontière sud-africaine car les taxes ont été augmentées par décret. Le Zanu-PF croit qu'on l'a fait exprès pour arrêter l'usine. Ça a mis le feu aux poudres. Mugabe a fait hier un discours public : « Puisque ces gens nous affament et ne veulent plus produire du pain, nous allons leur saisir l'outil de production, fabriquer le pain nous-mêmes et réaliser enfin, après tant d'années, notre grand rêve socialiste... » Évidemment, ce ne sont que des mots, ils n'ont personne pour fabriquer du pain. Résultat : les casseurs ont tout détruit dans l'usine. Une fois de plus, il va falloir réparer.

Même dans un petit paradis comme cette maison, nous sommes rattrapés par la politique. En bonne mère, Andrea nous somme d'appeler nos parents. Bonne nouvelle, les miens viennent nous voir aux chutes Victoria dans une semaine.

Le lendemain soir, il y a à table un parfum de complot ourdi par Cory et Amy qui chuchotent comme des souris. Le voile est levé avec l'arrivée d'un gâteau, de dessins et de cadeaux. Sonia tombe des nues. Elle avait oublié son anniversaire ! Entourée d'amis et d'amour, éprouvée par toutes les souffrances dont nous avons été témoins depuis notre entrée sur le territoire, c'en est trop pour sa résistance lacrymale. Soupape. Toute contrite, la petite Amy s'inquiète.

— Maman, pourquoi Sonia pleure ?
— Parce qu'elle est heureuse, ma chérie.

Chutes Victoria, samedi 6 octobre 2001,
279ᵉ jour, 4 015ᵉ km

Les chutes Victoria sont situées mille kilomètres à l'ouest de notre itinéraire, nous faisons donc un *side-trip*, pour être au rendez-vous. Une responsable des hôtels Sun International, rencontrée à Johannesburg, nous y a offert quelques jours au Royal Livingstone, un cinq étoiles lové dans une courbe du Zambèze, juste en amont des chutes, côté zambien. L'occasion rêvée pour mes parents de nous rendre visite.

À l'hôtel, le choc est brutal, l'air conditionné commotionnant, la propreté salissante, le silence édulcoré par Cleyderman assourdissant. Il faut s'adapter. Tout rutile, de grands voilages blancs vivent dans le vent : ambiance cuir et vieux bois, style colonial sans chichis, service impeccable, piscine cristalline, une autre planète. Mes parents ne sont pas là. Leur avion a du retard, ils n'arriveront que demain. On nous installe dans une grande chambre blanche aux raffinements exquis, une rose, un savon au jasmin... Et dire qu'un touriste fortuné pourrait n'avoir de l'Afrique que cette expérience !

Au coucher du soleil, nous allons sur la terrasse un cocktail à la main contempler les hippopotames bâiller sur les reflets sanglants du fleuve. La rumeur des chutes au loin confère au crépuscule une grondante profondeur. Dîner aux chandelles, maître d'hôtel et échanson, curry d'agneau pour Sonia, brème du Zambèze pour moi, on nous chouchoute.

Le lendemain, j'ai le dos bloqué, comme à Adelaide, à Millard ou Joburg ! Ça ne pardonne pas, les bons lits ! Trop moelleux ! Trop de coussins ! C'est toujours comme ça quand on s'arrête : courbatures et névralgies, le corps se souvient de ce qu'on lui a fait subir, l'esprit se relâche, c'est la grève générale.

Après avoir retrouvé mes parents avec bonheur, nous partons descendre le fleuve en famille et en canoë. Immersion totale pour mes parents. Au ras des flots et d'une rive à l'autre, deux par deux dans nos esquifs, nous partons flirter avec les seigneurs du fleuve sous la gouverne de Colin. Nous allons avec le courant. Tout est silencieux, les baobabs défilent, des antilopes détalent, des martins-pêcheurs turquoise fusent. Pour une fois nous avançons en faisant travailler nos bras ! Colin lève soudain la main, puis pointe du doigt : un groupe d'hippopotames sonde, vision furtive. Le mâle dominant a lancé son grognement saccadé. Il faut s'écarter de leur territoire. Tout à coup, nos canoës nous paraissent bien fragiles. Nous coupons le fleuve pour gagner l'autre rive. L'hippo est le plus grand tueur d'hommes en Afrique, après le moustique... La vision des crocodiles est encore plus fugace : d'un coup de queue, ce que l'on avait pris pour un tronc n'est plus qu'un souvenir. Dans le doute, on ne laisse pas trop traîner ses mains dans l'eau...

Au détour d'un calme méandre, nous débouchons sur une horde de plus de cent éléphants qui s'abreuvent dans les eaux limoneuses Un spectacle de nature en majesté, sans la terreur de la charge. On est bien mieux en canoë qu'à pied ! Impossible d'être plus proche d'un éléphant sauvage ! Nous passons en silence, emportés par le courant comme des bûches. C'est la revue ! Ils sont là, à portée de trompe, font mine de ne pas nous voir ; des petits batifolent dans l'eau, les oreilles toutes flappantes, entre les pattes luisantes de leur mère. Dans l'air vibrent des grondements infrasoniques. Ils sont en grande conversation. Tous ont leur caractère. Ici un trapu teigneux zébré de cicatrices et aux défenses amochées gratte la terre de ses antérieurs, là un grand mâle flegmatique, élancé, haut sur pattes, semble bénir de sa trompe ses congénères à grands coups d'encensoir. Il joue avec une motte de terre. Une grosse femelle endormie digère sur pied, la tête dans un buisson. Deux jeunes s'affrontent à grand déploiement de postures d'intimidation, de barrissements et de claquements d'oreilles. Un autre se met à l'eau, fait mine de nous charger, joue les hippopotames et nous cherche de sa trompe en périscope. C'est fini! Nous sommes emportés par les flots, le film continue.

Des ribambelles de nénuphars font des tourniquets dans les remous, des tilapias font claquer leur queue en surface. Nous glissons d'aise. Aux « Vic Falls », le canoë est ce qu'il y a de mieux! C'est la seule activité proposée qui ne soit pas anachronique, car il y a toujours moyen d'aller se jeter du viaduc avec un élastique aux pieds, se faire secouer comme une grosse saucisse mouillée, assis sur des boudins dans les rapides en aval des chutes, ou tournoyer dans le ciel comme un agaçant moustique au-dessus des cataractes. Sans façons. Un peu de respect pour le mythique Zambèze!

Côté zambien, en saison sèche, on peut se frayer un chemin le long de la lèvre des chutes jusqu'à l'île Livingstone, à un jet de pierre de la rive zimbabwéenne.

Nous quittons donc nos canoës pour sauter de rocher en rocher au-dessus des bras d'eau. C'est là, depuis cet îlot perché au bord du vide, comme un radeau en perdition, que nous découvrons les chutes. Le gouffre est suffocant, l'à-pic vertigineux, taillé à la serpe titanesque. C'est une immense fracture de dix-sept cents mètres de long dans un basalte tendre où se précipitent jusqu'à cinq millions de litres d'eau par seconde à la haute saison. Depuis huit millions d'années, le ruban d'eau scie la roche et fait reculer le mur en zigzags. On voit bien, en aval, les vestiges de ce grand ouvrage des éléments. Ainsi nous admirons les huitièmes chutes. L'eau n'en finit pas de tomber, hypnotique et fascinante, et ce roulement d'orage, ce râle de la terre engorgeant ces trombes bouillonnantes font vibrer nos cages thoraciques comme des coquilles de noix. On reste là muets et sourds, à contempler la démesure.

Soudain, c'est l'hallucination! Au milieu du fleuve, un homme se tient debout sur le bord de la lèvre dont nous ne voyons que le point d'inflexion. Comment a-t-il fait pour arriver là? C'est insensé. Il étend ses bras. Il ne va pas plonger, tout de même... Si! Il a disparu. Quelle horreur! Un suicide en direct.

Nous sommes encore sous le choc que notre bonhomme réapparaît sur la lèvre, le sourire aux siennes. Le miraculé vient à nous en trouvant son chemin sur les hauts fonds. À chaque instant, nous redoutons qu'il perde pied, soit happé par le courant et avalé par le gouffre. Mais il connaît bien l'itinéraire. Hilare, il est zambien et s'appelle Ignace.

Il nous faut peu de temps pour le convaincre de nous mener à son plongeoir magique. Il nous guide dans le courant, s'accroche à une pierre invisible, coupe un bras d'eau vers un affleurement, déjoue les pièges des rapides et nous fait gagner un promontoire au bord du vide. En cet endroit précis, la lèvre dissimule une terrasse de trois mètres en contrebas, qui crée un minuscule bassin intermédiaire avant le grand saut.

Ignace plonge et m'enjoint de le suivre. Je m'exécute – c'est le cas de le dire. Saut de l'ange, seconde d'éternité suspendue au bord de la cataracte, je fais une pirouette au moment de toucher l'eau pour amortir l'élan et ne pas m'écraser au fond du chaudron. Les bulles me font regagner la surface jubilant et extatique, et je m'accoude, ivre, au rebord donnant sur le vide abyssal où les éléments se déchaînent entre deux arcs-en-ciel. Sonia, plus raisonnable, désescalade le mur et vient se joindre à la fête. La plus belle piscine à débordement du monde. Le jacuzzi du paradis. Merci Ignace!

Retour à Harare. C'est la saison des jacarandas. Toutes les avenues sont bordées d'arbres centenaires – héritage britannique. La ville est mauve et l'on roule dans des tunnels de fleurs. Dans les kiosques, c'est le duel des journaux. *Herald* contre *Daily News*, propagande gouvernementale contre critique à tout crin. Le premier titre sur la saisie de l'usine de pain, le second sur la destruction de l'usine de pain. Question de point de vue. De toute façon, ça fait longtemps que les Zimbabwéens ne mangent plus de pain. C'est un luxe de journalistes, de Blancs ou d'affidés du pouvoir. Le peuple, lui, tremble pour sa *sadza* dont on annonce aussi la rupture de stock. Les rues de la ville sont étonnamment calmes. De rares Blancs passent sur les trottoirs, un macaron au revers de leur veste : « *I stay* [1] *!* »

Anthony Pycroft nous emmène déjeuner chez Kevin Forrest, un de ses cousins fermiers, à quarante kilomètres d'Harare. Bien évidemment, il a été envahi. La maison est intacte, toujours ceinturée d'épais massifs de bougainvillées, la pelouse impeccable, les haies taillées, les enfants jouent à la balançoire dans le jardin, tout semble normal. Pourtant, en pénétrant dans la propriété, certains signes ne trompent pas : grands arbres abattus, champs en jachère, paillotes, chèvres, barbelés découpés.

— On a beaucoup de chance. Ils nous laissent tranquilles.

Kevin est très bel homme, raffiné, distingué, l'œil bleu cerclé de petites lunettes d'intellectuel, le verbe posé, le mot juste. Plus le profil d'un banquier que d'un agriculteur.

— Au début ils venaient faire le *toy toy* [2] toute la nuit sous nos fenêtres avec des fourches et des lances, menaçaient nos enfants, coupaient nos arbres exotiques. Pas pour le bois : ils savent qu'on adore les arbres, ils voulaient nous faire craquer. Je leur ai juste montré ma bonne volonté et depuis ils me laissent tranquille. Ils m'ont demandé de labourer leurs parcelles, je l'ai fait ! Ça occupe mes travailleurs qui se tournent les pouces toute la journée, et ça fait rouler mes tracteurs. Le gazole que ça me coûte m'offre la paix !

— Mais qui sont ces envahisseurs ? demande Sonia. Combien sont-ils ?

— Mes six cents hectares ont été divisés en soixante-huit lots de luxe pour des proches du pouvoir. Pas un seul fermier pauvre ayant besoin de terre parmi eux ! Que des fonctionnaires d'Harare, des militaires, des policiers, des membres du CID (Criminal Investigation Departement) : j'ai intérêt à me tenir à carreau ! On ne les voit jamais, ils envoient des membres de leur famille « s'asseoir » sur les lopins qu'ils ont délimités. Mais venez donc ! Je vais vous faire faire la tournée des propriétaires !

Nous montons dans sa voiture et partons à travers champs. Kev s'arrête à la hauteur de chaque case, va saluer une petite

---

1. « Je reste ! »
2. Danse de guerre africaine faite de chants et de sauts en hauteur.

grand-mère assise par terre, lui demande s'il peut traverser son lopin, revient avec l'autorisation et recommence devant la case suivante à côté de laquelle un gamin trait une chèvre. Aucune animosité. Tout est labouré. Rien n'est planté.

— Ça me fait de la peine de voir ces gens assis à ne rien faire. Dans trois semaines, les champs qu'ils m'ont demandé de labourer vont être recouverts d'un mètre de mauvaises herbes. Ils n'ont ni désherbant, ni semences, ni engrais. Le pouvoir leur a tout promis mais se moque de la terre : il veut juste nous chasser.

— Mais comment faites-vous pour vivre si vous ne pouvez plus planter ?

— Cela fait deux ans que je suis empêché de produire, j'ai dû abattre tout mon cheptel bovin, je produisais une des meilleures viandes du pays. Vous connaissez le restaurant Wombles à Harare, qui sert la meilleure viande du monde ? Meilleure que le *bife de lomo* argentin ! Eh bien j'étais un de leurs fournisseurs. Mais tout ça, c'est fini. Je me suis reconverti dans mon métier premier : j'achète et je revends du tabac. Il faut bien vivre. Et n'oubliez pas que j'ai deux cents travailleurs que je paie toujours et qui n'ont pourtant pas le droit de travailler pour moi. Évidemment, je les paie moins qu'avant, puisque l'exploitation ne rapporte plus rien. Mais j'avais mis de l'argent de côté en cas de coup dur. Ils habitent ici avec leurs familles, soit près d'un millier de personnes ! Je me sens responsable d'eux. J'achète du maïs à la tonne pour les nourrir. Si je ne le fais pas, ils crèveront de faim. Si je pars, les envahisseurs les chasseront, ils perdront tout... Ces gens sont sur ces terres depuis plusieurs générations, leurs grands-pères travaillaient déjà pour mon grand-père, ils sont ici chez eux autant que moi. Ils n'ont nulle part où aller ; nous, nous pourrons toujours refaire notre vie ailleurs. Pas eux. Si je reste encore, c'est uniquement pour les protéger des autres et dans l'espoir des prochaines élections...

— Et comment ça se passe entre ces deux communautés ?

— Très mal. J'ai du mal à retenir mes ouvriers, ils veulent sans cesse aller lyncher les envahisseurs qui leur piquent leur gagne-pain. Mais ceux-ci sont armés, et ils ont déjà tué plusieurs des miens.

— Soixante-huit bénéficiaires pistonnés contre mille perdants. Où est la logique ?

240

— Ce n'est pas à moi qu'il faut demander ça. Il y a trois ans, avant d'être envahi, des officiels du Zanu-PF sont venus me voir pour négocier. Je leur ai dit que j'avais trois fermes, celle-ci et deux autres de huit cents hectares chacune réservées au pâturage de mes bêtes. Je leur ai dit que je leur donnais ces deux-là, à condition de me laisser celle-ci, sur laquelle mon père vit toujours dans sa maison, sur laquelle j'ai mon village de travailleurs, mes hangars, mes silos, mes ateliers...

« Eh bien, ils sont allés voir et sont revenus en me disant qu'ils refusaient car ils voulaient cette ferme-ci ! Quand je leur ai demandé pourquoi, ils m'ont dit : là-bas il n'y a pas d'installations, pas de pompes, pas de tracteurs, il n'y a que des terres...

Le lendemain, nous partons avec les Pycroft pour leur petit chalet dans les montagnes de Nyanga, à l'est du pays, tout près de l'endroit où nous avons arrêté notre marche.

Au-dessus de Troutbeck nous montons vers Connemara, le sommet d'un énorme massif de granit. C'est là que dans les années 1920 un petit groupe de familles d'origine écossaise a voulu reconstruire un petit paradis de la pêche à la truite. Ils ont planté des forêts de pins arolle et de cèdres, creusé trois lacs sur une source et construit tout autour des maisons de pierre. Nous sommes à 2 500 m au sommet du pays, sur une autre planète. La fraîcheur et les pinèdes nous offrent un autre visage de l'Afrique.

Le chalet des Pycroft, niché entre deux gros blocs ronds est couvert de lierre. De grandes baies vitrées s'ouvrent sur les eaux miroitantes du deuxième lac. Des massifs d'azalées et de rhododendrons dévorant la rocaille égaient la tristesse de cette forêt « nordique » où le vent siffle dans les pins. Le soleil va se coucher, nous partons vite à la pêche.

Pieds nus dans la vase, le cœur dilaté de bonheur, je commence à fouetter de ma canne à mouche en contemplant la course des foulques dans les joncs, les escadrilles de canards filant dans le ciel rouge, en guettant les remous suspects en sur face. La ligne vole au ralenti et va se poser sur les eaux sombres ; réminiscences de Millard ! Au troisième posé, j'ai une fantastique touche, flash dans les eaux ténébreuses puis le fil tendu court vers un bouquet de roseaux. Je me débats comme un beau diable, lâche de la bobine, reprends, fait tourner la bête qui saute haut et clair dans une ultime tentative de se libérer, un choc, une vision. Je ne tarde pas à ramener à terre une belle truite saumonée d'un petit kilo.

— Ça c'est une truite qu'on a ensemencée il y a cinq ans, annonce Anthony. Il n'y en a presque plus : quand je lui ai dit que vous veniez, elle a voulu à tout prix s'inviter à table. Tu serais venu avec une assiette et non avec ta canne, elle aurait sauté dedans !

— Sonia, dis quelque chose ! Prends ma défense !

— Je savais ɔue tu étais pêcheur, Alex, mais pas dresseur de truite.

— Ah, les salauds !

Rebelote à l'aube le lendemain : partie de pêche divine que nous célébrons dignement avec la famille de Kevin, par un brunch de truites et d'œufs au plat, mitonnés au bord de l'eau sur un réchaud à gaz. Un week-end de pur bonheur. L'après-midi nous allons à World's View, un précipice dantesque sur la brousse sèche alentour à perte de vue. Un belvédère avec guérite panoramique indique les directions : Nairobi, 3 200 km. Un jour peut-être !

Depuis ce jour béni, les Pycroft ont quitté le Zimbabwe en bradant leur maison d'Harare. Ils vivent actuellement à Cape Town... Connemara a été « désigné » dans le cadre du programme « fast-track » de redistribution des terres agricoles aux nécessiteux. L'heureux bénéficiaire du cottage des Pycroft n'est nul autre que Jonathan Moyo, le jeune et fringant ministre de l'Information, célèbre pour sa grande gueule et ses trois accidents de voiture au volant de Porsche. Quant aux qualités agricoles de Connemara... Il n'y pousse que des pierres.

C'est à l'endroit précis où nous avons laissé notre marche il y a vingt et un jours, dans le bourg de Mtseka, que les Pycroft nous déposent. Andrea et Sonia fondent en larmes. Sans doute pressentent-elles déjà qu'on ne se reverra jamais à Connemara... Peut-être à nouveau au cap de Bonne-Espérance ! Car ils en ont. Car il en faut.

D'un seul coup, nous sommes tout seuls. Nous reprenons la marche vers Nyanga. Finis le confort et la sécurité, finis le tourisme, la pêche et la politique, retour en Afrique, retour à l'aventure !

Après deux jours de marche nous arrivons au pied des montagnes de Connemara, à Juliasdale. Avant d'entrer dans le village, sur le bas-côté de la route, une armée de sculptures noires et luisantes nous arrête. Leurs torsions, leurs surfaces anguleuses, leurs méplats brillants comme de l'obsidienne nous fascinent. Un jeune homme vient vers nous, tout en lustrant une petite pièce : l'artiste. Tanya Chipfunde est sculpteur sur serpentine. Le hasard fait bien les choses, nous avions en vain cherché un sculpteur à Harare pour tourner un sujet sur cet art majeur. Et le voilà devant nous. Nous lui demandons si nous pouvons planter notre tente pour quelques jours à côté de son cabanon afin de filmer son travail.

— Bien sûr ! Bienvenue ! De toute façon vous êtes aussi des artistes, vu comme vous voyagez !

On va bien s'entendre. D'autant plus que je sculpte moi aussi en France à mes heures perdues. Mais que fait-il ici tout seul, dans la forêt, loin d'un atelier, loin des mines, loin de sa corporation ? En Afrique, les artistes sont rarement solitaires ?

— Je n'aime pas le bruit. Je n'aime pas les paresseux qui traînent toujours autour de toi quand tu es au village. Ça crée toujours des ennuis. Ici, je suis tranquille. La nature m'inspire, je vis dehors, il n'y a que les acheteurs qui me dérangent, alors ça va !

On va vraiment bien s'entendre !

Au fil des heures, au fil des jours, nous regardons Tanya travailler, partageons des histoires, lui préparons à manger. Il est très curieux de ce que nous avons vu de l'Afrique : une Afrique qu'il sent réelle, proche des gens, loin des perceptions habituelles, une Afrique vraie, vécue sans complexes et sans concessions. Il aime bien nous entendre en parler.

— Vous êtes les premiers Blancs que je vois vivre, dormir, manger avec des Africains, avec en plus la volonté de partager et de comprendre ! J'avais raison, vous êtes vraiment des artistes du voyage ! Mes acheteurs aussi sont fascinés par l'africanité de mes œuvres, ainsi que leur universalité. Mais bon, entre une liasse de billets et venir planter sa tente ici, ce n'est pas le même partage !

Tanya souffre beaucoup de la disparition des touristes et du départ des Blancs :

— Eh bien oui ! Ils constituaient 95 % de ma clientèle. Depuis un an, c'est mort. Heureusement des acheteurs professionnels viennent encore ici pour remplir des conteneurs vers l'Europe ou l'Afrique du Sud, mais ils profitent de la crise pour faire baisser les prix.

La sculpture shona est reconnue de par le monde entier pour son caractère à la fois moderne et traditionnel. Totems stylisés, faces anguleuses utilisant les formes simples de la pierre, lustre noir de la serpentine. Les sculptures reprennent les thèmes favoris de la culture shona : la mère, le féticheur, le rêve, le monde des ancêtres.

— Qu'est-ce qui te passe par la tête qui te déclenche l'envie de faire une statue ? demande Sonia.

— Dès que je regarde une pierre j'ai une sorte de vision, un flash, une inspiration instantanée, comme si elle me parlait. Je sais tout de suite quelle sculpture elle renferme. Je ne force pas une pierre, je ne lui impose pas mon idée, c'est elle qui me demande de la délivrer...

Balèze ! Je le prends au mot en lui désignant un petit bloc :

— Et dans cette pierre ? Quelle est la sculpture qui se cache ?

Il répond du tac au tac :

— Un homme en prière. Tiens ! regarde !

Le bloc est un bloc comme tous les autres. Pas pour Tanya. Il commence son dialogue avec la pierre brute. Les doigts effilés caressent le rugueux.

— Là, c'est le visage, les yeux vers le ciel, et là les mains jointes.

Je dois être aveugle. Il se met à l'ouvrage au marteau griffeur tout en nous parlant des origines de la sculpture shona :

— Du temps de Great Zimbabwe, la sculpture était utilisée par les fétichistes ou comme signe de pouvoir. Ni mode d'expression ni « art pour l'art », son usage était très peu répandu. La sculpture shona telle que nous la pratiquons aujourd'hui est en fait très récente. C'est un missionnaire suisse, le père John Groeber qui, en 1937, est le premier à avoir donné des outils à ses paroissiens afin qu'ils décorent son église de sculptures. Voyant leur talent, il les a incités à continuer pour se faire de l'argent de poche, mais ça restait très localisé. Ce n'est qu'après la guerre que le conservateur de la Galerie nationale, Franck McEwen, a stimulé le développement de la sculpture shona en recrutant de nouveaux artistes, en leur faisant de la publicité et en les représentant à l'étranger.

— Mais comment sais-tu tout ça ?

— Ce n'est pas parce que je vis dans la forêt que je dois être inculte ! J'ai gagné une bourse pour étudier l'histoire de l'art à Mutare. Mais je ne vous ai pas encore dit la meilleure ; dans les années 1960, pendant que la Rhodésie de Ian Smith était frappée d'un embargo, c'est un fermier sud-africain, Tom Bloomfield, qui nous a vraiment fait exploser ! Il ne pouvait plus exporter son tabac, mais il avait sur sa ferme d'importants gisements de serpentine. Il a donc reconverti tous ses ouvriers agricoles en sculpteurs : le village de Tengenenge était né. Malgré l'embargo, Bloomfield avait le droit d'exporter ces sculptures dites « d'art nègre ». Et c'est sur fond de lutte pour l'indépendance et de quête identitaire que cette communauté de sculpteurs a fait rayonner la sculpture shona sur toute la planète.

— Tu es en train de me dire que c'est un peu grâce aux Blancs ?

— C'est eux qui ont été le moteur, mais c'est nous qui travaillons, comme toujours ! C'est nous les artistes. C'est notre culture. Mais on a besoin les uns des autres. Il n'y a que cet abruti de Mugabe pour ne pas comprendre ça. J'te parie qu'il a pas une sculpture shona chez lui ! Vous savez, je le vois passer souvent. Il ne s'est jamais arrêté. Il vient voir son pote le dictateur Mengistu, le « négus rouge d'Éthiopie » qui a tué Haïlé Sélassié et fait massacrer des centaines de milliers de gens. Vous n'avez pas vu sa maison ? Vous êtes passés devant. Venez, je vais vous montrer.

Nous traversons la route et grimpons sur une petite éminence. Au loin, de l'autre côté d'une vallée de brousse verdoyante, une belle villa domine un magnifique panorama comme il doit en exister en Éthiopie :

— Voilà. C'est là qu'il s'est réfugié, sous la protection de Mugabe, car personne ne voulait de lui. Ah, mais j'y pense, vous n'êtes pas les seuls à marcher en Afrique : il y a deux ans, deux Érythréens sont venus à pied d'Éthiopie pour le descendre mais ils se sont fait arrêter...

Nous revenons dans son champ de stèles sur le bord de la route. Nous lui parlons des sculptures en série que nous avons vues à Harare :

— C'est le revers de notre succès, l'effet pervers du tourisme ! Ces petites pièces sont faites à la machine par des marchands peu scrupuleux. Cela dénature notre art. Moi je ne fais que des grosses pièces uniques qui racontent une histoire. Et je dois me méfier des copieurs !

Il lâche ses outils et nous fait faire le tour de sa galerie en plein air. Il y a « Dieu et l'oiseau », « Le roi et le chercheur de diamant », « Le planteur de tabac », « L'écologiste », « Les amis séparés », « La belle-fille », tous érigés sur des billots comme des dieux votifs : derrière la représentation stylisée ils nous racontent une légende cachée, une leçon morale, une coutume, un enseignement. Tanya aime la sculpture didactique :

— Celui qui m'achète une pièce ne le fait pas que pour ses qualités esthétiques, mais aussi parce que son histoire le touche.

Il nous dit encore, légèrement emphatique :

— Je sculpte pour transformer une idée fugitive en trace éternelle.

Je pense soudain à nos traces, si éphémères, semées derrière nous en chapelets de pas évanouis, invisibles...

Tilt ! Eurêka !

Il faut laisser une trace. Un pas plus lourd, un pas de pierre. J'explique la chose à Tanya. Il s'emballe. Fébrile, je me mets aussitôt au travail. Sur son conseil, je choisis une pierre qui se rapproche le plus de ma forme définitive : plate et triangulaire.

La pierre est souple, docile, l'outil chemine, fait voler les éclats, rogne, dénude, révèle. En quelques heures, mon empreinte prend forme : une Afrique au nord de laquelle cinq grosses îles en rang figurent des orteils trempés dans la Méditerranée. Les jours suivants, on se relaie avec Sonia pour les huit ponçages successifs aux grains de plus en plus fins, pour finir au 800 à l'eau. Huile de coude. La récompense arrive avec la patine à chaud : c'est l'épreuve du feu. *L'Homme en prière* de Tanya est fini lui aussi, il le met dans la braise avec ma pièce. J'ai un petit pincement. Il y a toujours un risque qu'elle claque. Tirée du foyer, la pierre rayonne de chaleur, Tanya lui applique au pinceau du cirage transparent, la serpentine révèle alors un profond lustre d'ébène. Le symbole d'*Africa Trek* est né, issu de l'accouplement d'une empreinte de pied nu sur le sable avec le contour géographique du continent. Cette anamorphose est aussi la métamorphose d'une idée fugace en pierre lisse et noire. Grâce à Tanya, notre itinéraire volatil, nos millions de pas éphémères et furtifs, a pris du poids : le symbole de notre Afrique en marche.

— Maintenant vous pouvez repartir sereins, mes amis, vous avez laissé une trace dans la pierre et dans mon cœur !

Nous montons vers Troutbeck, passons le col au pied de Connemara et redescendons de l'autre côté du massif de Nyanga dans une brousse à baobabs sèche et déserte. Passage de l'Écosse à l'Afrique sans transition. Nous sommes assommés. La sueur nous gicle des pores. À 10 h 30, nous devons opérer un repli stratégique. Trop chaud. Invivable. De jour en jour, nous nous enfonçons dans une Afrique si chaude que cela nous occupe totalement. Rien n'existe d'autre que la chaleur. Pas un souffle d'air pour évaporer la sueur et rafraîchir. Marcher, contempler, parler, réfléchir : tout est aboli, et pourtant il faut avancer, filmer, photographier, écrire, vivre.

Cette fois nous avons échoué dans une petite baraque paumée. Patrick Fombe est policier en permission, mais son vrai métier, c'est réparateur de radios. Un électronicien dans la brousse ! Il a d'ailleurs un bel écorché devant lui et se dépatouille avec des fils et des circuits imprimés. Ses deux enfants, Memory et Bigmore, nous dévisagent de leurs énormes yeux. Comme tout le monde ils attendent la saison des pluies. Jamais eu un mois de novembre comme ça depuis trente-neuf ans. Trop chaud sous la tôle. Nous ruisselons. Sortir, mais où ? Le soleil est au zénith. Pas d'ombre. Pas faim. Patrick nous raconte les exactions et les dérèglements dont il est témoin dans la police.

— C'était une ferme envahie, mais les propriétaires n'étaient pas là. La bonne, africaine, décide d'aller cacher l'argenterie et toutes les choses précieuses dans la forêt avant le pillage. Eh bien, elle s'est fait arrêter pour vol. Ce sont les envahisseurs qui l'ont dénoncée et porté plainte. Voilà trois mois que les propriétaires essaient de la faire sortir.

Patrick pousse un gros soupir avant d'ajouter :

— Je ne sais pas comment tout ça va finir. Moi, ça fait trois mois que je ne suis pas payé. Je ne sais pas si je vais rentrer. Je vais plutôt attendre la pluie et planter mon maïs...

Nous nous allongeons comme des chiens sous une corniche le long d'un mur – une bande d'ombre de cinquante centimètres de survie – et essayons de laisser le temps passer, mou et interminable, collant d'ennui et d'impuissance.

Soudain s'élève comme un charme, un souffle de fraîcheur, une petite musique égrillarde. Du français. Pas possible ! Chanté par un Américain ! Patrick, espiègle, sort sa tête par la fenêtre et nous montre la pochette d'un 33 tours : Dean Martin chante *French Touch*. Sous le cagnard s'enchaînent ensuite *La Vie en rose*, *Paris en avril*, *Paris je t'aime*. Ah, Paris en avril ! Les frimas du printemps, les giboulées, les trottoirs humides...

Sonia verse une larme.

En fin d'après-midi, nous repartons. C'est le matin et le soir que se jouent nos journées. Il faut avancer ! Malheureusement, nous tombons huit kilomètres plus loin sur un lit de rivière à sec où s'affairent des orpailleurs. Pourquoi malheureusement ? Parce que forcément on s'arrête, pour voir, pour raconter, pour comprendre, et que pendant ce temps-là on n'avance pas. Cent fois par jour nous avons ce dilemme. Ce coup-ci, les orpailleurs l'emportent. On s'arrête.

Ce sont des gamins. Ils creusent les sédiments à la main, les tamisent sur de vagues grillages et des tôles percées, lavent, rincent le tout avec de l'eau boueuse tirée du lit de la rivière. Un sac de jute recueille les sédiments les plus fins. Il est essoré dans un seau et Jackson, le chef de bande, quinze ans, se met à la batée. Tous les yeux sont rivés sur lui. Les sédiments se détachent. D'un geste vif, il écarte les éléments les plus sombres, ramène une poignée d'eau et reprend son manège. À la fin, au fond du cône, de la poussière jaune flotte en suspension et se dépose en petit tas de poudre magique. Jackson se redresse avec un large sourire, chasse l'eau et récupère son or dans un tube à essais contenant la collecte de la journée :

— Une semaine de frais scolaires !

— Que veux-tu dire ?

— L'école gouvernementale n'est pas gratuite. Mes parents ne peuvent pas la payer. Ça coûte trois mille ZWD par mois (dix euros) soit un gramme d'or par personne. On est cinq, on doit donc trouver cinq grammes par mois. Heureusement, on n'a cours que le matin, alors on vient ici l'après-midi...

Plus loin, nous passons devant l'école. Sur la borne est peinte sa devise : « Ton savoir est ton trésor. »

Nyamapanda, poste frontière Zimbabwe-Mozambique
Samedi 10 novembre 2001, 314ᵉ jour,
18 km, 4 340ᵉ km

Ce matin, en partant sur cette piste abandonnée avec trois litres et demi d'eau chacun, nous savons que nous serons justes. Devant nous, cinquante-huit kilomètres d'incertitude : une piste militaire frontalière, truffée de mines laissées par la guerre de Rhodésie. L'équation est simple, ça veut dire pas d'hommes, ça veut dire pas d'eau. Peut-être quelqu'un ? Un bûcheron ? Un chasseur ? Forcément quelqu'un ! Peut-être même une rivière ? La carte en indique une grande. Je commence à me mentir à moi-même... De toute façon, pas moyen de trouver une bouteille en plastique à Rwenya pour accroître notre autonomie. Nous disposons quand même de sept litres à deux. Prenons le risque !

Pourtant le calcul est vite fait : trois litres et demi chacun, c'est pas beaucoup plus de vingt-quatre heures, c'est difficilement plus de quarante kilomètres, et nous en avons cinquante-huit à marcher. Il faudra compter nos gorgées. Et puis on trouvera bien de l'eau...

Sur la route les baobabs défilent au ralenti comme les portes d'un slalom vers l'enfer. Leurs branches spectrales et nues griffent un ciel de forge. Malgré leurs troncs démesurés, ils ne prodiguent aucune ombre. Il est 6 heures du matin et nous suons déjà à grosses gouttes. Ne pas boire. Avancer. Attendre. Laisser s'égrener les kilomètres, l'esprit en veilleuse. La piste est déserte. La brousse totalement silencieuse. Pas un oiseau. Pas un insecte. Un silence de mort. Et nous suons. Je me rassure en me disant qu'il n'y a qu'à suivre la piste, et qu'au bout, à cinquante-huit kilomètres, il y a de l'eau. On y arrivera à genoux, mais on y arrivera !

C'est sans compter sur le soleil. À 10 heures, il nous matraque. Insolation. Déjà nous sommes saisis de vertiges et de nausées. Il nous faut de l'ombre, vite.

Nous trouvons un mauvais buisson dispensant une mauvaise ombre sur un mauvais sol, infesté de fourmis. Les mouches de mopane se pointent dare-dare. Nous décidons de sauter notre soupe aux nouilles pour préserver notre eau. Et c'est l'attente qui commence. Affamée et déshydratante. Attendre pendant quatre heures que le soleil décline, sans pouvoir rien faire, sans pouvoir dormir, à se débattre contre des fourmis et des mouches avides de sel. Le soleil nous vise entre les branches. Nous sommes amorphes et haletants, souffreteux et pâteux. La négation du voyage, du confort et de l'être. Il n'y a pas d'issue. Attendre. Mes carotides dilatées pulsent à mon encolure. Tout colle. Je fuis de partout. Une vache à eau mal cirée. Panique ! Fureur ! Il faut repartir. Plutôt fuir debout que couché. De toute façon, le compte à rebours a commencé. Nous comptons les gorgées. Trois gorgées par heure. Combien de temps allons-nous tenir ? Combien de kilomètres ? Insensé, la vitesse à laquelle la brousse peut nous mettre à genoux.

Malgré le stress, Sonia reste digne et princière. Sobre comme un chameau. Elle transpire moins que moi. Dans quelle galère l'ai-je embarquée ? Il n'est pas difficile de se rendre compte à quel point l'homme est hydrodépendant, drogué, prêt à tuer père et mère pour sa dose vitale ! Ici, quelques heures suffisent pour être en manque. Quelques heures pour réapprendre le sens de la vie. Sa fragilité. Notre permanente vanité.

De 15 à 16 heures, c'est la fournaise. On serre les dents, les fantasmes affluent, la bouche colle, la langue gonfle, cartonnée, la gorge racle, le corps renâcle. De 16 à 17 heures, c'est la prière. On guette du coin de l'œil le déclin du soleil, on maudit les nuages d'être partout dans le ciel sauf entre nous et ce phare obsédant, on maudit l'orientation de la piste qui maintient ce feu sur la joue gauche. De 17 à 18 heures, c'est l'impatience. La contradiction entre la haine du soleil qui ne tombe pas assez vite, la satisfaction de le voir descendre et la frustration de ne pas sentir la température baisser. Tout à coup il fait nuit noire.

On n'a marché que quinze kilomètres. Il faut continuer au moins trois heures. La route est longue et le pied fuyant. Il faut avancer. Se rapprocher de la rivière de demain. De l'eau. De la vie. Nous sommes en sursis. Au sol des empreintes d'animaux. S'il y a du gibier, il y a des prédateurs. Beaucoup de traces de babouins, d'antilopes, puis de hyènes, de buffles et enfin celles d'un léopard...

Je marche avec mes fusées de détresse à la main. Au cas où... Un orage électrique secoue le ciel d'explosions fantastiques. Nous avalons cette piste interminable surgie de la nuit.

Au bout du rouleau, les tempes bourdonnantes et les mollets flageolants, nous nous arrêtons sur un pont. Pas échangé un mot de l'après-midi. *Alea jacta est.* Le salut est en avant. Nous partageons nos dernières gorgées. Sonia, prise de pitié, m'en donne une, que je refuse. Elle la refuse en retour. Elle reste là, entre nous, la gorgée suspendue...

— Elle est pour toi. Ton sac est plus lourd, tu transpires plus.

— Il n'y a pas de raison, on a marché le même nombre de kilomètres.

Elle force mon admiration. Ce qu'elle fait, peu d'hommes pourraient le faire. Cette femme a un moral d'acier. Les yeux rivés dans les étoiles, je m'endors en essayant de boire la fraîcheur toute relative de la nuit.

Départ : 4 heures du matin. Nous nous partageons l'ultime gorgée. Objectif : l'eau. Gorge nouée. Tête gourde. On sait qu'elle n'est pas loin, mais elle n'est pas là, et c'est la seule chose qui compte. Elle manque. Peu de mots. La salive est chère. La voix est déjà déformée. Petite voix de fausset. Les oreilles commencent à bourdonner, signe avant-coureur de la déshydratation aiguë.

Au lever du soleil, nous trouvons la rivière. À sec. C'est pas grave, il y en a une autre dans cinq kilomètres, dans une heure. Tic-tac tic-tac, enquiller, avancer... Je la guette au loin sur la piste. Voilà le pont, voilà l'eau. Ne pas courir. Rester digne. Nous sommes sauvés. La rivière approche, le lit se dégage, se révèle... à sec !

Impossible ! le lit a la taille d'un fleuve. Pas un trou dans le sable ? Personne n'est venu creuser ? C'est qu'il n'y a pas d'eau ! Perdre ses dernières ressources à creuser ? Nous repartons. C'est le sauve-qui-peut, nous titubons. Il faut gagner Nyamapanda, dix kilomètres, deux heures. Soudain, au loin, une femme traverse la piste.

C'est une femme comme des millions d'autres dans ce pays, sauf que celle-ci a un seau sur la tête. Dieu en personne. Un miracle ! Un mirage ? Nous hurlons, courons comme des dératés. Elle s'arrête et se retourne. Nous déboulons, elle a compris, nous tend une calebasse, honneur aux dames !

Et glou, et glou, et glou !

Je vois ma femme renaître, les gorgées la gorger de vie. Elle reprend son souffle. C'est mon tour !

Et glou ! Et glou ! Et glou ! Bestiale musique ! Ineffable douceur ! Du lait et du miel. Mieux encore, de l'eau. Tout est aboli en une seconde. Nous n'avons pas souffert. On ne souffre qu'au présent. Nous rions aux éclats comme des dingues. Nos panses font floc ! floc ! Notre petite dame est émue. Elle connaît la soif.

— *Zita rako unonzi ani* [1] ?

— Lucy.

Notre sauveuse s'appelle Lucy. Elle est entre deux âges, en guenilles, marquée par la vie, l'alcool et les coups, mais son sourire est pur comme un soleil. C'est une princesse, une Ève, une mère des hommes, une apparition. Un clin d'œil à notre marche paléo-anthropologique. Le rappel aussi que c'est de nos rencontres que depuis onze mois nous tenons notre survie.

C'est notre faiblesse. C'est notre force.

Une leçon d'humilité pour nos mollets. Ils ne progressent pas par orgueil ou volonté, mais grâce à la simple et naturelle hospitalité des Africains chez qui nous arrivons tous les jours épuisés et assoiffés. Sans eux, sans cette humble chaîne de solidarité, nous n'aurions pas pu marcher plus de deux jours. Des soutiens financiers ? Nous n'en avons pas. Des sauveurs ? Au moins un par jour, en la personne du paysan africain le plus modeste et le plus pauvre, mais riche de cœur. C'est ça, notre survie. C'est ça, notre lot quotidien. C'est ça, notre trésor...

---

1. « Comment vous appelez-vous ? »

16

Mozambique
Le tigre et le choléra

Bom dia! Como esta? Dès la frontière, c'est une bouffée latine faite de musique et d'accents langoureux qui nous happe. Rien à voir avec la retenue britannique et policée des Zimbabwéens. Des filles moulées à la gaufre et maquillées outrancièrement déambulent entre les camions dans l'atmosphère interlope des postes frontières. Des couples se promènent main dans la main, les échoppes sont plus mixtes, les posters de filles nues s'affichent sans vergogne.

Au programme, la traversée du redoutable corridor de Tete, corne mozambicaine de trois cent vingt kilomètres entre le Zimbabwe et le Malawi.

Au poste frontière zimbabwéen, nous avons reçu un colis envoyé par Helen Campbell. À l'intérieur, ce ne sont que douceurs, barres énergétiques, soupes crémeuses, noix de macadamia et deux paires de chaussures neuves, offertes par notre ami musulman Naeem Omar de Nelspruit qui tient absolument à nous offrir les véhicules de notre hadj, de notre marche vers la cité éternelle. « C'est ma responsabilité. avait-il déclaré. Qui d'autre que Dieu vous a envoyés chez moi? C'est ma façon d'aller aussi à Jérusalem avec vous. »

Sonia les déballe pour l'essayage :

— Chouette! Regarde, il les a remplies de biltong hallal.

Nous raffolons de son biltong hallal super-épicé. Il ne l'a pas oublié, ce cher ami. C'est notre troisième paire de chaussures depuis le départ. Les deuxièmes ont marché deux mille neuf cent quarante kilomètres, dont pas mal de goudron. Une vraie performance : les premières paires n'avaient fait « que » mille quatre cents kilomètres. Sonia et moi n'avons pas la même usure. Ses talons sont totalement rabotés en biseau vers l'extérieur mais la semelle a toujours des crampons. Les miennes sont totalement lisses avec un trou sous l'articulation du gros orteil. J'avais dû me rajouter, à l'intérieur, une semelle découpée dans de la chambre à air de camion pour ne pas être en contact avec le goudron. Nos nouvelles paires sont plus légères, elles ont un bon amorti sous le talon pour absorber les soixante mille pas et percussions que nous infligeons à notre colonne vertébrale tous les jours.

Sonia reçoit aussi une nouvelle jupe, la troisième, après celle cramée à la mine de diamant et celle rallongée chez Naeem qu'elle juge trop chaude et trop lourde. Une de nos hôtesses de Joburg la lui a maternellement cousue sur mesure en microfibre polyamide. Plus légère que celle en coton, plus résistante à l'abrasion, elle sèche surtout beaucoup plus vite. Elle est enchantée.

Pourquoi la jupe ? lui demande-t-on souvent. Car c'est plus aéré et confortable qu'un pantalon et que cela permet d'être invité plus facilement chez des populations traditionnelles. La jupe chasse le mauvais œil et comble l'espace entre la femme occidentale et la « femme du monde »...

Nous quittons le poste frontière en emportant nos vieilles chaussures autour du cou. Ça nous ennuie un peu de donner des chaussures trouées à quelqu'un, aussi pauvre soit-il. Nous cherchons quelque chose de plus poétique pour nous séparer de nos « semelles de vent ».

— Là, un baobab ! On n'a qu'à les laisser à son pied ! Je suis sûr qu'elles feront le bonheur d'un passant avec qui elles continueront un bout de chemin.

Nous leur tirons la révérence et les abandonnons, côte à côte, comme des souliers de Noël au pied du géant végétal.

Avec la frontière, la chaleur n'a pas baissé : à huit heures du matin il fait déjà 45 °C. Tous les jours, nous nous levons pourtant à trois heures du matin, pour un départ à quatre heures et demie. Et là, nous n'avons fait que dix-sept kilomètres. Il faut continuer. Notre marche est en péril. Plus moyen d'avancer. Poussins échaudés... À dix heures, nous échouons sous un pont pour attendre que passe la fournaise. Marcher la nuit. Nous n'avons pas le choix. Cela réduit les rapports avec les populations locales, mais de toute façon il n'y a pas grand monde. Nos premiers jours sont vides d'hommes. Nous plantons la tente sous les étoiles au pied de baobabs, autour d'un petit feu. Nous n'avons plus de problème d'eau : il nous suffit d'arrêter un des nombreux camions qui sillonnent cette route transafricaine : ils ont toujours un gros bidon d'eau de sécurité en cas de panne. Deux Blancs perdus en brousse jaillissant dans la lumière de leurs phares avec des bouteilles en plastique tendues à bout de bras : ça marche à tous les coups, solidarité de la route oblige. Ils s'appellent Nelson, Godfrey ou Gallup, forçats de la route, flippés du « mouchard », viennent du Cap en cinq ou six jours, de Durban ou Joburg en trois ou quatre, et vont à Lilongwe ou Blantyre au Malawi. « Depuis dix mois sur la route ? » Ils hallucinent. La plupart nous voient pour la deuxième ou troisième fois, toujours un peu plus loin, se rappellent nous avoir croisés sur la nationale 1 avant Messina, dépassés au Zimbabwe avant Masvingo...

Ils nous proposent de nous embarquer. Forcément ! Nous ne sommes même pas tentés. C'est totalement tabou. Ce serait un suicide moral. On ne triche pas quand on a soi-même fixé les règles du jeu, et être libre, c'est respecter les choix qu'on s'est fixés. Ils le comprennent bien, nos aigles de la route, s'excusent presque de nous avoir soumis à la tentation, de nous avoir posé la question et repartent dans la nuit derrière le pinceau de leurs phares dans un déchaînement de chevaux et le crescendo des changements de rapports.

Les premiers Mozambicains que nous apercevons sont dans une misère noire, le pays est dévasté. Les rares bâtiments que nous croisons sont des ruines zébrées de rafales de mitrailleuses. Quinze ans de guerre de libération suivis de quinze ans de guerre civile ont ramené toute la population rurale à l'âge de pierre. Les inondations chroniques ont jeté des centaines de milliers de gens sur des routes au bord desquelles ils ont fini par échouer en plantant sur le bas-côté des abris de fortune. C'est avec ces déshérités de la terre que nous vivons et marchons. Ils cabotent le long de l'artère, de non-endroit en non-endroit, pour vendre ou troquer de quoi manger : un oignon contre une poignée de *massa*, le maïs concassé local. Nous échangeons avec eux des bribes de portugais hispanisé :

— Quantos kilometros até proxima circlo ? Moite bon.
Obrigado. Estámos mui cansado, faz tanto calor [1] *!*

L'architecture shona a totalement disparu et avec elle les
beaux rondavels, les huttes de pierre ou de torchis lissé couvertes d'épais chaumes réguliers. Finis les hameaux proprets,
ici s'alignent le long de l'autoroute des cases de branchages tordus, ajourées, supportant des toits d'herbes hirsutes, rapiécés de
bâches humanitaires ou de tôles. Ils n'ont pas la technique de la
brique traditionnelle. Ils ont trop faim pour se soucier de
l'esthétique. Ici pas d'écoles, pas de dispensaires, des haillons,
de la survie, de la misère.

Tout le jour, les baobabs défilent au pied desquels sont
attroupés ces petits bidonvilles faméliques. Par endroits, de
vastes pans de forêts sont défrichés et brûlés. Coupés à hauteur
d'homme et carbonisés, ces troncs hérissent des étendues
macabres comme les anciens champs de bataille de Verdun. Les
hommes ne labourent pas, ils creusent des trous avec des bâtons
tous les cinquante centimètres et jettent trois graines de maïs
dedans.

Tous les quinze kilomètres, de piteux bouis-bouis sur le
bord de la route proposent du Coca ou des *fazulas*, de la potée
de haricots rouges. C'est là que vers 11 heures, après six heures
de marche, nous échouons en quête d'ombrage, les durits en
ébullition et l'estomac dans les talons. Levés à 3 h 30, le petit
déjeuner est loin. C'est aussitôt et invariablement une émeute
de cris, de rires, de poussière et de crasse. L'attroupement.
Dur pour nos nerfs échauffés, le *White watching* : cent paires
d'yeux hagards qui nous scrutent, attentifs à nos moindres
gestes. C'est le tribut et le prix de notre audace, à nous pointer
ainsi les mains vides, les tempes bourdonnantes et la langue
râpeuse. C'est là qu'il faut se rappeler que nous sommes venus
rencontrer, partager et comprendre : la souffrance aussi.

Nous refaisons le plein de Coca, comme des saoulards, cul
sec et d'affilée. Passé le moment de surprise, d'échange et de
réhydratation, nous essayons de nous ménager un espace vital et
de dormir jusqu'à 14 h 30. Au réveil, je me charge de trouver
un foyer pour faire bouillir l'eau de la soupe aux nouilles que
nous engloutirons avec des biscuits. Pendant cette opération je

---

1. « Combien de kilomètres pour le prochain village ? Bien. Merci. Nous sommes
très fatigués, il fait si chaud ! »

me fais reluquer par des femmes lascives et suantes, aux regards concupiscents, avides d'exotisme et d'argent facile, entourées d'une marmaille surnuméraire, amusées aussi que je m'affaire à la tambouille pendant que ma femme se repose.

Haletant comme des bêtes nous engloutissons nos nouilles chaudes. Par-dessus ce colmatage de brèche, nous jetons une banane ou une mangue et nous voilà repartis jusqu'à 18 heures, avec le soleil déclinant. Voilà notre routine. Elle est rompue un jour à un carrefour peu avant Tete.

Nous sommes littéralement « enlevés » par Isidro Vaz, un Portugais frénétique, marié en secondes noces à une belle métisse, et résolu à nous montrer les charmes de Songho, sa ville perdue. Nous acceptons, à condition qu'il nous reconduise ici même dans quelques jours. Isidro est petit, trapu, le cheveu gras en pétard, les yeux globuleux derrière ses Ray-Ban et sous des sourcils broussailleux, le regard dur, le verbe sobre et chuintant, les lèvres fines cachées par une grosse moustache touffue. Symphonie pour poil et or, gourmette au poignet et moquette apparente, avec de superbes rouflaquettes qui lui mangent les joues. Il conduit en marcel, relax, une bière à la main.

— Songho est la seule ville coloniale qui ait survécu aux trente ans de destruction aveugle. Et pour cause : c'est un enjeu stratégique d'importance, car la ville abrite un fleuron colonial portugais, le barrage de Cahora Bassa, le quatrième du monde lors de sa construction, le plus gros du continent, qui exporte de l'électricité dans toute l'Afrique australe. Le Frelimo [1] a tenté de le détruire quarante fois. Ils n'ont jamais réussi. Puis la Renamo a aussi échoué. J'y suis technicien électricien. À part ça, je me prépare une petite retraite en construisant la seule boîte de nuit de la ville.

Nous faisons une pause pour boire un Coca. Cecilia, sa femme, descend du camion en boitant. Sonia s'inquiète :

— Tu t'es fait mal ?

— Oh, non ! L'année dernière, je me suis fait tirer dessus à Maputo. Ils voulaient me piquer ma voiture. Ils m'ont arrêtée, sortie de mon véhicule, intégralement déshabillée et tiré dans un

---

1. « Frente pela Liberaçao de Moçambique », soutenu par l'URSS, Cuba et la Chine, opposé d'abord à la colonie portugaise puis à la Renamo, « Resistencia Nacional de Moçambique », soutenue par l'ex-Rhodésie, l'Afrique du Sud et les États-Unis.

genou. Quand on m'a retrouvée, nue et mourante, j'avais perdu deux litres de sang. Ils m'ont dégommée pour le plaisir. C'est une ville de sauvages.

Cecilia est malgré tout volubile et gaie. Tirée à quatre épingles, elle mène d'une main de fer les affaires de son homme. Femme de tête, c'est elle qui porte la culotte, tient la bourse et déborde de projets.

Après une heure de montée escarpée, nous gagnons un plateau baigné de lumières : un choc ! Ici, en pleine brousse, au bout du monde, la « civilisation ». Songho, comme beaucoup de villes industrielles perdues, aligne des maisons préfabriquées dans un quadrillage de rues arborées que rompent à peine la poste, la banque et le *supermercado*. Mais Songho est belle de nuit : la centrale l'habille de tant de lumières qu'on y voit comme en plein jour. Et le roi de la nuit à Songho, c'est Isidro.

Dès le premier soir, on attaque à la *cerveza* et au fado. Des couples mixtes viennent danser toute la soirée avec leurs enfants métissés, merveilleux produits des aspirations des unes et du repos des autres, mélange des vies et des rêves, incarnation plurielle de l'identité mozambicaine. Ces Portugais se sont toujours mélangés et se mélangent toujours. Ils sont mozambicains et fiers de l'être, ont tous eu une femme quelque part à Porto ou Coimbra, mais ont recommencé leur vie ici, loin du stress de l'Europe et de ses rigueurs, dans la langueur des charmes exotiques.

Entre une lambada, une bière et une platée de frites, Isidro bien éméché nous parle de pêche au poisson-tigre dans le lac du barrage. Mon sang ne fait qu'un tour : le poisson-tigre est une sorte de croisement entre un crocodile et un piranha géant, avec les dents du premier et la voracité du second. Et là, au pied de Songho, se trouve la plus forte concentration au monde de cette légende dans l'univers des pêcheurs, de ce rêve inaccessible.

Le lendemain, Isidro nous conduit dare-dare à l'Ugezi Tiger Lodge, nous plantons la tente entre deux baobabs monumentaux. Dans la foulée, nous sautons dans un hors-bord avec notre guide Balthazar et nous voilà filant à trente nœuds sur le glacis sans ride de ce gigantesque lac de barrage. Il sinue sur deux cent soixante-dix kilomètres entre les falaises escarpées de la vallée inondée du Zambèze et contient cinquante-deux millions de mètres cubes d'eau, soit le double des réserves en eau de toute l'Afrique du Sud. Nous volons sur un miroir où les sombres parois des montagnes défilent à toute vitesse.

Nous arrivons bientôt sur le site de pêche. Un aigle pêcheur perché sur un arbre mort semble de bon augure.

Balthazar nous débarque, nous commençons nos premiers lancers depuis le rivage. Le lac est désert, tout comme la brousse à perte de vue. À l'hameçon de nos cuillers, Balthazar a rajouté un ragoûtant filet de poisson. Un fin câble d'acier de quarante centimètres protège la ligne des dents du tigre. Lancer ! Clac ! Le capot du moulinet se referme et le ronron commence. Je sens la vibration de la cuiller qui palpite dans les ténèbres du lac. Toute la pêche réside dans ces instants de suspense, d'imagination, de fantasme. On se figure des Léviathan tapis dans l'ombre, de fantastiques courses-poursuites, des ruses pour rendre le leurre affriolant et convaincre le plus rétif des prédateurs.

Et l'on enchaîne, l'esprit divague, le bras mollit et l'attention faiblit. Tac ! La morsure d'un tigre me tord le poignet, la canne ploie et la bobine file. Fulgurant ! Jamais vu rien de tel. Adrénaline.

— *Keep it tight ! Keep it tight* [1] *!*

Le poisson sonde et revient vers moi.

— Il va sauter !

Pas le temps de réagir, le poisson saute soudain à plus d'un mètre, énorme, secoue furieusement sa tête et, méprisant crache ma cuiller comme un vulgaire mollard. Raté.

— Leur mâchoire est osseuse, me console Balthazar. C'est très dur de rester accroché.

À midi trente pétantes, les tigres décrochent, disparaissent, s'évanouissent. Horaires syndicaux. Rien à faire, plus une touche.

— C'est tous les jours pareil. Jamais vu des poissons aussi ponctuels.

Neuf fois, le premier jour, les tigres de Cabora Bassa nous terrassent en déployant leurs tours victorieux. Bredouilles, nous rentrons au camp confus et fourbus par tant de combats. Toute la nuit, je rêve de parades et je peaufine des stratégies.

Le lendemain, nous sommes à cran. Sonia s'est accoutumée aux lancers, bien décidée de ne pas être en reste. Dès les

1 « Tiens-le tendu ! Tiens-le tendu ! »

premiers jets, les tigres mordent rageusement, mais cette fois nous ferrons comme des diables, déjouons leurs feintes, parons leurs fuites, anticipons leurs sauts. La danse est superbe, le combat héroïque, l'issue toujours incertaine.

Les plus forts se libèrent en nous laissant le cœur palpitant, mais nous finissons par sortir de belles pièces. Sonia l'emporte avec une bête terrifiante, de sept kilos cinq cents, tandis que je me satisfais d'un mâle de un kilo de moins. Rutilants aux reflets d'or, rayés de noir dans le sens de la longueur, les nageoires de feu, les tigres méritent leur réputation : leur mâchoire effrayante se referme en sinistres claquements. Malheur aux orteils qui traînent.

Le soir même, des trombes d'eau s'abattent sur Songho. Il y avait de l'électricité dans l'air aujourd'hui. Cette tension se relâche pour fertiliser la terre. Mâle et jupitérien, le ciel furieux gronde et tempête, fouette d'éclairs, gifle de bourrasques, grogne de puissance, terrorise la terre nourricière qui ne demande que ça, gémit de plaisir et se gorge, se gorge, s'emplit. Chez Isidro, muets et effarés derrière nos carreaux, nous assistons aux noces renouvelées de la terre et du ciel. Quand le grand rut des éléments s'apaise, s'élèvent dans l'air les parfums de la fertilité et flottent les essences végétales.

C'est le signal ! Des entrailles de la terre, par des bouches sombres et chaudes, s'élèvent en nuages palpitants des essaims nuptiaux de termites. Ils s'élèvent gauchement, ivres de vie, de leurs ailes diaphanes disproportionnées qui battent lentement comme des ventilateurs. Mâles et femelles s'en vont fonder de nouvelles colonies. C'est la frénésie des oiseaux qui volent en tous sens et happent d'une volte cette semence de la terre. Des petits faucons migrateurs en escadrilles font les virtuoses et vident le ciel de cette manne saisonnière. Et cette débauche protéique, cette orgie d'énergie, ce festin de vie et de mort devient au crépuscule le plus hypnotique des ballets aériens.

Le néon de la véranda leurre et sauve provisoirement un grand nombre d'insectes qui viennent tambouriner à nos fenêtres par nuées. Cela grouille et frémit tant que se dégage une rumeur d'ailes froissées. Les termites les perdent par milliers, le sol est recouvert d'une pellicule de tulle croustillant. Clarissa et Bianca, les deux fillettes de la maison, se précipitent avec un seau d'eau pour récolter à leur tour les termites ivres d'amour. Ils finissent par centaines dans le récipient, récoltés par leurs petites mains habiles et gourmandes.

De retour de cette moisson miraculeuse, les filles se mettent au fourneau. Sur une feuille d'aluminium elles déposent une couche d'insectes noyés, et hop ! Au gril. Dix minutes plus tard, les termites en ressortent tout dorés. Bianca les saupoudre de sel et attaque goulûment son décorticage. Sa méthode est simple. Elle tient l'arthropode par la tête et croque son abdomen. Les petites en ont bientôt plein la bouche. Elles gloussent de plaisir, de l'huile leur coule aux commissures. Sonia, mi-figue mi-raisin, se laisse convaincre par l'appétit de nos deux gastronomes. Inquiète, elle referme ses lèvres sur l'arrière-train luisant, croque puis s'exclame :

— Incroyable ! On dirait du beurre de cacahuète !

Je me lance en écrasant contre mon palais cette goutte de graisse. Onctueux. Délicieux. Un jus riche et gras s'en dégage, à l'incontestable parfum d'arachide. Rien de croustillant, les tripes de la bête fondent comme du beurre : nous en faisons une ventrée.

Tete, sur le Zambèze, 20 novembre 2001,
324ᵉ jour, 35 km, 4 493ᵉ km

Isidro nous dépose où il nous avait embarqués et nous reprenons notre marche dans la direction de Tete. Au loin, sur la route une voiture s'arrête. Des Blancs en sortent. Le papa fait faire pipi à son petit garçon. Lorsque nous les dépassons, le type nous hèle.

— *Is it some kind of charity ? Shall I sponsor you with a small donation ?*

— *A cold Coke would be fine* [1].

Martin Welch éclate de rire. Il est sud-africain mais travaille dans la plantation de canne à sucre d'Illovo, au sud de Blantyre, au Malawi. Il part en famille pêcher sur la côte mozambicaine. Sonia lui parle de son poisson-tigre.

— Seigneur ! Vous avez dû passer un sacré moment ! Voici vos Coca.

---

1. « – Vous marchez pour une bonne cause ? Accepteriez-vous une donation de ma part ? – Un Coca glacé fera l'affaire. »

Les Sud-Africains ne se déplacent jamais sans une glacière remplie de boissons fraîches. Nous éclusons nos bouteilles d'un coup dans la fournaise. Martin nous tend sa carte.

— Quand vous arriverez à Blantyre, nous serons sans doute de retour. Appelez-nous.

Et les voilà repartis. Et nous voilà repartis. Chemins croisés. L'essence d'*Africa Trek*.

À l'approche de Tete, nous traversons de grands bidonvilles le cœur un peu serré. C'est ici qu'il y a quatre ans notre ami Bruce Lawson s'est fait attaquer en plein jour et casser le nez d'un coup de poing. Pourtant nous ne recevons que des saluts amicaux. Trop chaud pour agresser. Ça ne sera pas pour cette fois. Nous passons comme des anges et gagnons une ville poussiéreuse et brûlante à en crever la bouche ouverte. Le thermomètre indique 53 °C. Les poussins rôtis cherchent un frigo.

Catherine Heule de la mission sida de Médecins sans frontières nous accueille. Nous ruisselons, liquéfiés, épuisés, déminéralisés. Nous l'avons rencontrée à l'Ugezi Tiger Lodge avec son ami Thibaut. Ils sont en alerte maximale. Une crise de choléra s'est déclenchée en aval du Zambèze, à Mutarara.

— Le truc avec le choléra, c'est qu'il faut l'arrêter en moins d'une semaine, isoler tous les cas, sinon ça peut avoir une croissance exponentielle, c'est une bactérie très virulente ! Thibaut est en train de monter les camps.

— Tu crois qu'il a besoin d'aide ?

— On va l'appeler par radio. Ça tombe bien, il rentre ce soir pour chercher du matériel et repart demain matin, vous n'aurez qu'à aller avec lui ! Mais, au fait, vous n'avez pas le droit à la voiture ! ?

— Pour ça, si ! Parce qu'on reviendra reprendre la marche d'ici, et que Mutarara n'est pas sur notre itinéraire ! Si on veut voir quelque chose de ce pays, il faut quitter les bas-côtés de cette route et s'enfoncer en profondeur !

— Eh bien à Mutarara, vous ne serez pas déçus côté profondeur !

En chemin, le lendemain, sur une piste défoncée parallèle au Zambèze, nous ne voyons que dévastation, rails tordus, ponts explosés, ruines criblées, villages rasés : tristes reliefs de la guerre civile. Thibaut, le logisticien de la mission, nous brosse le tableau :

262

— Le nord du pays, traditionnellement Renamo, est laissé pour compte par le pouvoir communiste Frelimo, établi très loin au sud, à Maputo, et peu soucieux du développement de ces frères ennemis. La grande réconciliation dont parle le pouvoir n'est qu'une comédie pour obtenir de l'aide humanitaire. Tout ce qu'il y a ici vient de l'étranger.

— Regarde, ils ont fait des nœuds avec les rails comme avec de vulgaires spaghettis. Comment ont-ils pu faire ça?

— Ils font un feu sur la voie avec les traverses, chauffent l'acier jusqu'au point de fusion et le tordent facilement. Je sais que la Banque mondiale a signé pour retaper cette voie ferrée mais je doute fort que l'argent parvienne jusqu'ici.

À Mutarara, au milieu d'un bourg pouilleux et bordélique étalant ses bidonvilles sur les berges du large fleuve, se tient le plus fantastique pont à cantilever qu'il se puisse concevoir. Il file à l'infini au-dessus des flots limoneux du Zambèze et imprime dans un delta de misère et de pauvreté, la rectitude du fer et la force de la volonté. Bernard Trouvé, le médecin du poste, nous accueille.

— Il fait trois kilomètres de long, il a été construit par les Britanniques en 1908 pour désenclaver le Malawi et en exporter ses productions vers le port de Beira. En quatre-vingt-treize ans, malgré les guerres et les inondations dramatiques, les soixante piles du pont n'ont pas bougé d'un iota. Il n'y a pas à dire, ces gens-là voyaient à long terme et savaient construire.

Le poste est construit sur une éminence d'où l'on jouit d'une vue magnifique sur le fleuve capricieux. Une brise fraîche emplit la maison. Une très large véranda, la pièce principale, est isolée de l'extérieur par d'immenses moustiquaires. Avec Bernard et Thibaut, nous nous mettons à table autour d'une platée de nouilles aux calamars, arrosée d'un gouleyant petit rosé portugais. Sonia attaque fort :

— Ça a l'air d'être le paradis ici. Pourquoi est-ce que ça tourne chaque année à l'enfer?

Bernard démarre au quart de tour. À la fois alangui par la chaleur mais aiguillonné par son esprit fin et indépendant, on sent qu'il reçoit peu de visiteurs et qu'il en a gros sur le cœur.

— Pendant la guerre civile, des dizaines de milliers de personnes se sont réfugiées au Malawi. À leur retour, personne ne voulait d'eux. Ils se sont donc installés dans des zones inondables. L'absence totale de sanitaires et d'installations a fait le lit du choléra et autres pandémies. Ce qu'on oublie, c'est que le choléra n'existait pas en Afrique. Il a été rapporté en 1974 par un pèlerin de La Mecque. C'est pour lutter contre ça qu'on est ici depuis neuf ans. Mais on s'en va. La politique de Médecins sans frontières évolue, ou plutôt veut retourner à sa vocation première de médecine d'urgence. L'assistanat a tout pourri en Afrique.

Un ange passe, une brise bienfaitrice envahit la véranda. Bernard avale une bonne fourchette de nouilles, reprend son souffle et repart à la charge.

— Il n'y a pas de développement possible tant qu'on reste ici. Ça doit venir d'eux. Ça fait cinquante ans que c'est un bon business, l'humanitaire ! Mais ça ne profite qu'aux gouvernements et aux associations. On vient de finir ici avec des fonds européens – je ne vous dirai pas combien de millions – la construction d'un superbe hôpital avec deux blocs opératoires, une salle de réanimation ultra-moderne, deux salles d'accouchement, un laboratoire et des chambres. Vous voyez un peu le topo, ici, en plein désert. Eh bien, quand le ministre mozambicain de la Santé est venu pour l'inauguration – et ça n'a pas été facile de le traîner jusqu'ici – la seule chose qu'il a trouvé à dire, c'est : « On n'ouvrira que lorsque vous aurez changé la couleur, c'est pas le Brésil ici ! » Et prends ça dans la gueule ! Pour rendre l'hôpital plus gai, on avait eu le malheur de le peindre en jaune, vert et bleu ciel...

Thibaut reprend la main :

— En fait, c'est sans doute qu'ils n'ont pas de personnel qualifié pour le prendre en charge. Quel chirurgien mozambicain voudrait venir ici ? Ils préfèrent tous rester dans leurs cliniques privées à Maputo. Il n'y a qu'à voir la géographie du pays. Maputo est tout en bas, au fond du sac. Eh bien, l'argent, c'est pareil ! Il reste au fond du sac. Les millions de dollars investis, donnés, perdus dans ce pays, ne quittent jamais Maputo. Nous sommes pour ainsi dire les seuls à être paumés en pleine brousse. La plupart des membres des ONG sont dans la capitale à faire des ronds au volant de leurs Land Cruiser dernier modèle.

Emporté, Bernard surenchérit :

— Ce pays est une aberration géographique et géopolitique ! Il est immense : plus de deux mille kilomètres de côtes. Une seule route qui traverse le pays. Aucune unité. On reproche souvent aux colonisateurs d'avoir tracé des frontières à l'emporte-pièce. Le mal, ce n'est pas qu'ils aient tracé des frontières, c'est qu'ils n'en aient pas tracé assez ! Regardez le Zaïre, c'est beaucoup trop grand. C'est ingérable et ingouvernable. Il faudrait le découper en deux ou trois pays...

Le lendemain, nous faisons avec Bernard le tour des camps de choléra de la région. Bernard les a multipliés, car il s'est rendu compte que les contaminés mouraient en chemin.

— Le choléra, c'est une épidémie à la con, tu crèves en six heures, tu te vides par les deux bouts, alors qu'il suffit de te remplir avec des solutions salines et minéralisées, et en trois jours t'es guéri. C'est le temps pour que le système immunitaire se mette en route.

Nous arrivons devant un ensemble de tentes circonscrites dans un périmètre carré, isolé par des bâches tendues verticalement sur des pieux pour former une enceinte. Bernard nous fait visiter :

— Les camps sont en fait des centres de quarantaine. Ils sont divisés en quatre espaces. Dans le premier il y a la tente de l'infirmier ou du médecin, dans le deuxième, la tente des diagnostics, dans le troisième celle de réhydratation et enfin celle de convalescence. Le malade entre par la première tente et ressort par la dernière à la fin de son cycle, si possible debout, et non les pieds devant. Entre chaque quartier, il y a un bassin désinfectant, un pédiluve, qui permet d'isoler les bactéries afin qu'elles ne se propagent pas.

Nous passons dans la tente des malades. Ils sont trois. Allongés. Amorphes. L'un d'eux est sous perfusion. Très maigre. Les lits sont percés, avec des seaux sous l'orifice.

— Le choléra te vide. Tu ne peux même pas te lever pour aller aux toilettes. C'est fulgurant. On a eu quinze personnes la semaine dernière. Apparemment, l'épidémie est sous contrôle ici.

L'après-midi, Thibaut nous emmène voir son travail.

— Moi je n'ai pas du tout l'approche curative de médecin, mais une démarche préventive. La bactérie du choléra, le *bacille virgule*, se transmet par les eaux souillées et par les selles. On s'attaque donc à ces deux sources pour endiguer l'épidémie : nous fabriquons de l'eau pure par filtrage, floculation et chlore, et nous développons un programme de toilettes individuelles.

Aux abords d'un camp de réfugiés, une cinquantaine de dalles circulaires en béton sont étalées sur le sol avec un orifice en trou de serrure et deux formes de pieds en relief, pour l'acrobatie quotidienne. Et dans le trou de serrure, un bouchon.

— Voilà des couvercles qui recouvrent hermétiquement les fosses d'aisances, pour que les mouches ne puissent pas répandre partout le virus, sur la nourriture, les mains ou la bouche des gens. Mais le succès dépend du bouchon, que les gens oublient de replacer après usage.

Le plus important, c'est le bouchon.

C'est vrai que c'est con, le choléra.

Nous repartons de Tete en passant pour la dernière fois sur le Zambèze. C'est pour nous un cap important. Depuis dix mois, nous fantasmons sur les périls du corridor de Tete, les bandes armées, les champs de mines, la chaleur de bête, les inondations et tout ce qu'évoquait pour nous ce fameux pont. Et il est là sous nos pieds. Cela nous donne des ailes. Tete est dans notre dos. Notre prochain objectif est Karonga, au nord du Malawi, où nous attend le paléoanthropologue allemand Friedemann Schrenk.

Après ces quelques jours d'arrêt, la route nous manque, c'est comme un appel, une nécessité. Nous n'aimons rien tant qu'avancer. Ces arrêts motivés essentiellement par notre série de films à tourner nous coûtent énormément de temps et d'énergie. Nous sommes nerveusement épuisés quand nous reprenons la piste. Très dangereux de s'arrêter ! Ce matin, je me suis viandé l'index droit en rattrapant un ventilateur. Profonde coupure au bord de l'ongle. Je marche avec une poupée douloureuse. J'ai aussi les yeux empâtés par une répugnante conjonctivite qui me contraint à me beurrer les paupières d'un gel affreusement piquant. Pas la joie. Devant le dispensaire gouvernemental de Mutarara, au milieu des malades et des convalescents, des cochons se vautraient dans une énorme soue causée par un débordement de latrines...

Nous reprenons notre rythme matinal et nocturne vers la frontière de Zobué avec le Malawi. Un matin, nous sommes dépassés par un gros camion blanc qui pile aussitôt de ses trente-six roues et de ses trente-six tonnes, en soulevant un énorme nuage de poussière. Un petit type en saute avec un sac plastique.

— Ça fait trois jours que je vous cherche ! C'est Helen qui vous envoie ça. Je suis pas mécontent de vous trouver, car je crois qu'il y a un fromage qui est en train de souffrir.

Grand déballage sur le bas-côté. Notre ange gardien, notre petite taupe d'or, nous envoie moult gâteries : jambon sous vide, camembert, bonbons, barres chocolatées, paires de chaussettes de rechange. Quel bel acte ! Quelle noble pensée ! Nous sommes émus aux larmes sous le soleil. David, le chauffeur de Messina Shipping, est heureux d'avoir pu accomplir sa mission. Elle lui avait dit : « Tu ne peux pas les manquer. Il n'y a qu'une route et ils sont dessus ! »

Nous passons une rivière d'où s'élève une clameur de cour de récréation. Des dizaines d'enfants courent deux par deux dans l'eau, un drap en guise de filet. Ces fillettes nues au corps luisant et aux tétons pointus referment d'un coup sec leurs petites nasses blanches dans l'espoir d'attraper des poissons argentés. Mais ceux-ci leur échappent, sautent par-dessus les pièges pour être coincés par d'autres filles. Du pont cela ressemble à une cavalcade de chevaux de Camargue et une foire d'autos tamponneuses. C'est la pêche des enfants.

Le soir, nous nous dirigeons vers un baobab pour planter notre tente à son pied quand nous découvrons qu'il est entouré de quelques cases. Manuel nous accueille. Nous partageons un *massâ-fazulas*-camembert avec lui sous les étoiles qui pendent au bout des branches nues de l'arbre patriarcal.

Aux abords et dans la Voie Lactée naissent pour la première fois dans notre ciel les constellations du Cygne, du Dauphin, de l'Aigle et des Pléiades. Nous progressons vers le nord.

Nous dressons notre tente entre deux grosses racines du géant de fibres. Ce soir encore, un scorpion surgit entre nos jambes alors que nous nous déchaussons. Je l'envoie rejoindre sa constellation.

Dans la nuit de cristal, comme le pouls de la brousse, résonnent longtemps des batteries de tam-tams. Avant l'aube, au chant du coq, une poule gratte autour de notre abri de tulle, une grappe de ses petits lui colle au train. Bonjour les poussins ! Les grosses fleurs blanches et molles des baobabs bourdonnent au-dessus de nos têtes. Les abeilles se réveillent aussi. C'est l'heure du miel.

À jeun, pour profiter des deux heures de fraîcheur, nous reprenons la route. Dix kilomètres de gagnés. Nous pénétrons aujourd'hui le Grand Rift est-africain tant convoité, l'axe de notre marche dans les pas de l'Homme, son artère, sa colonne vertébrale. Nous le découvrons en remontant des plateaux en pente, rompus par des crêtes : les lèvres de la cicatrice. Marcher permet de vivre la géographie en lenteur et en grandeur réelle. Pour l'instant, nous avons suivi depuis quatre mille cinq cents kilomètres les rebords antiques et les escarpements du vieux continent primordial de Gondwana. À partir de maintenant, l'Afrique est fracturée. Nos neuf mille prochains kilomètres se feront en suivant le Rift comme on suit un tuteur, pour avancer, progresser, se redresser.

Au déjeuner, à l'heure où blanchit la campagne, nous trouvons refuge chez Franck Lucius. On ne choisit jamais. C'est lui, parce qu'il était là, parce qu'on était crevés. On se pointe. On est accueillis. Sans effusions. Sans bristol. Nous n'avons, à ce jour, pas été une seule fois rejetés. Juste parce que c'est lui, juste parce que c'est nous et que nos pas nous ont mené à lui. Ça paraît peut-être un peu alambiqué, mais les Africains comprennent très bien. Ils savent ce que c'est que marcher par 50 °C sous le soleil.

Notre homme est affairé à des travaux de vannerie sous une belle tonnelle de bougainvillées. Sa cour est propre, sa maison a le plus beau chaume que nous ayons vu dans ce pays, le grenier est haut sur pilotis, les outils sont bien remisés, le bétail bien pansé, les poules picorent des graines et le bébé dort dans un couffin de paille. Ce type n'est pas comme les autres : il travaille, il est organisé. Est-il riche ? Non. Il n'a pas plus de moyens que ses semblables, un coin de brousse sèche, mais de ce fardeau reçu en partage, il a su faire un petit havre de paix.

Le bébé se réveille. Sonia s'en occupe. Thomas, le fils, rentre de l'école. Il parle bien anglais. Sa mère, Chiremitso, revient d'un marché lointain, se met à écosser des fèves puis vanne du blé. Un chat se dore au soleil. Des canards passent dans la cour. Depuis combien de temps n'avons-nous pas vu de canards ? Chez Helen Campbell à Messina. Franck vient de finir son cinquième panier depuis que nous sommes là. Il est musclé et appliqué, soigneux et industrieux, nous ne le dérangeons pas, il ne nous importune pas, il nous démontre, s'il en était besoin, la différence entre la pauvreté et la misère. L'une peut être noble et digne, tandis que l'autre est toujours une indigence physique ou morale.

Sous la lune pleine au sommet d'un rocher, à moitié nus au bord du vide, le feu dansant sur le précipice et la brousse bleue à nos pieds, nous passons notre dernière nuit mozambicaine. Dans la nuit, les pinceaux des camions au loin jouent les éclaireurs...

Malawi

1. Pères Tobias et Cornélius
2. Elife Chitsanya
3. Daniel Chilomoni
4. James Mulli
5. Martin et Leslie Welch
6. Philippe et Susanna Gérard
7. Elen Kebbie et Mary Chimwaza
8. Frackson Chaipas
9. Peter et Joséphine Cabbaye
10. Père Boucher et Michael Tambasa
11. Austin Kuyezi
12. Amidou Sanudi et Francis Ziyaa
13. Stuart et Esther Grant
14. Jeremiah Moses
15. Gez et Sue Bester
16. Alexon Kazembe
17. Lloyd, Joseph et Vinold Maluwa
18. Michael et Evelyne Kadawira
19. Japhet, Ruth et Irène Chipape
20. Thomas Msika
21. André Lotriet
22. Daily Clean

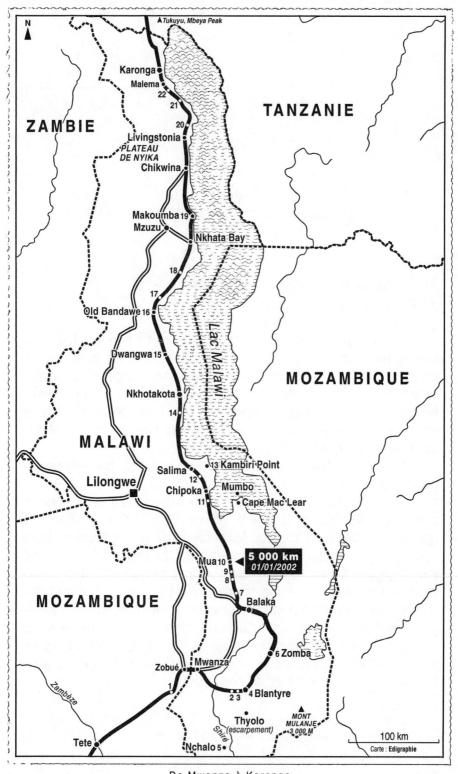

De Mwanza à Karonga

17

Malawi
Les « *Sugar Daddies* » et le paradis

Mwanza, samedi 1ᵉʳ décembre 2001,
334ᵉ jour, 30 km, 4 655ᵉ km

Dans le no man's land [1] entre Zobué et Mwanza, les deux postes frontières, des foules s'affairent autour de camions de maïs. Le grain est étalé sur la chaussée, pesé, mesuré, ensaché, emporté. Ça tchatche dur. Gros trafic. Le Malawi a l'air d'avoir besoin de maïs. Pénurie ? Nous verrons bien. Nous marchons pleins d'allégresse. La page de Tete est tournée : à nous les eaux bleues du lac Malawi !

Sept kilomètres séparent les deux postes, les deux drapeaux, les deux barrières. Nous entamons aussitôt notre descente dans le Rift que nous convoitons depuis un an. Un large panneau nous accueille : « *Welcome in the Warm Heart of Africa !* [2] » Dans la foulée, le préservatif mozambicain Jeito serre la main au préservatif malawien Chisango. L'un est une petite capote à bras, l'autre est un chapeau affublé d'un bouclier. Une sorte de relais transfrontalier, comme la maladie qu'ils sont censés combattre ; message à destination des chauffeurs routiers qui sont les principaux vecteurs de la maladie en Afrique. Helen Campbell nous disait perdre près d'un tiers de ses employés chaque année, ce qui lui causait de sérieux problèmes de recrutement et de formation.

---

1. No man's land : zone frontalière.
2. « Bienvenue dans le cœur chaud de l'Afrique ! »

La route est flambant neuve. Un goudron tout lisse et tout noir offert par l'Union européenne. C'est étrange de voir le drapeau européen dans ce coin paumé d'Afrique ! Les lèvres du Rift sont très nettes, une vraie fracture, des falaises de granit qui descendent en escalier dans la brume de chaleur. Très loin de l'autre côté, au-dessus de cette blancheur confuse, l'impressionnant massif du mont Mulange : la porte du Rift.

Barrière. Guérite. Salut. Boum ! Tampon. Nous entrons sans encombre au Malawi. Pour nous, par contraste, c'est l'opulence, les échoppes sont fournies, la rue fourmille d'activités, des taxis klaxonnent, tout le monde parle anglais à nouveau, il y a dans l'air comme une effervescence. Un type en voiture s'arrête à notre hauteur.

— Où déjeunez-vous ?

— ?

— Alors, je vous invite. Montez !

— Désolé, nous n'avons pas le droit de prendre de voiture. Nous devons marcher.

— Dans ce cas, vous voyez le panneau là-bas ? C'est la paroisse. Je vous y retrouve.

Le père Tobias est dans les ordres depuis sept ans. Il est assisté par le jeune père Cornelius. Tout les deux sont fringants dans leur seyante soutane noire à l'ancienne, boutonnée tout du long. Ils sont issus du séminaire de Blantyre. Avec 40 % de la population, les catholiques représentent le plus grand groupe religieux du pays devant les presbytériens, les protestants, les musulmans et les sectes.

— Pardonnez-nous de vous accueillir dans cette prison. On a dû mettre des barreaux partout aux fenêtres et ces grilles aux portes car on s'est fait attaquer à main armée il y a trois mois.

Nous discutons de l'Afrique, de ses richesses, de ses atouts, de ses problèmes, et ne tardons pas à aborder la question du sida.

— Ne croyez-vous pas que le pape n'a pas une position assez claire en ce qui concerne les préservatifs ?

— Mais il est très clair. Personne ne veut le comprendre. Il n'est pas contre. Seulement, il dit que ce n'est pas le meilleur moyen de lutter contre le fléau, et il a raison. Lui, il fait la promotion de la fidélité dans le couple, c'est ça son fonds de commerce. Il ne veut pas faire le boulot des représentants en préservatifs. Il y a bien assez de gens compétents pour ça. Il n'a jamais rien interdit...

— Oui, mais en Afrique la question est peut-être plus compliquée...

— En Afrique ? Arrêtez de nous infantiliser ! Vous croyez que les Africains écoutent quiconque en matière de sexualité ? Le sida progresse à cause de nos comportements. Pas à cause de ce que le pape dit ou non sur la capote et ce que les journalistes interprètent et déforment. Est-ce que vous pensez au pape avant de faire l'amour ? Vous imaginez des capotes aux couleurs du Vatican ou du Jubilée ? C'est un faux procès. Le pape est pour la vie, pas pour la mort. Tous les séropositifs qui viennent me voir ont été et sont de grands consommateurs de préservatifs, jusqu'au jour où ils oublient, s'en passent, le craquent, se sentent rassurés parce qu'ils sont depuis un mois avec la même partenaire. Mais il suffit d'une fois.

Le père Cornélius reprend :

— Le pape promeut un idéal, c'est à nous, qui sommes en contact avec les problèmes, d'être plus réalistes. Nous avons des consignes très précises là-dessus. Nous traitons au cas par cas. Aux jeunes qui ne peuvent pas encore répondre à l'idéal de l'Église, à tous ceux qui n'ont pas encore compris la véritable nature de l'amour, nous leur disons bien sûr de se protéger. Car avant tout, le message de l'Église est de préserver la vie.

Tobias enchaîne, plus grave :

— Je vais vous faire une confidence. Environ 7 % de nos jeunes prêtres meurent du sida. C'est moins que les statistiques nationales, mais tout de même ! C'est la sexualité dans son ensemble que l'on doit apprendre à gérer en Afrique. Cela passe par l'éducation, la morale, le rapport à l'autre sexe et la perception de soi. Ça ne se réglera pas qu'avec des préservatifs. C'est là-dessus que nous concentrons nos efforts.

Et le père Cornélius de conclure :

— Les tabous des cultures traditionnelles ont été abandonnés mais pas certaines pratiques sexuelles amorales ! Pédophilie, inceste, viol rituel, et j'en passe... Là-dessus sont venus le marché, le cinéma, la publicité et la promotion du sexe facile, du sexe de consommation. Les cultures africaines se retrouvent à cheval entre ces deux modèles. C'est pour ça qu'elles doivent se réinventer un comportement. Il faudra s'adapter ou disparaître. Le sida nous y contraint.

Nous quittons nos curés de choc en pensant qu'au moins ils réfléchissent sérieusement et concrètement à la question.

La descente continue qui augmente la chaleur. Chaque marche du Rift nous fait gagner deux ou trois degrés. Sur le conseil de Tobias, nous bifurquons dans la brousse par une ancienne piste ouverte par les missionnaires qui conduit à Blantyre en soixante kilomètres au lieu de cent vingt. Nous n'hésitons pas une seconde.

Le soir nous atterrissons en pleine brousse près d'une maison abandonnée. Nous plantons la tente dehors. Tout est collant. Nous suons à grandes gouttes en pleine nuit, sans rien faire. Le dos brûle sur nos tapis de sol. Côte à côte, accablés. Dans le ciel, les éclairs de chaleur hantent notre insomnie de fantômes stromboscopiques. La pluie s'annonce mais n'arrive pas.

Le lendemain à l'aube dans les gorges de Mpatamanga, nous croisons la rivière Shiré, seul émissaire du lac Malawi. Nous sommes au fond du Rift. N'y tenant plus, nous allons nous rafraîchir la nuque dans ses eaux marronnasses. Nous passons un vieux pont colonial et mettons pour la première fois pied à terre sur la plaque orientale de cette fracture immense.

Nous aimons ces passages symboliques. En voiture, ils ne signifient rien, ils passent ; à pied, on a le temps de les voir venir, de les désirer, de les fantasmer, de peser leur sens, de vivre plus intensément notre progression dans l'espace. N'est-ce d'ailleurs pas la définition la plus simple du voyage ?

La remontée vers Blantyre est interminable. De pauvres types poussent dans les pentes abruptes des vélos surchargés d'énormes sacs de charbon de bois empilés dans un équilibre précaire. Ils sortent des profondeurs de la brousse où ils se livrent en toute illégalité à leur commerce déforestateur. Mais Blantyre a besoin de combustible.

Lors d'une pause dans un lacet au-dessus de la vallée, Elife Chitsanya nous raconte sa vie.

— Je coupe tous les troncs plus gros que le bras, je fais un feu avec que je recouvre de terre et je monte à Blantyre avec ma production précédente, soit un sac d'environ vingt kilos que je vends deux cents kwachas (trois euros). Je reviens le lendemain, mon nouveau tas est prêt et je recommence. Dans la semaine, j'arrive à faire quatre sacs et quatre allers-retours.

La sueur trace de longues traînées noires sur sa peau noire. La loque qui lui sert de T-shirt est trop mitée et déchirée pour éponger quoi que ce soit.

Nous repartons dans la montée. La brousse est moche. Pelée, jaunasse, étique. Partout des petits rubans de fumée trahissent un paysage transformé en sacs de charbon. Dans le fond du Rift, un relief tourmenté raconte les cataclysmes tectoniques entre lesquels la Shiré s'est sciée un chemin. Pendant deux jours, nous nous faisons dépasser par cette noria de cyclistes faméliques, ces cohortes de fossoyeurs de la brousse. En un seul après-midi, nous en comptons près de deux cents.

Dans le ciel, soudain, un avion nous survole, très proche, tout blanc. Quel bruit ! Quel choc ! Blantyre se rapproche. À quand remonte notre dernier avion ? C'est l'irruption du XXIe siècle dans notre Afrique millénaire et sauvage. Il porte au flanc l'énorme sigle de DHL. « En vingt-quatre heures n'importe où dans le monde » : l'inverse de ce que nous vivons. Télescopage.

Dès que nous gagnons l'escarpement et le plateau, la population devient très dense. Les champs fraîchement labourés se disputent l'espace avec les villages. Plus un mètre carré n'est laissé à l'abandon. Le contraste est total avec la vallée du Rift, déserte et inhabitée.

Dans une de ces bourgades avant Blantyre, un jeune fâcheux nous accoste et nous met le grappin dessus, sous le rire des oisifs témoins de la scène. Il s'accroche à nos basques en élucubrant des phrases incompréhensibles. Il faut toujours qu'on se tape l'idiot du village ! Tout en marchant, Sonia essaie d'engager la conversation pour le calmer.

— Comment t'appelles-tu ?

— Da-da-da-da-ni-niel... Daniel !

On est vernis. On est tombé en plus sur un bègue.

— Vous avez-vez de la chchcchance ! Vous venez du BBBLeu et vous allez dddans le Bleu.

Seul un marcheur les yeux rivés sur l'horizon, seul un poète, un peintre où un philosophe, sait que l'horizon est bleu... comme la ligne des Vosges.

— Vous devez avoir un bbbbut très élevé, pour vouloir marcher cococomme ça ?

Nous ralentissons un peu le train que nous avions accéléré pour le semer.

— Vous avez raison, les mama-marcheurs sont faits pour parler au mon-monde... Vous allez voir notre Afrifri-frique à nous, celle des gengens, pas celle qu'on montre aux toutou-touristes...

Un génie. Nous sommes tombés sur le génie du village. Il écoute attentivement nos récits de la traversée de l'Afrique du Sud, nos témoignages de la crise au Zimbabwe, de la pauvreté au Mozambique. Il nous raconte l'absence d'institutions pour l'accueillir, l'incompréhension et les mesures vexatoires dont il est victime. Il voudrait étudier, venir avec nous...

— Je me ferai toutou-tout petit, je grimpe sur ton sac pour voir le mon-monde ! Je ne veux papa-pas rester ici avec tous ces idiots quiqui se momoquent de moi. Quand vous en aurez assez de meumeu-moi, vous n'aurez qu'à me jeter des pierres.

Daniel nous fend le cœur.

Nous ne pouvons partager avec lui que quelques kilomètres... En le quittant, nous lui disons merci. De loin, nous nous retournons, il nous crie :

— *I love you !*

Le soir, le ciel se libère, des trombes d'eau engorgent les sillons. Sur des milliers d'hectares, des graines assoiffées attendaient impatiemment leur ration de vie, leur extraction des ténèbres, la promesse de leur croissance vers le ciel. Partout, les paysans sortent sous la pluie pour rincer leur angoisse avec leur crasse et se réconcilier avec la nature.

Nous nous sommes abrités chez James Mulli, ancien chef pompier ayant passé neuf mois en stage de formation à Singapour. Nous dressons notre tente dans son salon, entre les canapés, assourdis par les hallebardes drues qui tambourinent au-dessus de nos têtes sur la tôle ondulée. Sa fille, adorable, nous apporte une platée de riz avec des œufs. Nous ne cessons de nous émerveiller de la spontanéité de ces accueils. Si naturels. Si simples. Si décomplexés. Et James qui nous remercie d'être venu chez lui. Inversion des rôles. La dignité incarnée. Sonia va faire sa toilette. J'entends bientôt un cri dans la nuit. Je me précipite : la petite salle de douche est tapissée de milliers de cafards géants. Une couche uniforme et luisante, des parois mouvantes et crissantes. Notre cher hôte n'a pas tout retenu de Singapour !

À Blantyre, nous appelons Martin et Leslie Welch qui viennent nous chercher pour passer un week-end dans la plantation de canne à sucre d'Illovo, à Nchalo. C'est la plus grosse boîte du pays. Sud-africaine. Avant de redescendre l'escarpement de Thyolo, nous passons à travers des plantations de thé.

— Le thé est la deuxième source de devises après le tabac. Il a été introduit d'Inde dans les premières années du protectorat. Mais il y a actuellement une surproduction mondiale, la consommation est en régression aux États-Unis à cause d'études sur la théine. Les cours se sont effondrés, ce n'est pas très florissant. Si j'étais Muluzi, j'en arracherai la moitié pour planter de quoi nourrir mon peuple. Il faut virer ces cultures coloniales obsolètes. Quant au tabac, ça marche bien en ce moment à cause de la crise au Zimbabwe, mais la Chine est en train de gagner des marchés. Sous Banda, le tabac était nationalisé. Maintenant, plus de la moitié de la production vient des petits fermiers qui déforestent à tout va pour sécher leurs feuilles. Mais là encore, ça profite malgré tout plus à l'État qu'au peuple. Là encore, c'est un héritage colonial dont le pays devrait se débarrasser.

— Il faudrait aussi supprimer la canne à sucre alors ?

— C'est un peu différent pour la canne. On la fait pousser dans des marais qu'il faudrait assécher pour faire pousser autre chose, cela offre énormément d'emplois, et fait vivre plus de vingt-cinq mille personnes, et puis le sucre, c'est quand même plus vital que le thé et le tabac. Ah, j'oubliais, il y a aussi la seule usine de bière Carlsberg d'Afrique et une usine de très bon gin malawien. En fait, que des trucs à boire et à fumer. Il leur faut aussi de quoi manger, aux Malawiens !

— Et d'où vient le nom de Blantyre ?

— C'est le petit village de naissance de Livingstone en Écosse. Au fait, avez-vous remarqué que la ville est sur le 35e degré de longitude ? Le même que Jérusalem ? C'est bon, vous avez fait le premier tiers du voyage. Vous n'avez plus qu'à suivre la ligne !

278

En arrivant chez eux, Leslie nous conduit dans une belle chambre. Dans un carton miaulent les deux plus adorables petits chats qu'il se puisse concevoir. Sonia fond .

— Ils sont trognons avec leurs petits yeux bleus de minous aveugles.

— Ce sont des servals, nous apprend Leslie. Nous les avons confisqués à un ouvrier qui les a trouvés dans la canne et cherchait à les vendre à un marabout.

Nous revoyons Naughty de Moholoholo, rescapé du même péril. Les animaux sauvages sont partout en sursis en Afrique.

Babord et Tribord – c'est leur nom, n'oublions pas que Martin est pêcheur – se jettent avidement à tour de rôle sur un minuscule biberon de poupée qu'ils lacèrent de leurs griffes féroces. Nous comprenons maintenant pourquoi Leslie a revêtu un épais gant de cuir...

— Quand ils seront sevrés, nous essaierons de les réintroduire dans la nature. Il y a une petite réserve privée dans la plantation.

Sonia s'essaie à la tétée. Le ptiot se débat, frénétique et angoissé, toutes griffes dehors.

— Tout doux, du calme ! Je ne vais pas te le voler, ton lait. Voilà, voilà.

Ça me fait toujours bizarre quand elle donne le biberon...

À table, le soir, nos hôtes nous parlent de récents et pessimistes échos qu'ils reçoivent d'Afrique du Sud que nous avons tant aimée. Anarchie et violence croissent malgré la méthode Coué de la communauté internationale. Leslie, qui s'occupe de développement social dans la plantation, est consternée.

— Les faits divers dépassent ı'entendement. Dans un bidonville, six hommes âgés de vingt-cinq à quarante cinq ans viennent de violer une petite fille de neuf mois. Pour guérir du sida. Le pire, c'est qu'elle est toujours vivante...

Le téléphone sonne. Leslie va décrocher. Se décompose, fond en larmes, se tourne vers Martin.

— Oncle Teddy vient de se faire assassiner ! Quoi ? Où ça ? Sur la plage ? Quelle plage ? À Durban ! Mais pourquoi ? Silence. Pour vingt-six rands (trois euros et huit centimes) ! *My God! I don't believe it! No!* Trente coups de couteau ? Non ! En plein jour ?...

Elle s'effondre. Martin s'est précipité. Sonia sort prendre l'air, je me retrouve tout seul comme un con, avec un grand vide dans la tête.

Nous reprenons la route en quittant Blantyre à l'aube par la cathédrale. Juste en face, une immense mosquée est en construction, dont le minaret domine de quelques mètres le clocher qui vient de célébrer ses cent ans. Puérilité architecturale. De grosses voitures aux vitres teintées et aux jantes en alliage nous dépassent, pleines de barbus immaculés, leur calot blanc sur le chef. Sur le bord de la route, nous voyons ce matin sept autres petites mosquées en construction. Mystère. Que se passe-t-il ici? Tora-Bora est en train de tomber à l'autre bout du monde. Très loin. Sous d'autres cieux.

En passant par le plateau de Zomba, nous tombons en pleine campagne sur le panneau d'une ONG française, Inter-Aide.

— On va voir? me propose Sonia.

Nous entrons dans une cour. Un jeune homme blême et un peu énervé parle à un Malawien débonnaire. Sûrement un Français. Nous marchons vers lui, un peu mal à l'aise.

— Bonjour, nous venons à pied depuis Le Cap. On a vu le panneau...

— Ouais, et alors? Faites vite, je suis à la bourre, qu'est-ce que vous voulez?

Un vrai Français! À force de vivre au jour le jour la chaleur africaine, nous croyons l'hospitalité gagnée d'avance et avons oublié les règles élémentaires de la présentation.

— Eh bien voilà, nous sommes reporters et nous aimerions vous interviewer sur le sida.

Ça va tout de suite mieux. Non que le docteur Philippe Gérard soit intéressé par la caméra (il nous avoue y être rétif), non qu'il veuille donner un écho à son travail (il nous dit tout de go détester les journalistes), mais parce que nous sommes là dans un but précis et que nous avons une raison d'être que notre marche à elle seule n'offre pas d'emblée à un esprit cartésien. C'est juste un autre mode d'appréhension de l'autre. C'est peut-être lui qui a raison. Il est efficace... et hospitalier :

280

— Venez dormir à la maison. Vous devez avoir faim. Ça doit vous manquer, le pinard ! On discute ce soir et demain vous pourrez nous filmer.

Il est blême parce qu'il travaille trop. Il est énervé parce qu'il a des ennuis avec des employés qui partent avec la caisse, des problèmes d'absentéisme, des animateurs anti-sida qui attrapent le sida... Tous les tracas qu'un esprit cartésien aux méthodes cartésiennes qui a une mission précise à effectuer, rencontre en Afrique. C'est comme ça. Il suffit de le savoir. Et de vivre avec. Il mène une action originale pour lutter contre la pandémie. Le soir, avec son épouse Suzanna, ils nous dressent le tableau. Noir.

— Ici, comme partout en Afrique australe, le sida est un fléau. La population est officiellement séropositive à 10 %, soit plus de un million de personnes. Et cela s'aggrave : 30 % des femmes enceintes sont touchées. À Inter-Aide, nous concentrons nos efforts sur le milieu rural par des ateliers d'éducation sexuelle et des clubs anti-sida.

— C'est quoi ça, les clubs anti-sida ? Un Rotary des séronégatifs ?

— Mais non, c'est bien plus fun ! Ce sont des groupes de jeunes appartenant aux communautés villageoises qui produisent régulièrement des spectacles à base de sketches, de chants ou de danses traditionnelles reprenant les grands thèmes de la prévention internationale contre le sida. On essaie d'intégrer nos messages dans leur mode de communication habituel. Il n'y a pas la télé en brousse. Alors on envoie nos conteurs et troubadours sur les places des villages.

Il arbore alors son T-shirt sur lequel sont écrites, l'une en dessous de l'autre, les quatre lettres A, B, C, et D, suivies d'inscriptions en anglais et en chichewa, la langue officielle du Malawi.

— Voilà notre message. On distribue ces T-shirts aux membres de nos clubs. Bon, c'est sûr, y en a qui ne viennent que pour les T-shirts...

A pour *Abstinence, ou*
B pour *Be faithfull, ou*
C pour *Condom, ou*
D pour *Death* [1]

---

1. L'abstinence ou la fidélité ou le préservatif ou la mort...

— Ça ne ressemble pas au message de l'Église, ça ?

— On n'a rien à voir avec eux. Inter-Aide est laïque et moi je suis agnostique, alors...

— Quand même ! Abstinence, fidélité...

— C'est sûr, on dira ce qu'on voudra, c'est quand même ce qui marche le mieux. Et je dois reconnaître que c'est ce que prône l'Église. Mais les journalistes disent tant de conneries que j'ai des gens qui me disent que s'ils utilisent des préservatifs ils iront en enfer. C'est pas leur curé qui le leur dit. La haine du pape et la fausse interprétation de ce qu'il dit, véhiculées par les médias, font bien plus de tort que le pape lui-même... Laissons tranquille ce vieil homme et ne lui imputons pas tous les maux de l'Afrique. En ce qui me concerne, je n'ai aucun problème avec les curés. On bosse même avec des paroisses. En revanche, je n'en dirais pas autant des sectes protestantes d'origine américaine. Ce sont des fous furieux, ceux-là ! Ils prétendent que le sida a été envoyé par Dieu pour éliminer les pécheurs. En tout cas, une chose est sûre : on ne peut pas négliger le fait religieux en Afrique. Ça a remplacé les coutumes traditionnelles...

— Et que disent les autorités ? Le président Muluzi est musulman, non ?

— Oui. D'ailleurs, nous reprenons aussi le texte des affiches de la campagne gouvernementale : « Changez votre comportement ! », car il faut savoir qu'ici, selon des rapports très officiels mais impubliables – accrochez-vous ! –, 70 % des femmes ont des rapports sexuels non désirés, quand il ne s'agit pas de viols, et 70 % des filles de moins de quinze ans ont été forcées. Elles sont cinq fois plus affectées par le virus que les garçons du même âge. J'ai bien dit cinq fois ! Je sais pas si vous voyez le topo ! À vingt ans, 70 % d'entre elles ont déjà deux enfants.

— Tu es en train de dire que le sida est un phénomène culturel, pas économique...

— Oh là, les grands mots ! Moi je suis docteur, je te parle de faits. Ici, ce qui est sûr, c'est que la transmission du virus est le fait de pratiques et de mœurs sexuelles particulières. Alors tu appelles ça culturel si tu veux, mais ça n'a rien à voir avec le niveau de vie.

Il marque une pause.

— Ah, oui. Je vois où tu veux en venir. Les titres en Europe sur le thème : « L'Afrique meurt du sida parce qu'elle est pauvre. Donnez de l'argent ! » Ne m'en parle pas ! Encore ces idiots de journalistes ! Ces mecs qui allument la télé, lisent les dépêches des guerres civiles où visitent des camps de réfugiés, voilà leur perception de l'Afrique... C'est pour ça que c'est bien, ce que vous faites. Mais pour en revenir à une réalité qui contredit les benêts, il y a un cruel paradoxe : en Afrique, le sida progresse en même temps que le niveau d'éducation et l'aisance financière. C'est le phénomène du « Sugar Daddy » : avec un peu d'argent, l'employé de bureau, le professeur, le fonctionnaire ou même l'animateur anti-sida – et ça, ça me fait particulièrement chier –, peut s'offrir, moyennant quelques kwachas, les charmes de la jeune fille de son choix. Elles n'ont pas leur mot à dire. Ce n'est pas vraiment de la prostitution, c'est une pratique courante qui tire parti de la pauvreté. Donc c'est culturel et un peu économique, c'est surtout très cul...

Susanna, sa charmante femme espagnole, nous ressert d'un bon poulet. Elle le charrie.

— Ben, vous deux, vous avez appuyé sur les bons boutons !

Bien en verve, Philippe continue :

— À court terme, c'est une déferlante d'orphelins qui va submerger tous les systèmes sociaux et paralyser le pays. Ces gamins-là ne seront pas élevés, se protégeront en bandes et seront les vecteurs exponentiels du sida et de l'anarchie. Mais le pire, c'est que c'est au Malawi qu'il y a le plus de députés atteints au monde. Alors, pour l'exemple, on repassera ! Même le président Muluzi claironne sur de grands panneaux publicitaires, destinés davantage aux observateurs occidentaux qu'aux populations locales : « Malawiens, changez votre comportement. » Apparemment, il n'est pas malawien ou bien il ne se sent pas concerné. Il aurait dû dire : « Changeons notre comportement... »

Sonia, curieuse, interroge :

— Mais alors, c'est quoi ce fameux comportement ? On veut savoir. On a beau vivre chez les gens tous les jours, on ne constate pas d'excès ou d'outrances particuliers. À moins qu'ils ne fassent ça très discrètement.

— Tout vient du fait qu'ici les rapports sexuels sont régis par l'imprévisibilité, l'insatiabilité et l'infidélité. Imprévisibilité parce qu'ils n'ont pas d'espace ni de liberté pour épanouir une relation amoureuse normale. Les maisons sont petites, surpeuplées, les jeunes hommes n'ont pas le droit de fréquenter les jeunes filles, donc ils font ça la nuit dans les fourrés à la sauvette, quand ce n'est pas plus grave. Le sida gagne à tous les coups. Insatiabilité qui vient sûrement de cette frustration, et qui est héritée de mœurs traditionnelles. Ce ne sont pas des pros des préliminaires, dans le coin ! Tous les jours, des hommes m'avouent avoir plus de dix partenaires différentes par semaine. Alors je veux bien qu'il y ait des super-étalons qui fassent aussi des prouesses en Europe, je ne dis pas que les Africains sont tous des obsédés sexuels, mais chez nous, ça se fait dans des conditions différentes, moins propices à la propagation du virus. C'est tout. Vous voyez, on est dans le concret, là. Je ne vous fais pas un beau discours poli à la manière de l'Organisation mondiale de la santé. Tous les jours je vois mourir des amis !

Un ange passe. L'œil dans le vague, il regarde défiler des fantômes.

— La majorité des gens ne croient toujours pas à l'existence du sida, car leurs voisins ou leurs proches meurent chaque fois de symptômes différents : malaria, tuberculose, maladie de peau, angine... Ils ne veulent pas reconnaître que c'est à cause d'une relation sexuelle non protégée. La plupart du temps, les séropositifs se croient ensorcelés par un ennemi, vont voir un marabout et cherchent à se venger. Le marabout leur désigne une victime moyennant finances, un rival ou un gêneur de préférence, et c'est une réaction en chaîne de vendettas qui commence. Quand un type meurt du sida, un autre se fait presque toujours buter dans la foulée. Une croyance est aussi répandue : seul le viol d'une vierge peut lever le mauvais sort !

— Eh bien ! Ils sont mal barrés avec tout ça ! On comprends mieux les chiffres maintenant !

— Attendez ! C'est pas tout ! Un rapport alarmant a révélé que 80 % des rapports sexuels au Zimbabwe, avaient lieu sous alcool, et dans ces conditions, la capote... ! Ici l'alcoolisme se rencontre surtout dans les villes, et dans les campagnes après les moissons, mais ce sont des tendances lourdes qui doivent être corrigées par l'éducation des jeunes sinon tout l'argent et toute la bonne volonté du monde ne parviendront pas à juguler l'épidémie. Allez, basta ! Assez causé ! Faites gaffe en racontant tout ça ! C'est sensible...

Le lendemain, nous suivons un atelier de brousse. Sous l'ombre d'un arbre, l'animatrice Faith rassemble ses ouailles attentives. Ils sont de la paroisse catholique de Namadzi. Du garçonnet à la grand-mère, tous ont les yeux rivés sur des organes génitaux géants. Envolées les cigognes ! Broutés les choux ! Choc des cultures !

Puis vient la démonstration du préservatif sur un olisbos de bois. Une fillette haute comme trois pommes s'applique sous les gloussements des grands dadais à dérouler le tube de latex en pinçant le réservoir. Tout est fait pour que les jeunes filles exigent le préservatif avant toute relation. Avant ou après le mariage. La gent masculine, quant à elle, reste largement rétive à son utilisation selon un adage que les garçons se répètent à l'envi d'un air goguenard : « On ne mange pas un bonbon avec son papier d'emballage. »

En fin d'après-midi, Philippe nous conduit à un spectacle de sketches et de danses animées. Devant un parterre de villageois tous âges confondus, un petit groupe de jeunes filles en ligne, illustre son chant de gestes descriptifs et chaloupés. Tony, un des animateurs Inter-Aide, nous traduit en simultané :

— Pourquoi les cimetières sont-ils des lieux de rassemblement ?

Un groupe de garçons, en face d'elles, leur répond éploré :

— Pourquoi, alors qu'on creuse une tombe, il y a déjà un autre trou à côté, et un autre, et encore un autre ? Pourquoi ?

La litanie continue. Un jeune homme grimé en docteur rentre en scène :

— Toi mon fils, toi ma fille, où allez-vous ?

— Nous sommes la nouvelle génération, nous sommes en démocratie, nous avons la liberté sexuelle, nous allons faire ce que nous voulons, nous sommes protégés...

— Faites attention ! Le sida est sans remède, les sorciers ont échoué, les médecins blancs ont échoué ! Le sida emporte tout le monde, les bébés et les grands-mères, les Blancs et les Noirs, tout le monde peut être touché...

Le groupe de jeunes revient effrayé. À ce moment-là déboulent deux garçonnets à la tête recouverte de masques terribles. Tony nous explique :

— Dans notre culture, exprimer des choses avec un masque les rends plus fortes, comme si c'étaient les esprits des ancêtres qui s'adressaient à nous. Et puis c'est moins impudique...

Les mioches s'interposent à tour de rôle entre les deux groupes sous les rires de la foule :

— Amis ! Amis ! Arrêtez de faire l'amour !

— Vous tous, soyez fidèles, cessez le vagabondage sexuel !

— Vous êtes les futures forces vives ! Vous n'êtes pas des chiens errants !

Hurlements de rire. L'assemblée s'esbaudit.

— Le sida est incurable ! Il ne changera pas ! C'est à vous de changer !

— C'est pas beau à voir un sidaïque ! On a pitié de lui ! Mais c'est trop tard !

D'un buisson à côté de nous jaillit alors un petit hérisson effrayé par tout ce vacarme et qui disparaît dans les hautes herbes. Je glisse à Sonia :

— C'est un virus à pattes qui se taille ! Ça marche leur truc !

À la fin du spectacle un attroupement de jeunes filles nous demande comment cela se passe en France. Que Sonia, par choix, à trente ans, n'ait toujours pas d'enfants leur fait miroiter une liberté et une indépendance insoupçonnées ! Beauty, la meneuse, s'en va comme on s'en va en guerre :

— Moi aussi je ferai pareil !

Le bonbon voudrait bien rester dans l'emballage, il n'a pas dit son dernier mot !

Un peu bourru de prime abord, Philippe, devenu jovial, complice même, puis nous ayant révélé au fil des heures une profonde générosité, lance à la cantonade :

— Allez, on va passer le week-end chez un copain au Mulanje !

La maison est en plein cœur d'une riche ferme gouvernementale abandonnée. De l'herbe verte à perte de vue, quelques vaches appartenant aux gardiens. Il y a quelques années encore, cette ferme, administrée par un Sud-Africain, fournissait du lait pour tout le pays...

Chère Afrique ! Riche Afrique ! Pauvre Afrique !

L'horizon est dominé par l'impressionnante porte du Rift le massif de Mulanje Un spectacle époustouflant ! C'est peut-être pour ça qu'on se fait à tout ici : on peut toujours poser le regard sur une merveille...

Jusqu'à présent nous suivions grosso modo le bord relevé de l'ancien continent de Gondwana. Mais ici, dans le sud du pays, ce massif bolboïdal, ce fantastique dôme de matière éruptive, fruit d'un « point chaud » ayant crevé la croûte terrestre il y a cent trente millions d'années et ayant propulsé granits et syénites à trois mille mètres d'altitude, célèbre réellement notre entrée dans le Grand Rift. Le lac Malawi, profond de sept cents mètres, termine toute une série de failles qui balafrent l'Afrique de l'Est. Plus au nord, au Zaïre, la récente éruption du Nyiragongo sur le bord du lac Kivu prouve que le Rift est encore actif.

Je passe le week-end dans un hamac suspendu sous la véranda, à lire d'un œil *Fortune carrée* de Kessel, et à contempler de l'autre les métamorphoses du massif. Au gré du jour et des jeux du soleil, comme les façades de la cathédrale de Rouen vues par Monet, ses parois verticales se parent d'or, se drapent de pourpre et s'endorment dans les violets voilés du crépuscule.

De retour à Zomba, nous reprenons notre marche vers le nord et les rives du lac que nous voulons gagner avant la venue des parents de Sonia pour Noël. En deux jours, nous couvrons quatre-vingt-huit kilomètres et gagnons Balaka, ville musulmane en pays yao, seule ethnie du Malawi originaire du Mozambique et historiquement convertie à l'islam par les marchands d'esclaves swahilis. Partout encore en chemin, nous croisons des mosquées en construction et des cohortes de barbus d'importation, Arabes et pâles au milieu de leurs fidèles africains, dans leur saroual-kamiz pakistanais, roulant en convois de Pajero directement importés de Dubaï. Notre première impression se confirme, l'islam investit au Malawi.

Île de Mumbo, lundi 17 décembre,
351ᵉ jour, 4 890ᵉ km

Oubliez tout ce que j'ai pu écrire ! Le paradis est ici. Sur cette île du lac Malawi, au large du cap Maclear. Le paradis n'est pas très étendu. On peut en faire le tour en kayak en une heure. Et nous avons le bonheur de partager ce moment avec les parents de Sonia. Allons-y ! De la petite plage de ce parc naturel, nous glissons sur une eau cristalline et quittons la petite crique de granit.

En transparence, des poissons bleu et jaune frétillent dans notre sillage. À la pointe, deux loutres batifolent. Oui, deux loutres ! Leurs petits yeux noirs filent au ras des flots derrière leur truffe ronde. Nous passons en glissant sans troubler leurs cabrioles. Tout est pur, tout est silence. Un entrelacs d'essences rares, une jungle touffue coiffent d'exubérance ce caillou jeté là sur le lac. L'île est à nous. Sur la plage nous attend Michael, aux petits soins.

Séparée de l'île principale par un bras d'eau de vingt mètres, il en est une autre, plus petite, que l'on gagne à pied, de l'eau jusqu'aux genoux. Un Rubicon. Le jardin d'Éden est à deux pas...

Une passerelle de bois serpente entre les rocs, entre les troncs, en s'élevant dans les ramures. Aucun arbre n'a été coupé, aucun rocher déplacé. Elle contourne une énorme euphorbe, épouse un arbre à l'écorce de calque, survole des succulentes écarlates et atterrit au sommet boisé du repaire : notre paillote.

Dans une percée entre les branches, deux hamacs se balancent. Invitation. Cinq tentes cachées par les arbres rayonnent à la périphérie de l'île et apprivoisent chacune un paysage différent. J'ai dit « tente » ? Il faudrait dire palais, belvédère, lupanar, nid douillet ! Chacune est isolée, chacune a son caractère. Emballés, nous leur donnons des noms. Il y a le « nid d'aigle », il y a « la sauvage », il y a « l'arboricole », la « vertigineuse » et « la rocheuse ».

Nous faisons les difficiles, balançons et optons pour la tente « sauvage », Dagmar et Claude Chassin, les parents de Sonia, ont jeté leur dévolu sur « la vertigineuse », juchée sur un rocher au bord du vide. Devant notre tente, hiératique, un aigle pêcheur est à son poste. *Halietus vocifer*. Soudain, son cri déchirant se répercute sur les flots d'huile. Des châteaux de nuages se reflètent sur ce miroir et se renvoient des ombres boursouflées peuplant l'espace à l'infini.

Nous coulons là des heures sublimes, rythmées par des danses avec des guirlandes de cichlidés, ces petits bijoux à écailles qui prolifèrent dans le lac et dont les centaines de varié-

31

32

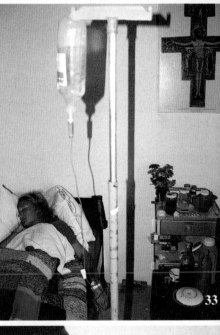

33

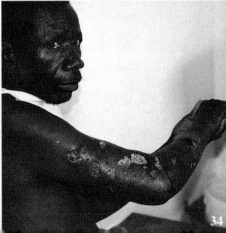

34

36

37

38

39

42

43

44

tés font la joie des aquariophiles du monde entier. Ici, nous nageons dans l'aquarium.

L'île principale, tel un monde perdu, est hantée par deux espèces géantes préhistoriques... Le plus gros escargot du monde, l'*Africanus conchyllicus*, y traîne poussivement son énorme coquille sur des pistes de bave qui dessinent dans les sous-bois de brillants écheveaux. Tout important qu'il soit, le gros gastéropode au train de sénateur sert de dessert au terrifiant varan du Nil, véloce et cauchemardesque, dont la langue bleue et l'arroi saurien convoitent les reliefs de nos repas : la colonie de l'île vit derrière la cuisine. Au pied de rochers à la base desquels ils ont creusé leurs terriers, ils prennent des bains de soleil. Les plus gros mesurent près de trois mètres. On entend leur souffle ronfler. Seule une petite peau palpite dans le cou qui trahit la respiration. Leur robe vert sombre est mouchetée de jaune et rayée de noir. Ce sont en outre de redoutables nageurs.

Alanguis au soleil, les dragons attendent, l'œil jaune fixe et les griffes luisantes, prêts à déchaîner leur furie préhistorique sur un moignon de poulet. Ziff ! En voilà un qui vole ! Poc ! À peine l'os à terre, ce n'est que sauvagerie, coups de queue et torsions de ventre, yeux révulsés et prises de bec. Puis soudain plus rien, les écailles se calment et de cette fureur qui nous clouait au sol ne restent sur l'aire de combat, parmi les titans immobiles, qu'un halo de poussière, un soupir de terreur.

Lorsque le jour décline, nous partons en kayak vers les nichées d'aigles. Leur tête blanche immaculée se repère de loin sur la verte canopée. Sur le glacis sombre et calme de l'eau, nous lançons de petits poissons d'argent. À peine le geste esquissé, l'aigle au loin a pris son envol ; en quelques battements lourds, le voilà qui passe et frôle d'un souffle son reflet sur la surface. Après ce tour de reconnaissance, il fait sa boucle et revient de face en planant, se laisse glisser au ras de l'eau toutes serres dehors et frappe d'un coup sec la surface de ses puissants talons : le poisson a été enlevé. Précision chirurgicale ! D'autres de ses congénères se mêlent à la danse et, de voltes en piqués, de virages en vrilles, nous contemplons longtemps ce ballet aux airs de meeting aérien. À chaque passage, on se surprend à faire vrrrraaoouum...

Sur la plage du cap Maclear, à l'heure de nous séparer, Michael nous montre un baobab. Un baobab comme les autres, pas énorme, pas minus, boursouflé de cicatrices à hauteur d'homme, avec ses grosses branches tordues comme des membres infirmes vers le ciel et le galbe en bouteille de son tronc fibreux. Il nous sort alors une photo en noir et blanc :

— Ce cliché a été pris par des missionnaires écossais en 1888.

L'arbre est absolument identique. Pas une branche de plus, pas une de moins. En cent douze ans, il n'a pas changé d'un iota, prouvant s'il en était besoin la vénérable ancienneté de ces géants. Certains ont plus de quatre mille ans.

Dinosaures vivants, arbres préhistoriques, escargots géants, on est ici hors du monde, hors du temps... Quitter Mumbo n'est pas si triste, c'est revenir sur terre, car on sait maintenant que Mumbo existe.

18

Le père de la mémoire

Balaka ! La chance ! Ici on ne prononce pas les r. Autour de nous, la rumeur se propage comme une onde : « *They ale Flench !* » Des centaines de billes blanches dans le noir se réjouissent de notre présence. C'est Noël dans une église croulante, bondée de jeunes. Mille cinq cents crânes luisants se meuvent comme une mer au ressac chaloupé, mille cinq cents voix unies se répondent par vagues, célébrant la venue d'un bébé sur la Terre. Une anarchie organisée. La spontanéité orchestrée. Le génie africain. Esprit de corps et corps de l'esprit. Nous sommes emportés, fascinés par ce jeu de foi, par ce feu de joie.

Les parents de Sonia, plus habitués aux Noëls hivernaux, sont émus aux larmes par tant de chaleur. Chrétiens frileux et timides, venez vous réchauffer au feu de foi africain ! Il manque des tôles au toit, les étoiles font leur entrée dans la nef, les arcs-boutants semblent les couples d'une grande coque, la clameur et le mouvement ceux d'un peuple de rameurs aux bancs de nage ; une bâche claque, retenue par des cordes ; nous sommes emportés par le souffle de toutes ces âmes dans des surfs euphoriques sur des déferlantes d'espérance.

Deux jours plus tard, l'avion des parents disparaît entre deux orages dans le grondement des réacteurs et de nos cœurs. C'est vrai que c'est toujours plus dur pour ceux qui restent. Avant de nous quitter à l'embarquement, Dagmar, dans un geste inattendu, nous a baisé les genoux en entamant avec eux une conversation surréaliste : « Allez-y les petits genoux, tenez bon ! Ramenez-moi mes enfants chéris... »

Nous avons traversé la rivière Shiré, l'émissaire du lac Malawi. Ce faisant, nous sommes repassés sur la rive occidentale du Rift et marchons plein nord avec l'escarpement à main gauche. La saison des pluies a commencé. De grosses enclumes noires se promènent sur la verdure comme des pommes d'arrosoir. Nous slalomons, laissons passer une douche, rasons un mur de hallebardes, si bien que nous sortons peu pour l'instant nos capes de pluie.

Notre matinée de reprise nous éprouve. Trop moite. Trop chaude. L'horizon est vert et le goudron mouillé rayonne de vapeur en volutes. La campagne est très riche, la terre très grasse et fertile, mais les gens sont pauvres et faméliques. Pourquoi ? Au vingtième kilomètre, nous décidons de nous arrêter et frappons à une porte de ce qui semble être un petit magasin fermé. C'est comme ça. On ne choisit jamais, c'est la fatigue qui choisit pour nous. Un vieux voisin nous fait signe de faire le tour. Nous frappons à un portail. Une vieille dame inquiète vient l'entrebâiller.

— Nous traversons le Malawi à pied, nous cherchons un endroit pour nous reposer pour le déjeuner...

— Pardonnez-moi si je me méfie, je me suis fait attaquer par des voleurs à main armée il y a trois jours. Entrez ! *Takulandirani* [1] *!*

Mary Chimwaza est veuve. Elle habite avec sa sœur qui était mariée à un Sierra-Léonais qui la torturait. Cette dernière, Elen Kebbie, nous montre ses noires cicatrices de strangulation et une belle balafre sur le front : un coup de bouteille. Elle a fui jusqu'ici pour lui échapper. Mary, quant à elle, nous conte ses malheurs.

— Les voleurs ont mis plus d'une heure à entrer en défonçant la porte. J'ai eu le temps de me voir mourir ! On hurlait mais personne n'est venu. Puis ils sont entrés comme des fous. Ils voulaient violer ma petite ! Je leur ai dit : tuez-moi plutôt, mais d'une balle, pas au couteau ! Ils m'ont répondu que ma vie ne les intéressait pas mais qu'ils voulaient de l'argent. J'ai d'abord dit que j'en avais pas, ils m'ont battue et tirée par les cheveux, j'ai dû leur avouer où il était caché. Comme une idiote j'avais tout mis au même endroit. Ils m'ont pris trente mille

---

1. « Bienvenue ! »

kwachas [1]. Toutes mes économies! Ces choses-là ne se produisaient jamais sous Banda...

Nous sommes consternés.

— Allez, j'arrête de me plaindre! Vous devez avoir faim. Voulez-vous un Coca?

Chère petite mère qui pense déjà à donner quand on lui a tout pris... Un petit garçon mange dans un coin.

— C'est votre petit-fils? demande Sonia.

— Non. C'est un gamin du voisinage que ses parents ne nourrissent pas, alors il vient ici... Mes petits-enfants, c'est moi qui les élève. J'ai perdu mes deux fils et une de mes belles-filles du sida. L'autre est ici aussi. Elle est séropositive...

Malgré ce fardeau qui lui pèse sur les épaules, Mary nous gratifie d'un large sourire. Adorables femmes, adorables mères qui portent ce continent à bout de bras...

Nous reprenons notre chaîne de rencontres, au fil des pas. Finalement nous ne marchons que pour ça. La destination? La fin du Rift? Les pas de l'Homme? Tout cela reste très théorique. Jérusalem? Dans deux ans? Neuf mille kilomètres?

Qui sait? Qui peut savoir? Ça n'a jamais été fait, ce n'est qu'une idée, pas vraiment un objectif...

Quand on marche, il n'y a de réalité qu'au présent, *hic et nunc*, sur ce ruban de goudron rectiligne, dans les sangles d'un sac toujours trop lourd, dans les douleurs d'un pied toujours trop faible. Un kilomètre, ce n'est jamais facile. Jamais moins de douze minutes. Nous ne sommes pas des champions de la marche, des supercadors du crapahut; beaucoup de gens nous dépassent, mais nous les retrouvons toujours quelques kilomètres plus loin, assis sous un arbre. Nous sommes juste tenaces. Ce n'est pas nous qui marchons, c'est la marche qui marche en nous. Comme la chose la plus naturelle du monde, comme si nous ne savions rien faire d'autre et que nous n'avions d'autre destin. C'est un axiome, un théorème inexplicable. Comme ça. C'est tout. C'est simple. C'est nous.

Voilà pourquoi nous ne doutons pas, n'hésitons pas, ne trichons pas, ne sommes tourmentés ni par les kilomètres à parcourir, ni par l'étape à atteindre, ni par le temps qui passe, ni par le fait que nous pourrions aller plus vite. Le temps et

---

1. Lors de notre passage, le cours du kwacha était d'à peu près un franc pour dix kwachas, soit, ici, près de quatre cent cinquante euros : un revenu annuel.

l'espace sont intimement corrélés au rythme de nos pas. Nous sommes heureux. C'est notre *cogito* : « Je marche donc je suis. »

Des chapelets de parapluies multicolores s'égrènent vers le point de fuite. Quand on marche, l'horizon n'est jamais une ligne, mais toujours un point. Tout le monde marche au Malawi, nous ne sommes que des marcheurs de plus. Sans mérite et sans gloire. Ce que nous faisons tous les jours, les Africains le font aussi. Prétendre endosser leur condition, les rencontrer, les comprendre, c'est marcher avec eux.

Ce soir, c'est un jeune type en pantalon mauve qui marche avec nous. Frackson Chaipas. Il a vingt-cinq ans, une femme, un bébé et sept hectares dont il n'arrive qu'à cultiver la moitié. Voilà l'équation de sa vie. Il nous mène parmi ses sillons, sous une pluie fine, vers trois cases de terre. Il en vide une pour que nous y dressions notre abri. Mon ange mouillé assis en tailleur rigole sa joie d'être là. Quel bonheur, cette femme ! Heureuse jusque dans ce gourbi infâme qui grâce à la bougie qu'elle allume et l'aura qu'elle dégage se remplit de chaleur. Elle chantonne et minaude en s'installant.

— On est bien dans la cabane !

C'est une de ses expressions favorites. Sur un lit à baldaquin du Danieli de Venise, elle dirait aussi : « On est bien dans la cabane ! »

Cette femme est la chance de ma vie.

Jamais je n'aurais pu entreprendre ce voyage avec quelqu'un d'autre. Les projets divergents de mon camarade Sylvain nous ont sauvés de l'échec. C'eût été une erreur de m'embarquer avec lui pour un projet d'une telle envergure. C'eût été trop long, trop dur, trop total. Il n'y a qu'un couple pour affronter la démesure, pour substituer l'aventure complète et humaine à l'exploit sportif.

Ma pauvrette se découvre une grosse ampoule qu'elle crève aussitôt avec un fil trempé dans l'alcool et une aiguille. Tribut des reprises. J'ai quant à moi mal à la voûte plantaire. Je boitais pathétiquement en fin de journée.

Une fois installés, nous recevons la visite de Frackson. Sonia lui sort son cahier de photos, notre « ambassadeur », dans lequel figurent nos amis, notre famille, une photo de notre mariage sur un side-car soviétique lancé à pleine vitesse, des aquarelles sublimes fraîchement peintes par Claude, et au milieu de ce portofolio du cœur, Sonia colle des fleurs, des papillons, recopie des recettes ou des prières, ce qui est la même chose, des chansons ainsi que les hymnes nationaux des pays parcourus.

Je me mets à mon travail d'écriture de la journée. C'est une rigueur et une routine, mais c'est aussi un besoin. Consigner. Coucher les impressions du jour, raconter nos rencontres. Une nécessité. Un jour passe et c'est trop tard. Le sel est perdu, l'atmosphère diluée, le souvenir confus. Nous vivons au présent. Intensément. J'écris donc au jour le jour, comme je l'ai fait pendant un an autour du monde à bicyclette et pendant six mois dans l'Himalaya. Je n'ai pas encore écrit de roman, la vie est tellement plus romanesque ! C'est le réel qui m'anime, sa chair, sa profondeur, sa beauté, ses mystères. Dans mes récits, je suis un paludier de la marche, je récolte le sel du présent, le sel de la terre. Même s'il est mêlé de sueur, même s'il est mêlé de sang, même s'il est mêlé de larmes, il sale toujours le bonheur.

J'ai collé sur la couverture de mon cahier une carte postale en forme d'Afrique dont le fond est un portrait de Nelson Mandela. Je la montre à nos hôtes. Nous nous faisons les VRP de cette icône, comme l'appelait ce cher Morgan Tsvangirai. Frackson ne le reconnaît pas. Plus nous montons vers le nord, moins Mandela est reconnu. Pourtant son nom lui dit quelque chose. Continent sans images.

— Pourquoi ne parviens-tu pas à planter plus de trois hectares ?

— Je n'arrive pas à payer les graines de maïs et l'engrais. Les types du ministère de l'Agriculture passent à moto et nous proposent de nous les fournir gratuitement. Chouette ! on se dit. Mais il y a un piège : c'est une sorte de crédit. Au bout de six mois je dois leur rendre la mise, plus 26 %. Si je n'y arrive pas, si la récolte n'est pas bonne, je peux rembourser un an plus tard, mais à 52 %. Ces dernières années, les pluies ont été si fortes que j'ai perdu un tiers de mes récoltes, sans parler des insectes. En fin de compte, j'arrive juste à produire la *sima* [1] pour nourrir ma famille, mais je ne dégage aucun bénéfice pour acheter du sucre, de l'huile de cuisson, du kérosène, des habits...

---

1. Nom chichewa de la farine de maïs qui constitue ici aussi l'aliment principal.

La voilà, la belle libération du peuple! Asservi par son propre gouvernement. Nous la comprenons, maintenant, la pauvreté de ces campagnes. Nous les avons vues, en effet, ces motos sillonner les villages, seul signe pour l'instant de la présence de l'État! Esclavagisation d'un peuple par ses ministres, leurs prétendus serviteurs. Un taux d'usure rarement pratiqué dans l'histoire du monde. Juteux profits sur la misère des manants. Un bel exemple hypocrite d'exploitation de l'homme par l'homme...

C'est peut-être ce modèle dont rêve M. Mugabe?

La pluie a cessé. Dans la nuit noire, des lucioles passent en clignotant, elfes de la fertilité, voletant de plants en plants, activant la germination dans cette terre volcanique, tellement plus riche que la terre zimbabwéenne. Tellement plus pauvre.

Frackson est désespéré. Il aurait voulu poursuivre ses études. Il voudrait travailler chez Illovo, regrette qu'il n'y ait pas plus de fermiers commerciaux et d'investisseurs étrangers. Il voudrait un salaire fixe pour ne plus être à la merci de la pluie. Il maudit cette terre à laquelle il est aliéné, qu'il ne peut pas quitter. Il nous envie de pouvoir marcher.

Nous suivons toujours le pied du Rift, son pédiment rectiligne. La route file plein nord : nous avalons du kilomètre. Il pleut dru ce matin. Nous avançons sous les cloches vertes de nos capes. Dans les champs, les arbres touffus transforment le paysage en un grand jardin. Jardin d'Éden? Devant nous toujours, cette ribambelle de parapluies multicolores qui se reflètent dans les flaques sous des arc-en-ciel.

Les jours se suivent et nous ne voyons toujours pas le lac Malawi que nous longeons. Nous devons d'ailleurs être maintenant à la hauteur du cap Maclear et de Mumbo! Quel monde entre ces deux univers, entre le paradis et la terre? Est-on dans le même pays? Toute la journée, nous menons une réflexion humide sur la pauvreté, la prospérité, leurs ressorts et leurs mystères, car il n'y a pas de recette miracle. Une chose est sûre : ce pays a un formidable potentiel inexploité, sa pauvreté en est d'autant plus difficile à tolérer. Il n'y a pas de fatalité géographique. Il est beaucoup plus dur de survivre en Sibérie qu'ici. Tout reste à faire puisque rien n'est fait, et pourtant, comme toujours, depuis presque un an et près de cinq mille kilomètres, nos hôtes restent bons et dignes, généreux et joyeux, disponibles et croyants, malgré leurs épreuves.

Ce soir encore nous sommes accueillis comme des rois vagabonds. La pluie devenant trop forte, nous avons couru vers une masure un peu à l'écart de la route. Peter Cabbage nous a ouvert sa porte dans un costume étriqué, tout élimé. Sous Banda, il était traducteur. Chez lui, ça pue l'urine, la crasse, l'huile rance et la misère. Un coup d'œil à Sonia : c'est notre règle, on ne choisit pas. Ce soir, ce sera ici. Peter a tout perdu sauf son anglais impeccable. Joséphine, sa petite femme chenue, nous débarrasse de nos capes ruisselantes. Sonia étouffe un cri :

— Aaah ! Là ! Au plafond ! Et sur les poutres !

Au-dessus de nos têtes, entre les solives et à travers les murs, grouillent et couinent des dizaines de rats. Ils courent en tous sens, s'arrêtent en même temps et repartent aussitôt comme ces petites voitures de notre enfance sur leurs circuits électriques. Mouvement saccadé, hypnotique, grabuge et sorties de routes, dépassements et carambolages, un rat tombe et disparaît entre nos jambes. Peter s'excuse.

— Quand il pleut, ils grimpent là-haut !

Une demi-douzaine de chauves-souris entrent dans la danse et tournoient au ras de nos cheveux. Concerto pour ultra-sons. Le ballet est magnifique. Sonia est convaincue que l'une d'elles va venir s'accrocher et s'emmêler dans ses cheveux.

— Si, je t'assure ! Elles s'entortillent tellement qu'après il faut tout couper.

Je me marre comme une baleine. Joséphine fait des allées et venues en silence et s'agenouille devant nous chaque fois qu'elle nous tend une tasse ou un pot de sucre. Je fais mine de vouloir la relever, Peter arrête gentiment mon geste.

— Laissez-la faire ! C'est notre tradition. Ma femme veut vous honorer.

Ces gens ne savent rien de nous mais il nous semble les connaître depuis toujours. Ils n'ont rien, mais ils n'ont pas perdu l'essentiel. Une sorte de plus petit dénominateur commun de bonté et d'humanité que nous avons aussi, mais enfoui parfois sous des couches d'orgueil, de puissance, de faux-semblants, d'égoïsme matérialiste et centripète... parfois non. Mais une chose est sûre : la pauvreté décape et dénude. La bonne couche est à fleur de peau.

Mission Mua, lundi 31 décembre 2001,
365ᵉ jour, 17 km, 5 005ᵉ km

Ce matin, nous immortalisons notre cinq millième kilomètre, à la craie, sur le goudron, sous le regard de gamins incrédules. Très vite, des trombes d'eau nous immobilisent sous une tôle au bord de la route. Le rideau d'eau brouille le paysage. Trempés jusqu'aux os nous faisons le point tandis que l'eau monte autour de nous et que la violence de la pluie crépitant sur la surface nous éclabousse les jambes.

Je bats deux de mes records : plus de cinq mille kilomètres à pied et plus d'un an de voyage.

— Tu te souviens, me dit Sonia. Quand tu as fait le tour du monde à vélo, je t'avais dit que je t'attendrais un an jour pour jour, mais que le 365ᵉ jour je ne répondrais plus de rien. Tu es arrivé avec cinq minutes d'avance sur la place de l'Étoile avec ta petite bicyclette ! Tu as eu raison, parce qu'il y en avait des matous qui miaulaient sous mes fenêtres.

— Si j'étais arrivé en retard, peut-être que tu ferais la traversée de l'Afrique en Porsche.

— Je serais une poule de luxe au lieu d'être une poussinette à pattes.

— On bat aussi notre record de distance à pied aujourd'hui. On dépasse les cinq mille kilomètres de l'Himalaya avec Sylvain.

— OK, mais ce qu'on a fait est plus plat.

Un jeune homme sous une feuille de bananier nous interrompt.

— *Come just here, there is Mua mission. Father Boucher. Follow me* [1] !

Le père Boucher ? Sûrement un Français ! Nous lui emboîtons le pas.

Au sommet d'une petite côte, nous tombons sur une bâtisse insensée : un grand corps de bâtiment de deux étages, en brique, avec double colonnade, une longue véranda desservant les chambres du premier, un escalier central, un beau toit de tuiles à l'italienne et un tympan gravé 1902. Unique. Dans la

---

1. « Venez à la mission Mua, c'est juste là. Le père Boucher. Suivez-moi ! »

298

cour est planté un jardin à la française avec en son centre une fontaine. Le jeune Michael nous mène à une maison attenante.

— Le père Boucher a créé un atelier de sculpture avec mon propre père. Il est vénéré par les Chewas.

Dans un fouillis de fleurs et de plantes grimpantes, dans un décor de sculptures baroques et de bas-reliefs, nous le découvrons, dans une chemise de boubou aux tons verts et au col festonné, un bébé noir dans ses bras, le père Boucher. Barbu poivre et sel, l'œil pétillant, le regard bon et la face gourmande, il nous salue. Québécois ! Il est Père blanc, ce fameux ordre créé en Afrique du Nord par Mgr Lavigerie. Ayant grandi moi-même au Québec, nous défourraillons des souvenirs communs, de neige, de débâcle des glaces sur le Saint-Laurent, de grands espaces.

— Ben ça, pour sûr, c't'une bonne surprise ! On va feyter votte saintmillième kilomette dzignement ce soâr pour le réveillon.

Merveilleux accent que je recouvre instantanément pour le bonheur du père et les rires de Sonia...

Claude Boucher nous fait visiter son église. Le Christ est noir, tout recroquevillé.

— Un crucifix XIXᵉ, tout droit, tout blanc, n'aurait aucun sens ici, ça peut pas parler à ces gens-là ! Jésus incarne l'humanité souffrante, il est universel, alors il faut bien l'adapter. J'avais un de ces vieux crucifix italiens qui traînait dans un coin, eh bien c'est pas Dieu possible ! il y avait toujours un paroissien qui venait me dire que Jésus était blanc et européen, c'est pour cela qu'il n'aidait pas l'Afrique. Un Jésus raciste, tu vois le travail ! Et puis ce Jésus-là, ils ne comprennent pas comment il peut incarner la souffrance. Pour les gens d'ici un Blanc, ça ne peut pas souffrir, c'est riche, ça mange à sa faim.

Derrière l'autel, une fresque. Dans une pluie d'orage, tous les animaux descendent du ciel sur un arc-en-ciel.

— Ça, c'est le mythe de la Création chewa. Ils en ont un excellent. Pourquoi vouloir leur imposer d'entrée nos légendes sémitiques ? On les leur apprend plus tard, comme ça ils font eux-mêmes le parallèle, en douceur...

Sur le tabernacle figurent deux bouts de bois en T renversé.

— Et ça ? demande Sonia. C'est une croix ? Celle de saint Pierre ?

— Non, c'est le péché originel des Chewas. Dieu leur avait dit de ne pas jouer avec des bouts de bois, l'homme a désobéi, frotté deux bouts de bois et allumé un feu qui embrasa la Terre. Tous les animaux qui vivaient alors en harmonie ont fui l'homme qui s'est mis à les chasser, sauf le chien, la chèvre et la poule. Depuis c'est le chaos. Adam, Ève, la pomme : ici, ça ne voudrait rien dire ; autant utiliser les croyances qui sont sur place.

Je le titille :

— C'est pas très catholique tout ça !

— Si, ça s'appelle de « l'inculturation ».

Le mot est lâché.

— Je te signale que la pomme est déjà une inculturation occidentale, la Bible parle de fruit défendu ; il n'y avait pas de pommes en Palestine ! Et ce n'est pas d'hier, l'inculturation, ce sont les jésuites qui, dès le début du XIXe siècle, face à la difficulté des missions en Chine et en Inde, en ont développé l'idée. Être missionnaire, ce n'est pas débarquer avec un catéchisme tout neuf dans sa valise et taper avec sur la tête des gens pour essayer de le faire entrer en force. Être missionnaire, c'est retrouver le travail de Dieu en tout homme, en toute culture, et habiter, inculturer cette spiritualité du message évangélique de la Bonne Nouvelle. C'est un métissage entre certaines valeurs traditionnelles et les valeurs chrétiennes. Attention, je n'ai pas dit un syncrétisme ! C'est plutôt un parallélisme convergent à l'infini, une sorte de miracle impossible en mathématique, mais ici ça marche très bien. Allez donc avec Michael voir l'atelier Nkungoni et faire un petit tour au musée, vous verrez le travail qu'on fait ici !

Sous un grand chapiteau de chaume, dans la clameur du bois, sous le coup des masses, une douzaine d'artistes s'affairent sur des grosses pièces ornementales. Résolument inculturées. Michael s'exalte :

— Nous avons quinze de nos pièces dans les appartements privés du pape, Nkungoni est représenté dans des galeries à Londres ou à Munich. C'est nous qui avons décoré la cathédrale de Soweto et nous avons sans cesse des commandes. Là, ils travaillent sur un groupe d'enfants qui entourent une monumentale Vierge noire pour la cathédrale de Maputo.

À cheval sur la tête de la Madone, un grand type musculeux lui assène dans le dos de grands coups de masse. Elle en résonne de toutes ses fibres. Dans le musée, c'est le choc! La plus fantastique collection de masques du culte secret de Nyau. Suspendus aux branches d'un arbre fiché au cœur d'une des trois grandes huttes de l'établissement, ils nous dévisagent. Michael nous guide.

— Le gros masque noir, c'est *Gulutende*, il dissuade les gens de trahir et de colporter des calomnies pour cause de jalousie ou d'envie. Le masque rouge, c'est *Greya* qui représente une personne nantie qui reste humble et sans orgueil et ne se sert pas de sa position pour influencer les autres. *Lambwe*, en revanche, cet étrange masque rouge doté d'une corne rayée de jaune au milieu du front, est le gardien des tabous sexuels et donc de la famille, le jaune à côté, c'est *Mandebvu*, un masque récent qui vous parlera : le masque de celui qui n'a pas suivi les conseils des ancêtres et a enfreint les tabous sexuels, et qui devient par conséquent un monstre qui tue les autres avant de se tuer lui-même...

Il y en a pour toutes les occasions et pour incarner toutes sortes d'esprits, de sentiments et de réflexions : la colère, la peur, le courage, la mort, la pureté, la sagesse, ainsi que tous les événements de l'existence.

— Et celui-là ? Tout échevelé, avec ses guenilles et ses antennes orange ?

— C'est *Mkazi*, un des plus puissants. Il est le messager de l'âme des morts. C'est par lui que parlent les ancêtres. Il symbolise en fait un arbre planté dans un cimetière, dont les racines pompent l'âme des morts et dont les branches agissent comme des antennes. Il est présent lors de toutes les funérailles.

Le père Boucher possède près de quatre cents masques. C'est la plus grande collection au monde. Et il en naît chaque année de nouveaux, tant cette culture est inclusive et toujours vivante. À quand le masque du cybernaute ? Michael précise :

— On n'a pas le droit de prendre ces masques en photo, car le culte nyau est un culte secret. Le père Boucher est le dépositaire de ces masques en tant que grand prêtre nyau. En fait, c'est plus une cachette de masques qu'un musée mort ! Ce ne sont pas des objets à jeter en pâture à la curiosité exotique, ce sont les symboles fondateurs de la société chewa qui ne peuvent s'exprimer qu'au cours des rituels.

Sur cet arbre de vie sont accrochés trente ans de travail anthropologique. La symbolique du musée est si touffue qu'on pourrait y passer plusieurs semaines qu'il devient lui-même un objet d'étude. Sur les murs, les rites de passage, les cérémonies du *Gule Wankulu*, cette célèbre danse des masques, le rituel de Makiwana, la déesse de la Pluie et du Python divin, que l'on retrouve dans beaucoup de cultures africaines, notamment chez les Vendas au nord de l'Afrique du Sud. À droite, la *Kasiya Maliro*, cette antilope sacrée, matrice primordiale par laquelle le Chewa doit renaître au cours des rites d'initiation. Elle est représentée en forme de bouteille au sein de laquelle on peut se dissimuler et réapparaître transfiguré, initié, adulte...

Naissance, baptême, initiation, mariage, mort, vie après la mort et culte des ancêtres. Les sept sacrements chewas... Sous nos yeux s'articule la mémoire de tout un peuple.

À l'heure où les cultures traditionnelles sont en péril et en voie de désaffection, elles sont paradoxalement conservées et ravivées par l'Église, celle-là même qui au début du siècle les avait bouleversées.

Le soir, un orage fait sauter les plombs. Nous festoyons à la bougie avec du bon vin et un plat de pâtes aux champignons cueillis par le père dans la forêt. On ne pouvait pas mieux tomber pour le réveillon. Il nous parle de son ami Tambala, le père de Michael, avec qui il a monté l'atelier :

— Avec Nkungoni, il a tout de suite eu une grande réputation, des sous, des honneurs, il a trompé sa femme et a attrapé le sida... C'est une grande douleur pour moi ! Ici encore plus qu'ailleurs, le succès monte à la tête des gens et ça fait partie de la culture d'aller voir ailleurs quand on a du mérite et de la gloire, pour les partager... Alors on essaye de faire évoluer ça petit à petit, de l'intérieur. Dans inculturation, il y a culture...

Nous lui parlons de notre amie Fée Berning d'Ardmore, de son expérience comparable, de son succès grâce au talent artistique de Bonnie qu'elle avait su développer, de la disparition de cette dernière du sida, pour les mêmes causes. Résonnances...

— Les malheurs de ce continent sont étrangement mêlés avec ses joies !

En disant cela, le père nous fait songer à Obie Oberholzer et sa formule : « *Africa is a happy sad land.* » Comme il avait vu juste ! Tous les jours nous vivons cet aphorisme. Les yeux perdus dans les flammes, je vois toutes nos rencontres, tous ces enseignements, s'articuler, s'enchaîner, se suivre comme les étapes d'une longue démonstration, irrationnelle, imprévisible, mystérieuse, aux résultats et aux conclusions suspendues qui choquent parfois nos interlocuteurs français. Je fais part au père Boucher de cette détresse :

— Vous n'êtes pas les seuls incompris ! Combien y a-t-il de gens de terrain parmi vos détracteurs ? C'est dur d'être un témoin. Les idées reçues sont plus faciles que celles qui vont à contre-courant ! Vous savez, je me suis moi-même fait chasser par le clergé malawien qui voyait d'un très mauvais œil mes expériences d'inculturation. Les clergés africains ont tendance à être plus romains que Rome ! En 1974, l'évêque de Dedza m'a demandé de prendre de longues vacances. J'en ai profité pour rentrer en Europe et passer un doctorat d'ethnologie. En 1980, Jean-Paul II évoqua dans son discours de présentation à l'Unesco l'inculturation comme une des pistes fondamentales à développer pour le respect des croyances traditionnelles. J'ai pu rentrer sans problèmes. C'est la vérité qui choque.

— Qu'y a-t-il d'inculturé dans votre sacerdoce ?

Le père se ressert une rasade de vin et reprend volubile :

— Je vais vous donner l'exemple d'un baptême inculturé que j'ai fait la semaine dernière. Tout d'abord, la culture chewa dispose d'un baptême traditionnel : le bébé ne sort pas de la maison pendant ses quarante premiers jours et personne n'a le droit de le voir, sauf la mère bien sûr ! Déjà c'est une drôle de coïncidence avec notre symbolique des quarante jours, le carême, le désert, la purification. Le jour de la présentation toute la famille est invitée, le bébé est présenté sur le pas de la porte et est baigné dans une jarre qu'ils ont tirée de la cuisine et remplie d'eau médicinale contenant des herbes sacrées. C'est pendant l'onction que le bébé reçoit son nom. Ensuite ils font un feu. Le père, la mère, le parrain et la marraine se placent aux quatre points cardinaux, et se passent le bébé au-dessus du feu, pour le présenter au monde. Enfin ils cassent la jarre pour qu'elle ne reserve pas. Le baptême chrétien s'insère parfaitement dans ce rituel. Je n'ai qu'à bénir l'eau médicinale et baptiser au nom de la Trinité. Le passage du feu devient la descente de la flamme du Saint-Esprit... Ce n'est pas un baptême traditionnel que je travestis, c'est un baptême de chrétien pour des chrétiens à qui je rappelle que leurs racines doivent rester attachées au tronc pour que l'arbre vive et donne de beaux fruits.

Avec ça, les Chewas vivent bien mieux dans leur peau. Ils restent chrétiens. Ils restent chewas.

Tard dans cette première nuit de l'année, nous évoquons l'hôpital, l'école pour aveugles, le bureau des droits de la femme, le vétérinaire de brousse, le petit zoo qu'il a créé avec des animaux blessés par des chasseurs, les orphelins, la chorale, le catéchisme... Ce père a réussi à recréer un monde de merveilles autour de lui, et c'est d'autant plus visible que nous sommes en pleine brousse, en pleine misère. Un vrai témoignage de foi en actes...

— J'ai fait ce musée pour que les jeunes Malawiens n'oublient pas leurs racines. Nkungoni signifie « la source de vie », c'est le nom donné par les Ngonis à la rivière qui coule dans la mission. Chez les Chewas, comme dans beaucoup de cultures, Dieu est au sommet de la montagne. Chaque religion croit détenir le bon chemin pour le rejoindre, mais en fait plus ils s'élèvent, plus les chemins convergent. J'aime bien me promener de l'un à l'autre comme un garde champêtre...

Une belle leçon d'orientation.

À minuit, nous levons nos verres et échangeons nos vœux. Nous aimons ce père qui aime tant ce peuple, cette culture à laquelle il a consacré tous les jours de sa vie.

Dehors le vent souffle et emporte des guirlandes de lucioles qui tourbillonnent par vagues clignotantes : magie électrisée par des éclairs blafards dans le coton au-dessus du lac. Il fait chaud. Moite. Il y a un an, nous frissonnions d'angoisse et de froid dans le grand vent d'un bunker du Cap. Un an déjà? Un an de bonheur.

19

Sur la tombe de l'oubli

Nous retrouvons notre routine faite de soleil, de verdure, de goudron rectiligne et plat ponctué de *Mulibuanji? Ndili bwino! Zikomo kwambiri! Kaya inou* [1] *?*

Sonia souffre d'une étrange brûlure boursouflée dans la pliure du coude qui lui fait un mal de chien, comme une grosse tache rouge. Mystère.

Tous les jours nous fêtons un anniversaire, nous célébrons la mémoire de nos hôtes de l'an passé.

— Tu te souviens? Le même jour, l'année dernière, nous arrivions chez Sean et Morgan. Nous n'étions pas encore au Cap! Où sera-t-on dans un an? En Éthiopie? Au Soudan?

Un peu plus loin se met à marcher en notre compagnie un homme digne et mûr. Il porte un chapeau et un gilet sur lequel est cousu un coq jaune, le sigle du MCP [2], le parti de feu Hastings Kamuzu Banda. Austin Kuyezi est fonctionnaire du département des pêcheries à Chipoka.

— J'étais catholique, mais quand le prêtre a su que j'avais deux femmes, il m'a viré! C'est sûr, j'ai sept enfants avec chacune...

— Et comment vivent-elles la situation? interroge Sonia.

— Oh! Elles ne vivent pas ensemble! J'en ai une ici, à Chipoka, et la plus jeune est dans le nord, à Mzuzu. Je fais une rotation : trois mois chez l'une, trois mois chez l'autre. Mais la

---

1. « Comment allez-vous? Bien! Merci beaucoup! Et vous? »
2. Malawi Congress Party.

plus vieille est jalouse. Sur mes quatorze enfants, cinq vont dans une école privée, ça me prend tout mon argent ! J'espère que je ne vais pas être mis en chômage technique.

— Pourquoi ça ?

— Parce qu'une des premières mesures de Muluzi, quand il est arrivé au pouvoir à la tête de l'UDF [1] en 1994, après la mort de Banda, a été de déréguler toute la pêche dans le lac. Par électoralisme et pour favoriser les musulmans yao du Sud qui ne vivent que de pêche, il a aboli toute la réglementation. Résultat : plus de licences pour pêcher, plus de licences pour vendre le poisson, plus de zones interdites, plus de moratoire pendant la saison de reproduction. C'est la pêche à outrance. Tout le monde peut devenir pêcheur. Ils vident le lac. Dans cinq ans il n'y aura plus de poisson, on va tous crever de faim et moi je ne servirai plus à rien.

Logique ! Tous les jours en effet nous croisons des gamins le bras tendu sur le bord de la route, proposant leur pêche aux *matolas* [2] de passage. Les chauffeurs suspendent ces grappes gluantes à leurs rétroviseurs latéraux et filent vent du bas vers les villes. Les poissons-chats deviennent poissons volants ! Dans les petits villages, des millions de petits poissons attrapés au filet sont mis à sécher au soleil sur des nattes de bambou et empestent le fond de l'air. Nous les traversons le sourire aux lèvres, le regard émerveillé mais les narines pincées. Ces poissons constituent l'accompagnement essentiel de la *sima*, de l'*utaka* séché que l'on réhydrate dans un bouillon. On n'arrive pas à s'y faire. Même les chats n'en veulent pas ! C'est la version roquefort du poisson. Plus ça va, plus l'Afrique nous rend végétariens.

La mystérieuse brûlure que Sonia porte dans la pliure du coude s'aggrave et s'obstine à ne pas vouloir sécher. Sur la surface d'une rondelle de concombre, la chair est à vif sous des croûtes molles et multicolores. La sueur la fait déguster. Elle s'éponge comme elle peut... Aucune crème n'y fait. Nous sommes impuissants.

À midi, nous nous arrêtons à l'école de Matombe, où le jeune Amidou nous conduit dans la maison de Francis, le directeur. Amidou était musulman, il s'est converti au catholicisme.

---

1. United Democratic Front.
2. Minibus de transport qui entassent jusqu'à vingt passagers pour onze places.

Je ne fais pas une fixation, mais c'est incroyable ce que la religion est importante au Malawi ! Comme si elle était devenue la première chose par laquelle nos hôtes se définissent. Ils engagent systématiquement la conversation sur le sujet :

— Depuis le 11 septembre et les prêches de notre imam, je les ai quittés. Ils sont devenus fous ! Ils ne parlent que de Djihad. On était à peine une centaine de musulmans dans ce village et ils voulaient construire une troisième mosquée ! Des Arabes viennent avec leurs grosses voitures et achètent tout le monde. Mon voisin est devenu musulman pour cinq cents kwachas (quarante euros) par mois. Il a voilé ses deux femmes, dit « *Allah akbar* » cinq fois par jour et c'est tout ! Il mange à sa faim et il est tranquille. Quant à la mosquée que l'on a construite sur son terrain, elle reste vide. Je me demande à quoi ça sert.

Un camion arrive dans la cour de l'école. Francis se lève :

— C'est la distribution du Programme alimentaire mondial. Ils donnent tous les mois dix kilos de farine de maïs et deux kilos de fèves à toutes les petites filles inscrites à l'école pour les encourager, ou encourager leurs parents à les faire venir. Heureusement qu'ils font ça, sinon on n'aurait que des garçons. Et s'il fallait compter sur le gouvernement ! À ce propos, vous voyez cette classe ; le toit a été emporté il y a trois mois. J'ai fait la demande aussitôt mais toujours pas de nouvelles. Les enfants sont donc entassés dans les autres classes. Heureusement la paroisse s'est mobilisée, on devrait réussir à réparer nous-mêmes...

Nous suivons une voie ferrée désaffectée. Tout le réseau ferroviaire au Malawi est déglingué. C'est à se demander si l'Afrique progresse vraiment. Il y a près de cent ans, des trains partaient d'ici avec leurs cargaisons de tabac, de bois, de coton et de caoutchouc, grimpaient le plateau pour rallier Blantyre, le dévalaient pour descendre au Mozambique, traversaient le Zambèze sur le pont de Mutarara et gagnaient le port de Beira. Depuis, les guerres et la corruption ont remplacé la paix et la prospérité...

Dans l'après-midi, peu avant Salima, nous passons à la hauteur d'une mosquée. Les enfants sont assis en rangs à l'extérieur, tout près de la route, en pleine étude, dans un signe manifeste de le faire savoir. Ostentation infantile. À notre passage, un groupe de mioches se lève et se met à crier une phrase dont nous ne comprenons qu'un nom scandé sans équivoque avec le poing tendu : « Oussama Ben Laden ! » Sans méchanceté. Un barbu déboule, furax, et distribue de grands coups de verge dans les visages et sur les dos. Tout rentre dans l'ordre, nous sommes passés. Était-ce pour corriger ? Était-ce pour dissimuler ? Dangereuse ambiguïté dans un pays qui n'a encore jamais connu de troubles religieux.

Près de Salima, à Kambiri Point, sur la côte de ce lac que nous approchons enfin depuis Mumbo, nous rencontrons Stuart Grant, éleveur et exportateur de cichlidés, ces poissons exotiques. Affable et cultivé, le vieil homme est un peu fatigué.

— Dernière trahison de l'Empire : British Airways Cargo a décidé de ne plus venir au Malawi. C'est toute mon activité qui est menacée. J'ai vingt-six plongeurs et leur familles à faire vivre ainsi qu'une vingtaine d'employés aux aquariums. Tenez, puisqu'on en parle ! Je vais vous faire visiter, suivez-moi.

Dans un grand hangar s'alignent sur trois niveaux, sur cinq rangées et sur une trentaine de mètres, des aquariums frétillant de poissons multicolores. Nous reconnaissons certains des « mbunas » parmi lesquels nous avons nagé.

— Voilà notre dernière livraison sélective. On administre dans l'eau un antibiotique et un calmant pour que les poissons supportent le traumatisme de l'exportation. Il y a plus de neuf cents variétés de cichlidés dans ce lac, qui dérivent tous de quelques espèces qui sont arrivées à l'époque où il était relié au Tanganyika, il y a six ou huit millions d'années. Depuis, elles ont connu ce qu'un scientifique a appelé la « radiation explosive ». Rien de nucléaire, rassurez-vous ! C'est un schéma d'évolution qui voit la multiplication des espèces et leur spécialisation plutôt que leur sélection naturelle par élimination. Les oiseaux ont aussi connu ce genre de phénomènes au cours de l'évolution.

— Mais n'y a-t-il pas de compétition entre toutes ces espèces ? Le lac est pourtant un univers fermé.

— En effet, mais leur élimination a été évitée par l'absence de prédateurs majeurs et par la spécialisation de chaque espèce. Les cichlidés sont strictement sédentaires, ils ne bougent pas de plus de cent mètres dans toute leur existence, ils sont territoriaux et ne quittent pas la côte. Ils sont donc incapables de nager dans le grand bleu ou de traverser le lac qui, je vous le rappelle, fait sept cents mètres de fond par endroit, deux fois votre tour Eiffel ! Il n'y a donc pas eu de brassage de gènes, ce qui a favorisé les mutations.

— Ils ont pourtant l'air de tous se ressembler, hormis leurs couleurs...

— C'est vrai, mais vous avez pourtant une extraordinaire variété d'adaptations alimentaires. Certains ne se nourrissent que de phytoplancton qu'ils filtrent dans leurs branchies, d'autres, aux lèvres carrées, broutent exclusivement les algues des rochers, d'autres encore ne fourragent avec leurs lèvres rondes que les algues des plantes aquatiques. Certains ont développé des dents plates et larges pour broyer les coquilles des petits escargots, ou encore des lèvres télescopiques pour fouiller le sable en quête de larves d'insectes, et il y a même une espèce qui possède une petite bouche en tube pour cueillir le zooplancton en suspension dans l'eau. D'autres sont carrément herbivores ou carnivores. Tenez, celui-là, jaune doré, c'est le *Livingstonia*, un prédateur ! Il mange les alevins des autres. Il se poste la tête en bas dans les algues pour passer inaperçu, et bondit sur ses proies.

Une mouche vient se poser sur la vitre, les poissons lui fondent dessus, carambolage sur le verre. L'insecte, qui n'a pas conscience de son succès, se balade sur l'aquarium, poursuivi par un banc de *Pseudotropheus* affamés.

— Mais le fin du fin, c'est le mode de reproduction des cichlidés ! Chez la plupart des mbunas, le mâle construit un nid en forme de petit volcan sur le fond sableux. Il fait danser dessus ses couleurs chatoyantes par des cabrioles sophistiquées afin d'attirer une femelle. Celle-ci, excitée par la danse, se met à pondre des œufs qu'elle s'empresse aussitôt d'avaler pour qu'ils ne fassent pas le déjeuner des mbunas prédateurs qui guettent. Le mâle porte sur un aileron ventral, près de son orifice sexuel, des petits cercles orangés soulignés de noir qui ressemblent à s'y méprendre à des œufs. La femelle vient donc le titiller aux entournures, lui broutiller l'aileron, ce qui lui fait émettre un nuage de sperme qu'elle avale dans la foulée. La fécondation a lieu dans sa bouche ! Elle va d'ailleurs garder les œufs fécondés ainsi protégés pendant toute la durée de l'incubation, les passant au mâle quand elle veut se nourrir. Et les petits alevins, une fois éclos, vont à la moindre alerte se réfugier dans cette cachette secrète. Vous imaginez le succès que peuvent avoir ces acrobaties en aquarium ? C'est d'ailleurs mon drame ! Les mbunas se reproduisent très bien en captivité, ce qui tue mon marché... Mais, enfin, rien ne vaut un mbuna sauvage du lac Malawi. Et Stuart de conclure :

— Ils sont tellement merveilleux qu'il faut se surveiller : on peut devenir complètement « cichlidiot » !

Polyglotte, il saute du français à l'allemand en glissant ici et là un peu d'italien et d'espagnol. L'Europe à lui tout seul. Déprimé, il cite Schopenhauer ou Kierkegaard ; songeur et philosophe, Dante ou Cervantes ; gai et frivole, Voltaire ou La Fontaine ; poétique, Shakespeare ou Byron... Une culture encyclopédique. Stuart est né au Malawi. Il est l'un des rares Britanniques à être restés, l'un des très rares Blancs à posséder la nationalité malawienne. Sa femme Esther est chewa, grande, fine, au regard intelligent et doux, cerclé de petites lunettes : la distinction naturelle. Ils ont deux enfants, et Esther en avait trois d'un précédent mariage. Ces derniers suivent leurs études aux États-Unis et grèvent le budget familial. Les deux petits sont en internat à Lilongwe.

— Je me demande pourquoi je fais tout ça. Je me démène comme un diable, je vieillis et je ne vois pas mes enfants grandir... Moi aussi j'ai fait ma scolarité loin, en Angleterre, séparé de mes parents et de mon Afrique natale !

Esther se tourne vers Sonia.

— Mais dites-moi, vous avez rencontré un *Paedirus*, vous ?

— ? !

— Si, la brûlure, là ! Dans la pliure de votre coude. C'est causé par un petit coléoptère qui émet, devinez quoi... de l'acide sulfurique ! Ça ronge, n'est-ce pas ? Ça ne veut pas guérir ? C'est ça ! j'ai la pommade qu'il vous faut.

Je relance Stuart sur un sujet dont je ne doute pas qu'il lui sera sensible :

— Vous avez vu que Mugabe ose venir se pavaner au sommet des pays d'Afrique de l'Est qui se tient ces jours-ci à Blantyre ?

— Vous voulez le fond de ma pensée ? Ce Mugabe est un clown triste. Que fait-il tous les matins en ouvrant l'œil ? Il regarde sa montre Blancpain, va dans sa salle de bains euro-péenne, se regarde dans son miroir Baccarat, se rase avec un Wilkinson, se baigne dans une baignoire Crown avec du savon Imperial Leather, va sur des cabinets Royal Oak, se brosse les dents à l'Ultra-Brite, s'habille d'un costume Old England, se chausse de Church's, prend un petit déjeuner continental avec du thé Lipton, des scones ou des muffins, lit le *Times*, le *Herald Tribune* et le *Washington Post*, monte dans sa Bentley, est reçu par un majordome en frac qui le salue en anglais, pas en shona : *Good morning, Sir !*, arrive au Parlement, l'ex-Colonial Office, meublé en style victorien, où de beaux juges en toge rouge et perruque blanche l'écoutent prononcer son discours : « Nous devons chasser tous les Européens, nous libérer de leur influence néocoloniale... »

Plus grave, il nous parle de son pays, qu'il a vu sombrer lentement, et des projets occultes du président Muluzi :

— Vous avez dû remarquer ces mosquées construites par-tout sur le bord des routes : elles sont financées par des fonds koweïtiens. Ça n'attire pas l'attention de la communauté inter-nationale ça, puisqu'on a sauvé les Koweïtiens de « l'horrible » Saddam Hussein ! Muluzi est allé là-bas et, comme c'est bizarre, il a créé à son retour, en son nom propre, la compagnie pétrolière Petroda et ses chaînes de stations essence. Vous les avez vues ? Chaque fois, elles vont par deux, la mosquée et la station essence. Bon ! il ne manque que les voitures pour que ça marche vraiment, son affaire.

Il se ressert une rasade de whisky :

— Sa dernière trouvaille pour soulager son peuple, c'est quand même l'achat des deux Eurocopter 120 à votre cher pays ! Avec quel argent ? Celui de Danida, du British Council et de GTZ [1]. Mais comme ça ne suffisait pas pour couvrir les soixante millions de dollars, il a vendu les stocks de maïs du pays. Vu les pluies qu'on a actuellement qui couchent toutes les cultures, et vu le merdier zimbabwéen, je ne voudrais pas être de mauvais augure, mais ça nous promet une belle famine l'année prochaine, ça ! Et vous savez où il part la semaine pro-chaine ? À Londres puis à Washington, pour pleurer et mendier pour son « si pauvre » pays. En attendant, il fait le tour de

---

1. Organismes de coopération danois, britannique et allemand, très présents dans le pays.

toutes ses femmes avec ses hélicos, qui volent deux par deux, comme ceux de la reine Élisabeth. Le pauvre ambassadeur du Danemark a eu le malheur de demander des comptes, il a eu trois jours pour quitter le pays ! En représailles, les Britanniques et les Allemands ont gelé toute aide pour l'instant. Vous avez vu les titres des journaux ? « La crise économique et la famine annoncées sont voulues et provoquées par le retard des pays donateurs. » Si c'est pas merveilleux !

L'incroyable concept de *donor country*, héritier du tiers-mondisme, est très ancré dans la politique africaine. L'esprit de mendicité et d'assistanat touche les plus hautes sphères de l'État.

— Vous me faites penser à un passage de Somerset Maugham, dans *Les Carnets d'un écrivain*, où il relate sa rencontre dans un club huppé de Rangoon avec un vieux colonial un peu imbibé qui lui raconte sa vie sans pudeur et sans honte « *because you will pass like a ship in the night!* [1] ». Vous aussi vous êtes pour moi ce bateau dans la nuit...

Stuart a le syndrome du capitaine qui a tenu la barre ferme toute sa vie, sans peur et sans reproches, mais qui a vu tout s'écrouler autour de lui, lentement mais sûrement, comme un navire qui prend l'eau, et que l'on blâme sans cesse aujourd'hui. Il porte son fardeau.

— Quand les barbares viendront pour m'assassiner, je leur dirai : « Laissez-moi finir mon whisky ! » Quant à vous, j'admire votre « balade ». Vous incarnez bien la France que j'aime, ayez « De l'audace ! De l'audace ! Toujours de l'audace ! » Ce n'est pas un hasard si mon livre de chevet est *Cyrano de Bergerac*. J'adore son panache, « car c'est bien plus beau lorsque c'est inutile »..

Pleins de rêves et de références, nous reprenons notre remontée interminable des rives du lac à travers ces campagnes si riches, peuplées de pauvres hères. Des pluies diluviennes se sont abattues sur la région, ravageant les cultures. Partout dans les champs, sous les arbres censés le protéger, le maïs est couché, perdu, condamné à pourrir. Les paysans sont désespérés. Trois ponts ont été emportés, la seule route côtière est coupée. Nous traversons les rivières boueuses en crue, de l'eau

---

1. ... « car vous serez dans ma vie un bateau qui passe dans la nuit ».

jusqu'aux aisselles, en faisant la chaîne avec des mains secourables pour ne pas perdre pied.

La chaleur s'accroît avec l'humidité, nous ruisselons toute la journée, j'essore régulièrement ma chemise. Marche dure et chaude. Rien d'autre. Ah si ! des ciels magnifiques : cathédrales de nuages, noirs vaisseaux tourmentés, enclumes retournées et champignons atomiques. La population est installée essentiellement le long de la route. Pourquoi ? C'est là que passent les voitures et que se passent les choses. On s'ennuie moins. On est aussi moins inondé. Toujours est-il qu'on est toujours sous pression. Tous les cent mètres, je dis bien tous les cent mètres, une horde bruyante de mouflets quémandeurs nous fond dessus.

— *Azungus ! Azungus ! Azungus ! Give me money-money-money* [1] *!*

Avoir parcouru plus de cinq mille kilomètres pour entendre ça ! Si c'est pas malheureux ! Nous leur faisons la leçon.

— *Si bouino koupempa ! Mulibé magnazi* [2] *?*

Ils repartent en rigolant. Mais quand ils insistent, nous sommes plus fermes.

— *Ndilibé ! Moundi sié* [3] *!*

Éclats de rires, clins d'œil complices des parents qui avaient envoyé leurs enfants, et reprise en écho de notre mauvais chichewa. Épuisant !

Cet après-midi, un pauvre père en guenilles sort de ses sillons pour s'accrocher à nos basques. Nous le prenons d'abord pour un mendiant, mais il s'exprime dans un anglais impeccable. Jeremiah Moses n'est jamais allé à l'école. Il a trente-cinq ans et est très sympathique. Il connaît le Rift, comprend le sens de notre marche, les origines de l'Homme, lit le *Times* ou tout ce qu'il trouve, avec un dictionnaire dans une main, un stylo dans l'autre. Il est plus au fait de l'actualité que nous, connaît la Révolution française et la Seconde Guerre mondiale : un parfait autodidacte.

L'indigence est une maladie, pas une fatalité. La pauvreté est une dépression mentale, un abandon, une abdication, un laisser-aller, plus qu'un état comptable. Je repense à la dignité de

---

1. Les Blancs, les Blancs, les Blancs ! Donnez-moi de l'argent !
2. « Ce n'est pas bien de mendier ! Vous n'avez pas honte ? »
3. « On n'a rien ! Allez-vous-en ! »

Franck Lucius au Mozambique et, à l'inverse, à un type qui nous avouait en rigolant ce matin qu'il avait perdu quatre de ses dix enfants, sans en connaître la cause, sans se soucier de savoir pourquoi. Il s'en foutait comme de sa première chemise trouée. Ce n'est pas lui qui les porte, il n'en dort pas plus mal la nuit.

Mais Jeremiah a un problème dont il veut nous faire part. Encore un problème d'argent, s'attend-on. Pas du tout. Un problème matrimonial. Il sollicite un conseil.

— J'ai déjà trois enfants et je n'en veux pas d'autres. Je sais que je ne pourrai pas subvenir à leurs besoins. Mais ma femme, elle, veut continuer. Que dois-je faire ? Je crois que je vais divorcer.

— Divorcer ne servirait à rien ! Votre femme suivante voudra aussi des enfants et la précédente continuera avec un autre, en augmentant vos problèmes... Moi je vous conseille la pilule contraceptive...

— Qu'est-ce que c'est ?

— C'est une pilule qui vous permet d'avoir des relations normales avec votre femme, plus faciles et plus souvent même, sans risque d'avoir d'enfants.

— En fait c'est comme le préservatif, sans préservatif ! Ça me plaît bien, ce truc ! Et ça se trouve où ?

— En pharmacie. C'est payant, mais dans les centres de contrôle des naissances, vous savez, les cliniques bleues « Banja la Mutsogolo », si vous leur expliquez votre cas, ils trouveront sûrement une solution.

— Tu donnes des cours d'éducation sexuelle maintenant ? me demande Sonia en riant.

— Ben oui, tu vois ! Il n'y a pas de sot métier.

Une voiture s'arrête à notre hauteur. Un colosse blanc et joufflu nous propose de monter. Gez Bester revient du Zimbabwe où il est allé chercher sa fille qui y suit sa scolarité près de Marondera dans un collège british. Il travaille pour Illovo dans la plantation du Nord, et Martin Welch lui a parlé de nous. Il nous attend dans trois jours à Dwangwa. Nous sommes les bienvenus. Une chouette carotte ! Il nous laisse trois Coca froids, dont un pour Jeremiah, et des paquets de chips : béatitude !

À Nkhotakota, dans un champ de maïs sur le bord du lac, nous trouvons les ruines de l'ancien marché aux esclaves et de sa mosquée. Il ne reste presque rien. Pas même un souvenir. À peine un pan de mur et une arcade scellée d'anneaux de fer forgé, dressée obstinément vers le ciel comme un ultime et résistant témoin de l'impensable. C'est dans un guide que nous avons appris l'existence de ces ruines, car ici tout le monde les a oubliées. Sur la plage, une tombe ensablée sert de tremplin pour les acrobaties des marmots. Ils se roulent dessus, rigolent et gesticulent sans savoir que c'est la tombe de Jumbé, chasseur d'esclaves, le bourreau qui a décimé leurs ancêtres il y a seulement deux ou trois générations. J'imagine des enfants cambodgiens gazouiller sur la tombe de Pol Pot.

L'Afrique n'a pas de mémoire. Ça la perd autant que ça la sauve.

Sonia se lance sur le sable dans un cours d'arithmétique. Les bambins enthousiastes et agglutinés font des additions et des multiplications sous la gouverne de leur institutrice de fortune. Je ne peux pas m'empêcher de songer aux sinistres calculs qui se tramaient sur le sable en ces lieux il y a un siècle encore. « Soixante hommes contre six fusils, ça va ? »

En 1870, Jumbé, chef local, vassal du sultan de Zanzibar, exportait depuis ce marché, sous cette arcade, dix mille esclaves par an. Il décimait la région avec les redoutables bandes armées des Rugas-Rugas et des troupes yaos. En tout, c'est cent mille esclaves par an qui embarquaient de ces plages de la côte ouest du lac, à bord de gros *dhows*, des embarcations zanzibarites sans quille à voile triangulaire, et qui débarquaient sur l'autre rive du lac, plus au nord, côté tanzanien. De là, ils marchaient enchaînés en caravanes, à la merci des pillards, de la malaria, des troupes de lions. Ceux qui ne portaient pas d'ivoire étaient bâtés de troncs afin qu'ils ne s'enfuient pas. Trente mille d'entre eux mouraient en chemin, les traînards et les malades étaient impitoyablement abattus...

Des hordes de hyènes suivaient ces cortèges funèbres pendant des centaines de kilomètres, attendant leur ration nocturne.

Des missionnaires et explorateurs de l'époque relatent avoir suivi pendant des semaines entières ces pistes jonchées d'os blanchis...

Mais le calvaire des survivants n'était pas fini.

De Kilwa ou de Dar es-Salaam, ils rembarquaient pour un périlleux voyage vers Zanzibar dans des conditions innommables, gisant dans leurs excréments, parmi les cadavres, sans eau ni nourriture, pour être vendus par le noble sultan aux pays du Moyen-Orient et à l'Inde.

C'est étrange, mais ce côté-ci de la traite des esclaves est moins connu, moins recherché, moins documenté que celui de la côte ouest. Comme si le fait qu'elle était le crime des Arabes et des Orientaux, et non des planteurs de Louisiane et des cotonniers du Havre lui attribuait un exotisme tolérable...

À l'ombre d'un large figuier sous lequel jadis le pasteur explorateur Livingstone prêcha contre ce sinistre commerce et négocia avec Jumbé une trêve en 1863, Sonia rassemble les petiots et entonne avec eux des chants chichewas. Nous sommes passés maîtres dans l'hymne national que nous chantons en toute occasion : *Mulungu dalitsani Malawi, musunge mtendere* [1]...

Deux jours plus tard, nous arrivons à Dwangwa, en plein cœur de milliers d'hectares de canne à sucre. De la verdure à l'infini. Fertilité industrielle. Un choc ! La plantation est vertigineusement régulière, le paysage ouvert là où, depuis des centaines de kilomètres, nous ne traversons que des petits lopins inégaux plantés à la main. Gez Bester nous fait visiter.

— Nous sommes la seule entreprise sérieuse du pays. Il y avait bien une grande riziculture menée par les Chinois, mais ils sont partis en 1996, car Muluzi voulait les racketter. Les Chinois ont moins de scrupules que nous, ils ont disparu en une semaine en laissant tout en plan. Muluzi avait aussitôt déclaré qu'il reprendrait la situation en main. Depuis, rien n'a été fait. Il n'y a plus de riz au Malawi. Tout est importé. C'est un immense gâchis. Le sol est riche, l'eau éternelle, la main-d'œuvre disponible et volontaire. Quel pays peut proposer autant d'avantages ? Moi, je préfère travailler ici qu'en Afrique du Sud ou au Zimbabwe, la nature est bien plus généreuse.

---

1. « Dieu, bénis le Malawi ! Préserve sa liberté... »

— C'est compter sans les pluies torrentielles qui ravagent les cultures.

— Ces inondations chroniques sont dues à la déforestation sur l'escarpement. Les racines ne retiennent plus la terre, la terre ne retient plus l'eau. Pour contrôler cette eau, nous avons planté une ceinture d'eucalyptus tout autour de nos plantations. Ça nous fournit aussi le bois dont nous avons besoin pour les logements des ouvriers agricoles et leur combustible. Il suffirait que le gouvernement mette ça en pratique à l'échelle nationale au lieu de couper ses propres réserves.

Après un week-end de repos, nous reprenons la route.

Des glaïeuls poussent sur les bas-côtés, des papayers sauvages croulent sous leurs fruits, la terre est grasse et fertile, pays de cocagne ! Depuis un an que nous marchons sur ce continent, nous n'avons jamais traversé de région aussi densément peuplée. Il ne s'agit pas de surpopulation, mais tout de même plus de 60 % des Malawiens sont concentrés sur les rives du lac. Pas moyen de planter la tente tranquillement le soir dans la brousse ou sur la plage. Pas moyen d'aller dans un bosquet là où le roi va seul. Il y a toujours quelqu'un. Cela rend la rencontre nécessaire. Pas moyen de s'échapper, de prendre des vacances avec notre marche. Chaque jour, nous rencontrons un minimum de deux familles et au moins autant de marcheurs qui nous révèlent chacun à leur façon une facette de plus venant compléter l'immense fresque de ce continent que nous brossons au fil de nos pas. C'est enrichissant mais fatigant. Ce kaléidoscope de témoignages fait carburer nos méninges, assemble petit à petit les pièces d'un puzzle qui nous fait entrevoir les secrets architectoniques de cette terre, les raisons de ses problèmes, ses réponses et ses ressorts. Marcher nous révèle l'Afrique, pas à pas, d'homme en homme, de vie en vie. Elle nous parle. Sans ambages et sans détours. Nous apprenons en marchant, comme le faisaient les philosophes péripatéticiens.

Aujourd'hui, c'est un ingénieur forestier qui marche avec nous. Alexon Kazembe s'émerveille de notre parcours.

— Je travaillais sur le plateau de Zomba, vous êtes passés par là ?

— Oui. On a visité la magnifique forêt de pins arolle. Il y avait même dans les sous-bois des framboises de l'Himalaya, orangées, délicieuses.

— Vous les avez goûtées? Elles ont été apportées au début du siècle de Shimla, en Inde himalayenne, par la femme d'un généraı britannique. Elles sont uniques sur tout le continent. Il y a plein d'autres essences exotiques, mais tout ça c'est fini, ça va être rasé. Ils veulent replanter des mopanes.

— Que dites-vous?

— C'est leur nouveau dada! Ils vont tout couper à Zomba parce que ce ne sont pas des arbres indigènes...

— Mais non, pas ici aussi!? On a vu ça en Afrique du Sud. Cet espèce de racisme végétal qui consiste à couper tout ce qui n'est pas originaire d'Afrique. Les eucalyptus, les sapins...

— Vous avez raison, c'est une influence qui vient d'Afrique du Sud. Je m'y suis opposé, c'est pourquoi j'ai été muté ici, dans une forêt... indigène! Mais moi, je sais ce qui va se passer. Ils vont couper tout ce qui a été planté par d'autres pour avoir de l'argent facile, et ils ne vont rien replanter. Cela fait sept ans, depuis l'arrivée de Muluzi, qu'on a pas planté un arbre dans le pays. Il n'y a que le Bristish Council qui finance des associations écologistes européennes qui le font, mais le gouvernement, rien! Et maintenant ils veulent planter des arbres indigènes. C'est absurde : les mopanes sont des arbres tordus. Ils ont une croissance très lente, ils vont mettre un siècle pour parvenir à maturité, et on pourra au mieux faire de la sculpture avec. Non! Nous avons besoin de bois de construction et de combustion, et l'eucalyptus est idéal pour ça, de même que le pin. Tous deux poussent vite et droit.

Le soir, après une rude journée de trente-six kilomètres, nous partons justement dans cette forêt indigène avec le jeune Lloyd Maluwa. Sa famille est installée plus haut sur les contreforts de l'escarpement. Nous n'arrêtons pas de monter. Sonia marmonne dans sa barbe :

— On aurait dû lui demander précisément où il habitait, je n'en peux plus...

— Ça fait une heure qu'il nous dit derrière la colline. Que veux-tu que je te dise?

— Qu'il ne faut pas s'éloigner de la route.

— On ne choisit pas, tu sais bien...

— Ce que je sais, c'est qu'on va perdre une heure demain matin pour rejoindre la route, et que ça va faire au moins dix kilomètres pour rien

— Profite de la vue ! Regarde, c'est la première fois qu'on voit le lac comme ça.

Lloyd est désolé de nous voir nous disputer. Nous arrivons bientôt en pleine forêt, à la case de son père. Très rudimentaire. Un gourbi croulant avec de la boue autour. Tout ça pour ça ? Dépités, nous montons la tente à côté. En faisant place nette, j'écrase encore un scorpion. À croire qu'ils le font exprès ! C'est mon septième !

Lloyd nous présente son père, Joseph. Il est menuisier. Il fabrique des chambranles de portes et des huisseries brutes. Ce sont les premiers Tongas que nous croisons, une des minorités du pays. Ils viennent à l'origine des terres de l'intérieur, de la Zambie.

— Mon arrière-grand-père était chasseur d'esclaves et d'éléphants.

Lloyd disparaît dans la case et en ressort avec un bracelet d'ivoire et une vieille lance rouillée. Le bracelet est un tronçon de défense jauni, craquelé, patiné par les décennies.

— Ça, c'était son signe distinctif. Son attribut de chef de chasseurs. Il partait avec plusieurs hommes sur l'escarpement et il traquait les éléphants pendant une semaine dans la jungle. Quand il revenait, il sculptait l'ivoire et le vendait aux Arabes en échange de sel ou d'épices, puis de fusils avec de la poudre et des munitions. Il avait des problèmes avec les Rugas-Rugas, les guerriers de Jumbé, qui voulaient toujours lui voler ses esclaves... Mon père, lui, travaillait en Afrique du Sud dans les années 1960, en plein apartheid. Il gagnait bien sa vie. Il a été le premier à avoir une bicyclette dans la région. Le premier aussi à posséder une radio. Maintenant, on n'a plus rien !

— Est-ce que Joseph souffrait du racisme et des persécutions ?

Sec et chenu comme un cep, le petit homme suspend le mouvement de sa binette et me regarde de son petit œil bleu qu'ont souvent les vieux Africains.

— Je travaillais dur, je gagnais de l'argent. C'est tout. C'est la vie qui est dure. Aujourd'hui c'est plus dur encore, il n'y a plus de travail.

Tous les hommes de cette génération ont un jour ou l'autre travaillé dans les mines de cuivre de l'ancienne Rhodésie du Nord, aujourd'hui Zambie, ou dans les mines de charbon ou d'or d'Afrique du Sud. Leur travail était dur et asservissant, mais leur univers était moins cloisonné. Ils avaient l'espoir de la libération, ils voyageaient. Aujourd'hui, c'est impossible à la nouvelle génération, qui est libre mais aliénée par sa pauvreté, qui n'a plus d'espoir. Tous ces petits vieux nous montrent fièrement des photos d'eux à Durban ou au Cap, tirés à quatre épingles, en costume trois-pièces rayé et chapeau rond, souliers vernis, impeccables et dignes. Que s'est-il passé ces vingt dernières années pour qu'ils deviennent pauvres à ce point ?

En plein midi, le lendemain, la route se rapproche du lac sur une éminence. La vue est sublime, le bleu calme et lisse à l'infini où le ciel se trempe. Au loin la rive opposée, l'escarpement oriental, est une impressionnante falaise.

— C'est déjà la Tanzanie.

— La Tanzanie ? Pince-moi, je rêve. Je n'arrive pas à croire que c'est déjà la Tanzanie, celle des lions, des parcs et des films animaliers ! Quel bond en avant ! Tiens, mais regarde là-bas. Qu'est-ce que c'est que ça ?

Au milieu du lac s'élève une impressionnante colonne de fumée noire.

— Un bateau en feu ? Une éruption au fond du lac ? Jamais vu ça !

La colonne s'élève et tourbillonne. Mystère. Nous avançons. Quelques kilomètres plus loin nous constatons que la colonne s'est déplacée.

Bizarre, bizarre !

— Regarde, il y en a une autre là-bas. Et là, encore une ! On dirait que le lac prend feu. C'est de la folie !

Un homme sort de la brousse et vient nous voir. C'est un des miracles permanents de l'Afrique. Il suffit de s'arrêter quelque part pour qu'un homme jaillisse d'une pierre ou d'un buisson.

— *Nkungu ! This is nkungu. Good to eat.*

— *What ? Do you eat the smoke ?*

— *It is not smoke ! It is insects. Lakeflies* [1].

Des mouches ! Qu'est-ce que c'est que cette histoire ? Voilà qu'ils mangent les mouches maintenant ! Nous reprenons

---

1. « – Nkungu ! C'est du nkungu, c'est délicieux. – Quoi ? Vous mangez la fumée ? – Ce n'est pas de la fumée mais des insectes, les mouches du lac ! »

nos pas et nos pensées tandis que sur le lac courent des trombes noires et spiralées s'élevant dans le ciel. Au loin sur la route une foule de gamins gesticule avec des paniers. Ils courent d'un buisson à un autre en les battant avec des branches. En nous approchant nous constatons qu'un essaim de moucherons minuscules s'est abattu sur ces bosquets.

Avec des paniers plats humidifiés qui servent d'ordinaire à vanner les graines, les mioches fouettent l'air après avoir fait décoller les insectes des branchages. Les moucherons s'y collent par milliers puis sont rincés dans une casserole où ils s'entassent noyés en une soupe noire. C'est la joie! La récolte miraculeuse! La quatrième plaie d'Égypte se mue en manne tombée du ciel. Cela glousse et rigole partout dans les buissons. Les gamins courent en tous sens. Une petite fille vient prendre Sonia par la main et nous intime de la suivre jusqu'à son village, au bord du lac. C'est l'heure de la pause, nous la suivons. Aussitôt, le village est rassemblé. On nous fait signe d'entrer dans une grande case ronde.

À peine est-on assis que de la *sima* fumante nous est servie, un creux en son centre, comme la purée de notre enfance que nous modelions en volcan pour y faire un petit lac de sauce. Des centaines d'yeux nous scrutent à travers les interstices de la case, cela chuchote dur à chacun de nos gestes. La mère de famille s'approche avec une louche de *nkungu* et la verse comme prévu dans le petit cratère. Le silence s'installe. Tout le monde attend. J'attaque. Je pétris une boulette de *sima* que je trempe dans la boue noire de mouches conglutinées. Sans regarder, j'avale la boulette. Sonia est suspendue à mes lèvres. La première impression gluante est compensée par un fort goût de poisson. L'ensemble est assez salé.

— Ce n'est pas fade. C'est assez fort, c'est sûr. Ça a un peu le goût de marée, mais ça me fait penser à du caviar...

Sonia s'empresse de goûter en déclenchant une déferlante de rires.

— Mais tu as raison. C'est vachement bon, ce truc! Du caviar tombé du ciel!

Une fois n'est pas coutume, ce soir nous avons une adresse. Gez Bester nous envoie chez un de ses amis malawiens dont il nous avait dit :

— Vous verrez ! Kadawira, il est adorable. Moi, je l'admire. C'est le seul fermier commercial africain que je connaisse dans le pays, et il s'accroche ! Depuis 1996, il plante six cents hectares de canne qu'on lui achète. C'est un de nos anciens chefs comptables.

Et puis avec un sourire un peu grimaçant, en dodelinant de la tête, il avait poursuivi :

— On l'aide comme on peut, il n'arrête pas de casser ses machines, il ne s'en sort pas, alors j'envoie deux caterpillars pour lui faire ses allées, ses drains, son désouchage... Il vient de se ruiner en achetant un nouveau camion pour me livrer. Je ne sais pas si c'était ce qu'il avait de mieux à faire. Ce qui me dégoûte, c'est qu'il est seul ; le gouvernement lui met des bâtons dans les roues. Il n'arrive pas à dégotter un prêt, ils lui mettent la tête sous l'eau, surtaxent ses moindres bénéfices. Alex Banda, le ministre de l'Agriculture, est son voisin. Sa ferme est une catastrophe, il ne veut pas que Kadawira réussisse là où il échoue. C'est dégueulasse ! Voilà un type qui devrait être aidé. Et devine qui est obligé de réparer les ponts pour aller chercher sa canne à sucre ? C'est bibi ! Pour nous, c'est une source d'ennui, d'autant qu'il n'a que cent hectares de bonne qualité et que nous n'avons pas besoin de canne excédentaire. On ne le fait que par amitié. Enfin... Vous ne pouvez pas manquer sa ferme, on dirait une casse-auto tant il y a de machines en pièces... L'Afrique, ça ne pardonne pas ! Moi, ça me fait plaisir de voir qu'il y en a qui essaient.

Enthousiaste et jovial, Michael Kadawira nous accueille à grandes embrassades. Evelyne, sa femme, nous adopte aussitôt. Elle nous sert un café. Nous parlons à bâtons rompus. Ils ont six grands fils qui font des études interminables et ruineuses sans trouver de travail. Des intellectuels. Pas de mécanicien parmi eux malheureusement, pas de fermier non plus. Ils rêvent tous d'avoir une *green card*, matent des films américains toute la journée et regardent les chimères de leur courageux père d'un œil sceptique. Quant à nous, n'en parlons pas, nous sommes pour eux des Martiens. Marcher et vouloir devenir africains, quand eux font tout pour fuir leur africanité... Nous sommes une véritable énigme. Kadawira nous parle de la jalousie de ses voisins :

— C'est le problème de l'Afrique, la jalousie. Dès qu'il y en a un qui sort la tête, il se fait aligner. Moi, ici, je suis en permanence victime de sabotages. Je n'arrive pas à me faire respecter de mes ouvriers agricoles, ils viennent quand bon leur semble, quand ils ont fini leurs lopins. Si je râle, ils me menacent : « Eh ! Oh ! Tu te prends pour un Azungu ou quoi ? » Tenez, par exemple, j'ai eu un problème à régler cette semaine : il s'agissait de faire entrer de l'eau dans ma plantation par un canal de dérivation en amont de la rivière. Ils y sont allés et ont vu un vieux qui avait tout bouché pour faire entrer des poissons dans ses nasses. Ils sont revenus terrifiés parce que le vieux les avait menacés de leur jeter des sorts s'ils s'approchaient de ses nasses. Et je n'ai toujours pas d'eau dans ma plantation. Il va falloir que j'y aille moi-même.

Kadawira nous raconte toute la soirée ses déboires et les espoirs qu'il nourrit en Illovo. Évelyne est un ange de douceur. Nous avons pour eux un immense élan de sympathie. Ce couple entre deux mondes souffre. Rejetés par la jalousie des leurs, considérés avec un soupçon de pitié par les Blancs, ils se battent avec leurs armes inadaptées et fragiles, se débattent avec leurs erreurs, encombrés de grands dadais intelligents mais paresseux. Malgré tout ils incarnent l'espoir, l'avenir d'une Afrique qui se démène, qui veut y croire, qui rêve, qui peine à s'en sortir. Sorcellerie, jalousies, sabotages : le succès d'un individu est interdit. Il n'a pas le droit de réussir. C'est tout le monde ou personne.

Avant d'arriver à Nkhata Bay, nous traversons une immense forêt d'hévéas plantés à l'époque coloniale par Mandala, la grande compagnie-comptoir du protectorat. L'usine tourne au ralenti, mais les arbres sont toujours saignés. Ils diffusent sur notre marche un ombrage divin. On se croirait dans une forêt européenne. Une forte odeur se dégage des sous-bois : le latex. Tout un symbole dans un pays qui crève de ne pas s'encaoutchouter.

Le pédiment qui longeait le lac a disparu. L'escarpement plonge maintenant directement dans le lac. La route côtière monte vers Mzuzu à angle droit vers l'ouest. Nous avons fini notre remontée interminable de ce ruban de goudron chaud et humide. Près de six cents kilomètres depuis Balaka. Maintenant il va falloir improviser. Plus de route côtière. Le 23 janvier, à notre 5 459ᵉ kilomètre, nous gagnons Nkhata Bay.

20

Makoumba et le rire des zèbres

De Nkhata Bay, nous partons vers le nord en suivant la rive du lac vertigineusement escarpée. Le Rift plonge dans l'abîme, l'escarpement tombe à pic dans le lac. La route contourne cet obstacle et ne retrouve la berge que cent cinquante kilomètres plus au nord. D'ici là, quid du chemin ? Des falaises, des vallées perdues, des jungles impénétrables. Nous ne savons pas si ça passe, n'arrivons pas à obtenir d'informations précises. Nous savons seulement qu'il y a des villages de pêcheurs accrochés aux pentes et nous parions qu'ils sont reliés par un sentier perché. Cela fait longtemps que nous n'avons pas marché hors des sentiers battus. Nous sommes heureux de renouer avec l'aventure pure et dure, l'inconnu : finis le goudron et les kilomètres à abattre.

Passés les hameaux agrippés aux collines déforestées qui entourent la baie, nous pénétrons des bribes de forêt primaire où s'épanouissent mousses et orchidées sous les cris des cercopithèques à diadème. Pour la première fois depuis trois mois, nous nous sentons à l'abri des regards et goûtons le luxe de l'intimité. Marcher au Malawi, c'est être dix-sept heures sur vingt-quatre dans le collimateur de quelqu'un. Nous prenons de l'élévation en pleine nature.

Le trek commence dur sur un petit chemin. Aucun aménagement et un mépris total des courbes de niveau. Nous redécouvrons des muscles qui n'ont pas travaillé depuis le Lesotho ! À la clé, des panoramas à couper le souffle ! Nous voyons enfin ce lac que nous longeons depuis plus de mille kilomètres ! Une mer cristalline sertie dans les mâchoires du Rift. Un miroir çà et là brossé par des risées, et où courent en flammèches échevelées les trombes noires du *nkungu*. Une féerie. Au loin, sur l'autre rive, la lèvre de la Tanzanie.

Nous déjeunons nus sur des rochers lisses, de l'eau jusqu'aux genoux, les pieds mordillés par des petits bijoux à écailles qui se livrent à une pédicure enchanteresse. Je fais un petit feu sur un rocher. L'eau pure du lac vient remplir notre casserole. Au menu ? La traditionnelle soupe aux nouilles et des copeaux de biltong donnés par Gez Bester. En guise de digestif, nous allons nous couler dans le cristal pour nager parmi les mbunas bleus qui papillonnent autour de nous.

Comme prévu, le petit chemin nous mène bien à un premier village. Notre entrée déclenche une avalanche de cris et d'appels. *Azungu! Azungu! Azungu!* La joie délirante des uns, la terreur des petits, le salut des autres. Ailleurs sur la côte, ce même cri de ralliement sympathique était suivi de : *Give me your money!* En revanche, ici, rien n'est encore pollué. Gare à vous qui suivrez !

On vient nous prendre la main, cul nu, et partager quelques pas en chuchotant dans notre dos. On nous indique des raccourcis à travers des champs de pierres. Les huttes se regroupent à l'ombre d'énormes figuiers dont les contreforts servent de bancs publics. Les troncs évidés des pirogues jonchent les plages, des filets roses sèchent sur des râteliers. Des poules vaquent, de l'*usipa*, ces anchois du lac, sèche sur des nattes, une femme pile en chantant. Des hommes alanguis font d'interminables siestes. Ils vont pêcher pendant la nuit. Tout le monde mène une petite vie tranquille caressée par un ressac d'huile.

Après de brefs passages sur les plages, nous repartons à l'assaut d'éperons pour enchaîner avec la baie suivante. C'est vraiment un chemin casse-pattes, comme le Tour des Cirques à la Réunion. Un sentier sportif conçu pour briser les genoux ! Pas un chemin comme il y en a au Népal ou dans les Andes, aménagé, optimisé sur une pente du moindre effort. Ici, traditionnellement, pour longer la côte, on utilise la pirogue. Aucun homme n'emprunte ce sentier. Nous ne croisons que des petites vieilles, des enfants ou des femmes chargées de bois. Dans tous les villages, on nous propose les services de pagayeurs.

— Je vous emmène. En pirogue, ce n'est qu'un quart d'heure pour aller à la pointe là-bas, à pied, vous en avez pour quatre heures !

Nous déclinons. Qu'importe ! Nous n'avons pas le droit à la solution de facilité... Nos interlocuteurs musculeux prennent notre refus pour de la peur de chavirer, nous montrent la fiabilité de leurs embarcations, nous suivent pendant quelques centaines de mètres pour nous prouver leur vélocité, puis abandonnent la partie, dépités par ces *Azungus* marcheurs qui préfèrent suer à grosses gouttes, crapahuter sur l'escarpement comme des chèvres ou des ânes bâtés, plutôt que de se laisser glisser sur la surface du lac, sans effort.

Tout l'après-midi, nous nous éreintons dans la touffeur et la moiteur de la jungle bordurière, ruisselons comme jamais, descendons dans des ravines, grimpons vers des arêtes, cherchons le layon comme des limiers la sente. Elle disparaît dans les hautes herbes. Je retrouve le parfum de mon herbe fétiche, une graminée de l'île de Pâques qui diffuse un parfum de confiture de fraise un peu trop cuite avec une note de poivre et de pain d'épice... J'en cherche toujours le nom ! Chaque fois je m'arrête et fais à Sonia la grande scène du IV :

— Là ! Sonia ! Est-ce que tu la sens ? Réponds-moi.

Et chaque fois elle se paie ma tête.

Excité comme un braque dans la futaie, je cherche la piste, remonte un peu, contourne, redescend, me retourne, la langue pendante et les babines retroussées vers Sonia :

— C'est par là !

Chaque débouché au bout d'une pointe nous révèle le tracé de la côte vers le nord, ses villages perchés, ses criques à contourner, ses éperons à escalader. Lecture du paysage. Nous essayons de le déchiffrer, d'y lire l'avenir, de reconnaître à une inflexion, à une terrasse, à une incision dans la pente, l'endroit où passe le sentier. De véritables dents de scie. Des vallées presque verticales vont se perdre dans des nuages accrochés sur les cimes. À partir de la mi-hauteur règnent des jungles primaires. En dessous, les hommes tirent des pentes et des rochers, de faibles espaces pour planter de la *kassava*, nom local du manioc. Nous en sommes là de notre contemplation quand, depuis le lac, on nous hèle :

— *Where are you going ?*

— We don't know [1] *!*

Depuis sa pirogue, Japhet Chipape, car c'est son nom, nous invite chez lui et à le suivre ; il habite à dix minutes. Il tombe à pic ! Nous sommes crevés.

En fait de village, nous découvrons six huttes de terre couvertes de chaume, agrippées à la pente sur un semblant de pointe offrant un piédestal sur le lac. À la proue, un somptueux baobab règne sur des arbres mineurs qui font de cette avancée une terrasse ombragée.

— Welcome in Makoumba !

Japhet est tonga, il était garde du corps de feu le président Banda. Dans la pénombre, sur le mur de sa masure, nous découvrons une mosaïque de cartes géographiques.

— C'est ma façon de voyager, car je suis obligé de rester ici pour survivre. J'habite ici avec mes trois frères et leur famille.

Le dîner arrive tôt. Une grosse boule de *kassava* et des petits poissons grillés. La *kassava* est une épreuve pour les néophytes : fade et gluante, elle répand dans son sillage une douceâtre odeur de vomi... Cela renâcle dur à la déglutition ! Nous nous battons dans le noir avec écailles et arêtes. Mais le vrai problème de la *kassava*, c'est que ce n'est pas du tout énergétique et qu'il faut en ingurgiter des quantités astronomiques. Pas moyen de se contenter d'un petit bout poli. Le must, c'est quand une arête se coince dans la gorge, la kassava remonte dare-dare pour la déloger... gloups ! Y'a bon *kassava !*

Notre premier repas nous demande beaucoup de concentration. Pour remercier nos hôtes, nous appelons Jean-Pierre Mader à la rescousse et interprétons sous une tornade de rires un torride : « Oh ! Makoumba ! Makoumba ! Elle danse tous les soirs, pour les dockers du port qui ne pensent qu'à boire... »

Nous dressons la tente sur le patio de Japhet au bord de l'unique sentier côtier : l'autoroute ! Toute la nuit, des gens nous frôlent en silence, surgis du néant. Un léger souffle d'air vient nous rafraîchir. Tout est humide et moite.

À l'aube, nous allons relever les filets. La pirogue de fortune est un tronc évidé tout rapiécé et calfaté de *kapok* [2]. Je m'assieds à l'avant à droite et Japhet à gauche sur l'arrière.

---

1. « – Où allez-vous ? – On n'en sait rien ! »
2. Fibre végétale cotonneuse tirée de la gousse d'un arbre.

Équilibre précaire. Les pagaies sont courtes et effilées. À peine la surface de deux mains. Nous caressons l'eau sans effort. C'est incroyable l'énergie cinétique que l'on acquiert par l'accumulation de petits mouvements ! Cette énorme bûche gorgée d'eau, difficile à déplacer à six lorsqu'elle est à terre, file sur les flots.

Japhet attrape bientôt un flotteur de cuve de toilettes : la tête de filet. Puis il le tire par brassées. Des profondeurs de l'onde apparaissent peu à peu les protéines du jour. Petits poissons maigrelets. Une vingtaine au total.

— Il y a dix ans, j'en prenais plus de cent !

Le lac se vide, surpêché : 40 000 tonnes par an. Voilà le résultat de la dérégulation dans la bouche d'un pêcheur... Et surtout dans son filet ! Mais ce n'est pas le problème de Japhet. Lui, il doit survivre, et il est bien trop loin pour bénéficier d'une quelconque aide de son gouvernement ou des nôtres...

Alors il pêche. Et qui lui donnerait tort ?

Au démaillage, toute la fratrie se rassemble. C'est le rituel. Les enfants poussent des cris de joie quand ils reconnaissent leurs poissons favoris : mpasa, mpanda, mbuna, utaka, et Japhet des cris de rage quand il découvre de larges trous dans son filet.

— La loutre n'est pas mon amie. Si je la vois, je la tue.

Un aigle pêcheur nous survole.

— Lui aussi je le tue !

Ventre affamé n'a pas l'âme écologique. S'il ne rapporte pas de poisson, il n'y aura que de la *kassava* ce soir...

Et le voilà qui peste contre des crabes emberlificotés dans ses mailles. Il les fracasse et les rejette à l'eau... pour nourrir d'autres crabes. Je m'exclame :

— Vous ne les mangez pas ?

Tous rigolent. J'interroge :

— C'est tabou ?

— Non, mais on n'a jamais essayé !

Et me voilà, sous les quolibets, à faire bouillir de l'eau et y jeter vivants ces magnifiques crabes bleus. En cinq minutes, les voilà tout rouges. Des « Oh ! » chez les enfants. Je marque un premier point.

— Dans mon pays un kilo de *ngala* vaut deux mille kwatchas [1].

---

1. À peu près trente euros.

Des « Oh ! » chez les parents (le salaire d'un mois). Je marque un deuxième point.

À la dégustation, vingt paires d'yeux me scrutent, inquiets. Succulent. Japhet essaie. Remue-ménage dans l'assistance. Sourire. Il aime. Brouhaha ! Troisième point.

— Tu vas les pêcher dorénavant ?

— Non.

Game over ! Retour à la case départ :

— Tout le monde se moquerait de moi !

L'Afrique ! L'Afrique ! Bon perdant, je lui lance quand même :

— Tu verras, quand il n'y aura plus de poissons dans le lac, tu te souviendras de moi et tu pêcheras les crabes.

Et tout le monde de rire de plus belle. Il est fou cet *Azungu !* Il y aura toujours des poissons dans le lac...

Nous nous sentons bien à Makoumba, nous décidons d'y passer plusieurs jours pour tourner le sujet que nous avions prévu sur un village de pêcheurs.

L'après-midi, nous décidons de lever le mystère *kassava*. Nous suivons Japhet et Ruth aux champs. Leur lopin est une pente presque verticale, modelée en monticules de terre retenus par des pierres. Sur chacun d'eux poussent des arbustes touffus aux feuilles pentadigitées ressemblant étrangement à du cannabis. Sonia s'exclame :

— Tu es sûr que tu ne les fumes pas, ces feuilles ?

Japhet rigole :

— Non, c'est notre condiment, tu en as mangé hier soir avec la *kassava !*

D'un geste vif, il tire sur le tronc d'un arbuste et toutes les racines viennent avec : de gros tubercules hirsutes. En trois coups de machette, il dégage ces gros radis de manioc, émonde le tronc, le débite en tronçons, de sa houe rassemble la terre en un frais monticule, puis il y fiche les tronçons comme de vulgaires bâtons :

— Et voilà le travail ! Dans un an, les tubercules auront repoussé.

Déconcertant.

Il récolte toute l'année et replante derrière lui. La pluie fait le reste. Tous les jours, sa femme vient ici chercher son manioc quotidien. Mais ce n'est que le début ! S'ensuivent l'écorçage, le trempage-fermentation pendant trois jours dans des jarres de terre, le broyage, le pilonnage, le séchage en petits tas exposés au soleil sur les rochers, le repilonnage une fois les petits tas secs comme des meringues, et le tamisage de la farine. Éreintant, la *kassava*. Pour le résultat énergétique que l'on sait.

En fin d'après-midi, je repars pêcher à la ligne avec Japhet. Il a chaussé sur sa tête un magnifique casque de chantier jaune poussin et porte un marcel de la même couleur. Coquet ! Cette fois, nous immergeons chacun une palangrotte à cuiller par cent mètres de fond. Suspendu entre deux éthers, je la vois plonger dans le grand bleu avec une pointe de vertige.

En remontant l'une de la main droite, celle de l'autre bout de la ligne, passée à cheval sur le tronc, entame sa descente. Renvoi d'ascenseur. Super pour la musculation des épaules. Nous cherchons les *battaras*, les rois du lac, des poissons prédateurs gras et goûteux des grandes profondeurs.

Lors d'une séance photo, j'entends soudain un poc sourd et un plouf ! La lentille frontale de notre objectif 24/120 mm sombre dans l'abîme en quête de clichés impossibles... Au crépuscule, fiers comme Artaban, nous ramenons trois *battaras* beaux et dodus. On nous reçoit comme des rois.

Les journées se passent ainsi à récolter la nourriture du jour. Tout est articulé autour de cette nécessité. Nous coulons des heures de bonheur, plates et douces comme le glacis du lac. Nous vivons avec les trois familles. Je participe à la fabrication d'une pirogue pendant que Sonia fait des petits pâtés de *kassava* avec les femmes sur les rochers. J'apprends à remmailler les filets, tandis qu'elle s'initie au pilon. Le temps passe, harmonieux et angélique, hors du monde et hors du temps.

Nous découvrons les étranges coutumes et tabous des Tongas. Un garçon n'a pas le droit d'embrasser sa mère. C'est hautement tabou. Œdipe et Freud à l'africaine. Plus compliqué : Japhet n'a pas le droit de s'approcher de la femme de son petit frère, sa jeune belle-sœur. En revanche, pas de problème avec la femme de son grand-frère qui, lui, n'aura pas le droit de croiser la sienne.

Toute la journée ils jouent à cache-cache, font marche arrière, s'arrêtent soudain, se retournent pour laisser passer le membre de la famille auquel ils n'ont pas le droit d'adresser la parole et dont ils ne peuvent même pas croiser le regard. Dans le huis-clos familial, sur le sentier unique, entre le lac et l'escarpement, les stratégies d'évitement sont acrobatiques...

L'après-midi est souvent le moment de l'atelier *French doctor*. Hier, le grand frère de Japhet est venu avec un coup de machette dans le pied. La plaie était pleine de terre. Bétadine à la rescousse ! Sur le flacon est marqué : 95 % des germes sont tués en quinze secondes. Espérons que c'est vrai. Comment lui dire de ne pas aller dans son champ demain, de ne pas aller pêcher, de ne pas manger. Aujourd'hui c'est Irène, la veuve du deuxième frère, mort du sida. Elle n'a pas d'enfants. Plus de mari. Elle n'existe donc pas. Elle est pourtant corvéable à merci. Elle se pointe avec une main gonflée comme un gant de boxe. Quand elle dépiaute les linges infâmes qui la font fermenter comme un fruit trop mûr, se dégage une violente odeur de charogne : l'abcès.

La semaine dernière, elle est allée à l'hôpital gouvernemental de Nkhata Bay pour se faire enlever une écharde de dix centimètres qui lui avait traversé le poing et qu'elle a gardé pendant trois semaines. Quand elle n'avait plus pu tenir sa houe à deux mains, on s'était inquiété de son sort. En enlevant l'écharde, le pus a paraît-il giclé jusqu'au plafond. Elle est revenue de l'hôpital avec trois aspirines...

En auscultant la main, je découvre avec horreur qu'elle est creuse ! Par un orifice, je peux contempler tout le squelette, tous les tendons, comme on regarde dans le ventre d'un piano. Et la sanie s'écoule sans discontinuer. Je n'ai pas l'habitude des blessures de guerre, moi ! Le regard d'Irène cherche désespérément de l'espoir dans le mien. Je m'en compose un de circonstance, très sûr de moi, avec mon couteau suisse dans une main et ma petite fiole de Bétadine dans l'autre... Tous les jours je lui refais son pansement, le matin et le soir, lui verse de la Bétadine dans la cavité en espérant venir à bout, petit à petit, de l'infection... Je fais jurer à Japhet de l'emmener à Nkhata Bay si son état empirait après notre départ. Coup de bol, c'est sa belle-sœur aînée !

Un matin, nous sentons que nous devons reprendre notre moisson de kilomètres. Nous faisons nos adieux émus à Makoumba. Retour à la marche ardue, aux suées, au trek perché, au trek sublime. D'une hauteur, nous dominons Makoumba où la survie routinière a repris son cours à peine troublé par le passage de curieux *Azungus*.

Au loin, entre l'eau blanche et les éthers, d'ébène sur son tronc voyageur, la pagaie nageant sur les flots d'huile et mourant d'un poc sourd sur la coque sonore, pulsant son esquif au son d'une grave mélopée, s'en va pêcher notre ami Japhet, le seigneur du lac.

Nous suivons encore pendant quelques jours la côte escarpée, passons par de nombreux villages, mais sans retrouver le charme de Makoumba, la gentillesse de Japhet, ce bout de nous-mêmes que nous y avons laissé, ces heures douces et cristallines que nous y avons coulé.

À voir hurler et fuir toute la journée les enfants devant nous comme s'ils avaient vu le diable, nous comprenons la douleur de la créature de Frankenstein et imaginons les histoires que racontent les anciens le soir au coin du feu, qui parlent d'hommes blancs venus voler les enfants et les hommes, tuer les vieux, massacrer les femmes, il y a à peine deux générations de cela. Japhet nous avait même dit un soir : « Nous sommes tout petits parce que les Arabes ont emporté les plus forts d'entre nous. »

Toto, Usisya, Ruarwe, Mpanga, les villages de cette côte perdue s'égrènent. Lors d'une halte au pied d'un arbre, je m'éponge avec mon chèche quand quelque chose dans le coton me gratte le visage. D'un geste distrait, je retire la feuille importune quand je constate avec horreur que c'est un scorpion ! Une saloperie de putain d'enfoiré de scorpion !

Adrénaline. Il me caressait les tempes et les paupières de son dard. Je le réduis en bouillie en déchaînant ma rage ! Cette fois, j'ai eu vraiment peur. Sonia fond en larmes rétrospectives. L'étau se resserre. C'était le huitième. Vont-ils finir par m'avoir ?

Quand le trek passe par le sommet d'une colline avant de replonger vers la rive, nous apercevons vers le sud, sur la surface du lac, la courbure de la terre. Une île au loin s'enfonce dans la mer quand nous redescendons... renaît des eaux quand nos remontons. L'univers est vraiment courbe ! Vers le nord, nous apercevons déjà les montagnes tanzaniennes qui marquent la fin du lac. À Chikwina, nous retrouvons la route. Un peu plus loin, au carrefour de Livingstonia, nous décidons de marquer une pause et de revenir en arrière pour aller visiter le plateau de Nyika. À chaque pays sa digression.

Comme il était gardé au sud par le mont Mulanje, le lac Malawi a son cerbère du nord : l'imposant plateau de Nyika. Attirés par la fraîcheur de ses deux mille mètres, nous avalons deux jours de piste défoncée en camion. Au programme ? Une chevauchée parmi les zèbres et les antilopes chevalines.

Le Nyika est un monde perdu, un monde hors du monde, un bout de Mongolie égaré là en altitude. Le Nyika, c'est un moutonnement de collines et de vallons ondoyants où courent les ombres fantômes de nuages qui viennent coiffer les herbes folles à l'infini. Çà et là une touffe de pins, un lac transparent ou un petit isolat de jungle primaire. C'est là que rôdent les léopards du parc ou les lions de passage.

Mrs Robyn Foot, la bien nommée, nous met le pied à l'étrier et nous partons dans le vent sur nos montures pour un galop sauvage avec l'Afrique. Une épaule de tourbe nous cache un troupeau d'élands, la plus grosse antilope d'Afrique. Nous approchons sous le vent et nous voilà soudain parmi les dieux des San, le jabot gras et les cornes drues, la robe finement rayée sur des muscles puissants. Ils passent... Ils sont chez eux. Parmi eux, une intruse, une chimère mi-antilope, mi-cheval, avec de grandes oreilles de lapin mouillé, des lunettes de panda, une crête de punk et le galop gauche : la rarissime rouanne, cousine de l'hippotrague noir. Un peu plus loin, en pâture, les stars de Nyika, la raison de notre venue...

De loin, ils paraissent gris, de plus près leurs zébrures vibrent, électrisées, et les voilà partis comme des piles, la crinière hérissée et la narine au vent. Ils s'arrêtent aussitôt. Nous font face. Sang chaud. « Drôles de zèbres ! se disent-ils en nous dévisageant, leurs oreilles dressées en pavillons. Est-ce une girafe à deux têtes, un équidé chimérique, une pièce montée ? » Curieux, ils se laissent approcher et soudain décollent fiers et sauvages, ivres de liberté, ruant de fougue, pétant de joie, dansant en langue équestre la fable du loup et du chien : « Tu as peut-être de l'avoine, mais qu'est-ce donc que ce métal qui te bâillonne ? »

Piqués au vif, nos canassons leur collent au train et hennissent : « Pique des deux, triste piéton, on va leur montrer ce qu'on sait faire à ces clowns rayés ! » Et nous voilà, vent du bas, de conserve avec les zèbres de Nyika, dans un galop à perdre haleine. Quand tout s'arrête, le silence reprend son empire, et, aussi loin que porte le regard, le vent dans les vallons emporte le rire des zèbres.

Notre poursuite de l'après-midi est bien plus calme. Nous partons « compter fleurettes » dans les prairies d'altitude et recensons vingt-six des quatre cents orchidées du plateau. Elles portent des noms aussi capiteux que leurs parfums : la commère pourpre, la *Satyrium buchanum* ou l'*Habenaria vaginata*... Au bord de fondrières ou dans la verte prairie, elles offrent au ciel bleu un visage candide pour mieux racoler les insectes de passage de leurs charmes sulfureux.

Le soir au camp, alors que la nuit froide fige tout autour de nous, retentit à deux pas le sinistre glapissement d'une hyène.

Ha-oup ! Ha-oup !...

On est d'un coup très seuls, et cela résonne, et le cœur tambourine, et la sale bête rôde autour de nous, minant notre sommeil. Notre tente est conçue pour nous défendre des moustiques, pas des hyènes...

Livingstonia, le 12 février 2002,
408ᵉ jour, 5 654ᵉ km

En redescendant du plateau, nous passons par Living stonia, installée sur une marche intermédiaire de l'escarpement, troisième mission britannique, datant de 1894, après les deux échecs de cap Maclear en 1875 et de Bandawe en 1881, pour cause de paludisme. Seul survivant de l'hécatombe parmi les missionnaires presbytériens, le docteur Laws fonda ici, à quinze cents mètres au-dessus du lac, donc loin des moustiques, une merveilleuse utopie : cottages anglais romantiques, manufacture et industrie, école technique et cathédrale, tour de l'horloge et hôpital.

Pour être sûr de durer, il construisit sa maison en pierre. La première et la dernière du pays. Au Malawi, on construit les maisons en brique ou en torchis, car on les détruit après la mort du propriétaire. La terreur des esprits l'emporte sur l'appât de l'héritage ; c'est pour cela que le pays est vide de patrimoine architectural. Livingstonia en est l'exception. Cette croyance a d'ailleurs aussi des conséquences écologiques désastreuses.

Toutes les familles, en prévision de la mort de leurs aînés, fabriquent de gros tas de briques en « mangeant » littéralement la terre fertile de leurs potagers, et en coupant par centaines les arbres pour les cuire. Mais les vieux tardent à mourir et cent fois par jour nous voyons ces tas de briques qui fondent comme des sucres sous la mousson. Gâchis de terre, de bois et de travail.

C'est dans la chambre de l'austère Laws que nous avons dormi, parmi de vieux meubles victoriens, dans son lit même, bercés par ce parfum si propre aux vieilles maisons européennes ; odeur faite d'encaustique, de suie, de poussière et de moisi, délicieux parfum d'enfance retrouvé dans ce coin d'Afrique. Les couverts sont toujours en sheffield, le poêle de Birmingham ronfle fièrement et au petit déjeuner nous pouvons commander des scones sur la véranda au plancher défoncé, mais inondé de soleil.

Promenade à Livingstonia. Tout est un brin décati, résolument suranné, la rigueur protestante largement africanisée. Des vérandas courent au long de balustrades, des petits ponts jettent leurs arches entre les maisons, des passages vénitiens perchés rejoignent des cuisines en hauteur, des escaliers de bois grimpent vers des petits patios, on se croirait dans un décor préraphaélite. Sous des arcades, le bois est remisé ; poules et chèvres hantent cet univers romantique à souhait. Mais aujourd'hui, la mission souffre de son isolement loin des axes de communication. En la sauvant des moustiques, les vingt lacets de la piste vertigineuse l'isolent du monde des vivants.

La maison de pierre renferme aussi un musée surprenant : tout un bric-à-brac de machines savantes, de collections de papillons, d'objets coloniaux, de vieux tirages sépias peuplés de figures empesées de rigueur et de rectitude mais au coin de l'œil adouci par leur cause. Une petite armée de déplaceurs de montagnes, à une époque où le doute n'existait pas. Soigner, éduquer, sauver : telle était leur mission. Ici on entretient leur souvenir, on sait ce qu'on leur doit, l'anticolonialisme n'est pas malawien. Dans un cadre brisé, en grand apparat devant sa maison de pierre, le docteur Laws accueille l'autochenille de la Croisière noire et ses officiers français en bandes molletières et capeline. Nous ? Nous n'avons eu droit qu'à son fantôme.

21

Le vieil os et le roi

Nous reprenons notre marche au carrefour de Livingstonia. La route est en travaux. Des norias de pelleteuses et
de bennes nous dépassent toute la journée dans le vacarme et
la poussière. C'est tout droit, plat, moche et chaud. Accablés,
en silence, nous enquillons. Le seul répit nous est offert une
fois par jour par le lac. Pour le déjeuner, nous essayons de
déjouer la vigilance ubiquiste des garnements pour trouver un
bout de berge tranquille et déployons des trésors de ruse afin
qu'il le reste. Après le syndrome Frankenstein, nous comprenons l'angoisse du léopard traqué. Cet esprit de la jungle
n'aspire qu'à vivre caché et se sait à moitié mort lorsqu'il est
débusqué.

Tous les jours, nous faisons l'expérience que la vision est
le sens le plus développé chez les Malawiens. Ils y consacrent
l'essentiel de leur temps. Ils matent à mort! Ils ont besoin de
voir pour savoir. Impossible de passer inaperçu. Impossible
de parler à quelqu'un dans les yeux plus d'une minute : il ne
résiste pas à la tentation de regarder ailleurs, au cas où quelque
chose lui échapperait. Combien de paysans se sont cogné le
pied à coups de bêche à nous regarder passer ? Combien de
badauds se sont rentrés dedans ?

Ce matin, un type nous a dépassés à bicyclette. Durant le
temps qu'il a mis pour n'être plus qu'un point à l'horizon, il
s'est retourné quarante-deux fois pour nous regarder. Nous
avons compté, incrédules : quarante-deux fois ! Comme pour
vérifier qu'il avait bien vu deux *Azungus* marcher sur la route.

De quoi devenir parano. Du haut des collines, des pirogues sur le lac, des cases entre les arbres, on nous hèle mille fois par jour. Une fois que nous sommes repérés sont lancées à nos trousses les hordes braillardes de mioches quémandeurs. Grosse fatigue. Cependant, une fois par jour, sur les rives du lac, à l'heure de nous dénuder pour nous y couler et faire baisser notre température parmi les mbunas d'aquarium, nous parvenons à échapper à notre Big Brother quotidien. Jouissance ineffable. L'invisibilité. Disparaître sous la surface, en apnée, à l'abri des regards. Nous nageons comme des loutres vers le large quand Sonia m'arrête :

— Retourne-toi, Alex !

La rive est occupée par cinquante curieux hilares débarqués de nulle part.

— Tu m'expliques comment on fait pour ressortir de l'eau maintenant... ?

Ce soir nous sommes accueillis par Thomas Msika. Il est contremaître sur le chantier routier de Marrion-Roberts, une compagnie sud-africaine. Après les Chewas, les Ngonis, les Tongas, nous voilà en territoire tumbuka. Il attaque fort :

— Le pouvoir nous déteste et nous persécute. Il ne fait strictement rien pour nous aider. Muluzi était furieux et jaloux que l'Europe lui impose cette route stratégique vers la Tanzanie qui s'inscrit dans un large plan de développement régional. Il voulait en ouvrir une dans le Sud, là où sont ses électeurs. Ici on vote AFORD [1]. Alors il s'est vengé. Quand Marrion-Roberts est venu avec le plan de financement et les salaires à vingt kwachas de l'heure (à peu près deux francs à l'époque, soit trente centimes d'euro), il leur a imposé de nous payer cinq kwachas de l'heure. Prétendument pour ne pas créer de jalousies, de déséquilibres et d'inflation des salaires... Vous avez déjà vu ça, vous, un président qui intervient pour que son peuple soit moins payé ? Je ne vous raconte pas d'histoires. J'ai participé aux négociations. Pour rattraper le coup, Marrion-Roberts, qui essaie de respecter les chartes internationales du travail et les barèmes, compense en nous donnant du maïs. Ce qui nous tue en Afrique, c'est le tribalisme.

---

1. Alliance for Democracy.

Le lendemain, un *bakkie* s'arrête à notre hauteur avec un petit Boer moustachu cramponné au volant. André Lotriet est ingénieur chez Marrion-Roberts. Ça fait plusieurs jours qu'il nous dépasse en faisant ses allées et venues sur le chantier. Il veut nous inviter à déjeuner. Mais sa cantine de chantier est trop loin pour nous. Nous déclinons.

— *Kak Man!* Montez !

Rien à faire.

— *Crazy Frenchmen!* Bon, dans ce cas, je reviens vous apporter un pique-nique...

Une heure plus tard, le revoilà avec des sandwiches gros comme le bras, des bâtons de biltong, des Coca glacés et des pommes. Nos premières pommes depuis belle lurette... À l'ombre d'un large figuier, nous partageons des souvenirs d'Afrique du Sud et des impressions africaines. Depuis vingt ans, il sillonne le continent en tous sens sur des chantiers extravagants. Nous lui parlons de cette odieuse histoire de salaires.

— Vous savez, l'humanitaire et la coopération sont de gros business. Ok, c'est l'Europe qui finance cette route, mais qui en profite ? Marrion-Roberts est une boîte d'origine rhodésienne, rachetée par des Sud-Africains britanniques qui appartiennent au groupe français Dumez. L'argent vient de l'Europe et y retourne. Entre-temps, la route est construite. Et à quoi ça sert une route ? À faciliter les échanges, l'aide humanitaire, la prospérité des régions isolées. Les États africains, qui ont tous une tribu dominante au pouvoir, redoutent la prospérité des tribus rivales et le désenclavement de leurs régions dominées, alors ils se livrent à ce genre de petits marchandages et tentent ainsi désespérément de conserver les ficelles du développement qui sont de plus en plus contrôlées par la Banque mondiale à Washington ou le Conseil de l'Europe. Et c'est tant mieux ! Ça les contrarie un peu dans leur grosse impotence et leurs petites oppressions silencieuses.

— Comme partout, c'est le tribalisme.

— Parlons-en, du tribalisme ! On dit toujours que nos sociétés devraient s'inspirer du fameux « esprit communautaire » africain. *Kak Man!* C'est le groupe qui tue l'individu ici. Cet esprit communautaire, de nature tribale, est castrateur, conservateur, il empêche les individus de progresser, de s'extraire du lot, de penser différemment, il attise les jalousies, supprime tous les originaux... C'est le premier totalitarisme et le totalitarisme premier. Il n'y a que les crocodiles qui nagent à contre-courant sur ce continent. Et cet esprit-là n'a rien à voir avec l'esprit communautaire qu'on connaît, solidaire, constructif, collégial, capable de rassembler les hommes d'un village pour construire un pont, un barrage, terrasser un chemin pour mener aux champs communautaires. Ça n'existe pas ici. C'est un paradoxe, dans ces sociétés prétendument communautaires. Les individus sont totalement laissés et livrés à eux-mêmes, ils ne peuvent compter sur personne. Le tribalisme communautaire est le pire des individualismes. La famille extensive est toujours là pour te ponctionner si tu réussis, jamais pour t'aider, ou alors juste pour la survie. Je ne vous parle même pas de l'État. Ils n'en attendent rien. Quand je demande à mes ouvriers pourquoi ils ne manifestent pas contre les agissements du pouvoir, ils me répondent que le président a raison puisque justement il est au pouvoir, et que lorsque leur tribu y sera à son tour ils feront la même chose. Moi, je les plains, ces gens. Ils sont perdus entre deux modèles : le modèle tribal qui fonctionnait à sa façon autrefois et le modèle national dont on constate l'échec depuis cinquante ans.

Puis, philosophe, André nous donne son explication :

— Pour moi, trois grandes tares affectent l'Afrique et l'empêchent de décoller : l'inertie de la tradition, la fuite des cerveaux qui réussissent à échapper à cette inertie et la vacance du gouvernement. Les uns sont castrés, les autres se barrent, les troisièmes se goinfrent sur le dos des premiers. Le cercle est vicieux. Alors qu'on arrête de blâmer l'héritage colonial, le complot mondialiste du contrôle des prix des matières premières ou le déterminisme des conditions naturelles. Ces gens se croient pauvres alors qu'ils vivent au paradis.

André compte s'installer au Malawi quand le chantier sera fini. Il a vendu le relais routier qu'il possédait en Afrique du Sud.

— Trop dangereux, nous dit-il. L'insécurité est devenue hors contrôle. J'ai trois amis qui se sont fait assassiner avec leur famille ! Dans quel pays sur terre se passe-t-il de telles choses ? En Colombie, peut-être ? Désolé, mais je plie bagage. Le Zimbabwe est foutu. Le Mozambique ? Je n'ai pas envie de me mettre au portugais et puis les communistes, je me suis assez battu toute ma vie contre eux, je ne vais pas en plus leur filer mon fric. Le Botswana est trop sec. Le Kenya est pourri et saturé. Il n'y a plus beaucoup d'endroits pour nous sur ce continent. Et moi je suis africain, je n'ai aucune racine en Europe et je n'aime pas les Angliches. Le Malawi, ça me plaît bien, les gens sont gentils, y'a de l'eau à volonté, la terre est très riche, il y a un fantastique potentiel.

Et de nous parler d'un projet de ferme d'escargots géants qu'il a conçu après en avoir aperçu dans son jardin. Il a tout le plan de développement en tête, le marché, les débouchés, le mode de reproduction et d'exportation, les bâtiments d'élevage, le marketing.

— Un steak d'escargot. Je vois d'ici le tabac que ça va faire ! Le seul détail, c'est que je ne sais pas encore s'ils sont comestibles...

Ce soir, c'est la Saint-Valentin. Nous avons trouvé une bouteille de blanc de blancs sud-africain pour fêter ça. Nous avons aussi trouvé nos hôtes. Ou plutôt l'inverse. C'est Daily Clean qui nous a alpagués sur la route. D'entrée pas très sympathique. Le genre glandeur désœuvré. Nous le suivons à contre-cœur.

— Tu en as un drôle de prénom !

— C'est rien à côté de mon petit frère. Il s'appelle Kilo One.

— Tu sais, on a juste besoin d'un petit coin pour planter la tente.

— Pas de problème, je vais vous arranger ça.

Nous arrivons dans un ensemble de cases pouilleuses alors que la pluie se met à tomber. De la boue partout. Pas moyen de planter la tente. Nous nous réfugions dans une hutte abandonnée fuyant de toutes parts. Plan glauquissime ! Daily Clean est à court d'idées. Énervé et fatigué je lui lance :

— Daily Clean, c'est gratuit, l'herbe ! Tu pourrais le refaire, ton chaume.

Il rigole. Une fillette dans la case joue cul nu dans sa flaque de pipi. Elle se tartine le visage de cette boue qui l'entoure sous le regard amusé de son père. Une jeune mère entre, chargée de bois et d'eau, qui lui demande d'habiller le bébé. Le grand débile soulève la petiote par un bras et entreprend gauchement de lui enfiler un T-shirt sur son corps barbouillé de merde. Le bébé se met à hurler, la mère intervient et engueule son mari. Sonia est consternée.

— Ce doit être son sixième ou septième gosse et il ne sait toujours pas faire.

Un tantinet agacé, je désigne à Daily Clean une maisonnette couverte de tôle ondulée.

— C'est à ma grande sœur, mais c'est fermé. Il faut demander à mon père. Chez nous, tous les enfants et leurs biens appartiennent au père de famille. Moi je n'ai rien et je ne peux pas me marier, je n'ai pas assez d'argent pour payer la *lobola*[1].

Le père est un vieillard aveugle. Nous le croisons quelques instants dans le noir sous la pluie. Impressionné par le fait que nous arrivions à pied, et sous les pressions de Daily Clean, il lui donne la clé. À l'intérieur, réminiscence : l'âcre odeur d'urine de rat. Il en court partout à notre entrée. Cela grouille parmi des sacs de maïs, des tôles ondulées neuves et des piquets de bois.

— Super glamour pour la Saint-Valentin !

Nous dégageons une petite pièce crasseuse quand la mère de Daily Clean vient nous montrer une énorme tumeur qu'elle a dans le dos. À la lampe frontale, le relief nous heurte. La boursouflure en étoile lui passe sous le bras, enfle les ganglions et attaque le sein. Sans doute un cancer de la peau. Le petit œil humide et la main tremblante, elle me demande une aspirine contre la douleur.

La moutarde me monte au nez.

— Daily Clean ! Depuis combien de temps ta mère a ça ?

— Depuis deux ans, ça ne cesse de croître.

— Et en deux ans vous n'êtes pas allés voir un médecin ?

— Si ! Mais il a demandé mille kwachas pour l'opération.

— Daily Clean ! Combien coûte une tôle ondulée ?

— Euh, à peu près trois cent cinquante kwachas.

---

1. Système de dot d'Afrique australe. Le prétendant doit offrir au père de la mariée de l'argent, du bétail, de la terre, des garanties « en compensation » de la perte de sa fille. Le montant total donne lieu à d'interminables discussions sur le « prix » de cette fille. Le mariage d'amour n'existe pas. En cas de stérilité ou de divorce, le père doit rembourser à son gendre ce qu'il a très souvent dépensé, ce qui provoque de terribles règlements de comptes. Beaucoup d'hommes se marient tard, le temps de rassembler cette *lobola*.

— Est-ce que ta mère vaut moins que trois tôles ondulées ?

— Euh... je ne comprends pas...

— Là ! Il y a combien de tôles neuves qui ne servent à
rien ?

— ... cinq.

— Eh bien, voilà ! Tu décides maintenant.

— Mais on est pauvres.

— Non, tu n'es pas pauvre. Tu es...

La gorge nouée et les poings serrés, j'abandonne la partie.
Dur de n'être qu'un observateur.

La mère martyre écoute, effarée : elle ne parle pas anglais.
Elle doit être truffée de métastases à l'heure qu'il est. Il est vrai
que ses fils n'ont pas le droit de s'approcher d'elle. Les larmes
aux yeux, je lui donne son aspirine, renvoie tout le monde et
vais boire avec Sonia le blanc de blancs à jeun et cul sec dans
les remugles d'urine de rat. Toute la nuit, ils viennent couiner
autour de nous et hanter mon sommeil de cauchemars et de
tôles qui grincent dans le vent.

À l'aube, nous filons, dégoûtés, sans demander notre reste.
Trois kilomètres plus loin nous passons devant un panneau :
Chilumba Hospital.

Trois kilomètres et trois tôles.

La veille de notre arrivée à Karonga, nous plantons la tente
sur une plage à côté d'une source d'eau chaude. Entre deux
arbres chenus, l'eau bouillonnante jaillit des entrailles de la
terre et serpente en fumant jusqu'au lac. Le soleil couchant mue
ce ruisseau en coulée d'or en fusion. Des femmes nues se
baignent à son embouchure. En clair-obscur, noir sur or, leurs
gestes magnifiques drapés de brumes vermeilles caressent des
corps sculpturaux. Seins drus et fessiers rebondis se jouent de
l'eau sulfureuse. Nous contemplons cette source de beauté
incandescente jusqu'au crépuscule. Le Rift est vivant.

Plus tard, un pêcheur vient nous apporter un gros poisson
dont nous nous pourléchons sous la lune montante.

Karonga, samedi 16 février 2002,
412ᵉ jour, 46 km, 5 757ᵉ km

Karonga. Nous y sommes. Deux ans que nous en parlons. Nom franc et rond à la fois. Évocateur. Un des berceaux de l'humanité. Un de nos rares rendez-vous planifiés pour notre marche dans les pas de l'Homme. Nous devons y rencontrer Friedemann Schrenk, paléoanthropologue de Francfort qui fouille des sédiments pliopléistocènes vieux de deux millions cinq cent mille ans, sur les bords du lac Malawi. Nous y arrivons le jour dit, comme à l'exercice. Précise, la marche ! Nous trouvons sans encombres l'ancienne maison du gouverneur. Une magnifique bâtisse dont les deux étages sont entourés de vérandas sous moustiquaire. Sonia frappe à la porte. Friedemann et Steffi Müller viennent ouvrir :

— Juste à l'heure ! *Wunderbar !* Un petit verre de cognac Remy Martin pour fêter ça ?

Ils nous prennent par les sentiments ! Dans ses valises, Friedemann nous apporte plein de trésors : un nouveau matelas en mousse que nous allons pouvoir couper en deux selon notre bonne habitude, de nouvelles semelles absorbantes, une nouvelle chemise pour moi, la mienne ayant été complètement cuite par quatorze mois de soleil impitoyable, un petit lecteur de musique MP 3, du chocolat extra-noir, bref, que des douceurs ! Toute la soirée, autour d'un florilège de spiritueux, nous marchons dans les pas de l'Homme et tentons de progresser dans sa définition : la bipédie ? L'outil ? Le langage articulé ? Le feu ? L'art ? La sépulture ? Le partage ? Un peu de tout ça à la fois ? Non. Nous concluons en chantant que le premier homme digne de ce nom est celui qui a fait fermenter sa boisson...

Le lendemain, Friedemann nous conduit à Malema pour explorer le Chiwondo, nom donné à son lit fossilifère. Au cœur d'une brousse anodine, vallonnée, sur les flancs du plateau de Nyika, une saignée a été ouverte dans le sol par les bulldozers de Marrion-Roberts, le constructeur sud-africain de la route côtière.

— En un après-midi, ils nous ont fait gagner trois ans de travail !

Ils ont mis au jour la précieuse couche plus blanche et plus compacte en déblayant des sables ocre.

— Voilà le Chiwondo où nous avons trouvé les restes d'hominidés.

Dans la fosse, une douzaine d'hommes continuent à creuser plus en finesse. Une première question m'échappe.

— Pourquoi ici, plutôt que n'importe où ailleurs ?

— Dans les années 1970, les fouilles battaient leur plein en Tanzanie et au Kenya, ainsi qu'en Afrique du Sud. Il n'y avait pas de place pour un jeune chercheur comme moi, j'ai eu alors l'intuition que les australopithèques s'étaient déplacés vers le sud, et qu'on pourrait en trouver d'autres en suivant le Rift. J'ai ainsi lancé l'idée de « corridor d'hominidés » allant d'Afrique du Sud jusqu'en Éthiopie : exactement votre itinéraire !

Et, d'un geste sûr, il pointe vers le nord les quelque huit mille kilomètres qu'il nous reste à arpenter...

— Tout naturellement, je suis venu fouiller ici car, après l'ouverture du Rift, le nord du lac Malawi a subi une pression inverse qui a fait remonter à l'air libre des dépôts profonds. Ainsi, sur soixante-quinze kilomètres, on retrouve çà et là des poches et des affleurements de sédiments vieux de deux millions cinq cent mille ans.

— Et alors ? Qu'est-ce que vous avez trouvé ?

— Un fait exceptionnel qui confirme les trouvailles tanzaniennes : deux hominidés contemporains et pourtant très différents, l'*Australopithecus boisei* et l'*Homo rudolfensis*.

— On ne les a pas déjà trouvés ailleurs, ces deux-là ?

— Si. Les deux ont été découverts par Mary, Richard et Louise Leakey. *Boisei* à Olduvai, en Tanzanie, à qui ils ont donné le nom de leur mécène américain Boise, et *rudolfensis* à Koobi-Fora, au Kenya, sur les rives du lac Turkana, anciennement appelé lac Rudolf.

— Vous n'avez pas été tenté, comme cela se fait souvent, de créer deux genres nouveaux, pour faire sensation ?

— Vous savez, je suis un « Friede-mann », un homme de paix. La querelle paléoanthropologique ne m'intéresse pas. J'ai préféré reconnaître des espèces existantes ailleurs, ce qui confirmait mon intuition sur la mobilité des hominidés. Et vous savez, la première règle de la paléoanthropologie, c'est la modestie !

344

— Alors, qui sont *boisei* et *rudolfensis* ?

— *Boisei* était un australopithèque très robuste, exclusivement végétarien, qui avait développé de formidables mâchoires et d'épaisses molaires pour broyer graines et tubercules. Les mâles avaient une crête sagittale comme les gorilles d'aujourd'hui, pour accrocher de puissants muscles masticateurs, mais ils étaient déjà bipèdes. *Rudolfensis* était plus omnivore et opportuniste, un cerveau plus gros et des caractères plus proches de nous, notamment en matière de locomotion. Ces deux espèces sont deux réponses différentes de l'évolution à une même modification du climat qui s'est asséché à cette époque-là. L'une a échoué, parce que trop spécialisée : *boisei* a périclité puis disparu. *Rudolfensis* a réussi, et c'est sans doute pour ça que nous pouvons en parler.

Sonia soulève une question cruciale.

— Puisqu'ils vivaient à la même époque, au même endroit, avaient-ils de bonnes relations ?

— Ah, Ah ! On ne le sait pas encore. Certains scientifiques pensent qu'ils se sont exterminés les uns les autres, et que ce sont ces guerres qui ont développé l'intelligence de ce qui deviendrait plus tard l'homme ; c'est y voir la guerre comme définition de notre nature. Ce n'est pas du tout prouvé, et personnellement je n'adhère pas à cette hypothèse, pas plus qu'à celle du cannibalisme supposé de *rudolfensis*. Il a certainement dû y avoir des interactions entre les deux espèces, mais tant qu'on n'a pas trouvé de champ de bataille, c'est un domaine laissé à l'imagination.

— Quand allez-vous reprendre les fouilles ?

— Dès que la saison des pluies sera finie, cet été, avec des étudiants. Et je peux vous promettre, sans trop m'avancer, d'autres hominidés.

— Comment pouvez-vous en être si sûr ?

— Je ne suis sûr de rien, c'est ça l'intérêt des paris, non ? Dans 10 % de cette nappe, nous avons trouvé deux vestiges majeurs, ce serait un comble que les autres 90 % ne contiennent rien. Ce n'est pas impossible, mais... D'ailleurs, en ce moment, je gage que vous marchez sur une superbe boîte crânienne.

Sonia fait un bond en arrière.

— Comment ! Ici ?

— Oui, juste là, sous vos pieds, pourquoi pas ? N'oubliez pas que vous foulez un vénérable sol vieux de deux millions cinq cent mille ans.

— Mais, au fait, comment avez-vous pu dater le sol ?

— Grâce aux cochons.

— ?

— Oui. Il n'y a pas de cendres volcaniques ici, donc pas de datation possible au potassium-argon. On se sert alors des dents de suidés dont l'évolution très régulière partout en Afrique a permis de créer une échelle précise et sûre. Aujourd'hui, on essaie plus de faire parler ce qu'il y a autour du fossile que le fossile lui-même qui ne peut donner que ce qu'il a : des informations fragmentées et fragmentaires.

Il se dirige vers un groupe de fouilleurs au travail dans une tranchée :

— Je vous présente Shaka et Tyson, les deux inventeurs de mes fossiles.

Deux types, un grand débonnaire et un petit malicieux, sortent de la tranchée.

— Quelle a été votre réaction quand vos yeux se sont posés sur la mandibule de *boisei* ?

Shaka, le petit volubile, nous décrit la scène comme s'il entrait en transe pour faire revivre le passé.

— Dès que j'ai vu la mandibule, j'ai su que c'était un hominidé, alors je me suis mis à crier : « hominidé ! hominidé ! » en sautant sur place. Tout le monde sur le site a lâché ses outils et s'est mis à danser et à exulter de joie.

À chaque trouvaille, toute l'équipe reçoit un gros bonus. Shaka, joignant le geste à la parole et voulant revivre ce jour à jamais marqué d'une pierre blanche, repart en trombe arracher une branche, fouette le sol comme un damné en scandant son cri : « hominidé ! hominidé ! » Et rebelote, tout le camp de lâcher pelles et pioches et de massacrer les arbustes avoisinants pour l'imiter dans l'hilarité générale : une vraie danse de Saint-Guy.

Y'a de la joie sur les chantiers de Friedemann !

Le soir, il nous montre le moulage d'une dent de *rudolfensis*. Ce n'est rien qu'une dent, et pourtant il nous la présente comme un miracle de la science.

— C'est une dent qu'on a trouvée en tamisant des sédiments qu'on avait amenés par sacs entiers sur la plage pour les

346

laver. Vous voyez, il y a un bout de mâchoire avec, mais la dent est cassée, ce qui nous empêchait de bien voir la surface masticatrice et par conséquent d'en déduire le régime alimentaire de *rudolfensis*. Un an après, un de mes thésards a eu l'idée brillante d'essayer de rechercher le bout de dent sur la plage. Son hypothèse était que la dent s'était cassée lors de la fouille et que la partie manquante se trouvait forcément dans un des sacs de sédiments qu'on avait tirés du site. Autant chercher une aiguille dans une botte de foin! On a quand même essayé. En estimant la taille de la partie manquante, nous avons sélectionné un tamis et avons passé à l'eau trois ou quatre mètres cubes de sable sur la plage où nous avions travaillé l'année précédente. Nous avons ensuite patiemment essayé chacun des milliers de petits graviers retenus par le calibrage. Eh bien, le quatrième jour nous avons trouvé le bon! Voilà la dent complète.

Il nous montre alors le moulage d'une dent présentant une belle surface de mastication bosselée comme les nôtres.

— Cette trouvaille démontrait que *rudolfensis* était bien omnivore et non pas végétarien, auquel cas la surface aurait été plane. Excitant, n'est-ce pas? Ce que j'aime bien dans ce métier, c'est qu'il offre à chaque trouvaille l'opportunité de faire des fêtes mémorables!

Le lendemain, Steffi nous conduit sur le chantier du musée qu'elle est en train de construire avec des fonds européens. L'architecte est sud-africain et l'entrepreneur chinois. Les travaux sont au point mort à cause des frasques de Muluzi. L'Union européenne a mis le financement entre parenthèses, d'autant plus que la famine pointe. Les fondations ont été coulées et les piliers de béton entourés d'échafaudages en bois se dressent vers le ciel. Le tout ressemble à s'y méprendre à la carcasse d'un dinosaure.

— Nous voulons faire revenir des États-Unis le squelette complet du *malawisaurus*, un exemplaire unique au monde qui date de cent soixante-sept millions d'années, trouvé par le docteur américain Louis Jacobs de l'université du Texas en 1984. Il fait huit mètres de long et quatre mètres de haut, et nous avons conçu le musée autour de lui. Avec les découvertes de Friedemann, le Malawi se place dorénavant au rang des berceaux de l'humanité. Il est donc très important que les Malawiens en soient conscients. Cet outil pédagogique est une première dans le pays ! Il y aura aussi un centre de recherche avec un laboratoire d'analyses pour traiter sur place les fossiles de Friedemann. On intensifiera les échanges universitaires avec l'Allemagne et le monde entier, il y aura aussi une partie plus culturelle dans le musée, avec un auditorium et un théâtre en plein air.

Steffi nous a organisé un spectacle dans un village. Dans l'après-midi, son équipe se met en scène entre un baobab et une piste. D'un coup déboule de l'arbre un dinosaure en carton-pâte dans lequel sont dissimulés deux acteurs. Les enfants hurlent de terreur, les parents rient. D'autres protagonistes entrent en scène autour du thème : les dinosaures sont-ils gentils ?

— La connaissance scientifique des populations ici se résume souvent à une lecture un peu myope de la Bible : le monde a été créé en sept jours... Par ces spectacles, on essaie de leur dire que ça a mis un peu plus de temps, et que l'homme comme les dinosaures s'inscrivent dans le schéma évolutif. Mais on a un peu de problèmes avec les échelles de temps : *malawisaurus* – 167 millions d'années, *rudolfensis* – 2,4 millions, ils ne se sont donc jamais rencontrés...

À la fin du spectacle, un homme arrive essoufflé et répand dans l'assemblée une terrible nouvelle : « Le roi est mort ! »

Le nord du lac Malawi est peuplé par la tribu des Nkondés qui est à cheval sur la frontière avec la Tanzanie. Des émissaires sont partis. Demain aura lieu l'intronisation du nouveau roi nkondé. Le roi est mort, vive le roi !

De partout, le lendemain de bonne heure, des hommes dignes en complet-veston se dirigent vers un petit village perdu dans une bananeraie à l'ombre d'arbres immenses. La foule se range en silence, les hommes d'un côté sur des chaises, les femmes de l'autre, à même le sol. Sous la ramure s'ébroue la rumeur des murmures.

— Qui sera le nouveau roi ?

— Le fils est trop jeune... Les frères sont morts... Y a-t-il des oncles ?

Les anciens délibèrent interminablement dans une case. Le soleil s'élève dans le ciel. La foule inquiète se masse. Elle a perdu sa tête, son roi, sa justice, son principe, sa pérennité.

Dans un monde qui change, les Nkondés tiennent à ce reliquat du passé. Ici, point de peaux de léopard et de plumes sur la tête, point de lances et de sacrifices. Souliers vernis et cravates se portent noirs, les costumes, sombres. Aligné en prière, le peuple nkondé porte le deuil.

Soudain un brouhaha remue l'arrière-ban, la foule se fend et laisse le passage vers la place nue à un groupe extravagant : huit hommes en costume colonial britannique, short et veste, affublés de rubans, de colifichets, de gris-gris, de chaussettes rayées blanc et rouge sur des souliers lacés et portant à la main d'étonnantes coloquintes rouges aux formes alambiquées qu'ils ne tardent pas à porter à la bouche. S'élèvent alors de ces hommes en rang face à la foule un concert de cornets nasillards et sonores qui s'accordent en parfaite dissonance.

Un rythme se met en branle et tous de suivre un mouvement syncopé au ralenti, fait de pirouettes retenues et de déploiements de jambes, de pas en avant et de courbettes en arrière. Un mélange de menuet et de défilé de mode, une sorte de madison avec des mouvements et une musique en boucle sur fond de barrissements et de sourires aciérins. Je me tourne vers un voisin.

— Que signifie cette danse ?

— C'est une danse de guerre. Le *malipenga*. Les guerriers reviennent du combat victorieux avec l'uniforme de leurs ennemis et montrent par leurs mouvements amples et ostentatoires qu'ils n'ont pas été blessés.

Nous sommes envoûtés. Jamais rien vu de tel. À la fois moderne et tribal, le truc à lancer en boîte de nuit...

Soudain silence. Le groupe de *malipenga* s'éclipse. Un vieux sage sort de la case et fait une annonce. Une rumeur court comme une vague sur les têtes. Le conclave est clos : le peuple nkondé a un nouveau roi. Vive le roi !

Mais qui est-ce ? Notre voisin nous glisse :

— C'est l'oncle de l'ancien roi, je le connais très bien, il est postier à bicyclette. Au moins, il connaîtra tout le monde. En faisant sa tournée, il fera le tour de ses sujets !

Voilà le roi qui sort à son tour de la case, portant son turban royal et suivi de sa femme, une bobonne rondouillette endimanchée. Tous deux vont s'asseoir face à la foule sous un dais. S'entame alors la longue procession à genoux du peuple nkondé. Chacun allant faire allégeance devant le monarque.

Nous prenons notre place dans la ronde. Une cour s'est déjà instituée. Nous serrons des pinces révérencieusement tandis que s'élèvent les cris et les youyous des femmes. S'ensuivent les interminables discours des notables issus de la foule qui donnent des conseils au nouveau roi sur la façon de régner justement, dans le respect du droit et des traditions de la tribu.

— Vous ne devez pas être corrompu, vous devez être un bon chrétien, vous devez rester sobre en toutes circonstances, être de bon conseil pour régler les problèmes de couples ou de terres...

Jamais le principe monarchique ne m'avait paru aussi simple, librement consenti, assumé, décomplexé. En France, nous avons rompu ce pacte. Pas les Espagnols, pas les Britanniques, pas les Danois, pas les Nkondés.

Avant de quitter la ville, nous rencontrons une grosse Canadienne velue et mamelue, escortée d'un beau Kényan. Elle nous raconte ses mésaventures. Dépouillée en Éthiopie, elle est allée racheter son appareil photo à son voleur, s'est embarquée en direction du Kenya sur un camion de bétail qui a été attaqué à la kalachnikov avant Marsabit par des bandits somalis. Il y a eu des blessés et des vaches tuées. Arrivée enfin à Nairobi, elle a fait les frais d'un braqueur qui l'a allégée de son passeport, de tout son argent et encore une fois de son appareil photo. Pour se réconcilier avec l'Afrique, elle est allée se détendre et fumer des pétards sur les plages de Malindi. Descente de police, arrestation, trois jours de trou, tentative de viol, deux mille dollars d'amende, puis rixe avec un pickpocket à Arusha. Elle s'en vante comme si elle avait décroché les valeureuses médailles de l'aventurière postmoderne. Il ne fait pas bon être touriste en Afrique. La marche est bien plus sûre.

En deux jours, nous gagnons la frontière tanzanienne. Entre les deux postes coule la rivière Songwé. Sonia s'arrête solennellement sur le pont et, telle une discobole romantique, lance son vieux chapeau défoncé dans le courant. Elle en a acheté un neuf sur la tête d'un passant qui en a presque perdu la sienne de joie. Combien d'heures l'a-t-elle porté, ce vieux chapeau ? Combien de fois l'a-t-elle ravaudé et raccommodé ? Nous le voyons flotter vers le lac Malawi. La plus belle sépulture possible pour son couvre-chef. Des cichlidés y feront peut-être leur nid. Requiem pour un tas de paille venant du Cap. Sonia est émue par cette page qui se tourne. En mettant pied sur l'autre berge, nous quittons l'Afrique australe et pénétrons un tout autre univers, le cœur de notre marche, la mythique Afrique de l'Est et ses parcs foisonnant d'animaux sauvages. Nous pénétrons en Tanzanie.

Ivre d'espace et d'aventure, je lance à Sonia.

— Et qu'est-ce qu'il y a de l'autre côté de la Tanzanie ?
— Le Kili !

Tanzanie

1. Mary Mwankenja
2. God
3. Le géant Paul Jérusalem
4. Samir Merchant
5. Helmut et Felicitas Anschuetz
6. Eddy
7. Paul et Gertrude Sikanyika
8. Jackson le chasseur de lions
9. Père Raphaël Romand-Monnier, les sœurs Carmen et Céline
10. Pères Dino et Évariste
11. Sœurs Grace et Modesta
12. Pères Cornélius et Ludovic
13. Madiako et Joseph
14. Marc et Rukia Basseporte
15. Abel Mtui et Kennedy

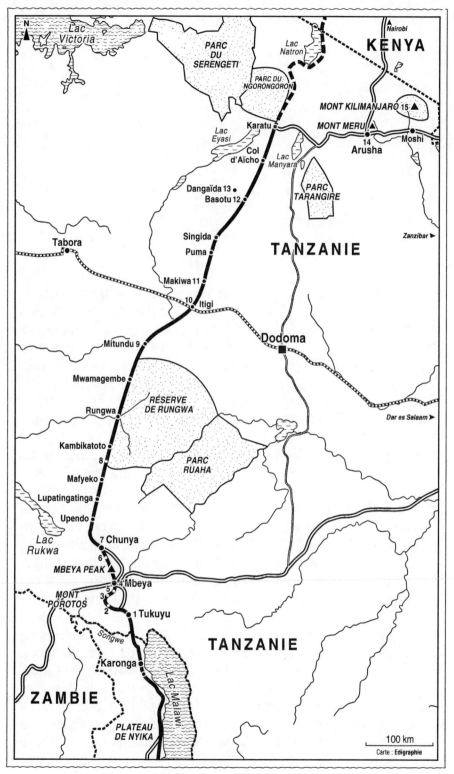

De Mbeya à Arusha

22

Tanzanie
La marmaille et le géant Paul

Au nord du lac Malawi, une chaîne de montagnes barre le Rift qui devient alors bifide. C'est tout l'est de l'Afrique qui a été écartelé. Vers le nord, le vieux continent a résisté, la cassure franche s'est donc frayée un chemin vers les terres de l'intérieur. Une branche du Rift part ainsi vers le nord-ouest en enroulant la Tanzanie, le Burundi, le Rwanda et l'Ouganda d'une titanesque fracture tectonique en arc de cercle à leurs frontières occidentales. De ce fossé d'effondrement sont issus les lac Rukwa, Tanganyika, Kivu, Édouard et Albert, bordés par les volcans Nyiragongo et Ruwenzori. C'est le Rift occidental. Nous ne passerons pas par là. L'autre branche, moins ouverte, plus discrète, suturée par les granits tanzaniens, émerge au nord du pays par la fantastique boursouflure du Kilimandjaro, du mont Méru et des volcans du Ngorongoro qui rouvrent la plaie terrestre à travers le Kenya jusqu'au lac Turkana, avant de séparer littéralement l'Éthiopie en deux et de se rediviser à Djibouti ; un bras dans la mer Rouge, l'autre dans le golfe d'Aden. Et ici, au point de cassure entre ces deux Rifts, se sont dressés les volcans Poroto. Nous suivrons donc le Rift oriental.

Nous nous élevons sur leurs contreforts dans d'impressionnantes bananeraies, jardins de thé, plantations de café, potagers. Cette fertilité nous ébahit. Quel contraste ! Notre univers s'est métamorphosé en traversant la rivière Songwé. Nous sommes passés de la pauvreté larmoyante à la prospérité laborieuse. La terre n'a pas changé. Les précipitations sont les mêmes. Le peuple nkondé est le même. Mystère. Comment une simple rivière frontalière peut-elle changer à ce point la nature d'un environnement ?

Poids des héritages, de l'Histoire, de la politique. Nier les frontières, c'est nier ces trois piliers de la culture. C'est la culture qui fait l'homme, pas la terre. La pauvreté n'est pas une fatalité.

Dans les jardins de thé, nous admirons la magnifique vue en enfilade du lac Malawi. Le Rift en grand écran ! Nous discernons la presqu'île de Chilumba, à la hauteur de Livingstonia, deux cents kilomètres et six jours de marche derrière nous. Sous nos yeux, l'espace et le temps. Une page d'Afrique. Nous en avons à peu près quatre-vingts comme ça à parcourir sur ce continent. Ce qui se conçoit difficilement dans le temps se conçoit ici d'un regard, nous guérit de notre myopie de cloportes.

Depuis une navette spatiale nous pourrions voir notre point de départ et notre destination. Nous venons d'apprendre qu'un Sud-Africain fortuné va devenir le premier touriste de l'espace : M. Shuttleworth, au nom prédestiné. En vendant sa boîte il a donné un million de rands [1] à chacun de ses cinquante employés, du jardinier au directeur financier en passant par le magasinier.

Entre les bosquets, les fichus roses des cueilleuses de thé flottent comme des bouées sur la houle verte dévalant les pentes. Dans les hameaux, nous passons par des places de marché bruyantes d'activité. On vient vendre de l'huile de palme, des bananes, des œufs, des poulets, acheter du lait, du sucre, du kérosène. Partout, à même le sol, des étals d'oignons, de tomates, des tas de gingembre, des sacs d'épices. Les femmes sont plus grasses. Leurs gros seins lourds dansent sous les T-shirts, leurs voix portent, leurs bras charrient, pèsent, emportent. Ce charivari de couleurs et de cris, de parfums et de vie, nous fait renouer avec la prospérité. Rien à dire, ça bosse ici. C'est plus riche, mais personne ne parle un mot d'anglais. Nous nous initions au fil des pas au swahili en apprenant tous les jours une dizaine de mots.

Nous passons notre première nuit chez un policier gogo, du nom d'une tribu du centre du pays ; la deuxième, chez Mary Mwankenja en sortie de Tukuyu, incroyable ville coloniale alle-

---

1 Cent cinquante mille euros.

mande, construite en style Bauhaus avec des bâtiments de béton aux ouvertures surlignées de margelles, aux frontons portant des inscriptions en relief, aux corniches années 1930. Un mélange de courbes et d'angles droits décrépits par l'humidité. Mary est en deuil, elle vient de perdre son père. Toute la famille est réunie. Nous avons frappé à la porte sous une pluie battante, elle n'a pas eu le cœur de nous dire que le moment était mal venu. La maison est pleine à craquer. Nous avions pourtant choisi la plus grande :

— Vous avez convié votre famille élargie aux obsèques?

— Pas du tout, il n'y a ici que les enfants et les petits-enfants. C'est vrai que je suis l'aînée de trente-deux enfants... Mon père a eu sept femmes! Elles ont toutes eu une maison autour de celle-ci.

Tour à tour au cours de la soirée, les enfants viennent se présenter : « Bienvenue, je suis numéro 16 »; « Bonsoir, je suis numéro 27 »; « Je vous présente numéro 32! » Mary, soixante-trois ans, numéro un, tient dans ses bras un petit garçonnet de trois ans, son petit frère.

— Mon père a hérité de beaucoup de terres au départ des Allemands. Il est devenu très riche, alors il a fait beaucoup d'enfants.

— Il a quand même pu élever tout ce petit monde?

— Nous avons tous suivi une éducation rigoureuse dans des écoles catholiques. Il y a parmi nous deux médecins, trois policiers, des fonctionnaires, des avocats, des professeurs, des marchands, mais aucun fermier...

— Ça doit faire beaucoup de petits-enfants tout ça!

— Pas du tout. Il n'y en a « que » cinquante-deux. Nous n'avons pas voulu faire comme notre père. Nous n'avons tous eu qu'un ou deux enfants, voire aucun! C'est pas drôle de se faire appeler par un numéro toute sa vie...

Mary nous parle de Julius Nyerere, le premier président du pays, en des termes élogieux :

— Il a réussi l'incroyable pari d'unir cent cinquante-quatre tribus. Nous n'avons jamais connu de guerres civiles ici contrairement au reste de l'Afrique. Nyerere n'a jamais été corrompu, il s'est retiré du pouvoir volontairement et a reconnu publiquement qu'il s'était trompé économiquement en menant sa politique socialiste de l'Ujamaa. Mais nous l'aimons. Il nous a donné notre dignité, nous avons une langue nationale grâce à lui et nous ne tendons pas la main comme les Malawiens.

Il est vrai qu'au cours de ces trois premiers jours nous avons senti une différence d'ambiance. Les gamins quémandeurs ont disparu, on ne nous invective pas plus que l'on nous colle. Il y a dans l'allure et le calme des gens, dans leurs saluts et leurs sourires, une incontestable dignité : une fierté d'être Tanzaniens. Ressort mystérieux de l'âme d'un peuple qui le pousse soit vers l'avant soit le laisse assis à attendre que cela se passe. Au Zimbabwe c'était la tristesse, au Malawi l'impuissance, ici c'est la dignité qui émane de ces gens que nous croisons, la gentillesse restant la même partout.

Nous continuons notre remontée des contreforts des volcans Poroto le long d'une belle route goudronnée construite par la Sogea, compagnie française. Nous sommes guillerets. Souffle sur notre marche un je ne sais quoi d'exaltant. Une montée des marches d'un festival de souvenirs, de films animaliers, de reportages. Combien d'heures suis-je resté rivé à la petite lucarne tanzanienne ? Serengeti, Ngorongoro, Manyara, Natron... Toute mon enfance a été bercée de ces documentaires de Richard Attenborough, Frédéric Rossif et des autres. Nous voilà en Tanzanie en grand écran !

De part et d'autre de la route s'alignent d'incroyables isbas directement importées d'Ukraine ou d'Estonie, identiques à celles qu'on retrouve partout en ex-URSS de Moscou à Vladivostok. Elles ont toutes leur numéro 1 113, 1 350, 2 978. « On se croirait en Slovaquie, confirme Sonia, dans la campagne au-dessus de Banska Bystrica ! »

Mary nous avait parlé de l'influence architecturale soviétique d'après guerre. Des sacs de ciment par millions et des architectes sont venus apporter leur patte à l'édification du pays. Murs épais, petites ouvertures pour résister aux froids sibériens, portes d'entrée dans un renfoncement pour éviter la neige, petites cours intérieures pour s'isoler des voisins, toits de tôle ondulée rouillée et cheminées jamais utilisées, ces isbas offrent encore un nouveau visage de l'Afrique sur lequel s'est plaqué le fantasme d'un autre peuple. Docile, elle a absorbé cette influence en l'africanisant, en abattant un mur pour réunir deux maisons, en mettant les chèvres dans la cour, en faisant le feu sur le pas de la porte...

357

À Kiwira, nous quittons le goudron pour de bon. La route contourne les montagnes pour gagner Mbeya, la capitale régionale. Une ancienne piste allemande part tout droit à l'assaut des volcans. Nous n'hésitons pas une seconde et ne tardons pas à nous élever dans des plantations de café protégées du soleil par des bananiers. Pour la première fois en Afrique, le modèle des fermes de subsistance nous semble dégager suffisamment de profits pour faire vivre des familles.

Au déjeuner, nous nous arrêtons dans une école. Un grand nombres de jeunes viennent en conférence nous exposer spontanément leurs problèmes sexuels et leur terreur du sida. Nous reprenons notre rôle de confidents.

— Vous avez raison d'avoir peur du sida.

— Oui, mais notre culture traditionnelle nous contraint à l'attraper.

— Hein ? Comment ça ? Explique-nous.

— On n'a pas le droit de se fréquenter, de se parler sans arrière-pensées, de flirter gentiment comme vous : on le voit bien dans vos films. Alors on fait ça à la sauvette, sans se connaître, la nuit, debout dans les bananiers, comme des bêtes, et on attrape le sida. Vous, au moins, vous avez le droit de vous aimer !

Songeurs, nous repartons dans la montée, escortés par un gamin minuscule.

— Où vas-tu ?

Il nous fait signe : « Par là ! » Comme nous.

— Comment t'appelles-tu ?

— God.

— Comment ?

— God !

— Ah oui ? Joli prénom ! Et tu as quel âge ?

— Sept ans.

Nous attaquons donc avec « Dieu » les arêtes dominant des champs accrochés à des pentes de plus en plus abruptes qui mènent aux jungles sommitales. La végétation se fait plus dense, l'air plus frais, les cases plus rares. La piste vertigineuse est emportée par endroits par le ravinement. J'imagine les terrassiers ayant sué ici sous la férule de soldats allemands... Des vaches grasses menées par de petits pâtres broutent une herbe vert tendre. Les barbes espagnoles (espèce de lichen) pendent aux branches, des écharpes de nuages s'accrochent à la cime des arbres, sur les bas-côtés émergent des lys enflammés, une superbe variété sauvage. Nous pénétrons un autre monde. Sur la crête, nous faisons un pas de géant : c'est la ligne de partage des eaux.

Depuis l'Afrique du Sud et près de six mille kilomètres, toute l'eau que nous croisons s'écoule vers l'océan Indien. Mais à cet endroit précis, au sommet de la chaîne des Poroto, la goutte d'eau sera entraînée vers l'Atlantique. Plus loin encore, nous tomberons sur des affluents du Nil qui coule vers la Méditerranée ! Ça compte, un versant, quand on marche ! La gravité aimante le corps autant que l'énergie et la détermination. Je sors notre carte d'Afrique et me lance pour God dans une vaste explication hydrographique. Il m'écoute de ses grands yeux curieux.

— Tu vois ! La goutte d'eau tombée ici va faire deux mille kilomètres vers le sud à travers le lac Malawi, la rivière Shiré et le Zambèze pour gagner l'océan Indien, alors que la goutte d'eau tombée ici, juste à côté, va couler vers le lac Tanganyika et le fleuve Congo, traverser tout le Zaïre à destination de l'Atlantique, à plus de quatre mille kilomètres d'ici vers l'ouest !

God est ébahi.

— J'aimerais bien être une goutte d'eau et faire un grand voyage !

Sonia s'inquiète.

— Mais au fait, où habites-tu ?

— Par là, du côté de la goutte d'Atlantique !

Malin, God.

— Et c'est loin ?

— Non, pas trop.

Nous repartons dans la descente vers des alpages résonnant de cloches et ponctués de petits chalets de bois. La Suisse. Pour Sonia ça ressemble à la Slovaquie. Forcément ! Tout ce qui est mignon ressemble à sa Slovaquie chérie... Nous suivons sur ce versant une épaule en pente plus douce dont les flancs sont quadrillés de champs de pommes de terre et de marguerites. Merveilleuse Afrique ! Des petits singes vervets gambadent devant nous. God nous guide. Il connaît le chemin. La descente se poursuit. Au loin, nous apercevons l'impressionnant pic de Mbeya dressé sur une dorsale dominant la reprise du Rift. Le lac Rukwa semble une petite flaque à l'horizon. Le jour décline et God continue, imperturbable et silencieux. Dans chaque hameau, espérant secrètement être invités par ses parents, nous lui demandons :

— C'est ici que tu habites ?

— Non. C'est plus loin.

Cela fait vingt kilomètres que nous marchons avec notre petit Poucet, à l'assaut de cette montagne, de cette jungle puis dans cette interminable descente maintenant. Dans son petit uniforme d'écolier, il ne bronche pas. Il n'a rien bu. Sonia s'inquiète encore.

— Mais, au fait, tu as mangé à midi ?

— Non.

Honteuse et consternée, elle s'empresse de lui ouvrir un paquet de biscuits qu'il se met à grignoter doucement. La nuit tombe. Je suis crevé. Nous n'irons pas chez « Dieu » ce soir. Tout à coup, du crépuscule déboule sur le chemin une ombre gigantesque portant une hache sur l'épaule, je réprime un geste de crainte : une montagne humaine. Un géant. Sonia s'arrête net, God disparaît dans sa jupe, mais le titan se fend d'un large sourire en me tendant une immense main.

— Où allez-vous à cette heure-ci ? Vous êtes perdus ?

— Nous voulions aller chez ce petit garçon qui s'appelle God, mais son village n'arrive jamais ! Peut-être qu'il n'est plus très loin...

Le géant et le minus échangent quelques mots.

— Vous ne risquiez pas de l'atteindre ce soir, c'est encore à plus de trente kilomètres, près de Mbeya !

Nous nous tournons interdits vers God. Comment un mioche de sept ans peut-il partir ainsi démuni de tout pour une expédition de deux jours et plus de cinquante kilomètres à travers la montagne ? Le géant coupe court à nos interrogations.

— Je m'appelle Paul, vous n'irez pas plus loin ce soir, je vous invite tous les trois chez moi. Venez, c'est par là !

Nous suivons notre ogre bûcheron à travers champs comme les trois enfants de la fable. Il mesure deux mètres vingt-cinq et porte une énorme tête un peu anguleuse, déformée par son gigantisme. De ses foulées lentes il nous sème. Nous trottons derrière lui. Il est planteur de marguerites et vient de se marier.

— Vous m'excuserez, ma maison est en travaux, je ne supportais plus de vivre plié en deux, alors j'en construis une autre à ma taille. Je vais vous présenter ma femme.

Sort alors d'une petite case une minuscule femmelette toute menue. Nous ne pouvons pas nous empêcher d'éclater de rire. Paul comprend, et les yeux pleins d'amour, attrape sa femme timide par les épaules comme on attrape un chat qui se sauve.

— C'est Fanny. Quand on est allongés, on a la même taille !

Elle lui arrive au coude. Ils forment le couple le plus merveilleux qu'il se puisse concevoir. On dirait qu'il joue à la poupée en la soulevant du sol. Elle couine comme une petite souris, mais une fois à terre nous intime de rentrer. Paul a un cœur gros comme ça. Il s'occupe de God comme un père, nous fait chauffer trois litres de lait et prépare une potée de pommes de terres réparatrice. Nous passons une merveilleuse soirée avec cet homme qui nous avoue être aussi pasteur protestant. Quand nous lui annonçons que nous marchons vers Jérusalem, il se met à pleurer, nous remercie, nous embrasse en nous arrachant du sol. Il s'appelle Paul Jérusalem. Et il se met à louer Dieu de nous avoir mis sur son chemin, pas God, non, l'autre, là-haut !

Rassasiés et réchauffés par cette Providence déguisée en coïncidences, nous allons dresser la tente sous les étoiles, parmi les marguerites du géant Paul.

Mbeya, Tanzanie, le 9 mars 2002, 437ᵉ jour, 32 km, 5 944ᵉ km

Le petit God nous accompagne le lendemain jusqu'à Mbeya où nous sommes accueillis par des amis de Steffi Müller, Helmut et Félicitas Anschuetz. Lui, dirige l'usine City Coffee de tri et de torréfaction de café acheté aux petits producteurs. Il nous apprend que les champs de marguerites sont en fait des champs de pyrèthre, une variété de chrysanthème sauvage qui est achetée en masse par des industries chimiques occidentales qui en font un insecticide puissant. L'exemple typique de *cash crop* [1]. Mais il s'inquiète des endroits où nous avons dormi.

— Les habitants des Poroto sont assez imprévisibles...

---

1. Culture destinée à la vente pour obtenir des liquidités.

— Ils ont été adorables avec nous, on a même dormi chez un géant !

— Vous avez eu plus de chance qu'un jeune touriste allemand le mois dernier. Il campait seul dans la montagne. Il s'est fait lyncher par trois jeunes qui l'ont battu à mort parce qu'il ne répondait pas à leurs questions. Normal, il ne parlait pas le swahili. Quand le procureur leur a demandé pourquoi ils avaient fait ça, ils ont répondu qu'ils étaient sûrs d'avoir trouvé Ben Laden... Le jeune homme était barbu.

Le lendemain je me rase la barbe.

D'un courriel magique, nous apprenons que ma sœur Virginie vient d'accoucher d'un petit garçon. Sonia gagne son pari. J'avais misé sur une petite fille. Il s'appelle Ladislas Bourdon. La vie de famille est le principal sacrifice de ce genre de voyages au long cours. Nous suivons ainsi par contumace et avec anxiété la santé de nos grands-parents, l'évolution des grossesses, le moral des troupes.

Avant notre départ, nous allons nous réapprovisionner pour trois semaines d'autonomie chez un épicier ismaélien, Samir Merchant. Il est vivement impressionné par notre marche.

— Jusqu'à Jérusalem ? Aucun musulman ne pourrait faire ça aujourd'hui ! Maintenant, les hadj vont à La Mecque en avion, et ça coûte une fortune. Près de mille dollars par jour, et tout est réservé des mois à l'avance. Moi, j'économise depuis dix ans ! Et je vois des chrétiens qui marchent sans argent. En vivant comme de vrais hadj traditionnels. L'Europe produit donc le pire et le meilleur.

— Vous savez, les films que vous voyez sont une caricature, la vérité c'est que l'Occident redevient spirituel, il est en quête de quelque chose, de lui-même.

— Moi qui croyais que vous étiez tous décadents, drogués et obsédés sexuels, je pensais qu'il n'y avait que l'islam en quête de spiritualité, de pureté et de sagesse. Vous me réconciliez avec l'Occident. Laissez-moi vous offrir ces provisions, vous prierez pour moi à Jérusalem.

— Promis ! Mais d'ici là, la route est longue, donc *Inch' Allah !*...

23

Rungwa
Dans les pas des lions

Sur notre carte sommaire au 1/1500 000 [1], la piste vers le nord contourne le massif de Mbeya en faisant une boucle de soixante-quinze kilomètres. Nous décidons de partir au petit bonheur la chance pour couper à travers la montagne, redescendre dans la brousse de l'autre côté et rejoindre la piste en misant sur le fait que nous ne devons pas être les seuls à avoir eu cette idée, et que la brousse est toujours parcourue par un réseau de sentiers en tous sens.

Nous quittons la ville par des champs de maïs, à l'assaut du pic de Mbeya dominant la région de ses 2 818 mètres. De layons en terrasses, de venelles en ressauts nous gagnons peu à peu de la hauteur et des alpages. La vue sur la vallée et les volcans Poroto d'où nous venons nous permet de réinscrire notre marche dans l'espace. C'est l'ineffable jouissance de l'arpenteur. Avaler des paysages. J'avance donc je suis. Nous finissons à quatre pattes dans des éboulis pour gagner la crête. Au sommet, la vue vers le nord nous pétrifie. À l'infini, la brousse est plate, ponctuée çà et là de collines et de rochers affleurants. La végétation est dense et sèche. Pas une trace de présence humaine. Une angoisse nous saisit : « On ne va tout de même pas marcher là-dedans ! Ça ressemble à la brousse déserte du Zimbabwe chez Pierre Émeric. »

Depuis le Lesotho et nos trois jours dans le Kruger, nous n'avons pas fait de véritable hors piste sauvage. Nous ne savons

---

1. Un centimètre = quinze kilomètres

qu'une chose : en marchant plein nord, nous tomberons dans trente kilomètres sur la piste de Rungwa qui traverse le cœur de la Tanzanie à travers des réserves de chasse. Pas le choix. Il faut descendre. Le versant nord de la montagne est recouvert d'une immense pinède que nous franchissons dans des odeurs de Méditerranée. Nous croisons des Safwas dont les femmes ont les dents taillées en pointe. Sourires carnassiers ! Ils vivent dans des huttes de rondins du plus pur style canadien. Délirante Afrique.

Après une heure de descente, nous retrouvons des champs de haricots et de choux. Tant qu'il y a des hommes, il y a des chemins, se dit-on. Nous palabrons avec des laboureurs : « Y a-t-il des sentiers pour rejoindre Chunya et la piste de Rungwa ? »

On nous rassure sans nous indiquer de chemin précis, mais en nous désignant une direction générale, vers le nord. Ça, nous le savons. Mais le mode d'orientation africain est finalement le plus simple : il suffit de suivre la ligne de pente la plus facile et la plus directe, la plus logique et la plus naturelle, nous tomberons forcément sur le bon chemin. Voilà le principe général. Après, il faut un peu de flair pour ne pas s'égarer dans des diverticules. À l'estime, nous marchons donc au nord et dans la pente, et ça ne manque pas, nous retrouvons le bon sentier qu'aucune carte ne pourrait indiquer. Marcher ainsi est un acte de foi, ce n'est pas une science, c'est un art, un sentiment, une intuition.

Mais la nuit tombe et il n'y a personne. Pas d'hommes, pas d'eau. Et il nous faut de l'eau pour la soupe de ce soir. Sonia s'inquiète, veut remonter chez les laboureurs. J'essaie de la convaincre : « Notre seule chance d'en trouver est de continuer à descendre. Sans doute croiserons-nous un ruisseau au pied de la montagne. S'il y a de l'eau, c'est là qu'elle sera. »

Nous pressons le pas. Fuite en avant. Sonia est un peu angoissée. Nous avons le petit pincement au cœur de l'engagement. J'adore cette sensation. Aller de l'avant est inquiétant mais semble dorénavant plus facile que de remonter la pente en quête d'eau. Nous renouons avec la vraie nature de l'aventure. L'inconnu. L'action. Conjurer l'un par l'autre.

Depuis le Mozambique, il y a quatre mois, nous n'avons pas planté la tente en pleine brousse, sans personne autour. Après être descendus d'un ultime escarpement, nous nous retrouvons sur un seul et unique sentier traçant apparemment vers le nord. Un sentier bien établi ne s'évanouit jamais, il mène nécessairement quelque part, nécessairement à l'homme.

Rapidement, nos espoirs se voient confirmés : dans la nuit, en quête d'un endroit plan dans les herbes pour la tente, nous entendons le roucoulement d'un ruisseau. Nous dînerons ce soir. Avec le chant de l'onde et le chuintement de la soupe qui chauffe, la brousse devient soudain moins inquiétante. Nous nous endormons recrus de fatigue et de solitude.

Avant l'aube, après une nuit de délices, nous reprenons notre marche sur un fil, marche sauvage dans une forêt déserte et silencieuse. D'ondulations en ondulations, nous supputons la direction générale, puis nous redescendons dans des petites vallées sinueuses avant de remonter vers un point de vue, et ainsi de suite toute la journée.

Dans la futaie, absorbé dans mes pensées, mon bâton de marche à la main, je me sers des racines qui coupent la piste comme de marches. Soudain l'une d'elles se défile à la seconde où j'allais mettre le pied dessus : un serpent. Furtif et fouettant, il glisse en faisant des S rapides comme l'éclair, si bien que nous ne parvenons pas à l'accrocher du regard. Parvenu à la première touffe d'herbe, il s'immobilise. Je m'approche, les jambes flageolantes. Noir, effilé, un mètre cinquante, le verdict est simple : un mamba, la mort en dix minutes... Sonia fond en larmes rétrospectives. Il fuyait. S'il avait voulu mordre, il m'aurait eu. Comment mourir par un beau dimanche ensoleillé ? C'est notre premier serpent en quinze mois. Il suffit d'un seul. D'une seule seconde d'inattention.

Nous repartons, vigilants. Aux abords d'un petit hameau de brousse, un quart d'heure plus tard, nous surprenons deux gamins en train de lapider à force cris un animal dans les fourrés. À notre approche, ils s'enfuient terrifiés en laissant derrière eux un serpent brisé, agonisant, secoué de convulsions nerveuses. Un autre mamba. La brousse doit en être truffée.

Dans l'après-midi notre sentier tombe net sur une rivière en crue. Nous tâtons les berges avec nos bâtons sans toucher le fond. « C'est un des affluents du lac Rukwa, c'est trop profond ici, allons voir en amont ! »

Un jeune homme sort alors de son champ sur l'autre rive, nous hèle et nous fait signe de le suivre en aval. Bientôt le cours s'élargit, il se met à l'eau, traverse et nous gratifie d'un sourire.

— Il faut faire attention, il y a plein de crocodiles dans la rivière. Ce matin une vache a été emportée là où vous vouliez traverser, mais rassurez-vous, ici ça ne craint rien.

Eddy ne nous rassure qu'à moitié. Je traverse d'abord en portant les sacs avec lui, et au moment ou je m'apprête à retourner chercher Sonia, il m'arrête.

— Il faut attendre ! Si les crocos nous ont entendus, ils vont venir...

Et de scruter de longues minutes la surface des flots. Rien. Soudain il s'élance sans prévenir et rejoint Sonia en face. L'attente reprend. Dans les remous limoneux nous fantasmons des ondulations de sauriens, dans le mouvement des herbes de la berge nous imaginons des monstres à l'affût. Mais il faut y aller.

Ils y vont, arc-boutés sur leurs bâtons, les dents serrées et le regard concentré. Au centre, un banc de sable les fait un peu ressortir de l'eau. Soudain une grosse éclaboussure retentit en aval. Je hurle :

— Un croco !

Eddy se retourne farouchement, puis analyse :

— Non ! juste un poisson-chat !

Il accélère quand même le pas et les voilà sur la rive, les jambes ruisselantes et tremblantes. Eddy se veut rassurant :

— Quand les poissons-chats démarrent comme ça, c'est qu'ils ont ressenti la présence d'un croco, mais là c'est sans doute nous qui lui avons fait peur.

Au crépuscule nous gagnons avec soulagement la piste de Rungwa. Nous n'aurons plus qu'à la suivre, sans l'angoisse de nous perdre. Le petit bourg de Chunya est greffé dessus. Nous y retrouvons des hommes. Notre marche a complètement changé de nature. Il ne s'agit plus de fuir la pression humaine, mais d'une quête vitale de l'homme.

Gertrude et John Sikanyika nous accueillent avec une bassine d'eau précieuse pour nous laver. Sous les étoiles, dans une petite paillote ouverte sur le ciel, nous rinçons notre crasse et notre fatigue. Sonia remarque :

— Tu te souviens ? C'est la même sensation et la même douche que celle du camp d'Allan Van Ryn, tu sais, ce millionnaire sud-africain.

— C'est vrai. C'est bizarre : après quarante kilomètres, on reçoit l'extrême richesse et l'extrême pauvreté de la même façon. Ah, au fait ! J'ai oublié de te le dire à cause de cette histoire de serpents : on a passé notre six millième kilomètre aujourd'hui ! Ç'aurait pu être le dernier pour moi...

La piste du nord se révèle être telle qu'on nous l'a décrite : sablonneuse et défoncée. Les inondations d'El Niño de 1996 l'ont coupée en deux. Depuis, le trafic a cessé. Les camions tout-terrain passent par la piste de Dodoma, plus à l'est. Plus aucun véhicule ne s'aventure par ici. Nous serons seuls. Nous marchons en plein cagnard blanc. Accablant. En silence. Le sable torture nos mollets. Nous essayons les bas-côtés, mais les acacias écorcheurs s'en prennent aussi à nos mollets. Tête molle et chemise collante, nous avançons avec la sourde intuition de nous enferrer pas à pas dans un piège inévitable, avec le sentiment de quitter le monde, d'en pénétrer un autre, sauvage et beau, franc et dur, dont les règles impitoyables vont s'imposer à nous jour après jour. Pincement au cœur des grands débuts. Nous sommes très lourds. Surchargés des soupes aux nouilles données par Samir. Nous avons aussi augmenté notre autonomie en eau : quatre litres chacun. On nous a décrit quelques lieux-dits où des paysans défricheurs vivent sur le bord de la piste, sans jamais s'en éloigner vraiment. C'est d'eux que nous tiendrons notre survie.

En nous levant le matin, plus que jamais nous devons trouver notre sauveur du jour. Pas trop tard. Pas trop tôt. À point. Et dès les premiers jours, notre marche sur ce fil jaune tendu en pleine brousse entre deux infinis prend des allures d'ordalie : trouver l'homme ou mourir.

Kambikatoto, samedi 23 mars 2002,
451ᵉ jour, 49 km, 6 219ᵉ km

La sueur en cristaux de sel blanchit les sangles de mon sac. Nos pas irréguliers crissent sur les graviers puis fouissent dans le sable pour éviter la boue. Tout est défoncé. Le souffle est sourd, le ciel est lourd. La brousse que nous arpentons sans cesse se renouvelle, mais sans cesse se ressemble. Plusieurs jours que ça dure. Entre sable de granit et latérite, le rouge serpent de la piste au loin nous offre la seule issue, la seule vue, nos cinq minutes à venir, les cinq cents mètres à franchir avant que l'œil, lassé du sol, aille accrocher plus loin un nouvel arpent de piste, un autre serpent de temps. Il n'y a pas d'autre réalité.

De part et d'autre peuplée de périls, c'est la brousse impénétrable et verte, frondaison noueuse et branchue, rempardée de hautes herbes, ennemie piquante et griffante étouffée de silence. Nous ne nous y aventurons pas d'un mètre. Seuls vrombissent les grillons, mais sans reprendre leur souffle, d'un seul bourdonnement têtu qui finit par habiter la tête. L'air en vibre. Voilà notre ordinaire. Deux cent cinquante kilomètres que ça dure. Au moins autant devant. Nous sommes en plein cœur de la réserve de chasse de Rungwa. Croisons un homme ou deux par jour. C'est peu. C'est énorme quand il nous offre à boire ou nous accueille pour la nuit dans sa hutte de paille.

Les mouches tsé-tsé apparaissent un beau matin par surprise après Lupatingatinga. Je me fais piquer le premier mais elles s'acharnent sur la jupe de Sonia dont le mouvement les excite : elles prennent ma femme pour une vache !

Elles ressemblent à s'y méprendre à des taons. Comme eux, elles ne piquent pas, elles mordent. Mais ce n'est qu'à partir de 10 heures du matin, à l'heure où le soleil commence sérieusement à nous faire transpirer, qu'elles deviennent vraiment féroces.

— Ponctuelles, avec ça, les tsé-tsé !

Ces garces vampiresses passent comme des escadrilles d'avions de chasse pour nous inoculer la maladie du sommeil. Le terrible tripanosome qui a décimé le continent au XIXᵉ siècle et continue en sourdine ses ravages. Toute cette jungle est infestée de mouches tsé-tsé, c'est pour cela qu'il n'y a pas de bétail, donc pas d'hommes, donc des animaux sauvages. Quand les mouches font leur entrée, nous déroulons nos manches de chemise, revêtons notre moustiquaire de tête en prenant bien soin de la rentrer dans le col de notre chemise pour qu'elle soit hermétique et nous nous aspergeons les jambes d'un puissant anti-moustiques. Aussitôt en contact derrière les cuisses ou les chevilles, toujours en traître, les mouches décrochent et vont se ranger sur le sac du voisin en passagers clandestins dont nous sommes bientôt recouverts. Ce n'est que lorsque la sueur essuie la perméthrine, le principe actif de notre répulsif, qu'elles reviennent à la charge, assoiffées de sang.

Leur première victime, ce sont les nerfs, mais heureusement elles offrent une douce récompense : elles se laissent écraser facilement. C'est un plaisir exquis de les sentir craquer au creux des doigts ou de les rouler sur les avant-bras. Nos mains s'encrassent peu à peu du jus noir de leurs entrailles.

Parfois il en est une plus maligne et perverse qui se glisse sous notre filet protecteur et sans bruit mord au cou. Un cri rageur réveille alors la brousse abrutie, fait sursauter le comparse, et une baffe bien ajustée vient mêler le sang de l'insecte à la saumure crasseuse de nos cous. À 17 heures, comme par enchantement, les engeances décrochent, disparaissent, s'évanouissent comme un mauvais rêve, comme des Érinyes de l'enfer chassées par un charme. « C'est l'horaire syndical, ma parole ! Elles quittent le boulot aussi vite que des banquières ! » Le rire de Sonia glapit dans la brousse comme celui d'un petit chacal.

Nous marchons, nous marchons, cachés derrière nos moustiquaires qui encapuchonnent nos têtes et nos jours et qui protègent tant nos nuits. Car dès 18 heures, c'est le moustique qui prend la relève, le plus redoutable des fauves, carnassier du sommeil, seringue létale et volante dont on rit chaque fois, incrédules et niais : « Comment cette petite saloperie pourrait venir à bout des fiers marcheurs que nous sommes ? »

Nous avons pour l'instant échappé au paludisme, grand fossoyeur de voyageurs, qui reste suspendu au-dessus de nos têtes comme l'épée de Damoclès. Dans le doute, on fait quand même chambre à part, et toute la nuit on jouit de savoir les moustiques s'épuiser sur notre forteresse de tulle. Depuis Mbeya et sur les conseils des Anshuetz qui ont vécu dix ans à Karatu sur le bord du cratère de Ngorongoro sans avoir attrapé cette maladie, nous avons cessé de prendre nos prophylactiques zimbabwéens Deltaprim et Chloroquine, car je commençais à perdre mes cheveux par touffes.

Au fil des jours de notre périple immobile dans cette brousse monotone, les noms pourtant s'égrènent : Itumbi, Upendo, Lupatingatinga, Mafyeko, non-lieux de brousse, non-endroits dont nous ne retenons que les visages bipèdes que nous y avons croisés, les quelques mots et le plus petit dénominateur commun d'humanité que nous y avons partagé : Paul, Bernard,

Richard, Nelson, si proches de nous, si loins de nous. Ils sont éleveurs nomades wassoukoumas, cultivateurs défricheurs wanakyusas, gratteurs de brousse pour quelques fèves et quelques épis, pour survivre, c'est tout.

D'ordinaire, nous les voyons de très loin, poussant devant eux de maigres troupeaux. Parfois, ils sont assis sur le bord de la piste, nous passons devant eux sans les voir et sursautons quand ils esquissent un mouvement. Cette fois, un grand groupe barre la piste à l'horizon. Ils viennent vers nous. Un front de vaches et de cornes derrière lequel les têtes dansent dans la poussière parmi les lances. Fins et longilignes, ils ont résolument du sang nilotique. Cette jungle est un pivot ethnique entre deux mondes. Celui des agriculteurs bantous au sud et celui des éleveurs nomades au nord. Nous nous rangeons sur le côté pour laisser passer le troupeau quand du groupe se détache le plus extravagant des marcheurs. Il vient à nous, décoré comme un sapin de Noël, entièrement recouvert de breloques et de colliers de perles, de ceintures cousues de coquillages et de bracelets de cuivre, de lacets tressés et de plastrons de cuir. Des rubans de clochettes attachés à ses genoux en font un véritable homme-orchestre qui tinte à chaque pas. Entouré d'un nuage de mouches, il est hilare et sue à grosses gouttes sous son incroyable accoutrement qui doit peser à lui seul dix kilos. Derrière un rideau de tresses, nous devinons des petits yeux rieurs.

— *Hi, my name is Jackson. I'm a lion hunter. What the hell are your doing here* [1] *?*

Il accompagne le troupeau et en assure la protection de sa lourde lance, de son bâton casse-tête et d'une courte épée. D'un bracelet de cuir portant une griffe de lion comme un ergot, il tire un papier qu'il dépiaute consciencieusement : son permis de chasse.

— *Look! I'm allowed to kill two lions. Last year I killed three* [2]...

À notre demande, ce Rémy Bricka version Tarzan revit la scène, la lance dressée, le regard planté dans l'herbe sur un fauve imaginaire. Il approche, grogne, intimide, puis d'un geste

---

1. « Salut, je m'appelle Jackson. Je suis chasseur de lions. Qu'est-ce que vous foutez ici ? »
2. « Regardez, j'ai le droit de tuer deux lions. L'année dernière, j'en ai tué trois... »

lance son projectile qui va se ficher dans la terre, tire son casse-tête, fond sur la chimère et se déchaîne sur un fourré. Puis il fait volte-face sur une lionne venue à la rescousse de son mâle, dégaine son épée, récupère sa lance, fait un bond sur le côté puis une roulade, se campe, échappe aux griffes du fauve qui vient dans son élan s'empaler sur sa lance.

Ses potes se tordent de rire au sol. À force d'imiter le lion, Jackson est devenu lion lui-même. Nous reprenons nos esprits.

Le voilà qui halète, reprend son souffle. Il se dirige vers un petit âne qui porte ses affaires, en tire une queue de lion qu'il s'ajuste sur la coiffe et se jette au sol, à quatre pattes, pour traquer un petit veau nouveau-né que porte un de ses amis. Les claques sur les cuisses, les nez pincés et les crises de rire reprennent de plus belle.

À l'approche féline de l'humanoïde, le petit veau meugle en tremblant sur ses cannes maigrelettes, Jackson bondit, le mord à la gorge, roule au sol avec lui dans un cri déchirant, se débat, se relève, s'embroche lui-même de son épée, et retombe à demi-mort à côté de l'avorton tétanisé de terreur. Les autres ne se sont toujours pas relevés. Pissé de rire.

Nous allons nous remettre de ces émotions sous un arbre autour d'un *ugali*[1]. Plus sérieux, Jackson nous prévient : « Faites gaffe, quand même ! J'ai repéré des empreintes de lion à une heure d'ici... »

Nous repartons après une petite sieste accablée de chaleur. À peine colmatés par cet étouffe-chrétien, nous nous prenons à rêver de petits dîners en amoureux dans les restaurants parisiens.

Sonia en profite alors pour remettre le disque immobilier.

— Et toi, Alex, décris-moi l'appart' de tes rêves à Paris.

— Eh bien, c'est une gentilhommière perdue en plein bois avec un étang et des grands arbres.

— Mais non, idiot ! Je te dis à Paris !

— Mais comment veux-tu qu'on s'adapte à Paris après ça ? On aura vécu dehors pendant trois ans. On pourrait à peine s'offrir un cinquante mètres carrés, avec un mur en face pour seule vue. Oublie ! Moi, il me faut des arbres et des oiseaux...

— Attends, je suis parisienne, moi ! Je ne pourrai jamais m'enterrer dans un coin de cambrousse !

---

1 Nom swahili de la farine de maïs. Prononcer « ougali »

— Mais si ! On aura une moto. On pourra dîner à Paris, visiter enfin les musées comme des touristes. Ah ! être un touriste à Paris... Ne voir que le bon côté. Pas les embouteillages et les crottes de chien en allant acheter son pain le matin...

— Je sais, je sais, toujours tes crottes de chien !

— Mais oui ! C'est dégueulasse ! Tu te rends comptes ? Je finissais par associer le pain et la merde. C'est grave ! Voilà la petite madeleine du Parisien !

Deux heures plus tard, Sonia se met en tête de me décrire sa garde-robe et les vêtements qu'elle préfère. C'est vrai que c'est une Parisienne, je ne dois pas l'oublier, et depuis seize mois elle porte la même jupe et la même chemise...

— Tu te souviens de ma redingote en flanelle grise et de mon chemisier ? Et mon pantalon écossais ! Ah, ça ! Je me sens bien quand je pédale dans Paris, coiffée de mon p'tit béret... Et mon tailleur en soie ! Et mes talons ! Et mes petits hauts sexy ! Et mon manteau, mes bottines à lacets ! Elles me manquent atrocement, elles doivent dormir sagement dans leur placard...

Dans notre dénuement, je prends la mesure de son sacrifice. Pas de maquillage, pas de crèmes [1], aucune armée de tubes et de flacons pour affronter ces épreuves.

Rien. Elle n'a rien.

Que son courage et sa pugnacité, sa joie de vivre et sa simplicité.

C'est un ange. Je l'adore.

En dehors de ces fantasmes alimentaires, immobiliers, vestimentaires ou cosmétiques, et de ces plans sur la comète, notre seule occupation de la journée est la lecture de la piste : palimpseste mystérieux où l'on peut déchiffrer le passé. Les signes qu'elle révèle aux initiés s'articulent en histoires que nous faisons revivre : « Tiens, un cycliste s'est ensablé là. Puis il a poussé son vélo jusque-là. Ici, deux types se sont rencontrés, ils ont discuté, se sont retournés, l'un était plus vieux, il avait un bâton... »

Et ce fil rouge tendu entre deux brousses hostiles et vertes devient un théâtre de fantômes funambules où nous lisons le braille de la vie.

---

1. Nous avons juste des sticks à lèvres protection 15 et Sonia une crème solaire Décléor protection 20.

Jour après jour, au fur et à mesure que nous nous enfonçons au cœur de la réserve de Rungwa, les bêtes sauvages apparaissent de plus en plus nombreuses sur la piste. Pas en chair et en os, en empreintes. Comme lors de nos marches dans le Kruger, nous ne voyons rien. En deux millions d'années, le gibier a eu largement le temps d'apprendre à se méfier de nous... En dix jours, nous ne voyons qu'une girafe au loin et quelques phacochères traverser la piste.

Notre seul réconfort : il n'y a pas de rhinocéros et peu d'éléphants par ici, nous devrions donc échapper aux charges intempestives. Nous gambergeons cependant car les traces pullulent sur le sable, sans aucun signe de vie, aussi loin que porte le regard sur la piste. Un univers peuplé de menaces invisibles.

Au sortir des villages de bon matin, nous marchons toujours avec des empreintes de hyènes, griffues comme celles de gros chiens, mais avec les postérieurs écartés en canard. Régulières et imperturbables, elles durent des kilomètres. On reconnaît la matriarche, la plus grosse au centre, les autres lui courent autour. Elles sont passées tard dans la nuit. En revanche, toujours sur le bas-côté, solitaire et furtif, le léopard aligne sur un fil ses empreintes rondes et pommelées, il passe toujours avant les hyènes.

Les sabots d'antilopes ou de girafes, de buffles ou de gazelles ne suivent jamais la piste, mais la coupent de quelques bonds pressés, comme si tous savaient la préférence des prédateurs pour le silence des sables où ne bruissent pas les feuilles mortes et ne trahissent pas les hautes herbes. De rares éléphants solitaires traversent le chemin en deux ou trois énormes ovales striés et fendent les herbes en laissant derrière eux un sillage de tiges brisées.

Un jour, avant Mafyeko, nous restons interdits devant une large empreinte : « Je crois qu'il ne faut pas se voiler la face. C'est bien un lion. Ils ne doivent pas être très loin. »

À l'instant, une décharge électrique me parcourt l'échine. Nous sommes seuls, loin de tout secours, à la merci de la faim des fauves. Cette peur, cette angoisse nous tombe dessus comme la lame d'une guillotine. Comme la vérité dans un monde de traces et d'illusions. Cette simple vision dans le sable nous fait passer en une seconde de l'insouciance à la panique retenue. Comme si des souvenirs ancrés très profondément dans nos bulbes rachidiens d'anciennes proies remontaient à la surface de la peau en nous hérissant le poil à la façon des bêtes à l'hallali. Il n'y a pas si longtemps encore, l'homme faisait régulièrement partie du menu des grands fauves.

Sonia, positive, risque un :

— En principe les lions n'attaquent pas le jour. Et puis, ils ont peur des hommes. Souviens-toi du Kruger et des neuf lions qu'on avait fait fuir en les chargeant... On n'aura qu'à faire pareil !

— Ouais, en principe !

La confiance que ma tendre épouse met en moi m'effraie presque plus encore que ces empreintes. Dans le Kruger, Robby Bryden était armé d'un fusil à éléphant. Certes, il ne disposait que d'une balle contre neuf lions, mais il était là !

Pour tromper le tremblement de mes jambes, je reprends la marche d'un air décidé. Un brin cabotin, afin de conjurer ma peur et dénouer mes tripes révoltées, je m'égosille en tonitruant le célèbre cri de Tarzan :

— Ha-iha-iha ! Hiha-ihaaaa !

La jungle assourdie nous renvoie un écho feutré. Sonia est pétrifiée par ma connerie.

— Tu es fou !

— Pas du tout. Autant les prévenir qu'on est là ! Tu sais, ils pourraient être partout en embuscade, alors il vaut mieux annoncer la couleur, je n'ai pas du tout envie de les surprendre comme la dernière fois.

Nous reprenons notre lecture de la piste, le regard cependant plus baladeur dans les fourrés. J'adopte le rythme en va-et-vient du spectateur de tennis, de droite à gauche. Balayage radar ! Notre seule chance de survie est de les voir venir pour pouvoir réagir. Comment ? Ça, c'est une autre histoire. Nous marchons ainsi de longues heures dans l'angoisse. Elle va et vient au rythme des empreintes, insolente et entêtée.

Après notre soupe de midi avalée au lance-pierre, Sonia s'endort tandis que je veille en écoutant le silence du bush, une fusée de détresse pointée vers la moindre feuille froissée, et mon cœur serré lorsque les grillons se taisent. Et je la vois qui dort, confiante et sereine. Ma reine ! Si fragile et si forte ! Quand nous repartons, je lance souvent derrière nous une œillade inquiète.

Notre seul réconfort dans cette ambiance de cirque romain, ce sont les extraordinaires bouquets de papillons qui décollent d'un coup à notre approche. Ce sont des papillons coprophages. Ils forment des bouquets jaunes sur les étrons blancs des hyènes, se rassemblent en congrégations mouvantes et palpitantes sur une tache d'urine pour en pomper les minéraux et le sel, frangent les flaques d'eau d'un ourlet d'ailes de tulle et font des tirs de barrage à notre passage. Confettis et guirlandes bucoliques nous enveloppent d'une féerie pendant quelques pas avant de reprendre leurs butinages méphitiques. De temps à autre nous en trouvons un mort que je recueille pour Sonia. D'autres fois, j'accouple nos bâtons de marche et ma moustiquaire pour faire un filet à papillons. « Vite ! Celui-là ! Le petit rouge. Je ne l'ai pas. Vas-y ! Cours ! » Et pour décorer son cahier des merveilles de Rungwa, chasser nos démons et tromper le sort, je retrouve parmi les périls et les lions, la chaleur et les tsé-tsé, des sensations de mon enfance à la chasse aux papillons...

Nous refaisons le plein de nos bouteilles d'eau dans des flaques de boue cernées d'empreintes de hyènes venues se désaltérer. Le filtre renâcle sous le limon. Je dois le décrasser tous les quarts de litre. Je sue presque autant que je pompe, la poignée couine, Sonia tient la bouteille tandis que je maintiens la buse en surface pour éviter la boue. Je jette des coups d'œil par-dessus son épaule : pendant cet exercice, nous sommes des proies idéales...

Nous repartons alourdis et rassérénés de savoir notre survie garantie jusqu'au prochain point d'eau quand soudain les lions déboulent en troupe sur la piste : virtuels. Partout les empreintes se piétinent et font des cercles, sans ordre et sans logique ; elles sèment la terreur en nos cœurs anémiés.

— Quand ? Piste, dis-moi quand !

Car tout est là.

— Il y a six heures ? Deux heures ? Dix minutes ?

Et l'on cherche désespérément une trace les recouvrant, une marque du temps :

— Ce vélo est-il passé après ou avant ?

— Après. Regarde, il recouvre cet antérieur droit.

L'a-t-on vu ?

— Non.

Ouf! C'est donc il y a longtemps.

— Pourtant, c'est frais.

— Quand a-t-il plu? Vas-y, fais un effort, souviens-toi!

— Euh... Il y a environ deux heures.

— Ils sont passés depuis. Ils ont horreur des herbes mouillées. Où diable se sont-ils fourrés?

— Là, regarde, des traces plus anciennes! Les lions repassent dessus. Nous sommes vraiment sur leur territoire.

Nous passons entre deux rondes.

Ils étaient cinq ou six. Un gros mâle, deux femelles, deux ou trois petits. Sont-ils devant? Que faire? Grimper dans un arbre? Idiot. Reculer? Idiot. Avancer? Idiot, mais peut-être les laisserons-nous derrière...

Ça carbure dur dans les méninges, le cœur bat la chamade, nous marchons comme des automates en continuant, obsédés, notre dialogue avec la piste, notre soliloque angoissé. Au loin, l'orage gronde, il va pleuvoir, il pleut, nous revêtons nos capes de pluie, Sonia tente de détendre l'atmosphère : « Je suis sûre qu'ils auront peur de ces gros champignons à pattes tout verts! »

Avec la pluie, les traces s'effacent. C'est encore pire, le crépitement des grosses gouttes nous fait ouïr des galops de lions, le vide sur le sable nous fait craindre un monstre tapi derrière chaque buisson et l'horrible peur bleue s'infiltre en perfusion avec la pluie froide et le jour déclinant. Elle va et vient par vagues, on se rassure, on vit, on marche, tout va bien, pas de quoi paniquer. Puis tout à coup, à la faveur d'une ombre au loin, d'un débuché sur un autre arpent de piste vierge, on est nu, fragile et vulnérable.

Nous n'avons que deux bombes lacrymo, nos bâtons de marche et des fusées éclairantes. J'en tiens une à la main, prêt à tirer, et je ris de cette détresse. Le temps passe, notre sursis, et à chaque détour de la piste j'improvise comme un gamin des scénarios d'attaque : un lion au loin sur la piste se lève, vient vers nous à pas mesurés, la tête basse, puis accélère, galope. Je repère un arbre, nous courons, j'attrape mes fusées, Sonia se défait de son sac, commence à grimper. J'entends le tambour des pas sur les feuilles sèches, je me retourne, il est là, je fais face, et, feu! la fusée part dans une traînée d'étincelles, frappe le fauve en plein front, le tourneboule. Il fuit déboussolé et les moustaches frisées. Deux lionnes arrivent, hésitent, cherchent leur mâle du regard, le museau dressé, l'une d'elles me foudroie de ses yeux jaunes, s'élance, s'agrippe à mes basques, la gueule ouverte et crispée, les babines retroussées, les oreilles couchées : je la gaze à bout portant de mon gel paralysant, elle tombe comme une masse sur le sol qui en résonne encore dans ma tête. Panique chez les lions. Panique dans mon cerveau malade... Plus loin, je repense au courage de Jackson ; je revois cette scène de *Out of Africa*, où deux lionnes déboulent en plein sprint sur Meryl Streep-Blixen et Robert Redford-Finch-Hatton, j'entends la détonation des gros calibres...

De gros calibre nous n'avons que notre inconscience, format grosse Bertha ! Je me souviens de notre excitation dans le Kruger après avoir chassé ces neuf lions en fonçant droit dessus, et ça avait marché ! Ils avaient fui, les lâches. Il faudra faire pareil... Je me repasse le film, j'essaie de m'en convaincre comme un condamné à mort se convainc qu'il ne souffrira pas. Non ! Vraiment ! Marcher dans les pas des lions, ce n'est pas drôle du tout !

Nous gagnons tard Kambikatoto. Une petite vieille nous sauve, nous avons échappé au cauchemar. Si frêle et si fripée à la lumière de son feu vacillant, si vulnérable dans sa case en paille, si forte ! C'est une survivante. Elle est belle et noble malgré son grand âge et les marques du temps sur son visage. Des types à l'odeur forte viennent s'entasser dans la case en troublant quelque peu notre récupération et notre quiétude, mais nous les accueillons malgré notre fatigue : marcher dans les pas des lions réconcilie avec la terre entière.

Kambikatoto, Rungwa, Kintanula, Mwamagembe, tous les jours nous marchons avec des lions. Leurs traces. Rarement solitaires. Toujours facétieuses, disparaissant ici, réapparaissant là. Ce ne sont après tout que de gros chats ! Notre terreur d'anciennes proies est retournée se terrer dans ce qu'il nous reste du cortex *d'Homo erectus*. Nous nous en tenons aux rires de nos hôtes et à la statistique : les lions n'attaquent pas l'homme. On se fait finalement à tout, se dit-on, philosophes. En somme, ce sont juste quelques jours de batifolages silencieux avec des entrelacs de pistes félines, des cabrioles de lionceaux parfois, des départs arrêtés, des empreintes de corps alanguis sur le sable, mais pas la queue d'un lion à l'horizon, pas un rugissement nocturne.

C'est donc vrai ! Les lions n'attaquent pas l'homme. Et je ris intérieurement de ma peur panique des premiers jours. Seul rappel récurrent de leur véritable présence : les puissantes bouffées âcres des mictions marquant leur territoire, juste un parfum de ménagerie ! Pour gagner Kambikatoto, nous avons couvert quarante-neuf kilomètres dans la journée. À quand remonte un tel exploit ? Au Zimbabwe ? Au Mozambique ? Et sur du goudron, sans tsé-tsé et sans lions. Mais malgré tout on s'use, chaque jour nous voit nous lever avec un peu moins d'énergie, un peu plus de courbatures, les jambes un peu plus lourdes. Sonia est une héroïne, une Walkyrie, une amazone, une déesse de la marche. Je la vois marcher en silence, son filet recouvrant son chapeau comme les voilettes des élégantes de la Belle Époque, sa jupe relevée en pli sur sa ceinture pour désentraver son pas, socquette courte, l'allure régulière et le petit visage rêveur. Elle marche, sans discuter, sans rechigner, elle avance, sans renâcler. Comme si elle était née pour ça. C'est sa marche. Personne ne lui dicte rien. Elle marche parce qu'elle le veut bien. Parce qu'elle le vaut bien. Je me demande parfois qui de nous deux a entraîné l'autre dans cette aventure. J'ai parfois du mal à la suivre. Je cale, les batteries à plat, comme ce petit lapin Duracell en fin de course, et elle continue, imperturbable, courageuse, sourde à la souffrance, au poids du sac, optimiste, mesurée, régulière, merveilleuse. Elle ne s'arrête jamais, elle marche comme tant d'hommes ne savent pas le faire. C'est une bête de marche, une bête à concours, une machine, un spécimen, c'est ma femme, je suis heureux, je l'aime.

Rescapés de cette terreur obsédante, nous fêtons Pâques dans la mission perdue de Mitundu. Un peu de repos providentiel avec le Père Blanc jurassien Raphaël Romand-Monnier, sosie de Charles Trenet, colosse de quatre-vingt-un ans, pêche d'enfer et cinquante ans d'Afrique. Il est l'aumônier d'un couvent de petites sœurs de Saint-Vincent-de-Paul. Ici, en plein cœur de cette brousse hostile, ont été construits une école, un dispensaire, une maternité, un couvent, une chapelle, une ferme, un atelier de menuiserie. Cela sans fanfares ni trompettes, sans attendre d'autre récompense que celle de savoir qu'ils remplissent une mission de salut public que l'État est bien loin de pouvoir assumer, et qu'ils accomplissent leur mission de salut tout court. Ces missions ne sont pas venues sur un coup de projecteur médiatique, à la faveur d'un budget humanitaire débloqué, d'un érythème politique ou climatique. Elle sont là où personne ne veut aller. Et elles y restent. Et cette permanence, cet enracinement dans un monde qui vit au présent et dans l'impermanence force le respect.

Mardi, nous repartons. Nous avons quitté la réserve de Rungwa, en principe c'en est fini des lions et des mouches tsé-tsé. L'activité augmente, de rares jeeps, surchargées de tout, roulent vers le sud. Des lopins de terre sont arrachés à la brousse par des petits cultivateurs. Nous renouons avec la sécurité.

Vers midi, au quinzième kilomètre, j'ai la tête dans un étau, mal partout, surtout derrière les yeux, le pouls à cent vingt. Aucun doute possible : le palu ! Je décide un repli vers le dispensaire de la mission, mais je n'en dis rien pour l'instant à Sonia. Pas la peine de l'inquiéter. J'attends qu'une voiture arrive dans l'autre sens pour nous y ramener. Pas la force d'y retourner à pied. Nous avançons, j'essaie de rafraîchir mentalement l'enclume chauffée au rouge par un Héphaïstos pervers qui m'a remplacé le cerveau. Et cette voiture qui n'arrive pas...

Il faut déjeuner. Nous atterrissons dans la pauvre case d'un planteur de haricots. Tandis que Sonia chauffe l'eau sur un petit feu, je perçois un gémissement derrière une tenture. Je la soulève doucement : une fillette est allongée, brûlante et délirante, les yeux dans le vague et la bouche ouverte. Son pouls bat à deux cents. Un grave palu. Depuis combien de jours est-elle dans cet état ? Quatre jours, nous répond le pauvre type.

Sa fille est mourante depuis quatre jours, il est à quinze kilomètres d'un dispensaire où la chloroquine est gratuite, et il n'a pas bougé son cul. Misère ! Misère ! C'est vrai après tout, ce n'est qu'une fille. Sonia lui administre un traitement de cheval que je vois me passer sous le nez sans broncher, car je sais en secret que nous serons à la mission ce soir. Je conserve un œil sur la piste et sors régulièrement pour déceler éventuellement le bruit d'un moteur. Sonia prend ces va-et-vient pour de l'énervement.

Nous avons repris la marche depuis dix minutes quand j'aperçois au loin un panache de fumée. C'est alors que je me tourne vers elle : « Ne t'inquiète pas, ma chérie. J'ai moi aussi le palu, je ne t'en ai rien dit car j'attendais une voiture, et la voilà ! On retourne à la mission. »

La pauvrette est assommée. Je vois des larmes perler au coin de son petit œil aimant. En une heure, nous sommes à Mitundu. Nous y retrouvons les sœurs affolées. Un berger wassoukouma s'est fait dévorer ce matin par un lion, à cinq kilomètres, il y en avait quatre, un mâle et trois femelles, une lionne a été abattue.

Panique à Mitundu. Nos cœurs s'emballent : nos lions ! Soudaine envie de gerber. Sonia est livide. Une battue est organisée. Mon paludisme n'intéresse personne. La mère supérieure m'engueule au passage. « Vous voyez que c'est stupide de marcher ainsi dans la brousse ! Vous n'avez pas le droit de faire courir de tels risques à votre femme ! »

Je m'administre un traitement d'Arthesunate, médicament chinois dont je veux essayer l'efficacité. Le père nous loge dans une chambre à côté de la sienne. Le soir, les chasseurs reviennent bredouilles. Toute la nuit, ma fièvre grimpe. Je suis dans l'arène et je me bats interminablement avec des hordes rugissantes pleines de griffes et de dents. Qui a dit délire ?

Mercredi matin, je vais avec Sonia au dispensaire chercher de l'aspirine. Des hurlements s'approchent dehors, les portes s'ouvrent à toute volée, on amène un homme au bras déchiqueté. Sœur Carmen lui saute dessus, le sang gicle sur les murs, point de compression, un lion, l'hémorragie est contrôlée, les compresses rougies s'entassent, seul son voile reste immaculé. Le geste précis et rapide, la sœur Céline pique entre les trous noirs les lambeaux de chair meurtrie, injection anti-tétanique, antibiotique, parle au petit homme qui la dévore des yeux sans broncher, qui ne sait pas s'il parle déjà à un ange, qu'il parle à un ange. Il s'appelle Joseph. Elle tâte ses os comme on remplit de farce un poulet, fouille les plaies béantes à la recherche des tendons et des nerfs et s'écrie :

— C'est un miracle ! Les dents n'ont rien sectionné. L'artère est intacte. Il s'en sortira !

La tiède et fade odeur du sang, un tantinet ferrugineuse, emplit la pièce.

— Vous ne recousez pas ?

— Non, ce serait la gangrène assurée !

Et je vois ces petites mères affairées, s'appliquant à cette boucherie avec le même soin qu'elles fignoleraient une bûche de Noël et je reçois en pleine gueule le vrai nom du courage. Mille naissances par an, des morts tous les jours du palu, du sida et au milieu de tout ce merdier ces bouts de femmes arc-boutées...

En silence, le geste complice et complémentaire, elles bourrent de tulle les fentes noires, pompent la sève rouge, piquent ici, injectent là, poudroient de la pénicilline partout, efficaces et immaculées tandis qu'autour d'elles gravite la misère du monde. Le petit homme sec a presque plus peur de la caméra de Sonia qui filme la scène que de ses propres blessures. Ses grands yeux noirs, son nez épaté, tout mité par la vérole, son petit front me questionnent : l'humanité insondable dans un regard sans fond. Il n'a que la peau sur les os et il allait à son champ gratter la terre pour la faim, tandis qu'une lionne cherchait sa livre de chair...

À petits pas, avec la petite sœur tenant levée la cristalline bouteille de glucose, le petit couple blanc et noir, uni par et contre la fatalité, s'en va doucement dans le couloir en se tenant par la taille en quête d'un lit vacant. Sonia me passe la caméra, prise de tremblements et de suées : « Je crois que c'est mon tour ! »

Palu. Loi des séries. Test sanguin. Comptage : 70 % de cellules *Plasmodium vivax*, 30 % d'hématies. Palu fulgurant. État critique. Sœur Céline, petite Tyrolienne miniature et che-nue, la met *ipso facto* sous perfusion de quinine, avec en sus une dose antibiotique. Traitement de cheval.

La réponse ne se fait pas attendre. Pliée en deux, la voilà qui vomit ses tripes, et cela dure et dure, et pas moyen d'arrêter les spasmes. Elle se tord toutes les vingt minutes, se vide de sa bile, s'épuise. Dans une gerbe panique, elle plie le bras et se transperce la veine, une poche de sérum gonfle sous sa peau avec un hématome. Ma fièvre redouble, je frise les quarante degrés. En moins de vingt-quatre heures, nous avons été terras-sés...

Plein de sollicitude, le père Raphaël nous passe une édition 1939 de *Terre des hommes* de Saint-Exupéry. Guillaumet s'y traîne dans la neige... Oh oui ! Se traîner dans la neige ! Faire baisser la fièvre, remplacer le plomb fondu qui bout au fond de mes orbites par deux glaçons silencieux. Et dormir, dormir !

Durant la nuit, je retrouve nos copains les lions, cette fois-ci ils m'ont mis au congélo pour me déguster un jour de fête... Sonia ruisselle toute la nuit, elle n'est plus étanche, se crispe en râlant, rien ne sort, rien n'est entré de la journée, ses cheveux sont devenus une serpillière. Elle faiblit. Berezina.

Jeudi matin, j'ai un court répit, le père m'emmène voir Joseph : on vient de lui refaire son pansement. Il raconte son histoire au père qui me traduit dans la foulée. Il est nduvu, une tribu du sud, apparentée aux pygmées d'Afrique centrale. Il allait à son champ quand, des herbes, a bondi la lionne. Il l'a empoignée à la gorge de son bras valide, mais ne doit son salut qu'à son suiveur qui portait une lance. Au premier coup dans les côtes, la lionne a lâché prise mais a remordu aussitôt ! Il a fallu un deuxième estoc bien placé pour qu'elle crève. Le lion et les deux autres lionnes qui la suivaient ont aussitôt pris la fuite.

Cela fait deux lionnes en deux jours. Le groupe de quatre se reconstitue comme par sorcellerie. Nous n'avons pas quitté Joseph que la nouvelle tombe comme un couperet : sur la piste il y a une heure, un berger vient de se faire tuer, ainsi que son chien et l'une de ses vaches. Nous sommes glacés. Encore une lionne, abattue peu après d'un coup d'arquebuse antique. L'hécatombe ! Notre palu nous a peut-être sauvé la vie. Mitundu est cerné, la mission assiégée, et le père effaré : « En saison des pluies, le gibier est très dispersé à cause du nombre de trous d'eau éparpillés en brousse. Les lions n'arrivent pas à mettre en place leurs arènes de chasse, ils sont aussi trahis par les hautes herbes, alors ils ont tendance à se rapprocher des villages. Mais là, je n'ai jamais vu une chose pareille ! »

L'après-midi, je repique, tremble, frémis, claque des dents à m'en déboîter la mâchoire. Les sœurs doutent de la méthode chinoise. Je résiste au paracétamol jusqu'à quarante degrés pour faire cuire, bouillir ces petites saloperies. Je sens le combat dans mes veines. Sonia dort dans son jus, verdâtre, puis gémit une plainte. Le radeau de la Méduse vient de s'échouer dans la chambre. Elle appelle sa mère, elle veut rentrer à la maison. V'là autre chose ! Vacherie de maladie ! Elle n'en peut plus. Elle demande grâce. Je vais dîner en titubant, comme un petit vieillard. Nous ne nous plaignons pas, Joseph est là pour nous rappeler ce à quoi nous avons échappé.

À l'aube de vendredi, je suis guéri, sans autre forme de procès. Je rédecouvre la vie, la légèreté, l'équilibre, la jeunesse. *Vivax* est mort! Vive *vivax*! Les sœurs sont sciées. Sonia périclite. Elles ne savent plus où percer, ses veines fuient, son derrière renâcle sous les intramusculaires. Troisième jour sans manger. J'assiste impuissant à sa souffrance. D'habitude c'est moi le maillon faible et je fais un bien piètre garde-malade...

Une lionne est morte empoisonnée cette nuit. Cela fait quatre en quatre jours. Nous partons voir le corps avec le père Raphaël. Je cherche un crâne de lion pour ma collection. Nous descendons la piste qui nous a conduits jusqu'ici, je me souviens de chaque buisson. La lionne morte est chez le chef Mlicho. Déjà dépecée, la peau tendue, le corps calciné : ils ne traînent pas. Le chef wanakyusa nous donne sa version des faits.

— Notre sorcier a appelé les lions pour punir les Wassoukoumas qui volent nos femmes et nos épis de maïs, mais nous allons enduire de miel les chaumes secs et leurs vaches vont mourir de soif...

Dumézil et Lévi-Strauss [1] à la rescousse! On a besoin d'une interprétation! C'est trop pour mon palu convalescent. Mais d'après ce que nous parvenons à comprendre, nos pauvres lions occis vont servir de prétexte pour relancer l'éternelle querelle entre nomades et sédentaires.

À mon dépit devant le crâne réduit en cendres, le chef Mlicho me confie :

— Il y en a un autre pas loin dans la brousse, par là! Une lionne qu'on a coupée en deux le mois dernier.

Cela fait cinq. Nous la trouvons sans peine dans un fourré hors du village. Le squelette est déjà blanchi, le crâne intact. Je l'emporte sous le regard en coin du chef qui s'adresse au père :

— Qu'est-ce qu'il veut en faire ton ami, il est sorcier blanc?

— Non, lui répond-il, il fait collection de crânes.

Le chef est content de me voir partir.

À notre retour, Sonia jette l'éponge. L'heure est grave. Elle n'est plus que l'ombre d'elle-même. Tout en préparant son rapatriement sanitaire, je décide d'interrompre son traitement de quinine dont je suspecte qu'il lui fait plus de tort que le palu-

---

1. Linguiste et ethnologue célèbres pour leurs interprétations des mythologies

disme. En effet, l'après-midi, elle va déjà mieux, et son test se révèle négatif : elle n'a plus de malaria mais elle est très affaiblie.

Nous passons quelques jours de convalescence en compagnie du père qui nous distrait avec des histoires incroyables. Pendant la guerre, il a pris le maquis dans le Jura après trois jours de STO à Saint-Astier. Il n'hésite pas à démythifier.

— Je me demande bien ce qu'on faisait là-haut. C'était une franche rigolade. On passait nos journées allongés dans l'herbe. Quand on avait faim, on allait se ravitailler chez les fermiers. Il y a des types qui ne se comportaient pas bien avec ces pauvres bougres, en les accusant de se faire du gras au marché noir, mais c'était pour justifier leurs rapines ! Je me souviens d'une embuscade qu'on avait tendue à un convoi allemand. Il y avait avec nous douze Ukrainiens déserteurs qui avaient été enrôlés de force dans la Wehrmacht et qui avaient rallié notre camp. Ils étaient au barrage avec leurs uniformes *feldgrau*, tandis que nous étions placés en hauteur. Évidemment, les Allemands ont flairé le piège, se sont arrêtés avant et se sont déployés en tirailleurs. Vous auriez vu la débandade ! J'ai même oublié sur place mon blouson avec mes papiers dedans ! En revanche, tous les Ukrainiens se sont fait tuer, jusqu'au dernier. Moi aussi, d'ailleurs, j'ai failli y passer ! Je rampais avec un camarade sous les rafales de balles quand son pistolet est parti tout seul. La balle m'a coupé une mèche de cheveux !

Comme des petits vieux, nous marchons dans les jardins pour nous rééduquer. Ici, dans ce désert, les poulaillers sont pleins de poules et les poules pondent plein d'œufs, le potager donne beaucoup de légumes et les arbres croulent sous les fruits. La scie de la menuiserie chante. Tous les meubles et les huisseries de la mission sont fabriqués ici. Sonia porte une robe de novice bleu ciel, version camisole. Ça me fait tout drôle. Les deux petites sœurs tyroliennes vaquent entre le couvent et le dispensaire, parmi des cohortes de sœurs africaines, propres et diligentes, bonnes et souriantes, toujours prêtes à faire une bonne blague ou à s'émouvoir des histoires que nous leur racontons. Nous sommes aux anges. Durant ces jours de souffrance, elles étaient aux petits soins et trouvaient toujours un prétexte ou une gentille attention pour passer nous voir, nous apporter du miel ou des gâteaux, du thé ou des fleurs.

Une sixième lionne s'est fait tuer à vingt-cinq kilomètres au sud. J'enfourche la moto du père et file à toute allure sur la piste. La conduite est grisante. Sur le sable, il faut dépasser les cinquante kilomètres à l'heure, se mettre en arrière et se laisser flotter sans essayer d'éviter l'obstacle ou l'ornière, l'épouser plutôt. J'ai en selle un petit guide qui saura m'indiquer le chemin en brousse. Le paysage où nous avons tant sué à cinq kilomètres à l'heure il y a quelques jours, défile sans efforts. Rafraîchissant même. Traverser l'Afrique à moto, c'est de la gnognotte. J'y penserai quand on en croisera de ces terminators casqués et caparaçonnés de cuir sur leurs destriers de métal qui déboulent dans les villages comme des centaures inquisiteurs en jetant sur les misérables piétons que nous sommes des regards méprisants...

Je tourne bientôt à gauche sur un sentier dérobé et traverse de larges zones défrichées invisibles depuis la piste. Quelques plumeaux désolés et hirsutes se dressent encore dans ces étendues déprimantes qui seront bientôt des champs. Et les trouées succèdent aux brûlis, sur des surfaces de terrain de foot, avec quelques cases en construction, comme au Mozambique. Maigres champs, maigres gens. Au bout de cette percée déforestatrice, j'arrive dans la cour d'un ensemble de cases. À cheval sur une perche clouée au sommet de deux piquets est disposée une immense peau de lionne soigneusement écorchée. On dirait un gros pyjama moelleux. En dessous, il y a un pied. Un pied d'homme. C'est tout ce qu'on a retrouvé du malheureux. Le reste brûle dans les entrailles de la lionne dont le brasier se consume derrière la maison.

— Pourquoi n'avoir pas brûlé le pied avec le reste?

— Car ils vont l'enterrer. Il suffit d'un petit bout de corps pour que l'âme de l'ancêtre s'y réfugie.

Voilà à quoi nous avons échappé. L'âme dans les talons. J'imagine nos parents récupérant nos valeureux pieds...

Ici l'homme empiète sur le territoire du lion. Chaque jour son royaume est rogné d'un champ ou deux. Il reste encore les grandes réserves, mais les braconniers y sévissent. Six lions et trois victimes en six jours. Lourd tribut.

L'après-midi, nous regardons *The Mountains of the Moon* sur le magnétoscope de la mission. film relatant l'expédition de

Burton et Speke, la découverte des lacs Victoria et Tanganyika, et la quête stratégique des sources du Nil. Ils traversent, armés jusqu'aux dents, une Afrique hostile, sillonnée de caravanes d'esclaves, décimée par les guerres tribales, les sacrifices humains, les cannibales, rendent coups de feu contre coups de sagaie... Quel changement depuis ! Nous ne traversons pas la même Afrique. La nôtre est prodigue en coups de cœur et coups de main, en cœurs livrés et mains tendues.

Le matin de notre départ, un couple de lions est surpris dans l'école secondaire en travaux. Pas dans la cour ! Dans une classe ! La lionne est abattue, le lion en profite pour fuir. Que faisait-il, ce lâche, pendant que ses sept lionnes se faisaient tuer ? Piètre roi ! Refroidi par tous ces carnages, j'avance avec ma fusée à la main. Je vois Sonia marcher devant moi. Toujours convalescente.

Les femmes sont vraiment les plus fortes.

En pleine forêt, sur le bord de la piste, nous passons devant une incroyable case recouverte de fresques : une grande sirène joue de la lyre à un Centaure, tandis qu'une girafe dressée sur ses pattes arrière danse avec un lion. Est-ce une hallucination postmalariale ? Non, une « folie » dans la brousse, le Douanier Rousseau et le Facteur Cheval version tanzanienne...

Le village s'attroupe, on nous sert de la bière de miel, de l'hydromel. Je dessine de la pointe de mon bâton, dans la cour, une carte géante de l'Afrique pour expliquer notre itinéraire. Nous sautons à pieds joints les frontières, racontons les rhinos du Kruger ici et le géant Paul là. Ils sont effarés.

Un petit vieux me demande :

— Mais pourquoi marchez-vous ?

— Pour vous rencontrer.

Il rigole.

— Mais est-ce possible de marcher autant ? Et les lions ?

— Oui, c'est possible. Vous faites la même chose tous les jours, parmi les mêmes lions, sauf que vous, vous revenez au point de départ le soir. Pour nous, tous les jours est un nouveau départ.

Rescapés de la jungle de Rungwa, nous arrivons enfin à Itigi, le 10 avril 2002, au 6 457e km de notre marche. Nous passons comme une ligne de délivrance la voie ferrée allemande qui, de Dar es-Salam sur la côte à Kigoma sur les rives du Tanganyika, défie la brousse, le temps et les idéologies, au service des hommes, fil conducteur et bissectrice du pays, colonne vertébrale de la Tanzanie.

Un interminable train passe dans un grondement de tonnerre. Le premier encore en service que nous voyons depuis Le Cap. Les Allemands, ça construit pour toujours.

24

Des missions et des Barbaïgs

— Vous arrivez de Mitundu ? À pied ?

— Oui.

— Mais vous êtes fous ? Vous n'avez pas entendu parler des lions ?

— Si. On en a même vu. Mais morts !

La tuerie a déjà pris une ampleur nationale.

— L'hécatombe continue ! Un enfant a été emporté par une lionne hier soir alors que toute la famille dînait dans la case ! Vous vous rendez compte du culot ? Ils étaient tous assis par terre autour du plat d'*ugali*, la lionne est entrée comme un éclair, a attrapé un petit et s'est évanouie dans la nuit dans les hurlements du gosse. Personne n'a eu le temps de bouger ! Elle n'a été abattue que ce matin...

Ça fait huit lionnes, quatre morts et un blessé grave. Comptabilité morbide.

Nous sommes à l'hôpital Saint-Gaspard d'Itigi pour des analyses médicales complémentaires. Sœur Carmen a prévenu le père Dino de notre arrivée et de la nouvelle victime par radio. C'est le seul hôpital du centre du pays. Construit et géré par la congrégation du même nom.

— Qui était saint Gaspard ?

— Ce n'est pas étonnant que vous ne le connaissiez pas en France, répond le père italien, il a chassé Napoléon ! En fait, il a protégé par la prière plusieurs églises du sac par les grognards. Il a ouvert des orphelinats, fondé des hôpitaux pour recevoir les blessés de la guerre, les mutilés...

— C'est incroyable le réseau de dispensaires, d'hôpitaux, de missions qu'il y a dans ce pays, comment ça se fait ?

— Vous savez, tout le monde semble oublier que Nyerere était catholique. Et malgré sa politique socialiste, il n'a rien fait contre l'Église, il a compris que nous pouvions prendre en charge des problèmes qu'il ne pouvait pas régler.

— En Europe, cette influence est souvent mal perçue...

— Et pourquoi ? Que ferait l'Afrique sans l'Église ? Personne ne soignerait ces gens si nous ne le faisions pas : ce serait une catastrophe humanitaire permanente à l'échelle du continent ! L'Afrique est déjà suffisamment mal en point, croyez-moi ! Les gens à qui vous faites allusion ont souvent tendance à oublier que tous leurs maîtres à penser, les premiers présidents libérateurs d'Afrique de l'Est, ont été élevés par les bons pères ou les pasteurs. Banda, Mugabe, Kenyatta, Chissano, Nyerere... Ce qui n'est d'ailleurs pas, de vous à moi, ce que l'Église a réussi de mieux ; mais ça, c'est une autre histoire...

Le soir au dîner, le jeune père Évariste, un enfant du pays, superbe dans une aube blanche boutonnée jusqu'au col romain, nous parle de son ministère.

— J'aime tant parler dans les villages ! Je sens que je peux faire de grandes choses. Ceux qui m'écoutent ont leur vie transformée. Ils ne meurent pas du sida, font moins d'enfants, ne boivent plus, se tiennent mieux, apprennent à lire avec leurs fils aînés... Ces changements, ces métamorphoses justifient ma vocation. J'aime bien m'exprimer en paraboles, en mettant en scène des animaux pour que ça leur parle.

Sonia attrape la balle au bond :

— Vous connaissez les fables de La Fontaine ?

— Non.

— Ce sont des histoires d'animaux qui ont tous les défauts des hommes et avec une morale à la fin. Tous les vices y sont épinglés, l'orgueil, la jalousie, la paresse, l'avarice, personnifiés par des lions, des fourmis, des cigognes et des rats.

Le père Évariste en trépigne de joie.

— Et où est-ce qu'on peut les trouver, ces fables ?

— Je vous promets que je vous les ferai envoyer en anglais !

Il les a reçues depuis, grâce à la célérité de Claude Chassin, le père de Sonia, et nous ne pouvons nous empêcher de sourire en imaginant ses ouailles hilares, rassemblées sous un arbre en pleine brousse, écoutant son prêche et riant de la déconvenue du corbeau, de la faim de la cigale, de la détresse du lion...

Une fois retapés et bien sûrs que nous ne devons notre fatigue qu'à notre palu convalescent et non à une bilharziose, rickettsiose, leishmaniose, ou autre parasite que nous aurions pu aisément contracter, nous reprenons notre marche vers le nord dans des paysages ouverts sur une piste empruntée par des norias de camions qui transforment nos journées en tempêtes de sable.

Les champs s'agrandissent sur le bord de la piste. Du maïs, du mil, du sorgho, juste avant la moisson, nous font des frondaisons et des murailles vertes. Nous marchons en compagnie d'enfants qui vont à l'école sur des kilomètres, et le soir avec d'autres enfants qui en reviennent. Ils ont une façon craquante de s'approcher de nous, le front tendu en attente d'une bénédiction sur leur petit crâne rasé. Nous nous exécutons révérencieusement et prenons même un certain plaisir à passer comme chanoine et chanoinesse et toucher de la paume tous ces petits crânes sages et chauds. C'est le salut traditionnel tanzanien, la déférence envers les adultes et la protection apportée aux plus jeunes. Nous passons avec ces escorteurs à côté d'enfants perchés sur des tours de branches avec d'interminables fouets qu'ils font claquer pour chasser les oiseaux des plantations. D'autres mènent le bétail, des fillettes sont à la corvée d'eau, ramassent du bois. J'interroge un de nos petits poissons pilotes répondant au doux nom d'Uhuru [1] :

— Et eux, ils ne vont pas à l'école ? Ils n'en ont pas les moyens ?

— Si ! L'école est gratuite en Tanzanie, mais ils iront plus tard. Quand ils auront des petits frères ou des petites sœurs pour les remplacer...

Je n'avais jamais pensé à la scolarisation comme moteur de la croissance démographique, mais plutôt comme d'un préalable au contrôle des naissances, à la gestion de la fertilité et à l'élévation du niveau de vie. L'Afrique ou le paradoxe permanent ! Scolariser les enfants pour qu'ils fassent moins d'enfants et faire des enfants pour remplacer ceux qui vont à l'école...

---

1. « Liberté » en swahili, nom donné au sommet du Kilimandjaro.

Beaucoup de serpents sillonnent la piste. Ils doivent se nourrir des rongeurs qui vivent des récoltes. Nous les voyons tracer sur le sable où ils rissolaient. D'interminables mambas, des vipères cornues, des cobras cracheurs. Ils nous fuient. Tant que nous restons sur la piste, nous n'avons rien à craindre. Il faudra y penser quand nous marcherons dans les hautes herbes... La mort n'est jamais très loin. Mais laissons la Grande Faucheuse dans la prairie ! Les serpents signent leur passage de drôles d'empreintes transversales dans le sable ; nous finissons par en identifier les espèces. Certaines traces sont rectilignes, d'autres ondulatoires ou encore en S parallèles. Un jour, nous suivons celle d'une monstrueuse vipère du Gabon, de la taille d'un pneu de moto, quand nous tombons soudain nez à nez avec le monstre en personne. Violent écart, je bouscule Sonia, nous nous retrouvons par terre, paniqués. Il n'a pas bougé. Je me rapproche, bâton en tête, pour me rendre compte qu'un camion lui est passé sur le corps et qu'elle est allée mourir sur le bas-côté. Sonia hallucine : « Je n'aurais jamais cru qu'une vipère puisse être aussi grosse ! »

Épaisse comme une cuisse, elle est proportionnellement courte et épatée. Elle mesure environ un mètre. Sa queue s'arrête net, sans s'effiler, et sa tête est grosse comme le poing. Sa livrée est magnifique, faite de larges circonvolutions sombres entrecroisées de filets clairs. Dans sa gueule, des crochets monstrueux de cinq centimètres, creux comme des aiguilles de seringue, émettent encore, longtemps après la mort, un venin jaune comme du miel létal. Ses petits yeux sont fendus comme ceux des chats. Brrr ! Froid dans le dos...

Nous cassons notre filtre à eau dans une flaque. C'est tout le capuchon vissé sur le corps de l'appareil qui a sauté sous la pression. Nous boirons donc de l'eau limoneuse. Seule consolation : trois cent cinquante grammes de moins à porter.

Souvent, tandis que nous marchons en silence, un bourdonnement sinistre surgit au-dessus de nos têtes : les abeilles tueuses. Tout de suite, accroupis, nous regardons l'essaim passer en rase-mottes comme une nuée maléfique, la reine en tête. Une abeille soldat vient brièvement nous voir d'un vrombissement inquisiteur pour constater notre allégeance et repart avec la bruyante troupe d'*Apis africana*, l'abeille africaine, beaucoup plus agressive que notre gentille *Apis mellifica* européenne, surtout quand la reine est en déplacement. À Zomba, au Malawi, nous avions rencontré deux Français, Patricia et Xavier Merveilleux du Vignaux, qui venaient de se faire attaquer par un essaim similaire. À deux, ils comptabilisaient près de cinq cents piqûres et ne durent leur survie qu'à un rodéo d'enfer vers l'hôpital pour se faire administrer un sérum antidote. En arrivant aux urgences, ils n'étaient plus que d'énormes boursouflures, piqués aux tempes, aux yeux, dans la bouche, dans les oreilles, sur les paupières... Xavier n'arrivait plus à décrocher ses mains du volant, crispées de tétanie, la tête gourde et le cœur gagné par la paralysie.

Nous croisons beaucoup de missions sur notre itinéraire. C'est comme ça. On ne choisit pas. Des petites sœurs perdues en pleine brousse. Elles nous passent en relais, comme les Sud-Africains le faisaient d'ami en ami. Et nous arrivons le soir dans des volées de voiles, entre deux offices. Pas de problème de vocations ici apparemment ! Makiwa, Issuna, Kissaki, Puma, chaque fois, malgré les diverses congrégations, nous retrouvons la même joie, la même candeur, la même organisation, la même propreté, la même foi.

— *Prefabricata !* s'excuse la petite Italienne, aussi haute que large avec une petite moue modeste.

Des algecos rassemblés sous des volées de tôles ondulées forment le dispensaire, d'autres, alignés sous les arbres, les cellules des sœurs et les dortoirs des novices. Malgré cela, il y a des fleurs partout, des sourires ambulants, des dons de soi, des dons d'inconnus, des dons d'ailleurs. Contre la misère. Par amour total et désintéressé. Un dispensaire, cela dispense. Des soins, de l'attention, des conseils. C'est une toute petite mission. Et pourtant ! Elle doit compter pour les blessés, les femmes enceintes, les enfants malades des environs...

Il n'y a que cette petite matrone italienne et déjà une armée de sœurs africaines. Pour elles c'est l'aventure de l'amour, la discipline, la propreté, la fraternité, un relatif confort par rapport à celui de leur case en brousse, l'éducation, l'intelligence, la joie, l'ouverture au monde, au lieu de la soumission, du mariage forcé, de la solitude, de l'aliénation et des fardeaux éternels : bois, eau, feu, champs, ribambelles d'enfants non désirés. Les couvents sont combles. Les vocations pullulent, les sœurs savent à quoi elles échappent, et dès leur prise d'habit volent au secours de leurs semblables. C'est comme ça que ça se passe en Tanzanie. Nous découvrons une Afrique beaucoup plus chrétienne qu'on ne le pensait. Cet après-midi nous avons marché dans un paysage moche et vide, pauvre et sec, indéfinissable, et sommes tombés sur la petite mission des Ursulines de sœur Rita. Rien autour. Que de la misère. Du vide. Du Moyen Âge et de la désolation avec un tout petit paradis verdoyant au milieu.

Le lendemain, sœur Grace et sœur Modesta ont mis un point d'honneur à nous porter nos sacs pendant cinq kilomètres. C'est la première fois que cela nous arrive en six mille cinq cents kilomètres. Il nous pousse des ailes, ce n'est pas le même sport. Sonia s'exclame :

— Fyona Campbell, c'est de la rigolade !

Cette marcheuse anglaise a traversé le continent à pied en trois étapes, il y a quelques années, suivie par une voiture dont elle a viré au cours du voyage treize chauffeurs qui ne dressaient jamais le camp à la bonne heure ou se trompaient sans cesse pour la température du thé. *Shocking.*

Nous n'avons pas d'autre animosité à son égard que celle d'avoir supporté mille et une fois la remarque : « Ah ! Vous faites comme Fyona Campbell ? »

Non. Rien à voir.

Elle n'a pas dormi chez un seul Africain. Elle a traversé ce continent pour le sport, pour un record. Malheureusement, elle a triché, ce qu'elle a dû reconnaître publiquement. Nous sommes tristes pour elle. Elle a échoué là où elle mettait le plus d'importance. Qui oserait lui enlever ses seize mille kilomètres ? Elle reste une remarquable marcheuse et nous sommes bien placés pour le savoir, difficile de conserver du sens avec une voiture au derrière...

Le poids du sens, c'est celui de nos sacs.

À Ikungi, ce soir, nous sommes invités par des policiers Partout en Tanzanie, on nous demande nos papiers. Réflexe hérité de l'Ujamaa, la révolution socialiste qu'a connue le pays dans les années 1960, qui avait provoqué des déplacements forcés de populations et l'interdiction de retourner dans sa région d'origine, donc la multiplication des contrôles. Les policiers nous hébergent dans leurs bureaux, d'antiques silos à grains allemands. Avec leurs murs de un mètre d'épaisseur et leurs contreforts démesurés, ils ont traversé le siècle sans broncher. C'est l'unique vestige de l'ancienne ferme coloniale. Une poule rôde dans nos pattes tandis que le flic essaie gentiment de nous taxer nos lampes frontales.

— Pardon, vous êtes assis sur sa chaise...

— Pardon ?

— Oui, c'est la chaise de la poule. Elle n'arrive pas à dormir, sinon !

— Ah bon, tenez, excusez-moi.

Aussitôt libre, le dossier de la chaise se voit squatté par le volatile qui se met à suivre attentivement notre conversation. Côt ! Côt ? Son ombre projetée sur le mur concave du silo par une lampe-tempête devient celle d'une énorme autruche aux allures de tyrannosaure. Fantasmagories !

À côté, l'hôpital gouvernemental en ruine est un mouroir sans portes ni fenêtres, sans lits, sans infirmiers, sans médicaments, sans espoir. Voilà où nous aurions atterri avec nos piqûres de guêpes ou notre morsure de serpent ! Toute la nuit, malgré l'épaisseur des murs, nous entendons des gémissements sinistres.

Les gloussements de la poule répondent à ces appels déchirants comme le rire du diable...

Basotu, dimanche 28 avril 2002,
486ᵉ jour, 6 677ᵉ km

Au nord de Singida, nous pénétrons un tout autre univers, celui des éleveurs nilotiques. C'en est fini des Wanakyusas et autres Wanyaturus planteurs de sorgho.

Ici, les Barbaïgs, les Datogas et les Iraqs se partagent, souvent de façon sanglante, les pâturages de l'escarpement renaissant. Les célèbres Masaïs sont un peu plus à l'est et au nord, dans le fond du Rift. Eh oui, nous l'avons retrouvé notre Rift ! Il réapparaît après notre longue traversée du pays.

Devant nous, parmi des prairies fleuries parcourues de troupeaux, un volcan marque la reprise de la fracture de ses 3 417 mètres : le mont Hanang, la montagne sacrée des Barbaïgs. Nous sommes à Basotu, au bord d'un lac démesurément agrandi par El Niño. Tous les arbres qui le bordaient sont morts et dressent aujourd'hui dans le ciel bleu une armée de spectres griffus sur lesquels viennent se poser des bataillons d'aigles pêcheurs, *Halietus vocifer*, les mêmes que ceux de Mumbo, au Malawi. Nous avons croisé nos premiers Barbaïgs aujourd'hui, fiers et sublimes, presque nus, les lobes d'oreille démesurément distendus. Des petits poids de cuivre accrochés à ce ruban de chair découpée venant presque leur chatouiller les épaules.

« Bonjour ! » Des gamins nous accueillent en français. Le choc. Mais nous trouvons vite l'explication. Nous sommes invités à dîner chez des chanoinesses régulières de Saint-Augustin, une congrégation française, installées ici avec les pères Cornélius, Arcadius, Prosper et Ludovic formés à Champagne, dans la Drôme. La mission est magnifiquement érigée sur une presqu'île au milieu du lac, parmi de grands arbres et survolée d'oiseaux. Toute en courbes et en symboles. La chapelle circulaire représente les deux disques emboîtés des colliers de femmes des tribus pastorales, les chambres sont des huttes rondes aux toits de chaume déployées comme les deux ailes d'une colombe. Colonnades, arcades, grandes ouvertures, le bâtiment principal est paraît-il une copie du port d'Ostie d'où saint Augustin s'embarqua définitivement pour l'Afrique, en l'an 388

Le père Maurice Bitz, abbé général de l'ordre, vient d'arriver de France avec dans ses bagages un marbrier de Valence, petit râblé, barbu poivre et sel, le petit œil du sanglier malicieux, roulant les R avec un fort accent méridional.

— Je suis un immigré de Calabre, élevé au lait du Parti communiste. Quand j'étais petit, le curé du village avait organisé une course dont le prix était une magnifique paire de souliers de cuir. À cette époque, après la guerre, on était tous des va-nu-pieds ! Eh bien, figurez-vous que je l'ai gagnée la course, et que le curé s'est exclamé : « Fiorenzo Larizza ! Tu ne les auras pas, ces souliers, parce que ton père, il est communiste ! Il a qu'à en demander au camarade Staline ! » Depuis ce jour, je n'ai plus jamais foutu les pieds dans une église. Même pas pour faire plaisir à ma mère !

Le père Bitz, bien campé sur ses coudes, est secoué d'un rire sous cape derrière des sourcils broussailleux et un regard d'aigle

— Eh, Fiorenzo, tu sais pourtant que tu vas me faire un bel autel de marbre pour la chapelle !

— Ah, mais Maurice, ça n'a rien à voir ! C'est une affaire d'homme, ça ! Une question de parole ! Quand tu es venu me voir pour me dire que tu avais besoin du savoir-faire d'un artisan, je me suis pas débiné. Je vais te le faire, ton autel. Et tu feras dessus tout ce que tu voudras !

Nous éclatons de rire. Don Camillo et Peppone en plein cœur de la Tanzanie.

Les sœurs arrivent soudain avec un gâteau et des bougies en dansant et chantant :

— *Keki keki ! Keki io ! Keki keki io, keki, keki io keki* [1]

Le premier anniversaire surprise de ma vie. Mon deuxième en terre d'Afrique, et encore avec des bonnes sœurs, décidément...

Sonia a bien réussi son coup. Fiorenzo m'offre une chemise et un petit pécule pour la route. Je fais mine de refuser. Le brave homme rétorque :

— L'argent, c'est pour ta femme que je le donne ! Toi, tu marches ! C'est bien ! Mais c'est plus intéressé, c'est ton travail ! Tandis qu'elle, c'est de l'héroïsme pur. Ça, ça m'impressionne !

En quittant la mission, nous sommes escortés par Raphaël, le seul Barbaïg de Basotu capable de bredouiller deux mots d'anglais. Nous savons que les siens ne veulent pas trop avoir de contacts avec les Occidentaux. Pourtant, quand nous nous disons intéressés par les traditions des Iraqs, la tribu voisine dont les pères de la mission sont issus, il s'exclame :

— Et les traditions barbaïgs ? Ça ne vous intéresse pas ? Parce que vous arrivez à pied et que vous n'êtes pas allemands, je suis sûr que vous pourrez venir à Dangaïda. Suivez-moi. Je vais vous présenter à mon frère Joseph, c'est un chef influent.

C'est ainsi que nous pénétrons la vie du peuple barbaïg.

Après deux heures de marche dans une brousse verte et riche sur un sentier tortueux passant par de nombreuses huttes disséminées, nous parvenons au lieu-dit Dangaïda. En chemin, nous avons croisé beaucoup de guerriers qui, chaque fois, posaient à Raphaël la même question en nous dévisageant de

---

1. « Gâteau ! Gâteau ! Voilà le gâteau !.. »

façon peu amène : « Sont-ils allemands ? » et repartaient soulagés, de leur grandes enjambées sautillantes sur leurs sandales de pneu, leur lance à l'épaule.

Le pouvoir colonial allemand a eu la mauvaise idée de vouloir faire travailler les Barbaïgs : d'abord comme porteurs puis comme paysans. C'était pour les Barbaïgs la pire des insultes. C'était prendre ces guerriers à la fois pour des ânes de bât et des phacochères fouisseurs : ils se révoltèrent.

Les Allemands, sourds à ces particularismes culturels, voulurent les mettre au pas. Rien n'y fit, ils ne parvinrent à en faire ni des porteurs ni des paysans. Quand ils ne pouvaient pas combattre, les guerriers se laissaient mourir de faim ; quand ils tuaient un officier, il y avait des représailles terribles. Excédé, le pouvoir fit arrêter en 1906 les douze plus grands chefs de la tribu et les pendit en place publique. Ce souvenir fait encore pleurer les guerriers barbaïgs. Ils n'ont pas pardonné aux Allemands.

Ces pasteurs nilotiques semi-nomades sont appelés *manyati* par les Masaïs qui les tiennent pour plus redoutables qu'eux-mêmes. En masaï, *manyati* veut dire ennemi...

Jusque dans les années 1950, l'initiation du jeune Barbaïg passait en effet par le meurtre d'un homme, ou, faute de mieux, d'un lion. Les pouvoirs coloniaux allemand puis britannique se sont aussi cassé les dents sur ce rituel que seul Nyerere parviendra à abolir. Dans les années 1930, le Père Blanc Roger Fouquer, qui tentait d'évangéliser avec beaucoup de difficultés les Iraqs, relate qu'il traversait avec sa motocyclette les territoires barbaïgs et croisait souvent de jeunes guerriers avec les membres sanguinolents de leurs victimes empalés en brochette sur leur lance. Quand la police allemande venait les arrêter pour les mener au peloton d'exécution, ils ne comprenaient pas ce qu'ils avaient fait de mal.

Les Barbaïgs perpétuent leurs autres traditions aujourd'hui encore fidèlement : ils refusent toute modernisation, ne parlent pas swahili, rejettent l'école et les missionnaires. Ce sont les derniers irréductibles tanzaniens.

Ils sont toujours redoutés, et l'on nous avait fortement déconseillé de traverser leur territoire. Mais entre irréductibles...

Nous arrivons bientôt à un kraal, village ceinturé d'une large enceinte broussailleuse. Nous le contournons et parvenons à l'entrée donnant sur une cour spacieuse occupée par trois maisons. Un bel homme dans la force de l'âge, au vaste front et aux yeux francs, vient à notre rencontre.

— C'est Joseph, mon frère, je vais vous présenter.

Le grand chef nous salue, parle avec Raphaël, puis se tourne à nouveau vers nous :

— *Are you German* [1] ?

C'est la seule phrase qu'il connaisse en anglais.

Raphaël traduit notre réponse :

— Non, nous sommes français, mais nous avons une frontière commune avec eux. Ils nous ont attaqués trois fois. La première fois, nous avons perdu la guerre. Ils nous ont pris des pâturages. Mais les deux autres fois, avec l'aide d'autres tribus, nous avons gagné et récupéré nos terres. Depuis, nous vivons en paix.

Joseph compatit et nous sort la version barbaïg de « les ennemis de mes ennemis sont mes amis ». Un peu honteux de cette traîtrise à nos frères européens, nous sommes introduits dans une jolie chaumière rectangulaire dotée d'un toit à haute faîtière en double pente. Une ravissante femme nous accueille avec une calebasse remplie de maïs baignant dans du beurre rance fondu. Miam-miam.

Assis en cercle sur la terre battue autour de l'auge grasse nous piochons les grains huileux de la main droite.

— Mais c'est délicieux !

Sonia opine, la bouche pleine :

— C'est vrai, ça ressemble à du maïs au roquefort fondu. Faudra qu'on essaie en France !

Un jeune adolescent et un enfantelet partagent avec nous cette ventrée, encore améliorée de tomates cerises, sauvages et acidulées. Les mains fourragent à tour de rôle dans une drôle de danse, le beurre ruisselle aux commissures des lèvres. Nous sommes rapidement repus.

Madiako, l'épouse de Joseph, est une Iraq. Sa beauté est intimidante : les yeux très bridés sur des pommettes saillantes et rebondies, elle a le pourtour des yeux cerné de scarifications en lunettes qui sacralisent son visage dominé d'un grand front

---

1. « Êtes-vous allemands ? ›

arrondi. Des petites entailles sur ses paupières lui font des yeux de chat, son adorable petit nez et son menton pointu sous des lèvres bien ourlées achèvent un portrait de princesse. Elle a le regard bon, le geste doux et une toute petite voix de souris quand elle nous dit : « *noumounchou* », vocable dont nous la rebaptisons illico tant il nous fait craquer et qui signifie « très bien, très beau ou très bon ».

Derrière la maison se trouve l'étable basse en rondins, à toit plat couvert de terre : le *tembé*. Sur le côté, sur pilotis et sous un toit de chaume, s'alignent trois grands greniers circulaires en lattis tressé. Y sont accrochés tout un capharnaüm de calebasses, d'outils agricoles sommaires, de peaux de vache et de paniers. À l'intérieur s'entassent des sacs de farine, de grains de sorgho et des épis de maïs de la précédente récolte. Des poules vaquent en grattouillant la terre comme elles savent si bien le faire, et les chèvres ne tardent pas à rentrer, poussées par un petit pâtre. Elles déferlent en bêlant dans l'enceinte et en fourrant leur museau partout. Joseph nous fait signe.

— Il veut vous présenter à notre père, nous dit Raphaël.

— Mais tu ne m'as pas dit qu'il était mort en 1996 ?

— Si. Et alors ? C'est pas une raison pour ne pas aller le saluer. Vous aussi, vous croyez que l'âme est éternelle, non ?

— Euh... Si... Enfin, oui ! Nous aussi...

Nous quittons le kraal et marchons vers un bosquet d'arbres entre deux champs. Soudain Joseph s'arrête, se déchausse, nous signifie d'en faire autant, et se met à cueillir de l'herbe, une belle touffe verte dans chaque main. Raphaël fait de même. Nous les suivons vers une sorte de tumulus hérissé de jeunes arbres. Ils s'arrêtent, récitent ce que nous croyons être une prière et se rapprochent pour déposer au pied des arbrisseaux leurs touffes d'herbe. Ils nous intiment d'en faire autant. Nous les imitons et récitons sous le soleil la prière héritée de nos pères. Raphaël m'en demande le sens et traduit à son frère.

Notre Père qui êtes aux cieux...

Joseph, ému, vient nous étreindre dans ses larges bras.

À mon tour de l'interroger.

— Pourquoi de l'herbe ?

— La pluie fait l'herbe, l'herbe fait la vache, la vache fait le lait, le lait fait l'homme. Nous avons demandé à notre père qui est dans le ciel de prier Asseta, notre dieu-soleil, de continuer à faire tomber la pluie pour que l'herbe soit belle et grasse.

— Et pourquoi ces arbres ? demande Sonia.

— Pour que son âme soit libre d'aller et venir des racines au ciel. Il a été enterré en position verticale, enroulé dans la peau de son plus beau taureau.

Au retour, Joseph nous glisse.

— Désormais, vous êtes mes frères pour toujours.

Nous dressons notre petite tente dans la cour devant la maison. Nous passons la soirée à chanter, les pupilles plantées dans le feu et brillant dans la pénombre comme des braises. Dans la nuit, des hyènes tournent autour du kraal. Puisque nous sommes bien protégés, leur cri est presque aussi agréable que celui des chouettes de nos bois, il confère de la grandeur et de la voix à la voûte de la Voie lactée.

À 5 heures du matin et à trois mètres de nos têtes s'égosille un coq entêté : réveil explosif ! Après un petit déjeuner de maïs grillé, nous allons à la traite. Noumounchou libère l'un après l'autre des veaux qui se précipitent sous leur mère dans un enclos bourbeux où nous pataugeons. Le bétail, vaches et taureaux mélangés, est assez farouche et les cornes sont pointues. Noumounchou nous désigne d'un petit gloussement rieur les taureaux dont il ne faut pas s'approcher.

L'exercice de la traite consiste à laisser téter le goulu pendant une minute puis l'arracher du pis, lui coincer la tête sous l'aisselle pour que la vache l'imagine toujours en train de téter, et, plié en deux, d'une main traire les pis à tour de rôle en visant bien l'étroit goulot d'une courge évidée, tenue de l'autre. Une gageure.

Sonia s'y essaie mais ne parvient pas à immobiliser le morpioçot qui revient lui batailler les pis de sa mère. Quand elle tient le petit saligaud, la vache bouge avec le troupeau, et quand tout va bien, le pis fuit en tous sens, partout sauf dans la courge... Noumounchou couine de rire entre ses vaches et reprend la main quand Sonia, bousculée par un taurillon, se rétame dans la gadoue... Elle se relève, pas bêcheuse : « C'est plus dur qu'avec un petit tabouret, une gentille vache Milka et un seau... »

Pour la remettre de ses émotions, Noumounchou lui brosse longtemps les cheveux au soleil, fascinée par la blondeur de feu et la consistance filandreuse et douce comme de la... de la quoi ? De la queue de vache... Merci Noumounchou.

Elles sont là comme deux copines à babiller pendant que Sonia promène son index sur le pourtour des yeux de notre hôtesse comme une aveugle qui tenterait de lire en braille la beauté de son visage.

Elle tend à Noumounchou un crayon noir et lui demande de dessiner la même chose. En chantonnant, notre belle Iraq s'exécute doucement, heureuse de vivre. Elle trace de beaux motifs géométriques en mouchetures sur deux rangs qui font irradier le regard de Sonia. J'en suis presque intimidé, mais j'interroge :

— Elle ne t'a pas du tout fait la même chose que sur elle...

— C'est normal, me répond Raphaël. Elle ne s'est jamais vue dans un miroir...

Sonia va en dégotter un minuscule dans son sac et Noumounchou se découvre, si fascinée qu'elle n'arrive pas à soutenir son propre regard. Elle glousse, se retire et revient incrédule pour revoir cette inconnue : elle ne se connaissait qu'à travers le regard des autres et voilà qu'elle doit s'affronter. Elle qui n'était que don aux autres prend peut-être pour la première fois conscience de son image. Elle en est tourneboulée.

L'après-midi, Joseph décide de marquer ses veaux d'un an. C'est la cérémonie du *chapa* qui officialise l'entrée de ces nouvelles têtes dans son troupeau, une sorte de baptême bovin. Dans la douleur. Chez les Barbaïgs, le marquage est la véritable plaque d'immatriculation du quadrupède. Tout un réseau complexe de scarifications de la queue au museau parle des alliances familiales, à la manière de l'héraldique et des écartelés de blasons.

Dans un grand brasier sont mis à chauffer les fers ronds et carrés de tailles diverses et sur une peau de chèvre est étalée une large bouse de vache fraîche sur laquelle Joseph dépose une motte de beurre. Un jeune veau est amené, entravé, couché sur le flanc. Je lui tiens les antérieurs. Le marquage peut commencer. Joseph saisit un fer rond chauffé au rouge, le fait grésiller dans le beurre puis dans la bouse et imprime trois marques profondes à la base de la queue pour désigner la région de Basotu. Le pauvret se relâche sous la douleur.

Je suis dans l'axe... baptême d'urine.

Concentré, Joseph remet ça avec un fer à bout carré pour approfondir la brûlure, puis enchaîne sur la fesse, par une grande courbe reprenant le contour de la cuisse, surlignée de deux traits parallèles : c'est la marque de sa famille. La couenne est plus épaisse en cet endroit, le veau meugle mais ne semble pas trop souffrir. Un gros nuage bleu de poils cramés et de barbecue vivant commence à nous entêter. Joseph alterne les fers, fourrage le feu, touille sa bouse, remet du beurre avec l'empressement d'un grand chef à ses fourneaux en plein coup de feu. Il finit par le meilleur : le museau, la marque du clan féminin de qui vient le troupeau. Entre les deux yeux, il commence son incision jusqu'à la truffe puis revient au début et descend sous l'œil du côté gauche. Les poils flambent, la peau blanche pèle, le cuir se fend, les yeux se révulsent et le fer mord la chair implacablement dans un grésillement d'enfer et une odeur de soufre. Cœurs sensibles s'abstenir ! De quoi devenir pour toujours végétarien. Quand c'est fini, tout étourdi, le morveux courageux détale et va trembler dans un coin, sous le choc. Onze veaux. Des blancs, des gris, des noirs. Épuisant. Nous en ressortons couverts de merde et de sang. Joseph est radieux comme s'il avait eu onze fils !

Le soir, pour nous remettre, nous jouons longtemps de la flûte à nos hôtes tandis que Noumounchou, son petit agrippé à son sein, baratte d'un coup de poignet ferme et d'un rythme régulier son beurre dans une calebasse suspendue à un chambranle. Froutch ! Froutch ! Froutch ! fait le beurre dans le noir tandis que crépite le feu. Joseph tire d'une jarre des petites coupes d'*asali*, l'hydromel local, que nous sirotons en bons Gaulois.

Le lendemain matin, la nouvelle tombe : une réunion de guerriers se tient dans le village voisin de Giyamu. Joseph va essayer de nous y convier. Nous partons en file indienne à travers champs.

Nous marchons depuis une heure quand de loin, entre les acacias, monte la rumeur : une pulsation doublée d'un bourdonnement sourd. Nous filons en silence, entre les hautes herbes, encadrés par de farouches Barbaïgs. La lance de Joseph qui me précède, posée sur son épaule, me passe devant le nez à chaque pas. Mon cœur bat la chamade. Peut-être allons-nous avoir la chance d'assister à une danse secrète : la *doumda*.

Nous traversons des champs de fleurs d'où n'émergent que nos têtes. Le soleil cru fait vibrer les couleurs et les abeilles. Le murmure est toujours là, de tous les sentiers convergent de fiers guerriers dans leurs toges vermillon.

C'est comme un vol de djinns :
La rumeur approche, la brousse est remplie
Des clochettes tintent et la terre frémit.
C'est comme un ressac portant des grelots
Frappant une grotte qui gronde en écho...

Le kraal est là, tout hérissé d'épines, vaste enceinte circulaire à l'entrée de laquelle sont alignées les lances. Le vestiaire ! Seuls dépassent deux toits de chaume. Dans le silence qui sépare les martèlements de pieds tambourinant le sol et le fracas des grelots apparaissent soudain dans l'air électrisé, bien au-dessus de la crête d'épines, deux têtes ! Cling ! Encore ! Boum ! Rebelote ! Tching ! Les voilà !

Sauts prodigieux !

Nos cœurs bondissent dans nos poitrines, nous pénétrons l'enceinte. Tous les acteurs sont là : un groupe de filles fait face aux garçons, les visages sont durs et hautains, hiératiques et fermes. Tous sont drapés de rouge comme des gardes prétoriens.

Impressionnant !

On nous éclipse dans une case pour les présentations au chef. Joseph intercède en notre faveur, parle de notre marche à travers l'Afrique, de nos batailles contre les Allemands... Nous nous faisons tout petits et nous présentons comme *muzungu wachungadgi* : des nomades blancs.

Il opine, sceptique. Je lui parle alors des quarante vaches dont je me suis occupé dans les alpages suisses à l'âge de mon « initiation ». Il se détend, puis j'enchaîne sur notre marche parmi les lions de la réserve de chasse de Rungwa et comment nous avons chassé à la course ceux du Kruger...

Dans les rires et la stupéfaction, nous sommes adoptés et retournons aux premières loges de cette fascinante chorégraphie. Sonia en pleure d'émotion : « Ça fait six mille six cents kilomètres que je marche pour vivre ça ! »

Ce sont les filles qui mènent la danse. Une soliste se détache du groupe de pucelles, vient faire face aux garçons au milieu de l'arène et, d'une torsion du buste, entame ses sauts à pieds joints. Le mouvement vertical fait claquer les franges de sa jupe de cuir, elle tient des deux bras croisés son corsage où pointent de petits seins drus sous la peau chamoisée. Un corset de perles blanches, jaunes et bleues lui ceint la croupe pour en accentuer la cambrure et des rubans identiques viennent fouetter ses talons. Chaud ! Aux genoux, des batteries de grelots assenés par les sauts excitent les tympans.

La fraîche jouvencelle fixe de ses yeux graves l'assemblée de jeunes hommes, c'est une invite : deux splendides échalas drapés de rouge, un bâton à la main, avancent d'un pas devant la troupe rouge et lui répondent aussitôt par des bonds simultanés avec un air de défi.

La détente des sauteurs est magique, la tête hoche un tantinet à l'apogée de l'élan, les genoux plient et ploient peu, les pieds sont chaussés de sandales de pneu, le ressort est dans les chevilles. Ils volent, légers et aériens, dans un magique effet de ralenti.

Pendant ce temps, le groupe de filles chante derrière la soliste : « Nous sommes belles, nous sommes à prendre, mais il n'y a pas de garçons courageux dans la région, pas un pour nous ramener la peau d'un lion, personne pour nous voler des vaches et tuer nos ennemis. Autour de nous il n'y a que des lâches, quelle tristesse !... Nous sommes belles, nous sommes à prendre. »

Des flancs de nos deux sauteurs jaillissent alors deux autres comparses qui, chacun sur son aile, traversent l'arène d'une ample course circulaire pour brièvement affronter l'autre d'un cri, face au chœur des vierges, dans le dos de la soliste, exécutent une pirouette et reviennent côté garçons d'une féline enjambée. C'est le défi des courtisans. L'ambiance monte d'un ton. La soliste rejoint alors ses rangs, remplacée par une autre et le cycle de séduction reprend.

L'ensemble est farouche, martial, et malgré un désordre apparent fait de cris, de bourdonnements, de va-et-vient, de sauts à travers des nuages de poussière dans des bouffées de sueur, d'allées et venues de chiens et de chevreaux dans l'odeur âcre du beurre rance lustrant les cuirs, s'orchestre et s'articule sous nos yeux, par ces rituels pleins de tabous et d'interdits, où tous et toutes jouent le rôle de leur vie, la merveilleuse identité d'un peuple.

Cette *doumda* rassemble des symboles initiatiques, nuptiaux et guerriers, mais sans leurs implications directes. Il ne s'agit plus heureusement d'aller tuer de lions ni d'ennemis, peut-être seulement d'aller de leurs bonds irréels décrocher la lune pour le cœur d'une belle ! Aujourd'hui, la danse est simplement rituelle et propitiatoire : sa perpétuation se veut une prière de toute la tribu pour la croissance des herbes, pour la santé des vaches et le respect des traditions.

Scarifié de grands cercles autour des yeux, le maître de danse frappe du plat de ses bâtons sur un grand bouclier en peau d'éléphant. Des hommes derrière lui barrissent inlassablement dans des coloquintes, quand une rumeur passée de bouche à oreille se répand, laissant dans son sillage des visages graves et interdits : une femme se meurt en couches, le bébé est coincé..

Tous les hommes se retirent du kraal et vont s'asseoir dans les herbes fleuries, sous la gouverne de leur chef. Au loin, des volcans alanguis sous le ciel bleu, et sous nos yeux cette flaque rouge d'hommes accroupis. Le sang de la plaine décidant du sort de la mourante. On envoie un cycliste à Haidom, dispensaire norvégien à trente kilomètres, et l'on retourne dans le kraal pour une prière collective.

Debout parmi sa tribu, le chef harangue, invoque, prêche. Les ouailles opinent du chef, un souffle de ferveur et de recueillement flotte sur les âmes unies et serrées comme un troupeau. Le *guiribta*, sorte de diacre, ponctue chaque phrase du chef d'un petit cri d'assentiment. Ni chrétiens ni musulmans, ils prient leur dieu solaire Asseta, croient en la permanence de l'esprit après la mort (*gaoda*) et à l'intercession des ancêtres. Ainsi, ces Barbaïgs méprisés de tous, considérés longtemps arriérés, violents et païens, nous révèlent la douceur et la solidarité de leur spiritualité. La prière pour la parturiente est finie, et la danse de reprendre pour joindre le geste à la parole et faire de chaque saut une offrande, de chaque geste une participation à l'ordre du monde.

Avant de repartir, nous voulons filmer nos amis menant leur troupeau à la rivière à près de dix kilomètres de là. Au rythme des vaches, ça prend toute la journée. Nous partons tôt. Joseph et Raphaël marchent avec leur lance et poussent, hiératiques, leur cheptel devant eux. Leur capital. Plusieurs troupeaux convergent vers le même endroit mais ne se mélangent pas trop, comme s'ils savaient les drames qui peuvent survenir · on ne mélange pas les comptes en banque !

Mais les Barbaïgs se parlent, s'arrêtent, laissent leurs vaches aller sous la gouverne du **taureau** dominant. Quand il faut repartir, je demande à nos **amis** de se placer derrière un troupeau car j'ai un beau plan en enfilade au ras des têtes, dans la poussière entre les cornes. Raphaël vient vers moi, paniqué

— Tu es fou ! On ne peut pas faire ça ! C'est une déclaration de guerre ! Ça veut dire qu'on veut voler le troupeau de notre voisin ! C'est complètement tabou de marcher derrière le troupeau de quelqu'un d'autre !

Une vache ne vaut pas une autre vache. C'est comme si type vous piquait votre voiture pour se faire prendre en photo dedans..

Le soir, il se met à pleuvoir des trombes. Notre tente est inondée. Nous nous réfugions dans le tembé de la mère de Joseph. Bourbeux, le kraal devient soudain bien moins bucolique. Tout fuit, tout goutte dans le noir absolu. Nous sommes sur des branches mal ajustées recouvertes de peaux de vache grouillantes de puces. Elles aussi se sont réfugiées dans le seul endroit à peu près sec. On se cogne partout, on se couvre de suie, de beurre et de terre, comme tous les objets qu'on touche. Pour pouvoir étendre nos jambes au bout de notre grabat, je débarrasse le foyer de ses cendres et fais place nette. Nous essayons de trouver le sommeil, entre les gouttes, entre les puces.

À l'aube Joseph vient nous voir, pousse un cri atroce et disparaît. Que se passe-t-il ? Sommes-nous devenus tout bleus ? On s'ausculte. Rien ! Sonia explique :

— Il a dû se planter une écharde dans le pied.

Soudain, Raphaël déboule en trombe et s'exclame, catastrophé, en nous pointant du doigt le foyer vide :

— Quel malheur ! Où avez-vous mis les cendres ?

— Je les ai jetées par-dessus le buisson.

— Aïe ! Aïe ! Aïe ! Attendez-moi, je vais dire à Joseph que vous ne saviez pas.

Nous restons interdits. Il rapplique.

— Dans la tradition barbaïg, jeter les cendres d'un foyer, c'est déclarer vouloir tuer le maître de maison et prendre sa femme..

Gloups ! Nous allons tout de suite nous excuser auprès de Joseph qui se console déjà à grandes rasades d'*asali*, tandis que

Noumounchou dans son coin glousse timidement. Chers Barbaïgs, pardonnez les barbares que nous sommes !

Nous quittons nos amis. Noumounchou et Sonia versent une larme tandis que je claque l'accolade à Joseph. « Reviens l'année prochaine ! On ira tuer un lion à la lance ensemble pour ton initiation... »

En quelques jours pressés nous traversons les territoires iraqs vers le nord dans une riche campagne. Au soleil couchant, le relief se tourmente et nous ne tardons pas à apercevoir, depuis le col d'Aïcho, l'extraordinaire panorama des volcans de Ngorongoro : un des berceaux de l'humanité, le jardin d'Éden d'aujourd'hui et la porte de Serengeti.

Nous plantons la tente sur un escarpement face à cette vue époustouflante, secoués en silence de tremblements d'émotion. D'après le relief, nous devinons les deux grosses fractures du Rift qui recèlent à l'ouest le lac Eyasi et à l'est, en contrebas, le lac Manyara. Le cri d'une hyène nous accueille aux portes du cœur sauvage de l'Afrique.

En deux jours nous gagnons Karatu, le dernier village avant le parc de Ngorongoro. Sur la route nous voyons des rafales de Land Cruiser chargés de Blancs livides qui tracent vers le paradis. En une heure, nous voyons plus d'Européens qu'en six mois ! Comme si tous les touristes d'Afrique s'étaient donné rendez-vous sur cette bande de goudron. Au fabuleux débouché sur le lac Manyara étalé au pied de l'escarpement du Rift, nous voyons la route filer plein est.

— Ça y est ! Nous sommes à la même latitude qu'Arusha !

Ainsi, au 6 888ᵉ kilomètre de notre marche dans les pas de l'Homme, au carrefour de la piste de Kitete qui part vers le nord et où nous reviendrons reprendre le fil de notre marche, nous décidons de faire une digression vers Arusha pour préparer notre ascension du Kilimandjaro et les tournages que nous voulons faire avec les paléoanthropologues des gorges d'Olduvai dans le parc du Ngorongoro.

25

Zanzibar
Des marchands d'hommes et des dauphins

À l'Alliance française d'Arusha nous rencontrons Marc Basseporte, son jeune et sémillant directeur, qui nous présente autour d'un apéritif, à la communauté des Français travaillant notamment pour le Tribunal pénal international (TPI) pour le Rwanda. Le TPI dispose d'un budget de 190 millions de dollars par an pour juger quarante bouchers génocidaires et sauver peut-être une toute petite poignée d'innocents (aux mains pleines). Une justice de luxe ! C'est donner beaucoup d'importance à des monstres, remuer interminablement le couteau dans la plaie d'un peuple qui devrait plutôt penser à les panser. Nuremberg avait été réglé en un an et demi. Ici, en plus de deux ans, à peine huit personnes ont été jugées.

Mais les mille employés ou appointés du tribunal y trouvent leur compte. Neuf juges internationaux payés plus de cent cinquante mille euros par an, exonérés d'impôts, brillant plus par leur absentéisme et leurs ronflements en audience que par leur curriculum vitae, nommés sans contrôle par leurs États qui cherchent à les éloigner, des assistants surmenés et désabusés, des avocats rétribuant leurs clients jusqu'à 10 % de leurs émoluments fastueux afin d'être désignés... Même les riches criminels sont déclarés sans ressources et voient leurs frais de défense assumés par nous tous, par vous. Tout le monde se goinfre. À tous les étages. Les commissions de surveillance le savent bien mais n'ébruitent rien pour ne pas salir l'institution. Ce sont elles qui constatent les taux d'absentéisme dépassant les 60 %.

Les mesures dilatoires, les reports d'audience, les vices de forme sont là pour prolonger la comédie : tout le monde a intérêt à ce que les jugements soient éternellement différés pour que le gâteau soit reconduit. La mission du TPI vient d'ailleurs d'être prolongée jusqu'en 2010. Elle aura coûté en tout deux milliards d'euros. La population du Rwanda n'en ferait-elle pas meilleur usage pour la reconstruction du pays ?

Le Rwanda n'est-il pas capable de juger ces crimes lui-même ? Sommes-nous les mieux placés, nous qui sommes coupables d'avoir vu venir et laissé perpétrer ce génocide ? Dans la logique du TPI, c'est toute la population qui devrait être jugée. Qui peut prétendre n'avoir rien vu ou rien fait au Rwanda ? Comment faire le tri dans la folie qui a saisi tout un peuple ? Et quel est l'enjeu de cette mascarade ? La prison à vie ? La belle affaire ! Où ça ? En Europe, bien sûr ! Pas en Afrique ! Les témoins racontent n'importe quoi, interminablement, pour bénéficier le plus longtemps possible du gîte et du couvert offerts par le tribunal plutôt que de crever de faim chez eux, et des New-Yorkais polis, des Espagnols biens élevés, des Ukrainiens très au fait des problèmes inter-ethniques africains, des Français distants écoutent *ad nauseam* comment les corps étaient découpés en rondelles, les bébés écorchés, les pucelles empalées. La tour de Babel psychanalyse l'enfer pour le chèque de fin de mois.

Nous sommes horrifiés par ce « gros machin » qui profite encore une fois à tout le monde sauf à l'Afrique, exception faite des propriétaires de maisons de cette petite ville qui pratiquent des tarifs parisiens. Et le plus triste, c'est que tous les acteurs et les bénéficiaires de cette coûteuse farce sont les premiers à le savoir et à cracher dans la soupe grumeleuse qui les gave.

— Ça ne me pose aucun problème moral ! nous répond avec morgue un jeune avocat envoyé de Paris, payé un pont d'or pour dégotter un vice de procédure dans le dossier d'un client ruisselant du sang de ses victimes...

Mais malgré leurs honoraires mirobolants, ils ne sont pas heureux, ils ont vendu leur âme au tribunal.

Un coup de fil salvateur de Judith, la marraine hongroise de Sonia, nous tire de cette nausée : elle arrive dans trois jours pour nous offrir une semaine de vacances à Zanzibar.

Entre-temps, nous rencontrons Frédéric Mendonca de Tanganyika Expeditions, un grand type anguleux au regard perdu et à la voix douce qui, emballé par notre aventure, convainc son siège parisien de nous offrir le sommet de l'Afrique. Beau cadeau. Merci Frédéric !

Un bref passage chez le dentiste nous fait dépenser autant d'argent qu'en six mois de voyage : à nous deux nous avons huit dents pourries. Pas des caries mais des dents creuses, déminéralisées par nos carences alimentaires et nos épreuves. L'émail est intact mais la pulpe est pourrie. Tout est à refaire.

Tanya, une orthodontiste macédonienne équipée d'un matériel dernier cri, de fraises à caméras vidéo et de plombages en céramique, fore, excave, désinfecte, cimente au fluor pur, polymérise de la résine, nous reconstruit les dents. Sans doute la meilleure dentiste du continent, venue soigner les fonctionnaires du tribunal... *Smile* ! Mordez dans le gâteau !

À l'aéroport, en attendant Judith, nous regardons les passagers s'affairer au tapis roulant quand les portes automatiques laissent sortir des chariots.

Soudain Sonia pousse un cri :

— Mamitchka !

— Mais non, ce n'est pas possible.

— Mais si, je te dis que j'ai vu ma mère, de dos, là-bas derrière le pilier ! J'ai reconnu son chignon.

Nous les voyons bientôt arriver toutes les deux, pimpantes et souriantes, quelle belle surprise ! Sonia est en larmes. Dagmar frémit de son petit nez pointu et de ses yeux fendus :

— J'ai plaqué mon boulot, j'ai tellement aimé le Malawi qu'il fallait que je revienne. Comme je vous comprends, mes enfants !

Trop inquiétées par les récits de Rungwa, les lions, les perfusions de quinine et la difficile convalescence de Sonia, elles sont venues s'enquérir de sa santé et vérifier que nous ne faisions pas de rétention d'information. Bien inspirées, elles apportent dans leurs fournes quantités de victuailles, saucissons, camembert, saint-émilion et autres merveilles.

Zanzibar. Tout d'abord, ne jamais l'oublier, ce fut un camp de déportation avant la lettre. Nous en savons quelque chose, nous qui depuis Nkhotakota et les marchés aux esclaves du

Malawi avons parcouru 1 659 kilomètres sur des pistes jadis empruntées par les sinistres caravanes d'esclaves jalonnées de cadavres. Pour un esclave vendu sur ce caillou de corail, il fallait compter quarante victimes dans l'Afrique de l'intérieur. Les villages étaient razziés, près de la moitié des captifs mouraient en route et les traînards étaient abattus.

Quatre millions d'hommes ont été vendus ici..

Et dire que Zanzibar fait rêver !

Amnésie mondiale orchestrée par la mode touristique.

Nous abordons Zanzibar comme nous aborderions Gorée au large de Dakar, non sans componction et pensées pour les hommes et femmes qui ont engraissé cette croisette orientale de leur sang. C'était il y a à peine plus d'un siècle. Deux ou trois générations. Alors, on peut se pâmer sur les portes sculptées, sur les épices, sur le charme de ces ruelles animées, sur ces boutres et ces *dhows* aux voiles picorant le soleil couchant, venir fantasmer sur les Mille et Une Nuits et passer des vacances aux charmes orientaux sans oublier l'abomination sur laquelle ces merveilles sont fondées. Mais c'est sous les tropiques, alors ça rend nonchalant : tout est relatif sous le soleil !

Nous mettons donc pied à terre dans le port, en pèlerins plus qu'en consommateurs, et trouvons refuge au Narrow Street Hotel, dans Stonetown. Partout des chats rôdent et sommeillent dans les ruines. Les palais de corail, et non de pierre, s'écroulent comme des châteaux de sable, comme les casbahs berbères. Cela ne semble pas inquiéter les riverains : ils s'en servent de dépotoirs, par les fenêtres des façades délabrées. Dommage que les nombreuses fortunes de Dar es-Salam ou des rois du pétrole n'investissent pas dans la préservation de ce patrimoine mondial de l'humanité... Au sortir de Stonetown, ils préfèrent construire d'immondes palaces parpaing-carrelage-parabole, kitsch et ripolinés, comme l'excès d'argent sait en construire partout. Unique et piètre consolation, l'Unesco et la fondation de l'Aga Khan veillent au grain.

Dans les dédales en clair-obscur de l'écheveau de ruelles, c'est tout le Proche et le Moyen-Orient qui vaquent et déambulent. Chez les femmes que l'on croise, une extraordinaire variété de voiles trahit différentes origines et obédiences islamiques. Courts ou longs, noirs ou colorés, intégraux ou composés, amples ou seyants, sobres ou rehaussés d'or et de perles, parfois même rose bonbon à paillettes, ils trahissent une science achevée de la séduction. Ils flottent avec la grâce et les mystères des secrets que l'on voudrait pouvoir percer, et l'on se perd bientôt, happé par la contemplation de l'une, surgie d'un angle mort, abandonné par l'autre, avalée dans l'ombre d'une porte ouvragée, après avoir été cloué au sol par un regard de braise... Ces manières ne sont pas prudes, comme on pourrait le penser. À petits pas, au rythme des appels du muezzin qui scandent la journée, on se laisse porter et emporter par les beautés de ce labyrinthe. On furète et on cherche les traces des Sumériens, des Assyriens, des Égyptiens, des Phéniciens, des Indiens, des Chinois, des Perses, des Portugais, des Omanis, des Néerlandais et des Britanniques qui se sont succédé en ces lieux. Les portes de bois aux montants sculptés d'arabesques et aux battants quadrillés de pointes de bronze, ressemblant à s'y méprendre à des presse-citrons, sont l'âme de la ville.

Île-porte, ouverte sur l'Orient et sur ses trésors, portes entrebâillées sur la luxure de somptueux harems, portes fermées sur les caves des palais où s'entassaient les esclaves enchaînés avant leur nouvelle déportation. Nous les collectionnons ces portes aux tympans raffinés, leurs encorbellements floraux, leurs protections anti-éléphants d'inspiration indienne, sachant qu'il n'y a jamais eu d'éléphants dans l'île. Zanzibar où l'artifice, la nostalgie d'Oman et de Jaisalmer, les moucharabiehs donnant sur des murs aveugles et la multiplication des Diwan [1], un par palais, où l'on parlait négoce plutôt que justice. Un royaume de barons marchands richissimes entassés dans une île forteresse, vautrés dans leur raffinement et leur cruauté, sans autres sujets et sans autres terres que ceux arrachés à la leur et envoyés vers les leurs, au loin, de l'autre côté de la mer, là où le soleil se lève sur le monde...

On médite devant le palais de Tippu Tip, comme on le ferait devant la maisonnette d'Hitler à Braunau, en tentant de voir passer son fantôme sur ce seuil de pierre, de voir sa main qui s'est posée là sur cette poignée de bronze.

Des pans de crépi lépreux laissent apparaître des grumeaux de corail dont les terminaisons figées dans le torchis semblent des têtes de fémurs et de morbides tibias.

---

1. Salles de réception où les notables recevaient visiteurs et créanciers.

Petit-fils d'esclave lui-même, Tippu Tip était le plus forcené des chasseurs d'esclaves, poussant personnellement sa petite armée de mercenaires jusqu'aux rives du lac Tanganyika et ravageant tout sur son passage. Il alla jusqu'à créer un comptoir d'esclaves, avec Msiri et Mirambo, deux chefs qui s'étaient autoproclamés rois d'un petit État fondé sur le commerce d'ébène avec à leur service des armées de Wanyamwezis, des chasseurs d'esclaves qui écumaient la région.

Hormis ces fantômes, il n'y a plus une trace de l'esclavage sur cet îlot de corail. Le marché aux esclaves a été rasé par les Britanniques en 1873, soixante-six ans après l'abolition de l'esclavage en 1807. En lieu et place de ces arcades et de ces caves où les survivants étaient enchaînés dans l'attente d'un acheteur grossiste ou d'un exportateur, se tient la cathédrale anglicane presbytérienne, construite en corail brut, dont une croix est faite du bois de l'arbre au pied duquel le cœur de Livingstone fut enterré par son fidèle ami Juma, qui porta son corps embaumé jusqu'ici depuis le village de Chitambo en Zambie, afin qu'il soit rapatrié vers la Grande-Bretagne où il fut inhumé à l'abbaye de Westminster en 1874 un an après l'éradication officielle de l'intérieur.

Johnson, un jeune guide, étudiant en histoire à Dar es-Salam, nous entraîne dans deux caves ayant échappé à la destruction. Les deux caves du souvenir.

Pliés en deux dans un couloir humide, nous débouchons dans une petite pièce bordée de deux larges banquettes de ciment séparées par une coursive et faiblement éclairée par deux soupiraux Des anneaux de fonte courent sur les murs.

— Quarante esclaves étaient enchaînés et allongés sur ces banquettes avec l'impossibilité de se lever. On les sortait tous les jours pour les laver et leur faire faire des exercices...

— Mais depuis quand l'île vivait-elle du commerce des esclaves ?

— Depuis toujours, bien avant l'arrivée des Européens, des esclaves étaient vendus ici pour devenir marins dans les galères de Perse, eunuques dans les harems moghols en Inde, pêcheurs de perles en Arabie et au Yémen, soldats dans les armées d'Oman, forçats dans les marais salants de Mésopotamie. Mais le marché s'est vraiment accéléré aux XVIIIe et XIXe siècles avec les plantations de clous de girofle du sultan

Seyyid Saïd, avec les marchands brésiliens qui n'arrivaient plus à se procurer de la main-d'œuvre en Afrique de l'Ouest à cause des blocus britanniques et qui faisaient le tour du cap de Bonne-Espérance pour venir s'en procurer ici, et avec les Français qui commençaient leurs plantations de sucre et de café à l'île Maurice et à la Réunion.

Nous marquons un temps d'arrêt devant cette responsabilité collective. Johnson voit nos visages consternés.

— Mais n'oubliez pas que ce commerce profitait aussi aux royaumes africains. Qui vendait les Noirs aux marchands ? D'autres Noirs ! L'esclavage n'était pas qu'une prédation. Il répondait déjà aux lois de l'offre et de la demande. Il n'aurait jamais été possible sans la complicité et la volonté des royaumes de l'intérieur. La plupart des esclaves étaient vendus par des tribus comme prisonniers de guerre. Les Bagandas par exemple, en Afrique de l'Ouest, menaient des batailles pour esclavagiser les Bunyoros et les Basogas. Les royaumes de Dahomey et d'Oyo s'esclavagisaient réciproquement. Et avec le ...arché, l'esclavage devint moins une conséquence de la guerre qu'une raison de partir en guerre ! Dans d'autres royaumes, la sorcellerie, le vol, l'adultère et en fin de compte le moindre crime étaient punis par la vente de l'incriminé aux marchands d'esclaves. Tout le monde y trouvait son compte. Des esclaves étaient donnés par les villages en tribut aux rois, au même titre que, ou en remplacement, de n'importe quelle marchandise. Même des endettés pouvaient être vendus par leurs créanciers pour solde de tout compte. Des tribus voisines kidnappaient mutuellement leurs enfants quand ceux-ci avaient le malheur de s'écarter de leurs villages lors de corvées de bois ou d'eau... Pendant les temps de famine, des familles vendaient elles-mêmes les enfants qu'elles ne pouvaient plus nourrir. Seules quelques rares tribus ne cédèrent jamais à l'appât du gain et développèrent des stratégies contre ce commerce universel qui a saisi le continent tout entier : les Jolas de Casamance, les Bagas de Guinée, les Gwolus du Ghana. Mais de ce côté-ci de l'Afrique, la tendance était plutôt à la chasse sans merci. Tout le monde était coupable. C'est ce que j'appelle, pardonnez-moi la comparaison, le paradoxe du dealer et du drogué : qui incite l'autre ? Qui est le plus coupable ? Celui qui fournit la marchandise ou celui qui l'achète ? Douze millions d'Africains à travers l'Histoire furent arrachés à leur terre, dont six millions pour le seul XVIIIe siècle. C'était un phénomène mondial comme la drogue aujourd'hui, dont des peuples entiers sont les esclaves...

Le soir à Zanzibar, on se promène en toute quiétude à l'affût de scènes de vie dans des portes entrebâillées ; des hommes regroupés jouent aux dominos ou aux cartes dans les venelles sous des réverbères. On dîne pour rien, à la lueur d'un bec de gaz, d'une brochette de marlin ou de thon, d'une pince de crabe ou d'une queue de langouste dans les jardins du front de mer devant les murs épais du fort portugais défiant les siècles. Calme, indolence et gentillesse tissent aujourd'hui une ambiance qu'on vient rechercher de loin. Un Orient serein qui n'a nulle part où aller, personne à conquérir, aucun peuple à convertir. Qui ne peut vendre que ce qu'il a : le charme du temps sédimenté, le charme du bouillonnement des cultures et de l'histoire, le charme d'un passé dramatique et fastueux, à la coupe duquel tous les visiteurs se sont enivrés. Dans le soleil couchant, comme de bien entendu, défile un boutre silencieux.

Spice tour : ne pas confondre avec la tournée d'un groupe de pop. Animé par le fils du célèbre Monsieur Mitu, Abdu, la visite des jardins d'épices et d'aromates nous fait découvrir, de surprise en surprise, l'autre source de richesses de l'île.
Nous visitons des forêts de girofliers plantées dès 1820 par les esclaves du sultan d'Oman qui déplaça ici sa capitale en 1840, tant ses plantations étaient fructueuses. Ébahis, nous apprenons que les clous de girofle poussent au bout des branches de grands arbres, que le poivre est un parasite qui a besoin d'un arbre pour grandir, que le poivre blanc et le poivre noir viennent du même pied mais correspondent à deux maturités différentes, que la vanille est le fruit d'une orchidée grimpante, que le curcuma orangé et le gingembre jaune proviennent de rhizomes magiques, que la cannelle est l'écorce d'un arbrisseau qu'on lacère et torture sans fin, que la cardamome est enfermée dans les petites gousses des racines de surface d'une vulgaire plante, que la citronnelle est une mauvaise herbe... Les papilles en feu à vouloir tout goûter, nous rinçons ce festival capiteux d'un café très serré.
Pour achever ces béatitudes touristiques, nous sacrifions le lendemain au rite à la mode du *dolphin tour*

« Encore un attrape-couillons ! » se dit-on, mais bon, pour dix dollars : transport, plage, balade en mer et repas inclus, le risque de ne voir que de loin le bout d'un coin d'aileron n'est pas cher payé. Avec huit Européens tout blancs et couverts de crème, se toisant les uns les autres d'un air gêné : « Ben oui ! Nous aussi on est tombés dans le piège à cons ! », nous grimpons dans une barcasse peu rassurante et passons le récif.

À peine le temps de humer la brise du large que notre pilote pointe son doigt à tribord. Nous tournons la tête, incrédules, et accueillons l'apparition des dauphins d'une grande clameur. Une trentaine ! Ils batifolent. Nous nous jetons à l'eau.

Tout n'était qu'agitation et gaucherie en surface, tout n'est que calme et précision sous l'eau. Des dos noirs et fuselés progressent en mouvantes escadrilles. Ils avancent sans un battement de queue. Magique. L'eau résonne de clics et trilles en échos. C'est la cacophonie. Ils sont apparemment en grande conversation. Tous glissent de conserve doucement autour d'un groupe plus agité. Jouent-ils ? Non, ils se battent. Bizarre. Drôle de bagarre : cinq contre un, ah non, contre une...

Leur incroyable crochet blème en bataille, ils virevoltent à tour de rôle et en spirale autour de l'intéressée en frottant le leur au ventre de la femelle alanguie. Stoïque, elle se laisse emporter par leurs pénétrations successives. On ne saura jamais qui est le père. Et l'attelage en rut fait ainsi des ronds sur le fond de sable. Impudique, je plonge en apnée dans la mêlée, l'amalgame est superbe, les coups de « reins » à la fois forts et doux, fluides et furtifs. Les mâles ne se battent pas entre eux, ils attendent leur tour en se pressant, mais cela dure, tous en redemandent et les vingt-cinq autres surveillent aux premières loges le bon déroulement de la reproduction.

Soudain, un gros musclé se détache du groupe et vient me voir d'un coup de queue. Il s'arrête net, me regarde de son petit œil vitreux, jette un ostensible coup d'œil vers mon maillot, et s'en retourne rassuré. Authentique. Je n'ai pas rêvé. Je remonte à la surface, confondu.

Les autres dauphins se laissent approcher ınais jamais toucher, ils me jettent par-derrière un petit regard en coin plein de.. compassion. Oui, de la compassion, de ıa bonté sereine dans ce petit œil bleu glauque, saphir brumeux, mais aussi un : « Ouı, mais sans façon ! »

De ce même regard complété du sonar de leur melon, ils savent tout de moi : le rythme de mon cœur, mes faiblesses, peut-être même lisent-ils mes pensées ! Impossible de les surprendre, ils devinent la moindre de mes intentions, le moindre de mes gestes. Parfois, quand je plonge vers eux, ils clignent de l'œil, comme pour me signifier qu'ils ne me voient pas et ils m'évitent tout doucement, sans me fuir ni accélérer, insaisissables, ils avancent, c'est tout, pour suivre la noce. Autruches sous-marines !

D'autres fois, quand nous sommes droppés devant eux et que nous réussissons à intercepter leur course, ils font semblant, plutôt que de nous éviter ostensiblement, de s'arrêter en pâmoison devant une patate de corail, de se gratter le museau dessus ou de jouer du rostre avec un tétrodon en goguette, en attendant qu'à bout de souffle nous remontions à la surface et leur laissions le passage. Nous restons ainsi quelques secondes d'éternité, face à face sur le fond de sable dans une contemplation timide et muette ; lui se tourne, se renverse, me révélant les extraordinaires reflets de soie grise de sa robe et les lignes courbes de ses puissants muscles sous la peau fine, tandis que je joue au noyé, le corps inerte pour tenter de tromper sa clairvoyance, susciter une réaction : les dauphins ne sont-ils pas connus pour porter secours aux nageurs en détresse ? N'est-ce pas le symbole de notre éditeur : le poète Arion sauvé des eaux par un dauphin ? Il semble rigoler de ma farce, de son sourire énigmatique :

— Eh, Alexandre, à quoi joues-tu ? Tu es transparent pour moi ! Ça ne marche pas ton truc. Allez, remonte ! Ça m'ennuirais que tu tombes en syncope.

En surface, ça patauge dur ! Une trentaine de bipèdes époumonés, claquant des palmes ! Nos cétacés n'en ont cure. Accroché à mon bloc de corail, je vois les caudales disparaître dans le bleu et me reste au fond du cœur ce petit regard intelligent, retourné dans un sourire de Joconde, par en dessous, me disant en une seconde pleine de douceur :

— Je suis incapable de méchanceté et je vous plains, pauvres hommes ! Pas toi en particulier, mais ton espèce ! Vous ne savez pas ce que vous faites. Vous êtes tout excités. Regarde-toi ! Tu t'épuises et tu t'essouffles. Et les autres bouffons là-haut ! C'est gentil de venir nous voir, je voudrais bien jouer avec toi, mais bon ! Le bonheur et la joie ne viennent pas de vous, et si je m'attachais, un jour ou l'autre j'y perdrais la vie ! Vous êtes trop fantasques, inconstants, imprévisibles, nous sommes trop calmes et trop sages pour vous. Allez, assez causé, salut !

Ce petit regard ou l'ineffable seconde de la conversion.

Aucun animal sauvage ne se laisse approcher par choix.

Le dauphin de Zanzibar ou la rencontre du troisième type..

26

Le toit de l'Afrique

Nous sommes au pied du mur : le Kilimandjaro. Tant convoité. Mi-parcours et point culminant de notre marche. Dagmar et Judith viennent de nous quitter. Pendant les sept jours qui vont nous être nécessaires à son ascension, nous allons passer dans la redescente le cap symbolique des sept mille kilomètres à pied depuis notre départ du cap de Bonne-Espérance il y a dix-huit mois.

C'est non sans appréhension que nous nous attaquons au géant africain, sachant que près de la moitié des ascensionnistes ne gagnent pas le sommet, se contentent de l'anté-cime ou redescendent précipitamment pour cause de mal des montagnes, et sachant que notre entraînement peut être un handicap s'il nous pousse à grimper trop vite. Le taux d'échec le plus important est parmi les jeunes sportifs et diminue considérablement au-delà de quarante ans...

Premier jour, camp de Machame, 10 juin 2002,
16 km, 6 904ᵉ km, 527ᵉ jour,
de 1 800 à 3 000 m

En swahili, Kilimandjaro signifie « montagne borne ». Il était un jalon pour les caravanes de Zanzibar ou de Mombasa qui pénétraient l'intérieur du continent noir. La nôtre s'étire dans les brumes entre les troncs tordus de la jungle primaire qui frange les pieds du géant. Cinq porteurs et un guide, Abel Mtui,

419

nous mènent dans ce dédale moussu, enguirlandé de lianes et de lichens. Tout est silence hormis le poc des gouttes grasses sur les feuilles vernissées et la succion de nos pas dans la boue huileuse.

Il pleuvote, nous avons revêtu nos capes de pluie mais nous sommes autant mouillés par la condensation de l'effort que par le crachin tropical. Sur les troncs morts, d'innombrables turgescences se nourrissent d'humus et percent le velours des mousses. L'*Impatiens kilimandjarica*, une adorable petite fleur bilobée, tavèle de touches roses les parterres verts. Elle tend vers la maigre lumière son pavillon perché sur une tige gracile Sonia s'émerveille.

Avec les filets de brume flottent dans la pénombre de puissantes exhalaisons fongiques, et les barbes de lichen en longues franges effilochées au bout des branches, sont peignées doucement par l'haleine des nuages. Tout est capitonné, les troncs immenses des camphriers jaunes, les cladastres, les ficus, les oliviers d'Afrique, les figuiers sauvages. Les branches serpentent autour des fûts, tout est enrobé, nous progressons dans des tunnels de mousse percés dans une éponge végétale. Dans les trouées s'épanouissent, superbes, les parasols de tulle des fougères arborescentes.

Tout le premier jour, par l'itinéraire de Machame, nous grimpons dans cette jungle féerique sur des entrelacs noueux de racines qui nous servent de marches et de poignées poisseuses. La progression est de plus en plus verticale.

De part et d'autre de l'arête où s'accroche le sentier perché, plongent des gorges touffues pleines des gargarismes des ruisseaux. Les énormes troncs cèdent peu à peu la place à des arbres moyens puis à des ifs. Nous sommes beaucoup plus chargés que d'habitude car nous avons loué des habits de haute montagne, doudounes et duvets, gants et chaussures de glacier pour compléter notre matériel. Stéphane Wolhfart, un ami français d'Arusha, nous a prêté deux sacs de couchage dans lesquels nous enfilerons les deux nôtres quand la température descendra en dessous de zéro. Nous campons le soir à trois mille mètres, en lisière de forêt, dans des bruyères odorantes.

Pour fêter ce premier jour, nous débouchons une bouteille de Two Oceans, un vin sud-africain dont l'étiquette représente le cap de Bonne-Espérance et la rencontre des océans Indien et

Atlantique. Nous en buvons quelques gorgées tanniques et roboratives en souvenir de notre point de départ.

Deuxième jour, camp de Shira, 9 km, 6 913ᵉ km, 528ᵉ jour, de 3 000 à 3 850 m

Ce matin, dans une déchirure de nuages, nous avons aperçu le sommet. Juste une épaule blanche dépassant d'un gros rocher. Si proche, si loin encore, aussitôt happé par une marée de nuages montants. Nous jouons à cache-cache toute la journée avec le capuchon de neige.

Tout ce flanc de la montagne a brûlé en 1997. Les grandes bruyères éricacées dressent leurs troncs désespérés dans le brouillard. L'air s'est rafraîchi et nous progressons parmi ces spectres noirs et tordus dans une ambiance de sortilèges. La terre se raréfie, laissant apparaître des circonvolutions basaltiques, des extrusions, bulles et grumeaux figés, poches de cendres et amalgames dans lesquels les bosquets d'immortelles, pâles et rosés, tirent leur élixir de jouvence. Cette altitude en est couverte et les massifs réguliers font à la montagne une couronne de fleurs.

Nous progressons bientôt le long d'arêtes tourmentées et passons au-dessus de la mer de nuages, à 3 850 mètres, en direction du camp de Shira. Une balade de santé. Le campement est installé parmi des éricas sur des surfaces planes, nous sommes à la limite de la végétation. Au-dessus de nous, menaçants et morts, s'épanchent les champs de lave.

Troisième jour, camp de Shira, 14 km, 6 927ᵉ km, 529ᵉ jour, de 3 850 m à 4 400 m et retour

Journée d'acclimatation. Toilette matinale à l'eau chaude sur mer de nuages. Nous sommes aux petits soins. À chaque repas, Pascal nous dresse une petite table avec sa nappe en vichy. Les autres groupes du camp, américains et australiens, sont babas : « Ah! Vous êtes français? Je comprends maintenant. C'est la *French touch*! »

Mohammed, le cuisinier, nous fait des crêpes le matin et d'exquises fricassées le soir. Marc porte les tentes et la vaisselle,

Richard, la nourriture et Kennedy est l'assistant guide. Toute la matinée, ils nous apprennent en swahili des chants de montagne, puis nous partons nous balader jusqu'à quatre mille quatre cents mètres sur des épandages de lave où scintillent des milliers d'éclats d'obsidienne. Nous répétons en marchant : « *Nita yahinou wamachoya ngukwako, nita zamé milima, msaada wangu unatoka wapi, ukatika bwana wangu* [1]*...* »

C'est un chant d'église ; Abel nous apprend qu'il est maître de chœur. Nous marchons dans l'allégresse et dominons le plateau de Shira, un des trois volcans du Kili, éteint depuis cinq cent mille ans et effondré en une large caldeira. Il en reste un vaste plateau aux bords relevés. Çà et là, sur les laves noires, se dressent des lobélies géantes dont le cœur comme un chou recueille l'eau des nuages et la conserve avec un antigel naturel. Des séneçons géants élèvent, tordues vers le ciel d'altitude, leurs feuilles racornies, manteau protecteur de la vie qui se renferme à l'intérieur. Stratégies de survie différentes. En chemin, nous tombons sur de larges empreintes d'animaux. Abel nous explique : « Ce sont des troupeaux de buffles qui montent du parc d'Amboseli au Kenya et viennent brouter une variété de lichen dont ils sont particulièrement friands ! » Nous sommes à 4 400 mètres et imaginons déambuler à cette altitude parmi ces paysages désolés, des buffles fantomatiques plus habitués aux marécages de la brousse.

Au retour, il y a foule au camp. Quatre groupes de plus. Ça fait tout de suite cent personnes avec les porteurs. Et c'est la saison basse ! En haute saison, ce sont près de trois cents grimpeurs qui gagnent le sommet, soit plus de cinq mille bonshommes sur la montagne !

Abel est chagga, la tribu dominante des flancs de la montagne, d'origine bantoue et qui a toujours su résister aux assauts des Masaïs de la plaine. Ils ont un roi, qui, en grande tenue d'apparat, peaux de léopard et plumes d'autruche, rencontra en son temps la reine Élisabeth. Il nous parle d'un fléau qui ravage sa tribu en sus de l'alcool : l'inceste. Exclusivement des filles par leur père. D'ordre rituel mais combattu farouchement par les missionnaires, il connaît un regain avec la menace du sida. Désœuvrés et sans le sou, les pères se servent à la maison, en

---

1. « Je lève les yeux vers toi, vers le sommet de la montagne. D'où me vient mon aide ? Elle vient du Seigneur. »

toute sécurité, déflorant le fruit de leurs entrailles. Abel en fait une croisade.

— Dans mon village, on a identifié quatorze de ces enfoirés. Si on a le malheur d'en rencontrer un la nuit bourré, je crois qu'il fera une chute mystérieuse...

— Vous feriez mieux de faire en sorte que les filles portent plainte.

— Non, ces plaintes sont déboutées. Dans notre culture, on ne peut pas accorder plus de crédit à la parole d'une fille qu'à celle de son père !

Quatrième jour, camp du glacier Arrow, 13 km, 6 940ᵉ km, de 3 800 m à 4 850 m

Renseignements pris, la montagne est à nous. Aucun groupe ne prend notre itinéraire par le glacier Arrow. Ils contournent tous la montagne par le sud et la hutte de Barranco pour attaquer le sommet par la voie classique de Marangu.

Nous remontons de grandes coulées de laves rhomboïdales noires truffées de cristaux scintillants. Déjeuner à la tour de lave. Impressionnant neck, reliquat d'un évent adjacent. Trois élands sont morts là, à quatre mille six cents mètres, leurs os blanchissent comme les neiges du Kilimandjaro.

Le camp d'Arrow est au pied d'un immense cirque d'éboulis, dominé par une falaise. Un mur. Par où diable va-t-on passer ? Nous avons choisi volontairement l'itinéraire le plus dur et le plus vertical du volcan. Le plus gratifiant aussi.

Le soleil se couche doucement sur la mer de nuages. Au loin, un îlot crève cet océan de tranquillité, le mont Meru. Le coton s'enflamme et la paroi rougeoie derrière nous. Nous sommes à l'altitude du mont Blanc et l'étau se resserre lentement sur nos têtes. Petite angoisse, la migraine va-t-elle passer la nuit ?

Cinquième jour, cratère de Kibo, 13 km, 6 953ᵉ km, de 4 850 m à 5 800 m

Non, elle est toujours là quand nous attaquons de nuit la paroi. Petit déjeuner frugal. Tripes barbouillées. Peu ou pas dormi. L'usure commence. La lune sème ses poudres d'argent sur l'ouate à l'infini. Tout emmitouflés, nous nous suivons à la queue leu leu dans les pierriers.

Il y a soixante-quinze mille ans, c'est tout un pan du cratère qui s'est effondré au sud-ouest, créant cet immense barranco, cette brèche, ce cirque. Nous escaladons des empilements de blocs instables sur une sorte d'arête isolée au milieu de couloirs d'éboulis.

De temps à autre, une pierre siffle en passant : ziiufff! De nombreux pas nécessitent l'usage des mains, le vide se crée autour de nous. C'est l'itinéraire le plus court, le plus direct et donc le plus vertical, « gazeux » même. Nous enchaînons les éboulis, ressauts, vires et châteaux branlants. Avec l'effort et la ventilation, notre migraine disparaît. Le jour se lève sur le coton boursouflé étalé à l'infini, en rougeoyant les moutonnements duveteux, mais nous restons longtemps dans l'ombre du volcan.

Nous nous efforçons de nous élever le plus lentement possible. Le danger c'est la vitesse. Abel marque pour nous de fréquentes pauses qui nous laissent tout le loisir de jouir de l'élévation. Avec la montée du soleil vers son zénith, nous ôtons nos pelures. En levant la tête, nous devinons un passage dans les falaises terminales : un fin goulet entaillé dans la paroi. Nous ne sommes pas encordés, et pourtant la moindre chute serait fatale. Dans ces pierriers instables, nous explique Abel, la corde aurait plus de chance de se coincer ou de vous faire trébucher que de vous rattraper en cas de chute, d'autant plus qu'elle risquerait de tous nous emporter. Il n'y a aucun point d'ancrage stable.

Je marche derrière Sonia dont je surveille les moindres pas. C'est vrai qu'avec l'altitude, l'effort, la faim, la soif et la nausée, nos gestes deviennent moins sûrs, plus mous et nonchalants. C'est le danger. Il faut rester concentré, appliqué. Je surveille aussi son état. Elle est très faible et ne pipe mot. Si elle devait renoncer irais-je au sommet pour nous deux ? La suivrais-je ? Si je tournais soudain de l'œil, j'insisterais pour qu'elle y aille seule. Mais la voilà qui se plie en deux sous un spasme. Fausse alerte. Elle avale une goulée d'eau pour faire passer la bile amère. « C'est dur ! J'ai des semelles de plomb. Et dire que l'Everest c'est trois mille mètres de plus ! »

Dans le goulet terminal, nous nous suivons à quatre pattes en prenant des appuis en opposition de part et d'autre des parois pour éviter d'envoyer au suivant des pierres ruisselantes. C'est ainsi qu'en plein effort nous gagnons d'un coup et d'un rétablissement, comme au sommet d'une escalade en falaise, la lèvre du cratère à cinq mille huit cents mètres. Il est midi, nous pénétrons *ex abrupto* le monde de la haute altitude, hostile et spatial.

Nous dressons la tente sur un tapis de cendres volcaniques au pied du glacier de Furtwangler et nous nous effondrons de douleur : la nausée et la tête. L'étau n'a fait que se resserrer, et pourtant ça vient de l'intérieur : trop de pression sanguine, plus assez de pression atmosphérique. La tête se dilate. À chaque pulsation, on guette l'anévrisme. Pétera ? Pétera pas ? Métronome morbide au tambour de nos tempes. C'est bientôt la cuisson sous la tente malgré le vent glacial au-dehors. De l'eau ! De l'air ! Dieu qu'on est mal. Il faut réagir.

Dans un sursaut d'énergie, nous allons prospecter le glacier. Très épais en son centre, il rétrécit par ses flancs qui offrent aux regards d'antédiluviennes strates céruléennes. L'empilement des temps. À la base, à nos pieds, cette glace bleue est de la neige tombée il y a cent mille ans. Nous en léchons l'eau ruisselante sous le soleil. De l'eau qu'auraient pu boire les tout premiers *Homo sapiens* ; peut-être un élixir de jouvence ? La paroi est vive, humide et adamantine, c'est-à-dire mourante et fondante au goutte-à-goutte, posée là par les âges sur un lit de scories noires. Par endroits, il ne reste que des proues fracturées comme des icebergs, des lames dressées vers le ciel où viennent éclater les rayons du soleil en dégradés opalescents. Nous déambulons comme des pingouins parmi ces cathédrales de glace. Ailleurs nos ombres fugaces caressent ces bouts de banquise égarés dans le ciel. Nos pas sur la neige et sur ces scories crissent sèchement dans l'air sidéral.

Par un itinéraire distinct de celui du sommet, qui nécessite un jour de plus sur la montagne, nous nous dirigeons à pas mesurés vers le cœur du volcan, sa bouche, son évent. Nous piétinons bientôt sur des graviers de pierre ponce, le cône de cendres au sommet duquel le rêve devient soudain réalité : le mythique cratère de Kibo, une des plus belles visions du monde, trois cratères gigognes emboîtés les uns dans les autres en soucoupes concentriques ouvrant sur un puits vertical béant. Architecture parfaite épargnée par cent mille ans d'érosion, la bouche infernale qui a accouché de cette montagne.

Sur un flanc, des fumerolles de soufre attestent que la bête sommeille. Notre migraine s'est envolée. Nous restons là assis, enlacés, à laisser le soleil décliner sur le nombril du monde, estomaqués de notre insolent bonheur, pas à pas mérité. *Exultate jubilate !*

Sixième jour, le sommet, pic Uhuru, 5 895 m
Camp de Rua après le sommet, 22 km,
532ᵉ jour, 6 975ᵉ km

Le *Kili*, c'est une capacité à encaisser la douleur. La nuit fut rude. La migraine revient quand on s'allonge. Foudroyante. Une douleur à dormir debout.

Je me suis réveillé tous les quarts d'heure en quête d'air comme une carpe en quête d'eau au fond d'une barque. La veillée d'armes avait des airs de veillée funèbre. Sonia, quant à elle, a comme d'habitude dormi comme un loir. Il fait −20 °C dehors. Nous nous préparons pour les cent derniers mètres. Il n'est que 5 heures. Sur toutes les autres voies, des équipes grimpent depuis minuit car elles sont parties de beaucoup plus bas. Nous quittons le camp, tous nos espoirs tendus vers le sommet juché sur le bord sud de la montagne, sur un reliquat du cratère extérieur. Nous n'avons qu'une petite centaine de mètres à gravir.

Une fois sur pied, la migraine passe. Nous nous suivons religieusement en procession silencieuse. Pas à pas, peu à peu, l'aube investit le ciel. Le pic Uhuru est le premier à recevoir le soleil en Afrique. Honneur au seigneur ! Ça y est. Il est touché par la lumière.

Plus que cent mètres ! Compte à rebours.

Nos cœurs battent la chamade, un vaste sentiment de gratitude nous envahit, une banderole de drapeaux tibétains multicolores claque dans le vent et applaudit notre arrivée au sommet, sommet de notre marche, apogée et mi-parcours.

Tout tourbillonne autour de nous dans une étreinte. Nos larmes givrent sur nos joues, nous sommes ivres de bonheur.

Après un baiser glacé-brûlant, je bafouille à Sonia :

— Tu te souviens ? Du Cap, ça nous paraissait impossible.

— Impossible n'est pas Poussin !

Mon rire est emporté dans la cavalcade des drapeaux à prières par Lungta, le cheval de vent venu d'ailleurs, imprimé sur les carrés de tissus colorés. Il court tout autour de la Terre, de sommet en sommet, dans les vents d'altitude.

Ça n'est qu'un pas de plus pour nous, mais c'est aussi un record du monde. Personne n'a jamais marché du point le plus austral de l'Afrique à son point le plus haut. Nous célébrons ce moment, hilares et humides, à coup de Veuve Clicquot.

Liesse dans l'équipe. Abel célèbre sa cent cinquante et unième ascension, Kennedy ne compte plus depuis sa trois centième. Ça rend le plaisir modeste. D'autant plus que tous souffrent autour de nous. Accablés, ils ne pensent qu'à redescendre une fois leur photo prise, certains arrivent en rampant, en vomissant, touchent au but et repartent dans un râle. Une vingtaine de personnes aujourd'hui. C'est exceptionnellement peu.

Bien acclimatés, nous restons deux heures au sommet à jouir de la seule rançon valable à tant d'efforts : la contemplation. Le mont Meru semble un nain aux ablutions dont la tête émerge à peine d'une mer de bain moussant. Nous pourrions presque être au sommet du mont Vinson dominant l'Antarctique si quelques trouées dans les nuages ne nous laissaient entrevoir des taches jaunes de savane.

Vers le sud, nous envoyons un chapelet de pensées et de prières à cette chaîne insensée de solidarité et d'hospitalité, à cette ribambelle d'amis africains sans lesquels nous ne serions jamais parvenus jusqu'ici.

À eux tous, nous dédions ce sommet.

Je me tourne alors vers le nord et glisse à Sonia :

— Depuis Le Cap, nous n'avons fait que monter jusqu'ici. C'est facile maintenant ! Il n'y a plus qu'à redescendre vers le lac de Tibériade...

— C'était le recto, à nous le verso !

Nous sommes tout petits, tout bronzés, tout en haut

Commencé à Nairobi, le 8 août 2002, chez Arnaud et Laure Thépenier, au 7114ᵉ km.

Achevé à Addis-Abeba, le 8 mars 2003, chez Jean-Claude et Amaretch Guilbert, au 9101ᵉ km.

Sans nos cinq cent un hôtes et bienfaiteurs en cinq cent trente-deux jours, notre marche n'aurait pas été possible :

Afrique du Sud

Marelyse, Ryan Searle et Candice Barrett, Brad Weir, Richard Erasmus, Gary Searle et Leighton MacDonald, Mike et Pat Hamblet, John September, Mark Zebulon, Morgan Day et Sean Morris, Duncan et Louise Fransz, James Farquharson, Karine et Stéphane de Saint-Salvy, Elsa de Villiers, Wicus et Hanlie Leeuwnaar, Augustine et Lettice Joemath, Désirée Kingwill, Hendrick Wilhelm, Elsbeth, Laubscher et Carina van der Merwe, Edward et Ronele Van Zyl, Adriaan, Louise et Aimie Mocke, Chris Lombard, Fernholt et Priscilla Galant, Gerhart et Pauline Du Plessis, Tina et Richard Ambler-Smith, Pancras, Hein et Andia Gertzner, André Terblanche, Peter et Lorraine Barrett, Mike Wells et Jill Kirkland, Euan et Shelley Wildeman, Esther et Isaac Wildeman, Joan et Peter Berning, Hannetjie Shepherd, Hazel et Andrew Gallagher, Gavin the Beekeeper, Karen et Rick Becker, Keith et Jane Fereira, Derek et Jennie Emslie, Malcolm et Leigh-Anne Mackenzie, Obie et Lynn Oberholzer, Robby et Anne Bloomfield, Vaughan et Magda Sparrow, Murray et Yvette Danckwerts, Val et André Danckwerts, Chris et Colleen Louw, Meg Harebottle, Julian et Jill Bennett, Johnny et Carol Morgan, famille King, Betty et Peter King, Herald et Allison Budler, P.-J. et Jean Budler, Peter et Pippa Gordon Grant, Cally et Louis Botha, Duncan Forbes,

Dries et Minnie De Klerk, Wilhelm et Jenny Waagenaar, Hennie et Mary Coetzee, Johan et Mitzie Grundling, Koos Smit, Dawn et Wynne Green, John Sephton, Ceddie et Mullie Isted.

Lesotho

Mary de Senondo, Mapumzile et Mohanhan, pères Cyr Roy et Gérard Laliberté, sœurs Clara et Maria Goretti, Moshoeshoe, Lechamo Chamo, sœur Maria-Louisa, John Whitehill, sœurs Émilie et Solange Moreau, sœurs Maria, Joséphine, Geneviève et don Bosco, Alcilia et Veronika, Élisabeth Makara, père Constantin Nthethe et sœurs Cecilia, Philippe, Maria Gracia et Aline, Masekou Sethinyane, sœur Joséphine de Saint-James, Nye Nye Makara, sœurs Hilda, Sebasta, Johanna et Adolphina, Johan Riekert, Mike Van Zittert, Karl Schuld.

Afrique du Sud

Olivier Huez, Fée et James Berning, Carol Small, Mark Wilson, Serge et Nicole Roetheli, Tewie et Hannekie Wessels, Hanlei et Vinson Prinsloo, George et Lourencia Lubbe, Sakie et Diana Bibbey, Koos et Mary Oosthuizen, Gerd Klaasen, Ané et Nico Steinberg, Pieter Hartmann, Pieter et Wilma Smit, Ann et Stuart Thorne, Gisella Latilla, Doolie et Rose Lindbergh, Lith et Neil Orford, Patricia Glynn, Francis Thackeray, Paul Khambule, Muzi, Luther de l'Alexandra Brass Band, Martha et Moïna de Nkgondwana, Sharon et Jonathan Dickinson, Gavin Dickinson, Monique Lion-Cachet, Natasha Keizan, Nick et Jean More, Duncan et Coleen MacGregor, Shirley et Raymond Emmerich, Andries Botha, Eddie et Hilary Keizan, Hans Bucher, Brian et Jenny Jones, Casper, Leon et Elsie Neuhof, Ala Sussens, Allan Van Ryn, Jef Sibson, Jan et Antoinette Volschenk, Stien Horac, Matt et James Williams, Pauline et Johan Burger, Jimmy et Joey Schambriel, Franck Truter, Pierre Venter, Fransz Van der Merwe, Kobie et Lulu Fick, Robert et Fred Hattingh. Susan de Bruyn, Ma Jacobs, Helen Campbell.

Zimbabwe

Pierre et Rosette Émeric, Wilhelm et Carina Kloppers, Leon Roussow, Graeme Jones, Gerry, Marion and Andrew Perkis, Alicyn Henning, Valentine et Mandy Machache, père Otto

Hubman, Morgan et Susie Tsvangirai, sœurs de Murambinda, Timothy Noah, Tinache, Walter Mbauya, Chamiso et Tatenda, Andrea et Anthony Pycroft, Kevin et Belinda Forrest, Joop Diessel, Rudy Boribon, John Palmer, Ignace, Rosemary Museka, Japhet et Tanya Chipfunde, Mike Hogan, Rob et Debbie Lindsay, Duncan et Nancy Storrer, sœurs Carina, Andrea, Ethel, Clara, Benedicta, Fadz, pères Michael Hender et Michael Ward, Ephraïm Satuku, Ozias Nyamhute, Maggie la borgne, Patrick Sande, Joseph Fombe, Peter Chaparadza, Lucy, David.

Mozambique

Padre Alberto, Philippe Vargas, Itayi Tempesi, Abion Moizanani Cosa y Vida, Isidro et Cecilia Vaz, Trevor et Cilia Williams, Balthazar, Catherine Heule, Silvia Mikusova, père Francisco Lourenço et Bernardo Soares, Michael, Thibault, Bernard Trouvé, Thomas et Chiremitso, Franck Lucius, Manuel Fereira, Gallup.

Malawi

Pères Tobias et Cornélius, Clemence et Maria Govati, Elife Chitsanya, James Mulli, Daniel Chilomoni, Martin et Leslie Welch, Colette Calisse, Edward et Mga Govati, Christian et Aurélie Tonani, Lydie Guéguan, Patrick et Claudia Déesse, Lucy et Flora Chingwalu, Macmillan Nilongo, Alexandra Schomburg et Caroline Jacquet de Haveskerke, Philippe et Susanna Gérard, Patricia et Xavier Merveilleux du Vignaux, Dickson et Iman Giumbe, Eulalie Likambare, père Mario Pacifici, Michael et Ellen Abraham, Joe Muheya, Baton Cook, Olivier Baudens, Clement Kulapa, Elen Kebbie et Mary Chimwaza, Frackson Chaipas, Reginald Nkuwatha, Doctor et Madalitso Mangani, Gersom Banda, Lloyd Cayetano, Peter et Joséphine Cabbage, père Claude Boucher, Michael Tambala Amidou Sanudi, Francis Ziyaa, Moses Chikapopa, Mark Chilombe, Martin, Stuart et Esther Grant, Joseph Manasse, Judith Chitsala, Jeremiah Moses, Webster Kaunda, Sylvester Mandele, Pavel Skolasinski, Cheslaw Zalubski, Everson Zibero, Martin Kulinji, Paul Nzima, Gez et Sue Bester, Craig et Diana Barlow, Lloyd, Joseph et Vinold Maluwa, Corinna et Marcel Raupp, Mugawa Msosa et Evelyne Kadawira, Toni Pindani,

Wisely Banda, Helen Fox, Japhet, Ruth et Irène Chipape Joseph Kahira, Alexon Kazembe, Christophe Onyoni, Esther Nilenda, Charlie et Nairuth, Joseph Banda, Mac Gondwe, Jeff Khondowe, André Lotriet, Thomas Msika, Jonathan Nyirenda, Jonas Jones Chisiza, Antonio Thomson, Darryl Botha, Steffi Muller, Chitata Gondwe Mjuma, Elke et Volker Glueck, Friedemann Schrenck, Mary et Rutherford Mkuweteza, Moffat et Mary Muyra.

Tanzanie

Peter Anthony Mdoma, Julius Mwanjokolo, Gabriel et Adidja Kabuka, Mary Mwankenja, Gerald Kanondo, Paul-Jérusalem et Fanny Kagika, Helmut et Felicitas Anschuetz, Samir Merchant, Eddy, Paul et Gertrude Sikanyika, Bernard Mwalasse, sœurs Maria, Katarina, Maria Stella, Felicitas, Paola, Dorotea, Elisabeth, Michaela, Elisa et Pascalia, Michael Fungo, Richard, père Hans Brudny, Richard et Persia Yessaya, Matthias Rwegasira, Nelson et Salome Nenge, Rowland Katana, père Raphaël Romand-Monnier, sœurs Carmen, Celine et Pulchraria, Paul Mkomwa, pères Mario, David Kinabo, Alphonso, Évariste, Seventeen et Florence, sœurs Rita et Modesta, sœurs Grace, Conchita, Regina et Renata, Enoch Ikungi, Rehema Amasi et Patrick Massong, mère Maria, évêque Désidorius Rwoma, pères Jonas et Titus, sœurs Scholastica, Adriana, Bibliana, Gratiana Eliasante, père Pascal Boniface, Pius Lazaro Nduma, pères Cornélius, Arcadius, Prosper, Ludovic, Jean-Marie Eusèbe, James, Maurice Bitz, Fiorenzo Larizza, sœurs Florence et Jacinthe, Monica et Justina, Guema et Josephina, Raphaël, Madiako et Joseph, Gidamuyaqu et Madjiango Giyamu, père James, Daniel Gibenay, Faustini Naida, Jovita Augustino, Christopher Elibariki, Habiba, Marc et Rukia Basseporte, Stéphane Wohlfart, Fréderic Mendonca, Yasser Mohammed, Salvatore, Frietzie et Stephen Wheeler, Abel Mtui Kennedy.

Si vous voulez retrouver certains de nos amis

Rick Becker : www.rbecker.co.za
Requins blancs de Mossel Bay : Roy et Jacky :
www.sharkafrica.co.za
Minnie et Dries De Klerk : Liliekloof Valley of Art :
sanart@intekom.co.za, 51-653-12-40
Dawn and Wynne Green : Millard Farm ·
mlodge@eci.co.za, 27 (0) 45-971-90-78
Fée Berning : Ardmore : www.ardmoreceramics.co.za
Transvaal Museum : www.mrsples.co.za
Nicholas More : Lion Sands :
00-27-13-735-5000, www.lionsands.com, res@lionsands.com
Johannes Malan : Game Capture : www.parks-sa.co.za
Brian Jones : 00-27-15-795-52-36, moholoholo@wol.co.za
Ala Sussens : 00-27-15-793-24-16 :
www.tshukudulodge.co.za et tshukudu@iafrica.com
Mumbo l'île paradisiaque :
www.kayakafrica.co.za et réserver à letsgo@kayakafrica.co.za
Stuart Grant et ses cichlidés :
www.lake malawi.com et redzebras@malawi.net
Craig et Diana Barlow :
www.ngalabeachlodge.co.za, 00-265-1-295-359
Robbyn Foot et les chevaux de Nyika : www.nyika.com
Steffi Müller : Karonga museum : www.palaeo.net
Kilimandjaro Safari club : www.tanganyika.com

Légendes des cahiers photo

13. Tanzanie. « Dis ! Tu me les prêtes, tes boucles d'oreilles ? Ça fait dix-huit mois que j'en ai pas porté ! » Notre première rencontre avec une femme masaï.

14. Afrique du Sud. Avec Nelly Nthsalinthsali de l'atelier Ardmore, les artistes zoulous conjurent le fléau du sida par l'art.

15. Zimbabwe. *L'Homme en prière*, de Tanya Chipfunde, sculpteur shona.

16. Martha et Moina habillent Sonia.

17. Ndébélés, un art jeune et vivant.

18. Le jacuzzi du paradis aux chutes Victoria, côté zambien : « – Tu me rattrapes, Sonia ? – Pourquoi ? Ça ne te tente pas, une chute de 108 mètres ? »

19. Lac Malawi. 5 000e kilomètre. Un an déjà !

20. Tshukudu, Afrique du Sud. « Vas-y, Savannah ! Attaque ! »

21. Tshukudu, Afrique du Sud. « Même petits, je m'en méfie ! »

22. Cahora-Bassa, Mozambique. Poisson-tigre. « T'as de beaux, yeux tu sais ! »

23. Zimbabwe. « Mais non ! Je t'assure qu'il n'y a rien à brouter là-haut ! »

24. Le caméléon du Kilimandjaro.

25. Nchalo, Malawi. Tribord, le féroce bébé serval.

26. Col d'Aïcho, Tanzanie. Au loin, le parc du Ngorongoro et la porte du Serengeti.

27. Monts aux Sources, Lesotho. La muse assoupie.

28. Petit-déjeuner avec Veronika, la jeune marathonienne du Lesotho.

29. Salut malawien.

30. *Home sweet home.*

Second cahier :

31. Tanzanie. Trois cents kilomètres de marche solitaire à l'intérieur de la réserve de Rungwa, dans les pas des lions.

32. De virtuelle, la menace devient réelle : nous sommes coincés dix jours dans la mission de Mitundu par des attaques de lions. Bilan : quatre morts et huit lions abattus. Ici, le chef Mlicho et le père Romand-Monnier me présentent ce qu'il reste de deux lionnes mangeuses d'hommes.

33. Au même moment, nous sommes matraqués par notre premier accès de paludisme. Sauvés des lions par les moustiques ?

34. Joseph le miraculé et sa terrible morsure de lion.

35. Madiako, notre amie barbaïg de Tanzanie, chez qui nous passons deux semaines à partager des moments d'une rare intimité.

36. La Doumda, danse interdite.

37. Sonia et une jeune fille sautent face aux jeunes éphèbes de la tribu.

38. Joseph, chef de Dangaïda, le mari de Madiako.

39. Tanzanie, 6 012e kilomètre. Traversée d'un affluent du lac Rukwa, infesté de crocodiles.

436

Cet ouvrage a été composé et imprimé par

FIRMIN DIDOT

GROUPE CPI

Mesnil-sur-l'Estrée

*pour le compte des Éditions Robert Laffont
24, avenue Marceau, 75008 Paris
en mars 2005*

Imprimé en France
Dépôt légal : janvier 2004
N° d'édition : 46009/16 - N° d'impression : 72787